# 国際私法・国際経済法論集

山 内 惟 介 著

日 本 比 較 法
研究所研究叢書
(56)

日本比較法研究所

*Meinem verehrten akademischen Lehrer*
*Herrn Professor Dr. Saburo Kuwata, Mishima*
*und*
*meinem verehrten deutschen Gastgeber*
*Herrn Professor Dr. Bernhard Großfeld, Münster*
*herzlich gewidmet*

# まえがき

本書は、表記の主題に関して著者がこれまで二〇年余に亘りさまざまな機会に公表してきた諸研究を体系的にまとめたものである。収録にあたっては、誤植の修正等、最小限の変更にとどめ、初出後に行われた内外の法改正やその後の文献への言及等は意図的に差し控えられている（なお、引用条文は本書全体を通じて各章の原稿執筆当時のものである）。それは、それぞれの時期に行われた問題提起も参照文献も著者の置かれた環境による制約を受けたものであり、現時点でその後の動きに改めて配慮しようとすれば本書の内容についてもまったく別個の考慮と多くの研究時間とを必要とするものと考えられたからである。本書もまた、文字通り未完成の研究ではあるが、現在の著者に残された余りにも乏しい研究時間と今後に予定される研究計画等との兼ね合いを慎重に考慮した結果、この主題に関する検討にもこの段階でひとまず区切りをつけることとした。本書の表題については一九七八年以降親交のあるグロスフェルト（Bernhard Großfeld）教授（ドイツ・ミュンスター大学名誉教授）の用法に倣い、「国際企業法」（同教授著（山内訳）『国際企業法―多国籍企業組織法―』（中央大学出版部、一九八九年））という表現の使用を考えなかったわけではないが、本書の収録対象を考慮し、同教授による初期の用法を選択することとした（同教授著（山内訳）『多国籍企業の法律問題―実務国際私法・国際経済法―』中央大学出版部、一九八二年）。国際会社法等に関する研究についてはすべて別著に委ねたい。

「第一部　国際私法」で取り上げた五編はいずれも狭義の国際私法各論（国際契約法および国際不法行為法）に関する

研究である。すなわち、「第一章　国際法の準拠法適格性に関する構成の適否――ブーイセン教授の所説を手がかりとして――」は、準拠法選択の対象を国家法以外にも拡張しようとするブーイセン教授の主張の論拠に関する学説研究である。「第二章　西ドイツ国際私法における雇用契約の準拠法について――〝便宜置籍船〟の場合――」、「第三章　ヨーロッパ国際私法における『便宜船員』の問題――〝ネプテューン判決〟を手がかりとして――」および「第四章　ドイツ国際私法における〝フラッギング・アウト〟について――便宜置籍船をめぐる近年の動向――」は前著『海事国際私法の研究』（中央大学出版部、一九八八年）の補完を企図したヨーロッパの学説・判例研究である。「第五章　ドイツ国際私法における〝戦後補償〟問題について――元強制労働者補償請求事件を素材として――」は近年わが国で改めて論議を呼んだ主題に関するドイツ法研究である。「第二部　国際経済法」で取り上げた四編は、狭義の国際私法とはやや性格を異にするため、国際経済法という見出しのもとにまとめることとした。「国際経済法」という表現の内容として何を考えるかについては種々論議がある（ヘァデゲン著（楢﨑みどり助教授監訳『国際経済法（第二版）』（中央大学出版部、一九九九年）三一八頁他参照）が、ここでもグロスフェルト教授の初期の用法に依拠している。「第一章　国際経済法の現状」は概説書（丹宗暁信・厚谷襄児両教授編『新現代経済法入門』法律文化社、一九九九年）の分担執筆であり、著者における国際経済法の位置付けを示すものである。「第二章　国際金融法の諸局面」における四編は一九八五年以降一〇年余り担当した中央大学法学部「専門演習（国際金融法）」の年度末報告書に掲載した外国法研究である。「第三章　外国中央銀行と執行免除――西ドイツ法・スイス法を中心として――」は主権免除という共通テーマを掲げた国際法学会で国際金融法の視点から行った報告に加筆したものである。「第四章『国際租税法』という概念の理解の仕方について――木村教授の研究に接して――」はこの主題に関わる基礎的研究に資することを意図したひとつの批判的分析である。最後の「第三部　判例研究等」には、関連する渉外判例研究、書評および文献紹介、そしてその他の小品を収めた。

本書をまとめるにあたっても、桑田三郎先生の学恩がまず想起されるところである。また、Praxis des Internationalen Privat- und Wirtschaftsrecht — Rechtsprobleme multinationaler Unternehmen —, Reinbek bei Hamburg 1975 の訳出（邦訳は『多国籍企業の法律問題』（前掲））を契機としてミュンスターへ招かれて以来今日までの二〇年間に亘り著者がドイツ法研究を進める上で多大の御指導・御援助を賜ったグロスフェルト教授に対してもこの機会に心からの感謝を捧げたい。これら日独両国における偉大な先学の御指導を戴く機会がなければ、本書のようなわずかな成果でも到底世に問うことはできなかったからである。さらに、中央大学法学部における同僚多喜寛教授から得られる日々の豊かな学問的刺激も本書刊行の一因となっている。そして最後に、本書の刊行に際してはいつものことながら中央大学出版部の矢崎英明氏（事業部副部長）の御援助を得た。ここに特記してこれらの方々の御厚意に対し深甚なる謝意を表することとしたい。

二〇〇一年三月二四日

山内惟介

# 国際私法・国際経済法論集

## 目次

まえがき

# 第一部 国際私法

第一章 国際法の準拠法適格性に関する構成の適否について……3
——ブーイセン教授の所説を手がかりとして——
一 はじめに……3
二 ブーイセン教授の構成とその評価……6
三 結びに代えて……31

第二章 西ドイツ国際私法における雇用契約の準拠法について……39
——〃便宜置籍船〃の場合——
一 はじめに……39
二 雇用契約の準拠法……40
三 結びに代えて……48

第三章 ヨーロッパ国際私法における「便宜船員」の問題……59
——〃ネプテューン判決〃を手がかりとして——
一 はじめに……59
二 ヨーロッパ共同体裁判所による〃ネプテューン〃判決……61

三　マグヌス教授による論評……70
四　結びに代えて……73
第四章　ドイツ国際私法における〝フラッギング・アウト〟について……87
——便宜置籍船をめぐる近年の動向——
一　はじめに……87
二　問題状況と裁判例……88
三　国際労働契約の準拠法決定……99
四　結びに代えて……109
第五章　ドイツ国際私法における〝戦後補償〟問題について……119
——元強制労働者補償請求事件を素材として——
一　はじめに……119
二　元強制労働者補償請求事件……121
三　結びに代えて……141

# 第二部　国際経済法

第一章　国際経済法の現状……161
——概説的試み——

一　はじめに……161
二　国際経済法の定義……162
三　主要な価値基準……163
四　国際経済法の法源と主要な機構……165
五　国際経済法の体系……171
六　世界貿易機関……173
七　紛争解決……176
八　結び……179

第二章　国際金融法の諸局面……181
——ドイツ法研究の視点から——
一　国際銀行取引と「言葉のリスク」……181
二　ドイツ国際金融法における「貨幣価値の変動」……189
三　オンライン決済の法律問題……194
四　利得返還請求訴訟の国際的裁判管轄権……205

第三章　外国中央銀行と執行免除……213
——西ドイツ法・スイス法を中心として——
一　問題の所在……213

二　ヨーロッパにおける展開……215
三　結びに代えて……222
第四章　「国際租税法」という概念の理解の仕方について……241
――木村教授の研究に接して――
一　はじめに……241
二　木村教授の理解に対する若干の疑問……244
三　結びに代えて……306
第三部　判例研究等
第一章　渉外判例研究……319
一　船舶先取特権の成立の準拠法……319
二　国家賠償法と相互の保証……326
三　旧日本軍人の国外での行為による国家賠償請求と法例第一一条……332
第二章　書評および文献紹介……341
一　丸岡松雄著『国際私法著作集』……341
二　多喜寛著『国際私法の基本的課題』および『国際仲裁と国際取引法』……348
三　桑田三郎著『工業所有権法における比較法』……351

四　桑田三郎著『国際商標法の諸問題』……353
五　桑田三郎著『工業所有権法における国際的消耗論』……356
六　①今村嗣夫・鈴木五十三・高木喜孝編『戦後補償法』……359
②藤田久一・鈴木五十三・永野貫太郎編『戦争と個人の権利』……359
③奥田安広・川島真他編『共同研究　中国戦後補償』……359
七　Horst Eidenmüller, Effizienz als Rechtsprinzip……362
八　Stefan Habermeier, Neue Wege zum Wirtschaftskollisionsrecht……367
九　Klaus Peter Berger, Formalisierte oder "schleichende" Kodifizierung des transnationalen Wirtschaftsrechts……369
一〇　Bernhard Großfeld, Internationales und Europäisches Unternehmensrecht……371
一一　Bernhard Hautkappe, Unternehmereinsatzformen im Industrieanlagenbau……375
一二　Daniel Zimmer, Internationales Gesellschaftsrecht……378
一三　Werner F. Ebke, Internationales Devisenrecht……380
一四　Matthias Herdegen, Internationales Wirtschaftsrecht……381
一五　Albert Bleckmann, Die völkerrechtlichen Grundlagen des internationalen Kollisionsrechts……385
一六　Fritz von Schwind, Probleme des Europäischen Gemeinschaftsrechts……387
一七　Lausanner Kolloquium über den deutschen und schweizerischen Gesetzentwurf zur Neuregelung des Internationalen Privatrechts および Premières journées juridiques

yougoslavo-suisses……390
一八　Recht und Wirtschaft……395
一九　Norton, Public International Law and the Future World Order……398
第三章　小　品……405
一　「聖母」事件と国際私法における文化財保護……405
二　競争法の域外適用とその調整……408
三　国際租税法の概念について……415
四　ヨーロッパ国際租税法研究の必要性……417
索　引

# 第一部　国際私法

# 第一章　国際法の準拠法適格性に関する構成の適否について

――ブーイセン教授の所説を手がかりとして――

〝法の比較が難しいのは、他の秩序から何かを読み取るにあたり、我々が自分達の社会体験とか、言葉とか、言葉の意味とかといった「眼鏡」をかけているからである。……我々の言葉では正しいと確証されている解釈方法を用いていても、言葉や表示の仕方が異なる場合には、我々の判断にも誤りの生じる余地があろう。(*)〟

## 一　はじめに

一　国際私法上、準拠法の決定にあたり、当事者の意思を連結点とする構成は当事者自治の原則とか主観主義と呼ばれている。とりわけ法律行為（債権契約）の成立および効力の準拠法を決定する場合に、このような構成は国際的にも広く認められてきた。わが国の法例第七条第一項もそうした立法例の一つに他ならない。

この種の準拠法指定が行われる場合、指定ないし選択の対象となる法秩序は、通例(1)、国家法でなければならないと考えられてきた[2]。このような立場を最もよく示しているのが、「特定の国の法律」[3]といった表現が用いられる場合である。このような理解の根底には、牴触法的規律という方法が国際私法上なぜ採用されるに至ったかというその背景についての前提的認識がある。すなわち、牴触法的規律という方法が内容を異にして併存する複数の国家法の中から最も密接な関係の原則に基づいていずれか特定の国家法を準拠法として選択するという手法を採用している以上、指定ないし選択の対象となる法秩序は当然に国家法でなければならないとする考え方である。指定ないし選択の対象として国家法のみを考えるこのような立場に立てば、準拠法として指定される法秩序に国際法も含まれるか否かという問いかけ自体がいわば自明の内容を問うという点でおよそ意味のないものと思われることであろう。このような視点に立つためであろうか、文献の中には、指定対象の範囲が国家法であるという点についてまったく明言していないものもみられる[4]。準拠法として選択されるべき法秩序は国家法でなければならないというこうした思考は、右のような理解によれば、牴触法という規律方法に内在するその構造的特質に由来するものといってよいであろう。

二　しかしながら、他面において、国際契約の準拠法決定問題を検討するにあたり、「国際私法上、国際法を準拠法として指定し得るか」[5]とか、「国際私法の理論においても国家法以外の法的ルールの適用可能性を改めて問い直すことが必要ではないか」[6]とかというように、国家法以外の法を準拠法として考慮する余地について論じようとする主張がわが国でも、近年、繰り返しみられるようになってきている。というのは、「国家を一方当事者とする契約において、文明諸国に認められた法の一般原則を準拠法として指定する取引慣行が発生して」いる旨の指摘にもみられる[7]ように、特に仲裁を念頭においた国際契約にあっては、国家法以外の法秩序、すなわち広義の国際法（統一法）に対して準拠法適格性を認めようとする実務もすでに定着していると考えられているからである。このような考え方に理解を示す立場から、国際私法における諸概念の定義について改めて検討することの必要性を問うものもある[8]。

このような問題提起が意味を持つのも、右のような牴触法の構造的特質を強調した従来の定義では国際法を準拠法とすることができないため、国際法をも準拠法の指定対象とすることができるように諸概念の定義を改める必要があると考えられているからである。このような考えの前提には、一方に、右にみられたような実務の現状を追認しようとする政策的な配慮があると同時に、他方で、当事者に準拠法選択の自由を認める場合、指定ないし選択の対象を国家法のみに限定しなければならない論理的な理由もないという理解が存在することであろう。こうした判断の根底には、むしろ、国際法を準拠法としたいという積極的な意欲が存在するともいえよう。このような説明を行うのは、そうした選択の基準を決定する際の判断基準それ自体の中に論者の価値的評価が存在するところから、準拠法として指定ないし選択される法秩序の範囲を決定するための基準が決して論理的なものではなく、もっぱら政策的なものでしかないと考えるからである。準拠法の指定ないし選択の対象を決定する基準がこのように政策的なものだと考えられるならば、内容を異にして併存する国家法の中からいずれかの国家法を選択するという従来の表現に代えて、国家法および国際法の中からいずれかの法秩序を選択するというように牴触法的指定の範囲を拡大することによって、ここでの問題性を解消する余地も認められることとなろう。

三　このようにして国際法に対しても準拠法としての資格が認められるとすれば[9]、そうした資格が付与される過程をどのように説明することができるかという争点が次に生じることとなろう[10]。というのは、この点の説明に成功しなければ、右のような構成もたんなる一つの主観的意見でしかないこととなるからである。以下では、国際法についても準拠法としての適格性を認めようとするブーイセン教授の最近の研究[11]を手がかりとして、この点について検討することとしたい。というのは、わが国においても、これまでのところ、右の点についての問題提起が行われているにとどまり、それ以上に立ち入った論述は必ずしも十分には行われていないように見受けられるからである。以下では、前提的作業として、ブーイセン教授の主張の内容をまず明らかにすることが必要となろう。それに続けて、同教授による積極的な提案の内容に関して著者の視点からいくつかの疑問を掲げることとしたい。というのは、ブーイセン教授の説明の中にも、後述の如く、なお未解決の問題が残されているように思われるからである。このようなささやかな疑問の提示によってこの主題に関する今後の論議における契機が見出されることになれば、何よりのこととされなければならない。

## 二　ブーイセン教授の構成とその評価

一　国際法に対しても国際的私法契約の準拠法としての資格を認めようとするブーイセン教授の研究は、次の五つの部分から構成されている。すなわち、契約の脱国内化（Entnationalisierung）、契約の国際化（Internationalisierung）、私法契約準拠法としての国際法、国際法を構成する私法的部分、そして結論の五つがそうである。以下、順次、その主張の内容を明らかにすることとしよう。

二　(1)　そのうちまず契約の脱国内化についてである。以下の説明が示すように、ブーイセン教授によれば、契約の脱国内化の意味として二つの内容が考えられている。その一つは、「当該契約から生じる双方の権利義務を規律すべき契約準拠法として、当事者が国家法にあらざる法体系を選択する」(12)ことができるというものである。他の一つは、「当該契約の法的有効性の有無さえも国家外の法秩序に服する」(13)という意味である。こうした理解を前提として、ブーイセン教授が契約の脱国内化の法的可能性の有無という争点をまず最初に取り上げるのは、私法的契約それ自体を国家法から解放するためであろう。このことが必要となるのは、国家法以外の法秩序を準拠法として承認する余地を認める立場がその立論の前提に置かれているからである。脱国内化ということをいうためには、その前提として、契約を規制する法秩序が国内化されているという認識がなければならないであろう。すなわち、国家法のみが当該契約の成否および効力について適用されるという考え方がそうである。というのは、そうした認識がなければ、脱国内化という表現が用いられることは論理的にあり得ないはずだからである。

(2)　それならば、これらの点についての説明はどのように行われているか。以下では、この点が確認されなければならない。

〝起点的問題は、国際的私法契約の脱国内化が法的に可能か否かという点である。このような脱国内化の前提となるのは、自己の契約がいずれか特定の国内法（nationales Recht）によって規律されないとか、当該契約の履行や執行についての判断をいずれか特定の国内法に依らしめないとかいった形で異なる国の人々が互いに契約を締結できるという点である。このような場合に、国際的契約関係、それゆえ多数の国の法に対する関係を示すような契約が存在することとなろう。

国際的私法契約がこのように脱国内化するという状況を示すために、一つの簡単な例を用いることができよう。A国に住むXがB国に住むYとD国において鉛筆一〇〇〇本の売買契約を締結するという例がそうである。当事者の明示の合意によれば、右契約は同一の文化圏に属する諸民族により承認されている一般的法原則に服し、かつ当該契約関係から生じるいかなる紛争もC国に所在する仲裁裁判所により国連国際商取引法委員会（UNCITRAL）の国際商事仲裁に関するモデル法に従って裁判されることとなっている。ここでの争点は、本件においてわれわれが事実的かつ法律的に脱国内化された契約の例に直面するか否かという点である。

今日では自明のところであるが、契約締結当事者は自己の契約に適用される法を自主的に選択することができる。当事者自治は諸国の国内法体系の中に一般的に定着しているといってよい。その結果、この当事者自治を同一の文化圏に属する諸民族により承認されている一般的な法原則、従って国際法上の原則とみなすことができる。契約の脱国内化という問題は、それゆえ、同時に、当事者自治の限界についての問題をも提起している。

契約の脱国内化が意味するものとしては、二つのことが考えられよう。一つには、当該契約から生じる双方の権利義務を規律すべき契約準拠法として、当事者が国家法にあらざる（nicht-staatlich）法体系を選択するものであるということができよう。また、脱国内化を、当該契約の法的有効性（Wirksamkeit）の有無さえも国家外の（außerstaatlich）法秩序に服するという意味に捉えることもできよう。右の第二の場合、第一次準拠法（Primärstatut）という意味におけるこの法体系が私的自治による形成の法律効果についても判断することとなろう。前述の事例で考えると、どの国内法体系が当該契約に対して拘束力を付与するかを客観的に決定することはできない。当該契約から生じる紛争についての裁判を求めていずれかの国の裁判所に当事者の一方が訴えを提起したときに初めて、準拠法秩序が決定されることとなるからである。受訴裁判所は自国の国際私法に基づいて、どの実質法により当該契約の有効性が決定されるべきかを判断する。しかし、まずもって、どの国の国内裁判所が当該契約について裁判するか、従ってまた、いずれの国の国際私法が当該裁判の根底に置かれるかがまだ解決されていなければ、当該契約の有効性を確定することはできない。それゆえ、一国内での国家的観点からすると、当該契約はなお宙ぶらりんの状態にある。これに相当することは、当事者の契約上の権利義務を定める契約準拠法の確定についてもあてはまる。

国際的私法契約の脱国内化に関していえば、契約準拠法と当該契約の有効性の有無を決定する法体系とを区別することは不必要であるように思われる。一方では、国家法の適用範囲から契約を完全に取り去ることができる。また、他方では、それでいて、国家法には、当該国家法それ自体が契約の有効性の有無について判断する場合に、当該契約に対する規律の権限が留保されているだけでなく、契約準拠法として選択された国家法にあらざる法の中にみられる内容的欠缺を満たすためにも、当該契約に対する規律の権限が留保されている。

国際的契約が当然にどこか特定の国内法中にその「本拠（Sitz）」を有し、当該国家の諸規定に服さなければならないというように仮定する根拠は何もない。確かに、事実上は、いずれかの国内法秩序が自国の裁判所を通じて契約に手を伸ばし、当該契約が自国国家法秩序の内部にしか存続し得ないというように判断することができる。けれども、国際的契約をこのようなやり方でいずれかの国内法秩序に結び付けることは、国際的商取引における法的現実に対応するものではない。というのは、右の例の当事者が契約上の給付をすでに行っていた場合、どの国の国内裁判所も当該契約をまだ取り扱っておらず、本案についての準拠法を調査していなかったという理由だけで、当事者がコーズ（Causa）を欠いたまま給付を行っていたと主張することはできないからである。裁判所により特定の国家法が準拠法として選択されていなかった場合でも、給付のための法的原因は存在する。前述の契約を支配すべき法秩序を確定することができるのは、このようにして、当事者の自治と、そして準拠法を自由に決定し、また国家法にあらざる法を選択する資格とが認められるときのみに限られている。

文献上、この点に関して、国際契約はその本質上ただ一つの法秩序内に地域化されるのには適していないというテーゼも主張されている。契約当事者の自治、すなわち、準拠法を選択すること、および、準拠法が契約の効力（Wirkungen）だけでなく、契約の存在およびその実体的有効性（Gültigkeit）をも決定する旨を認めることは、国際法上も承認されている。これと同様に、当事者自治には、国家法にあらざる法を選択する権限も含まれるということも受け入れられている。それゆえ、この問題は、国家法上の問題というだけではなく、国際的私法契約が脱国内化され得るか否かという国際法上の問題でもある。(14)〃

(3)　それならば、ブーイセン教授の右の説明はどのように評価されるか。以下、それぞれの段落ごとにその内容の適否について検討することとしよう。第一段落および第二段落については、同教授が提起されている問題状況の内容を一つの事実として確認するだけで足りよう。これに対して、第三段落以下については個別の検討が必要となる。

第三段落に関しては、当事者自治が諸国の国内法体系中に一般的に定着していることとそのような状態を国際法上も承認される一般的法原則と見なすこととの間に果たして直接的な関連性を見出すことができるかという点がまず問題となり得るように思われる。というのは、当事者自治が諸国の法体系中に定着しているという状態はあくまでも諸国の国内法源としての存否を確認するにとどまり、それ以上に、そうした事態が国際法上の法源となるというためには、さらに国際法における法源性の存在に関して追加的な説明が必要となると考えるからである。このように考えるのは、国際法上法源とされ得るか否かについての判断基準が複数存在するにも拘らず、なぜに特定の立場のみが優先されなければならないのかという点についての説明が行われていないように思われるからである。第四段落のうち、当該契約から生じる双方の権利義務を規律すべき契約準拠法として当事者が国家法にあらざる法体系を選択することができるという部分は、基準の形成に関する。これに対して、当該契約の法的有効性の有無さえも国家外の法秩序に服するという点は、この基準の適用範囲に関わる。基準の形成と基準の適用とはまったく異なった場面を説明するものである。さらに、この後に続けられる文章では、これと異なる内容が取り上げられる、すなわち、どの国内法体系が契約準拠法となるかは受訴裁判所が決まらなければ客観的に決定され得ないという指摘である。けれども、このことは仲裁に関してもそのままあてはまるところといわなければならないように思われる。というのは、仲裁合意の成否に関する争いについても、最終的には、国家裁判所において当該争点についての判断が行われるはずだからである。このようにみてくると、この段落中の説明に果たしてどのような意味があるかという点も問われることになろう。

第五の段落では、契約準拠法を決定する法体系と契約の有効性の有無を決定する法体系との区別の要否という争点が示され、しかも、この争点について否定説を採ることが提案される。区別の要否という争点は周知のように論理的争点ではなく、一つの政策的争点でしかない。この点を前提とすれば、区別不要説の根拠が問われなければならないこととなろう。しかるに、この点については、同教授の場合、何も触れられていない。というのは、この後に続く文章においても、しかるべき記述がみられないからである。国家法の適用範囲から契約を完全に取り除くことができるといっても、また当該契約に対する規律の権限が国家法に留保されているといっても、これらの指摘はたんに国家法との関係について述べるにとどまる。これらの指摘はどのような意味で不要説の根拠とされるのであろうか。これらの諸点についての説明が行われていないとすれば、右のような叙述は何ら積極的な根拠とはなり得ないであろう。さらに、第六の段落についてである。国際的契約が当然にどこか特定の国内法中のその「本拠」を有し、当該国家の諸規定に服さなければならないというように仮定する根拠は何もないという点は、確かにブーイセン教授が指摘されるとおりである。しかし、この点を強調されるのであれば、この指摘はそっくりそのまま、同教授における脱国内化の根拠の説明の成否という場面についてもあてはまるものといわなければならないのではなかろうか。というのは、この点を指摘しても、それがそのまま自説の積極的な根拠となるわけではないと考えられるからである。この点を補強するために触れられているのが国際的商取引における法的現実という一文であろう。しかしながら、この点も決定的な論拠となるわけではない。それは、法的現実をどのように理解すべきかという点も政策的評価の対象に他ならないからである。

第七段落についても、これと同様に考えることができる。国際契約はその本質上ただ一つの法秩序内に地域化されるのには適していないというテーゼが主張されているという点は確かに教授が指摘されるように一つの評価として十分に肯定される余地がある。けれども、そうしたテーゼの成否という争点はこれとはまったく別の問題であるといわなければならないであろう。というのは、この争点についても異なった評価が十分にあり得るからである。その前提には、この争点も論理的争点ではなく、政策的な争点であるからに他ならないという理解がある。契約当事者の自治、すなわち準拠法を選択することおよび準拠法が契約の効力の他、契約の存在およびその実体的有効性をも決定する旨を認めることは国際法上承認されているという指摘も、右の第三段落における理解が成り立つことを前提とする場合に限って意味を持つ指摘となるだけでしかない。「これと同様に、当事者自治には、国家法にあらざる法を選択する権限も含まれるということも受け入れられている」という部分も、もともと当事者自治の原則の中に国家法にあらざる法を選択する権限も含まれるか否かということが争点となっているはずなのに、この争点についての結論だけが先取りされるだけで、そうした結論を支えるべき論証が一向に行われていないように見受けられる。それゆえ、「この問題は、国家法上の問題というだけではなく……国際法上の問題でもある」という文章もこの点を国際法上の一つの論点として取り上げたいという同教授の希望の表明としては十分に理解することができるとしても、そのように考えなければならない必然的な根拠は何一つ示されていないといわなければならない。

(4)　ブーイセン教授により提起された問題は、このように契約の脱国内化の法的可能性の有無というものである。

ブーイセン教授の場合、この争点は、契約の存在および実体的有効性という意味での契約の成立と契約の効力との双方を規律する準拠法として国家法にあらざる法を考えることができるか否かという形式で提起されていた。このような形式での問題提起は、国家法にあらざる法秩序をも準拠法として承認する余地を政策的に認めようと考えるからであろう。というのは、この争点について同教授は肯定説を主張しているからである。肯定説の根拠は、要するに、「国際的契約をこのようなやり方でいずれかの国内法秩序に結び付けることは、国際的商取引における法的現実に対応するものではない」という点にある。この点を、ブーイセン教授の構成に即して再確認すれば、以下のようになろう。まず最初の二つの段落で述べられているのは、モデル法を準拠法として考えることのできる国際契約の例が存在するということである。しかし、そうした可能性を指摘する最初の二つの段落に対して、第三段落以下の記述には、説明の上で大きな飛躍があるように思われる。このように考えるのは、ブーイセン教授が主張されるような法的「現実」がいかなる法的根拠のもとに認められてきたのかという点についての説明がないため、そうした主張を容認することができないとも考えられるからである。このように考えるのは、「現実」それ自体が法を作り出すのではなく、現実を法として認めるための根拠が法治主義の根底に置かれていなければならないはずだからである。また、同教授の場合、このような肯定説の根拠として、契約準拠法の決定にあたって契約締結当事者に準拠法決定の自由が認められているという点が挙げられている。しかも、当事者自治による準拠法選択の対象として国家法にあらざる法（同一の文化圏に属する諸民族により承認されている一般的法原則、従って、国際法上の原則）も考えられている。個々の法源のうち、国家法の適用の可否に着目すれば、右の争点は国家法上の問題となり、また国家法にあらざる法の適用の可否に着目すれば、右の争点は国際法上の問題となるという指摘は右のような構成が全面的に承認されるならば、確かに一つの説明として首肯される余地があろう。けれども、ここでの課題は、そもそもそうした説明が成り立つか否かという点であった。それゆえ、この点の説明に成功していなければ、右の前提自体が欠けることとなろう。

ブーイセン教授の立論における問題点は、右にみたように、いくつもの仮説が当然のこととして無前提に承認されている点にある。無前提にというのは、例えば、「当事者自治には、国家法にあらざる法を選択する権限も含まれるということも受け入れられている」という主張それ自体の当否についてさえも当のドイツで現実に異論が出されているからである。(15)

三　(1)　次いで取り上げられるのが契約の国際化という主題についてである。ブーイセン教授が「契約の国際化」という言葉で何を考えているかという点は明らかではない。というのは、この点について、同教授による直接の言明が行われていないからである。定義が行われていないのは、今更定義を行う必要性が感じられないほどにこの言葉自体がかなり広く普及していると考えられているためかもしれない。けれども、「国際化」という言葉の定義自体が各論者の世界観の反映であることを思えば、ここでの「契約の国際化」という言葉の定義についても、どのような定義を採用すべきかという点に関する同教授の結論と理由が示されなければならないであろう。それでは、なぜに契約の国際化に言及されるのか。ここでも、おそらくは、私法契約を国際法に服せしめようとする教授の意図がその根底にあるためではないかと推測される。

(2)　それでは、この点に関する教授の説明はどのように行われているか。ここでも、教授の主張をまず確認することから始めよう。

〝契約の脱国内化に意味があるのは、国内法とは別の法秩序が国内法にとって代わる場合のみである。「法秩序を伴わない契約（rechtsordnungslose Verträge）」という概念の存在を拒否する立場には直ちに賛成することができる。というのは、法比較により調査することのできる一般的法原則が国際契約を支配することができるという見解がたとえ主張されるとしても、それでも、一般的法原則は法体系（Rechtssystem）ではなく、単に国際法上の法源の一つであるにすぎないからである。

自治的に形成された世界取引法（Welthandelsrecht）や国際的な lex mercatoria、それゆえ、自治的に形成された取引慣習法（Handelsgewohnheitsrecht）もまた、法選択の仕方によっては、国際契約の準拠法となり得る法秩序であるとしばしばみなされている。もちろん、lex mercatoria の理論は厳しい批判にも曝されている。lex mercatoria の理論とこれに対して向けられた批判についてここで詳しく述べることはできないが、それでも、この種の自治的に形成された法が存在するという考え方に対しては重大な疑義が出されている。lex mercatoria は、それ自体、法的拘束力をもたらすことはできない。lex mercatoria を国内法と国際法との間に独自の法源として移植することができるという考えも適切ではない。けだし、世界に知られているのは、現在のところ、二つの類型の法体系、すなわち諸国の国内法秩序と国際法だけだからである。lex mercatoria は、その理念において、国内法に属するものではなく、それが国際法に秩序付けられ得る場合にのみ、国際契約について基準となる法とみなされることができるに過ぎない。

かくして提起されるのは、国際法がそもそも国際契約について基準とされることができるか否かという問題である。この問題に対して肯定説を採ろうとすれば、肯定説を導き出す根拠として、国際法が——文献上異口同音に述べられているように——公法であるということを挙げるだけでは足りず、それ以上に、国際法体系は国内法体系と同様に二本の足で、つまり公法の足と私法の足とで立っているという点に求めなければならないことであろう。

私法契約の国際化ということを考える前提には、国際的法体系の存在がある。けだし、公益もまた私法的関係の中に具体化されなければならないからである。個人は自己の私法契約を自由な裁量によって形成することはできない。というのは、通例、当該契約が国内法体系に服する場合、公的な利益主張が国内法秩序上の強行規定の適用や国内公序の適用を通じて実現されているからである。私法契約を国際法に服せしめることができるとすれば、公的利益を主張する機能を国際法上の強行規定や国際公序を通じて充たすことができよう。

文献上承認されているように、国際法は国家と個人との間の契約を規律することができる。しかし、国際法に服するこのような契約の当事者として一般的に私人が排除されていないとすれば、そこから引き出すことのできる結論として、このような契約関係の当事者として両方の側に共に個人が立つことができるということになる。それでも、国家との契約はいつも公法的要素を示しており、純粋に私法的なものではあり得ないという点がやはり認められなければならない。

もちろん、文献上は、個人が当事者となっている契約を国際法上のどの規範が規律すべきかという点についての指摘はみられない。国際法上の規範を公法的な規範のみにとどめるべきか、それとも、その適用が問題となり得るその他の規範も国際法上の規範と考えられるのか。依然として不明確なままに残されているのが、国際法上の公法的規範がそもそも一方の当事者を私人とする契約に対して適用されることができるか否かという点である。これらの問題はまだ詳しく取り上げられていない。これに対して、国際公序の存在を認める考え方については文献上十分な言及がある。

以上の検討の中間的結果を書き留めようとすれば、少なくとも理論的にみると、国際法は私法契約を規律することができるということになる。国際法の適用をどのように説明することができるかという点については、もちろん以下で詳細に研究されなければならない[16]。”

(3)　「契約の国際化」と題されたこの項も、みられたように、七つの段落から成る。最初の段落で、ブーイセン教授は契約の脱国内化に意味があるのはどのような場合かという疑問詞型の争点をまず取り上げる。この文章は契約の脱国内化という先の項の第一段落および第二段落における記述の反復であり、それ自体、事新しい内容ではない。先に用いられた脱国内化という表現とここで使われている国際化という表現とが同義であるとすれば、ここでの問題提起には格別の意味もないこととなろう。というのは、第三段落でも明言されているように、国家法と国際法という形式で二つの法源しか存在しないと考えるこの立場では、国家法から解放された後に残る準拠法は論理上は国際法のみとなるため、国家法からの解放の可否という争点について肯定説を採った後に、準拠法として何を考えるべきかという疑問詞型（多肢選択型）の争点が登場するはずがないからである。このことは、ブーイセン教授が国内法とは別の法秩序として国際法のみを考えていることからも明らかとなろう。その前提には、むろん、「世界に知られているのは、現在のところ、二つの類型の法体系、すなわち諸国の国内法秩序と国際法だけ」だという認識がある。

続く第二段落では、自治的に形成された世界取引法、国際的 lex mercatoria、自治的に形成された取引慣習法もまた国際契約の準拠法となり得ること、そして、これらは名称を異にしていても、法源上は国際法に属すること等が述べられている。さらに第三段落では、右の最初の争点に続く第二の争点として、ブーイセン教授により、「国際法がそもそも国際契約について基準とされることができるか否か」という問題が提起されている。この争点については契約の脱国内化を認めるか否かという先の争点と一体どこが違うのか、たんに表現が変更されただけではないかといった疑問が生じる余地もあろう。というのは、この項の第一段落中にすでにこの趣旨が述べられていると考えることもできないわけではないからである。どのような場合に意味があるかという争点と基準とされることができるか否かという争点とが内容上異なるものと考えられるとすれば、このような問題提起にもそれなりの意義が認められるのかもしれない。ブーイセン教授は国際法が国際契約について基準となるという肯定説の根拠として、国際法体系が国内法体系と同様の公法と私法という二つの部分から成るという点に言及する。けれども、公法か私法かという分類の問題がなぜに国際法が国際契約について基準となるという点の根拠となり得るのかという点は必ずしも容易には理解しがたいところといわなければならないのではあるまいか。というのは、公法か私法かといった法の分類基準と国際法をも契約準拠法として指定することができると解釈すべきか否かというここでの適用根拠との間にはなんらの論理的な関連性も存在してはいないはずだからである。国際法と国家法とは相互に独自の法源として存在している。両者は規律の目的および対象を互いに同じくしているわけではなく、それぞれに固有の規律目的を有することが是認されている。確かに、国際法には、国家間での合意の内容からみて、その性質上公法的な部分と私法的な部分とがある。私法的な部分というのは規律対象としての国際契約に着目した表現であろう。これに対して、公法という表現で意味されているものが何かという点は明らかではない。以上の説明と右の主張との関連性をみる限り、公法と私法との分類の可能性が挙げられてはいても、それが国際法に対しても準拠法適格を認めるための判断根拠となるとする最終的論拠が示されていないところから、ブーイセン教授の主張は成り立たないように思われる。

第四段落冒頭の三行余の記述についても、考え方によっては、なおいくつかの疑念が生じよう。例えば、一行目の「けだし」以下の文章はその前の文章で述べられている言明の理由となっているかといった点がそうである。このように考えるのは、公法か私法かという点での分類基準の問題と国際法か否かという点での分類基準の問題とがなぜに連動するのかという疑問があるからである。公法と私法という二つの種類が国際法上も国内法上も存在し得るとすれば、右の点については、これと異なる説明が求められることとなろう。第五段落について、教授は国際法が国家と個人との契約を規律することができる旨を述べる。このことは一九八〇年の国連動産売買法条約など、そのような内容を有する法源が現実に存在することからも十分に首肯することができよう。そして、ブーイセン教授は、国際契約の当事者として双方の側に個人が排除されていない場合でも、国家との契約はいつも公法的要素を示しており、純粋に私法的なものではあり得ないと主張される。しかしながら、こうした指摘がなぜに国際法を契約準拠法として認めるべきか否かといった文脈で出てくるのかという点も容易には理解しがたいところといわなければならない。けだし、この点についての説明は、それ以上行われていないからである。第六段落では、私人を当事者とする契約に対して国際法上のどの規範が適用されるかという疑問詞型の争点、国際法上の公法的規範が適用され得るか否かという二者択一型の争点などが取り扱われる。二行目にみられる「その他の規範」は、この表現が公法に対して用いられていることを考えれば、私法上の規範であると考えられよう。公法上の規範も私法上の規範もともに国際法であるとされる以上、国際法おける適用対象の分類基準いかんによって、各規範の適用範囲に関する説明は異なったものとなろう。しかし、教授の場合、これらの問題はまだ詳しく取り上げられていないという四行目の記述自体、この点では一つの指摘にとどまっている。詳しく取り扱った者がまだいないということと、この問いに答えることができないということとは同じではない。けれども、これらの点についての同教授による解答は用意されていない。
以上の検討の結果、ブーイセン教授は「国際法の適用をどのように説明することができるか」という争点の前提として、「少なくとも理論的にみると、国際法は私法契約を規律することができるということになる」という主張を第七段落で展開する。けれども、著者の視点からみると、ここまでの主張をみても、国際法は私法契約を規律することができるという主張は成り立つか否かという点について根拠の解明が行われたとは到底言い得ないように思われる。というのは、これまでの叙述には教授の主張を支え得るような論理も格別の論拠も何一つ示されてはいないからである。むしろ、この点は、結局のところ、教授による言及の同語反復に過ぎないものと言えるのではなかろうか。このように考えるのは、「理論的」といえるほどの説明がまったくといってよいほど行われておらず、国際法の適用過程の説明がここでも先送りされていると思われるからである。従って、この「契約の国際化」という項におけるこれまでの説明にどのような意味があったのかという根本的な疑問が生じる余地もあろう。

**四**　(1)　第三に、ブーイセン教授は、「私法契約準拠法としての国際法」という主題を取り上げる。この項は、国際法を契約準拠法として認める上でどのような説明が可能かという問いに答えた部分であり、同教授によるここでの研究の中核を成すものといえよう。

(2)　それならば、ここでの説明はどのように行われているか。

〝ここでまず最初に答えられなければならないのが、どのようにして国際法が私法契約に対し法的有効性を与えることができるのかという問題である。というのは、国際法は何と言っても第一次的には諸国家間の関係を規律する法体系だからである。

「合意は拘束する（pacta sunt servanda）」という原則は、国際法上の基本原則、すなわち、国際法およびすべての国際条約の根底にある根本規範であるとみなされている。これと全く同様に、「合意は拘束する」というこの原則は、私法的な契約法および国際的な lex mercatoria 上の基本原則でもあるとみなされている。とりわけ仲裁裁判所によって認識されているのが、「合意は拘束する」というこの原則が私法契約の拘束性（Verbindlichkeit）を根拠付ける原則であるという点である。以上のところから、私法契約の拘束性の根底に国際法上の条約の拘束性の根底にあるものと同一の原則があるという点が、私法的契約の拘束効（Bindu- ngswirkung）を国際法から直接に取り出すということに賛成する理由となっている。

自己の契約に対して適用される法を選択するという当事者の自治もまた、――右の二（契約の脱国内化の項――著者注）で述べられているように――国際法上の規範となっている。準拠法選択の自由も、それゆえ、これと全く同様に、国際法に遡ることができる。このような内容を有する国際法上の規範を考える前提には、もちろん、国際法が、私法契約をそのすべての局面において規律することができるという点がある。この点は、国内の国際私法を適用する前提として、指定された国内法秩序が当該契約を規律するということが考えられているのと同様である。

「合意は拘束する」というこの原則を私法契約に対して適用することができるためには、「合意は拘束する」という原則の内容をさらに精密なものにすることが必要となる。国際法中の公法的範囲についてみると、「合意は拘束する」という原則の内容は一九六九年五月二三日の条約法に関するヴィーン条約中に法典化されている。これに対して、国際法中の私法的範囲という点では、一九八〇年四月一一日の（ヴィーン）国連売買法条約により「合意は拘束する」という原則が形成されているが、その内容は隙間だらけである。というのは、右の条約は国際的な私法契約の実体的有効性を明示的には規定していないからである。詐欺、強迫、不可抗力および違法性といった法律概念――これらはすべて「合意は拘束する」という考え方のそれぞれの局面をなしている――の内容は、それゆえ、条約以外の国際法的法源に基づいて解明されなければならない。そうした法源として問題となるのは、一般的法原則、慣習法――これには商慣行が含まれる――、裁判所の裁判、そしてとりわけ仲裁判断である。最終的には、国際法上の条約法に関するヴィーン条約もまた、類推により、「合意は拘束する」という原則を私法的な適用範囲の点で精密化するために、法源として持ち出すことができる。

たとえ国際法が国際的私法契約を規律し、当該契約に対して拘束性を与えているとしても、そうだからといって、そのことだけで、当該契約がそのことを通じて国際法上の条約になるわけではない。国際法上の条約は、条約法に関するヴィーン条約によれば、国家間の協定であり、この協定は国際法により規律される。それゆえ、国際法上の条約にとって特徴的なのは、行動する法主体が国際法上の法主体だという点であり、その限りでは、国家と個人とが区別されている。国際法上の公法的次元で動き回るのは、個人ではなく、国家である。この問題は国内法におけるそれと類似している。なるほどそれぞれの国内法秩序の内部では個人が法主体であるが、しかし、個人は公法上の主体ではなく、公法的次元で主権者として活動することはできない。この意味では、たとえ個人を国際法上の公法的部分の主体であると考えなくても、個人を国際法上の主体とみなすこともできよう。国際法上主体として認められているそれぞれの単位がいろいろな資格を備えているということは、国際法の学説上も承認されている。これと同様に、国家が国際的法律関係の実施および国際法の実施について管轄権限を有するという理由から、国家が国際法上の完全に固有の（proper）法主体であるという点も認められている。ここで主張されている見解は、それゆえ、法主体について一般に承認されている国際法学説と全面的に一致する。結局のところ、国際法上も、国際法が選択可能な法秩序として個人の自由な処分に委ねられているということになる。もちろん、諸国家も国際法も公法的性質を有する国際経済的次元で活動するために個人を利用することができるのであって、このことは国内法上あてはまるのと同様である。しかし、この局面については、残念ながらこれ以上深く論及することはできない。

もし国際法が私法契約に対して法的効力を与えることができるとすれば、国際法はもちろん内容的にも当該契約から生じる当事者の権利義務を定めることができなければならない。国連売買法条約はその性質上国際法である。たとえ同条約上規範として表現されている適用のための要件が充たされていないとしても、個人が同条約の適用を合意することができるという点については争いがない。当事者は国連売買法条約や国際法を「名目的に（eo nomine）」選択する代わりに、当該契約に対して適用される法を取り出せる具体的な法源を決定することもできる。そのような法源となり得るものとしては、諸国の共同体により承認されている一般的法原則、諸国により承認されている一般的慣習法や特定の分野で承認されている商慣行がある。これらが典型的な国際法の法源であることを考えれば、これらの法源から引き出される法は――たとえそうした帰結が文献上述べられていないとしても――国際法でなければならない。この問題については後に改めて取り上げられなければならない（以下の**五**（国際法を構成する私法的部分の項――著者注））。

当該契約の脱国内化が目的とされていない場合、たんに当該契約から生じる権利義務を規律するためだけでも、国際法は選択されることができる。このことがあてはまるのは、通例、当事者が契約上仲裁条項を決めず、当該契約のために国家裁判所の管轄権を合意していたという場合である。このような合意（実質的法選択）に対して効力が与えられるか否か、またどの程

度与えられるかという点は、その場合、契約準拠法や法廷地法により判断される。[17]〃

(3)　この項も七つの段落から構成されている。以下、順次、検討することとしよう。最初の段落でブーイセン教授は「どのようにして国際法が私法契約に対し法的有効性を与えることができるのか」という問題を提起する。この問題の解決がこの研究の中心的な課題であることを考えれば、この項はブーイセン教授の研究において大きな意味を持つ部分といえよう。教授の場合、この最初の段落では、右の争点の指摘にとどまり、この問いに対する解答は次の第二段落に持ち越されている。第一段落における記述のうち、「私法契約に対し法的有効性を与えることができる」か否かという表現はむろん実質法的な表現であるが、そうした実質法として国際法を指定ないし選択することができるか否かという部分は抵触法的問題提起とされよう。けだし、国際法を準拠法として選ぶことができるか否かという点は当該契約関係の内容を直接に形成するものではないため、実質法的部分にはあたらないと考えられるからである。しかしながら、この点に関する教授の説明中には抵触法的な表現はみられないように思われる。というのは、ブーイセン教授により第二段落で言及されているのは、「合意は拘束する」といういわば実質法的な原則だからである。合意の対象を適用法規という意味に解する立場から、この原則を抵触法的なものと理解する場合でも、それでも、「合意は拘束する」という表現が国際法上の原則として理解されていることと、国内実質私法上「合意は拘束する」の原則が私的自治の原則の根底にあることと、これら二点を指摘することによって、なぜに「私法的契約の拘束効を国際法から直接に取り出す」ことができるかという点はなお未解決の問題だといわなければならないように思われる。というのは、当事者が自由に決めることができる合意の対象としてここで述べられているのはもっぱら実質法的に形成される契約の内容についてのみであり、抵触法的な部分については触れられていないからである。

これに続けて、ブーイセン教授は第三段落で、「当事者の自治もまた……国際法上の規範となっている」旨を主張する。しかし、ここでは国際法上の規範となるか否かの判断基準がまず明らかにされなければならないであろう。けだし、この点が同教授における主張の論理的な前提とされているところから、この点が明らかにならなければ、当事者自治が国際法上の規範となっているか否かを決めることもできないはずだからである。しかるに、この点については、そのための判断基準について格別の説明もないままに、「契約の脱国内化」の項の第三段落で述べられた趣旨がそのまま反復されていることが知られよう。そして、右の指摘に続けて、準拠法選択の自由も国際法に遡ることができるという点についての根拠も、また、このような内容の国際法上の規範を考える前提に、なぜに、国際法が私法契約をそのすべての局面において規律することができるという点があるといえるのかについての根拠も、さらに、この点は国内の国際私法を適用する前提として、指定された国内法秩序が当該契約を規律するということが考えられているのと同様であるといえるのはなぜかという点についての根拠も、いずれも明確には示されていないように思われる。

第四段落では、「合意は拘束する」という原則の内容が確認されている。そこで確認された内容によれば、公法的範囲では条約法に関するヴィーン条約が、私法的範囲では国連売買法条約がこの原則を法典化したものとされている。前者には漏れがないが、国際的な私法契約の実体的有効性を明示的には規律していないために後者の内容が隙間だらけであり、一般的法原則、慣習法、裁判所の裁判、仲裁判断等の条約以外の国際法上の法源により私法的範囲の内容が解明されなければならない旨を同教授は指摘される。しかし、国際私法学における一般的な理解によれば、国連売買法条約によって規律されていない部分についての法源として登場するのは国際法ではなく、国家法でなければならないことであろう。というのは、そこには統一法が存在していないからである。それゆえ、統一実質法も統一牴触法もない場合、国家法たる牴触法によって規律されるという構成を採用する国際私法において、国家法により規律されようとする部分がなぜに依然として国際法に委ねられなければならないのかという点についての追加的な説明が求められることとなろう。第五段落では、国際法が国際的私法契約を規律し、当該契約に対して拘束性を与えているということだけで当該契約が国際法上の条約になるわけではないという点が述べられている。この点は自明のことといわなければならないであろう。というのは、前者が規律の対象を示しているのに対して、後者は規律の法源を示しているというように、両者は相異なる争点を取り扱うものだからである。しかしながら、この第五段落の冒頭でなぜにこの点に触れなければならないのかという点もまったく明らかではない。というのは、この点についての説明が何も行われてはいないからである。この段落における説明を続けられるにあたり、教授は、法主体性に言及される。すなわち、国際法上の条約の場合、公法的次元での主体は個人ではなく国家であるという点がそうである。さらに、国際法上も、国際法が選択可能な法秩序として個人の自由な処分に委ねられているという点が指摘されている。しかしながら、このような指摘についても先の疑念が反復されなければならない。というのは、これらの言明自体、格別の論証を伴わないたんなる断定文の繰り返しにすぎないものだからである。この点を強調するのも、ここでの説明とこれに先行する法主体性に関する説明との間にあるはずの何らかの関連性について、ブーイセン教授はまったく言及されていないからである。

第六段落では国際法である国連売買法条約が内容上も契約当事者の権利義務を定めることができなければならないという点が取り上げられている。しかし、ある意味では自明の理と考えられるそうした内容に今ここで特に言及する理由についても、教授の場合、およそ明らかにされていない。そうした指摘に続けて、「たとえ同条約上規範として表現されている適用のための要件が充たされていないとしても、個人が同条約の適用を合意することができるという点については争いがない」と述べられている。しかし、要件を定めることの意味が当該要件の具備の有無により所定の法律効果の発生の有無を決定するという点にある以上、なぜ要件を具備していないのに同条約の適用を合意できるという法律効果を発生させることになるのかという点についての説明も必要となるように思われる。むろん、この点が一つの解釈問題であるとする理解も確かに不可能ではない。しかし、その場合でも、規範として文言上は表現されていない何らかの要件が充たされているといったようなしかるべき解釈上の工夫が必要なのではなかろうか。けだし、そうした説明がなければ、折角の主張も客観性を欠くことになりかねないからである。この段落で、ブーイセン教授は「当事者は国連売買法条約や国際法を名目的に選択する代わりに、当該契約に対して適用される法を取り出せる具体的な法源を決定することもできる」と述べ、そこでの法源として、諸国の共同体により承認されている一般的法原則、一般的慣習法や特定の分野で承認されている商慣行を挙げている。しかしながら、ここでも、教授の説明については、結論が先取りされているという懸念をまったく払拭することはできない。というのは、一般的法原則や一般的慣習法、商慣行等に法源としての地位を認めたいという結論が先にあるだけであり、そうした結論を正当化することのできるような根拠はここでも何一つ挙げられてはいないように思われるからである。最後の第七段落では、「当該契約の脱国内化が目的とされていない場合、たんに当該契約から生じる権利義務を規律するだけでも、国際法は選択されることができる」旨が述べられている。ここでは、準拠法として国際法が選択される際の目的が考慮されているともいえよう。その例として挙げられているのが、「当事者が契約上仲裁条項を決めず、当該契約のために国家裁判所の管轄権を合意していた」という場合である。このような裁判管轄の合意の有効性に関する判断基準は、統一法がない場合、それが手続的事項であるところから、むろん法廷地手続法に求められることとなろう。これに対して、当該契約から生じる権利義務を規律するために国際法を選択するという合意（実質的法選択）に対して効力が与えられるか、またどの程度与えられるかという点が契約準拠法や法廷地法により判断されるという点も、むろん選択肢の一つとしては十分に認められるといえよう。そこにいう契約準拠法が選択された国際法であるという場面が考えられることも、それ自体一つの可能性として十分に肯定されなければならない。これに対して、準拠法決定問題を適用法規の決定という点で手続問題の一つであると考える立場からは、この問題についても法廷地手続法が適用されることとなろう。

**五**　(1)　第四に取り上げられるのが「国際法を構成する私法的部分」という項目である。第三の項が国際法を準拠法として認める場合の説明の仕方について触れていたのに対して、この項では、そのようにして選択された国際法の内容はどのようなものかという点が明らかにされている。

(2)　それならば、ブーイセン教授によるここでの説明はどのように行われているか。

〃国家法にあらざる世界私法も国際的私法契約について基準となり得るものであるがこのような世界私法の例が前述の国際的な lex mercatoria である。lex mercatoria の法源として挙げられているのは、国際法上の条約、慣習法、諸国により承認されている一般的法原則、裁判所の裁判、とりわけ仲裁判断である。この見解によれば、これらの法源によって国家法にあらざる私法的な世界取引法が存在することとなるが、これらの法源は国際法の法源でもある。

この点についての確認と結び付けられているのが、法理論的な問題、すなわち、一つの法源から二つの異なった規範体系を引き出すことができるか否かという問題である。lex mercatoria と国際法との間に生じる相互的効果は一般に承認されている。このようにして、例えば、国際法が国際的 lex mercatoria に対して及ぼす影響が示され、そしてそれ以上に、国際法が lex mercatoria の法源としても挙げられることになる。それにも拘らず、ほとんどすべての著者は、国際的 lex mercatoria を国際法の中に追加することを躊躇っている。こうした躊躇いは、私見によれば、lex mercatoria を国際法に追加すると、必然的に個人が（公法たる）国際法上の法主体となるとか、そのことを通じて個人間の契約が国際法上の条約と同一視されるとかといった――根拠のない――心配に起因するものである。

法源が同一であるにも拘らず、二つの異なった法体系が並列的に存在し得るか否かという点は、否定されなければならない。

というのは、もし法源が同一であれば、法体系も一つだけしか存在しないからである。国際的 lex mercatoria が国際法と同様にそのつど「合意は拘束する」という基本原則に立脚するという認識によってもこうした推論を支えることができる。国際法が諸国の活動の内容にフィード・バックされなければならないのと同様に、国際的 lex mercatoria が存在するためには、諸国がその存在を「認め (leave and licence)」ていなければならない。以上のところから、国際的 lex mercatoria を国際法の一部とみなすことができるし、そうみなさなければならない。lex mercatoria は、慣習上国際法に対して認められているのと同一の基準を有する。このようにして、lex mercatoria も、国際法と全く同様に、「弱い (schwach)」ものということができる。というのは、これを実施することは本質的に当事者の合意に基づいているからである。当事者の合意はしばしば仲裁条項の中に表現されている。このように限られた範囲で国際法上の基準と lex mercatoria の基準とが類似しているということによって、双方とも同一の法体系に属しているという点が示されることとなる。

国際法の法源から引き出される私法的規範は、私法および商法のほとんどすべての領域に見出される。私法的規範の出所は、通常、国際法の法源とされるものすべてである。

国際協定としては、あれゆる種類の交通手段による国際的輸送の規律のための法源がある。この協定には、貨物運送契約および運送事業者の責任に関する国際的規範が含まれている。国際運送法を統一しようとする傾向はかつての lex mercatoria の後を継ぐものであるという説明が行われている。商法、特に手形法および小切手法の領域でも、国際協定は、私法の統一に際して、重要な役割を果たしている。前述した一九八〇年の国連売買法条約も重要な意義を有する。多くの古い協定には、統一された条約中の規範を国内法に編入するという義務が含まれている。これに対して、一九八〇年の国連売買法条約および一九八八年の国際手形に関する国連条約には、このような明示的義務は知られていない。この義務を一般的国際法から引き出すことはできないが、それでも、これらの協定——その法源自体は国際法であるにも拘らず——が私法的関係に対して直接に適用されるという目的を有することは明らかである。これらの協定には、協定それ自体が国際的性格を有する点を顧慮して解釈するように強いられる旨の規定も含まれている。そうした条項の目的は、司法の国際的統一を促進することにある。このように司法を統一しても、加盟諸国の国内法秩序が異なるところから、司法統一の直接的な効果はまったく示されていない。協定が国内法秩序上どのような順位を占めているかという点はむしろそのつどの国内法により決定されている。この点でも、国際法の適用に関する法状態は、各国における国際法の適用の仕方に対応したものとなっている。

これらの協定の成立史およびこれらの協定が掲げる一般的な国際目標を考えれば、このような協定の研究や適用を国内的次元で行うのはまったく不可能だということになる。それゆえ、これらの協定に対しては、相異なる諸国の複数の解釈規則ではなく、むしろ国際的な解釈規定が適用されなければならない。ここに登場するのが、条約法に関するヴィーン条約上の国際法的解釈規範への依拠である。他方で、前述の諸条約をその内容上、国際法と同様に、公法として序列付けることはできないという点も考慮されなければならない。ここで支持されているように、国際法の第二の構成部分としての私法的部分が受け入れられ、しかも右の諸協定が私法的部分に入れられるときのみに、協定の内容的性格からみても、その成立の淵源からみても、適切な考慮を払うことができる。

国際的次元では、このほかにも、国際法の私法的部分の淵源として用いることのできる複数のモデル法がある。これらモデル法は国連総会決議と対比することができる。これらモデル法は、国連総会により設置されている国連国際商取引法委員会により決議され、総会により採択されたものである。重要なモデル法のうち、既に可決されているものは、国際商事仲裁に関する国連国際商取引法委員会モデル法と、一九九二年に国連国際商取引法委員会により採択された国際支払流通に関するモデル法とである。

これらのモデル法は拘束力を持たず、またソフト・ローとして序列付けられることもない。というのは、これらモデル法は、通例、当該モデル法を適用するようにという諸国への要求を含んではいないからである。これらモデル法の役割は国家の立法に対して基本方針を示すことのみに限定されている。それにも拘らず、これらモデル法の諸規定は一般的法原則として法的効力を展開することができる。というのは、モデル法自体には拘束力がないにも拘らず、これらの規定をモデル法のそのつどの規律対象について国際的な一致があることの状況証拠とみなすことができるからである。モデル法の諸規定が国内で拘束力を有するための手続は、右の決議が国内法に置き換えられる際に適用される手続に類似している。モデル法と決議との違いは、ここで取り扱われているモデル法上の諸規範がその規律内容の点で私法的性質を有するという点にしか存在しない。

国際商事仲裁に関するモデル法に含まれた国際的に採択可能な規範は、国際仲裁裁判所により適用されることができる。このモデル法は、当事者が自己の契約に対して適用される法を選択するという当事者自治を承認している。選択される法は、私見によれば、国家法にあらざる法であることもあるし、国際法であることもある。[18]」

(3) この項は全部で九つの段落から構成されている。そのうち、第一の段落では、国際的私法契約について基準となり得るものとして国際的な lex mercatoria が取り上げられている。lex mercatoria の法源については、国際法上の条約、慣習法、諸国により承認されている一般的法原則、裁判所の裁判、とりわけ仲裁判断が挙げられ、lex mercatoria 自体は法源ではないことが確認されている。

第二段落では、一つの法源から二つの異なった規範体系を引き出すことができるか否かという争点が取り上げられている。規範体系という言葉の内容としてそこで念頭に置かれているのは、以下の記述にみられるように、lex mercatoria と国際法とであるように思われる。すぐ前の第一段落では lex mercatoria 自体の法源性は否定されているようにみえるが、ここでは国際的 lex mercatoria を国際法の中に追加することが考えられているかのようにも読みとれる。というのは、この段落中には、lex mercatoria と国際法とがあたかも対立する概念ででもあるかのような記述もみられるからである。そのことは、「lex mercatoria と国際法との間に生じる相互的効果は一般に承認されている」といった指摘からも明らかであろう。しかし、なぜに法源ではない lex mercatoria を国際法という法源の中に追加して入れることができるかという点は明らかではない。

第三段落では、第二段落で提起された争点に類似した争点、すなわち一つの法源の中に二つの異なった法体系が並列的に存在し得るかという争点が紹介され、同時にその争点について否定説を採ることが明らかにされている。表現上の差異に着目すれば、第二段落で述べられていたのが「規範体系」であったのに対して、この第三段落で述べられているのは「法体系」についてである。「法源」という表現の内容を国際法ではないかと推測することはできようが、「規範体系」という言葉で考えられているものが何かという点は容易には推測しがたい。というのは、「規範体系」と「法体系」とが同じ内容を示しているか否かという点についての説明がブーイセン教授によっては行われていないからである。この第三段落で取り上げられた争点について否定説を採る理由として、法源が同一であれば、法体系も一つしか存在しない点をブーイセン教授は強調する。これに対して、「国際的 lex mercatoria が国際法と同様に……『合意は拘束する』という基本原則に立脚するという認識によってもこうした推論を支えることができる」旨の主張も、また「国際的 lex mercatoria を国際法の一部とみなすことができるし、そうみなさなければならない」という指摘も、「限られた範囲で国際法上の基準と lex mercatoria の基準とが類似しているということによって双方とも同一の法体系に属しているという点が示されることとなる」という言明も、いずれも、それ以上の説明を伴うものではない。ブーイセン教授の説明にはこのように格別の論拠が示されていないところから、これらはすべて根拠のない指摘といわなければならないであろう。

第四段落は国際法のあらゆる法源から引き出される私法的規範が私法および商法のほとんどすべての領域に見出される旨が述べられる。第五段落はその具体例を示したものである。そうした国際協定の解釈が国ごとに行われてはならず、条約法に関するヴィーン条約に従って解釈されなければならないという点はこの段落と次の第六段落とで述べられている。第七段落は国際法の私法的部分の淵源としてモデル法があることを、また第八段落はモデル法の諸規定も一般的法原則として法的効力を展開することができるという点を、そして第九段落は当事者自治を認める立場からモデル法の適用が国際仲裁裁判所によっても認められていることがそれぞれ示されている。

このようにみてくると、ブーイセン教授によるここでの説明も、他の箇所での説明と同様に、多くの場合、格別の論証を伴わないものにとどまっていることが知られよう。

**六**　(1)　そして最後に「結論」の部分についてである。この項では、国際法を準拠法の指定対象とすることが認められるか否か、そしてこの点が肯定される場合、そのことをどのように説明することができるかといった諸点についての結論が示され、併せて、若干の関連する説明も行われている。

(2)　ブーイセン教授による説明は、以下のように行われている。

〃以上のところから、結局は、国際法の私法的構成部分について述べることができる。ここで示されたのは、国際法的淵源から私法的な規範を十分に引き出すことができるという点である。ここにいう規範は、私法契約が契約準拠法として服せしめられている規範だけでなく、当該契約に対して法的有効性を付与する規範でもある。それゆえ、契約は、いかなる場合でも法的な真空地帯を動き回るということはない。国家的利益や公法上の強行規定は既に国際法的次元でも認められているが、これら国家的利益や公法上の強行規定は国際的な公序を通じて顧慮されている。文献上主張されている見解、すなわち、国際仲裁裁判所もまた国内の介入規範や国家的利益を顧慮しなければならないとする見解を、国際的な公序という考え方によって置き換えることができよう。けれども、国際的な公序という考え方を、拘束力のある国際法的規範だけが国際的な公序の枠内で適用され得るというように狭く考えることはできない。というのは、一般に承認されている介入規範のうち、当該事案に対して十分な近接性を有するものも、これと同様に、やはり顧慮されることができるからである。その場合、もちろん、国際法には、準拠法とされる国内規範を修正する資格が留保されている。

例えば前述の事案において仲裁裁判所がその所在地をベルギーに有していた場合において、仲裁裁判所が当該契約を国際的なものと把握していたとすれば、ベルギーの国家裁判所は、当該仲裁判断を取り消さないであろう。このことから、右の事例では、事実上、契約の脱国内化および国際化が行われたことになる。連合王国でも裁判所は例外的にしか国際仲裁裁判所の手続に介入していないし、通例は、自己の契約について自ら決定するという当事者の自治を承認している。これらの例によって示されているように、国際的な傾向をみると、当事者の絶対的な自治が承認されており、契約および仲裁裁判所手続もまた自由に、しかもどの国内裁判所からの干渉も受けることなく形成されている。

若干の国の国内裁判所では、lex mercatoria のような国家法にあらざる法に基づいて行われた仲裁判断を取り消すことが度外視されているという事実もまた、契約が脱国内化され、それと共に国際化されることができるというここでのテーゼを支持するための証拠として理解することができる。(19)〃

(3)　三つの段落から成るこの項の第一段落において結論として述べられているのは、国際法的淵源から私法的規範を十分に引き出すことができるという点、国際法的淵源から引き出される私法的規範は契約準拠法となるだけでなく、当該契約に対して法的有効性を付与する規範でもあるという点、国家的利益や公法上の強行規定が国際的公序により顧慮されているという点、国際法には準拠法とされる国内規範を修正する資格が留保されているという点、これらである。これに対して、第二段落および第三段落では、契約の脱国内化および国際化が行われている場合、当事者の絶対的な自治が承認されており、lex mercatoria のような国家法にあらざる法に基づいて下された仲裁判断は国家の裁判所では取り消されていないということが述べられている。こうした内容をみると、第二段落および第三段落はこの研究の結論からやや離れたものともいえよう。

むろん、「結論」というこの場の性格を考えれば、個々の主張について格別の論証が行われていないことについての違和感はない。けれども、右の二ないし五で詳論したように、それぞれの主張の根拠の解明がなお課題として残されているという点は、ここでもなお強調されなければならないように思われる。

## 三　結びに代えて

一　ブーイセン教授の研究にみられた問題提起とそれに関わる各争点に対する態度表明の細目はいずれも右に示されたとおりである。ここでは、ブーイセン教授の説明に即して個別的に示された諸点のうち、特に国際私法学の立場から留意されるべき事項を改めて整理しておくこととしよう。

二　何よりもまず強調されなければならないのは、ここでの争点の形式についてである。ブーイセン教授の場合も「国際的私法契約の脱国内化が法的に可能か否か」という形式で問題の提起が行われている(20)。けれども、国際法を準拠法として指定するという行為に対する評価それ自体は、先にも触れたように[21]、一つの政策決定問題でしかない。というのは、この点は、決して誰もが一致した結論に至るという意味での、客観的ないし論理的な可能性をめぐる問題ではないからである。そこにあるのはあくまでも国際法の準拠法適格性を許容すべきか否かという政策的な選択の問題にすぎない。それゆえ、より正確にいえば、ここでの争点は、国際法を準拠法とすることを認めるべきか否か、また国際法を準拠法として認める必要性があるか否かということになろう。真の問題提起がこのように当否とか要否とかといった形式のものであるとすれば、それぞれの問いに対する解答やそこでの論証にあたっても、そうした問題提起に対応したそれぞれの政策的な判断基準が示されなければならないことであろう。というのは、そのような選択肢を認める必要性の有無という点をみても、論者の間に共通の価値基準を見出すことができなければ、論議は平行線を辿らざるを得ないからである。実質法間での比較が行われる場合でも、共通の価値基準として利益の数量化などが行われるのでなければ、優先順位をつけることができず、折角の法的構成も空回りしかねないこととなろう。

次いで指摘されるのは、国際法を準拠法とすることを認める過程をどのように説明することが可能かという点である。右の争点の場合と異なり、ここで説明の可否を争点とするのは、この点が法的論理の問題とされなければならないからである。このように考えるのは、この点を政策決定の問題に置き換えようとすると、論者の間で共通の基準を発見することができず、どのような主張も客観性を欠くこととなり、どのような説明も論者のたんなる信条の吐露にしかなり得ないからである。それでは、ブーイセン教授によるここでの説明は果たして成功したものとなっているか。ブーイセン教授は、その説明にあたり、「合意は拘束する（pacta sunt servanda）」という原則を掲げている。国際法上「合意は拘束する」という原則が認められていること、この原則が私法についてもあてはまること、諸国の国際私法上当事者自治の原則が広く承認されていること、これらを指摘することによって、教授は国際法の準拠法適格性を肯定する説明に成功したものと考えているように見受けられる。

しかしながら、国際法の視点からまず問われるのは、「合意は拘束する」という原則の射程距離であろう。というのは、この原則の適用対象として何を考えるべきかという点で、国家間での合意に対して拘束力を認めることと、国際的私法契約の準拠法選択の範囲をどこまで認めるべきかということとはまったく別の事柄ではないかと考えられるからである。次に国際私法の側からみても、契約当事者に対して準拠法選択の余地を認めることと、どの範囲で選択を認めるかということとはまったく別個の事柄だといわなければならない。というのは、この点が政策的な評価の対象であるところから、前者の項目について特定の立場を採ることが必ずしも後者の項目についての態度決定に対して決定的な影響を与えることにはならないと考えられるからである。国際私法上法律行為の成立および効力の準拠法を決定するにあたり、当事者の意思を連結点とする成文規定が設けられている場合でも、そうした規定の存在は、当該連結点により媒介される実質法を準拠法とすること、すなわち、そこでの単位法律関係に属する諸事項についてその法秩序を実質法的評価のための判断基準とするということを示すにとどまっている。それゆえ、準拠法（実質法）の選択範囲に関するいわば量的な問題は、法例第七条第一項の場合を含めて、文言上特別の限定的な表現が用いられていない場合、単位法律関係の内容確定問題と同様に、別個の解釈問題として残されていることとなろう。

そうした解釈にあたって一つの基準を提供するのは、抵触法的規律の目的ないし歴史的起源に依拠する構成であろう。たとえば、先にも触れられた(22)ように、内容を異にして併存する複数の国家法の中からいずれか一つを選択することがここでの課題なのだとする立場である。この前提に立てば、想定される実質法は無条件に国家法（地域法を含む）に限定されることとなる。けれども、抵触法的規律の構造を考える場合、そうした前提を無条件に承認できるわけではない。というのは、一方では、抵触法的規律に際して、反致という構成のように、たとえ裁判所により直接に決定されるという構成を採るにせよ、実質法に代えて外国の牴触法をも指定の対象とする解釈が立法上も認められてきているからである（法例第三二条）。このように、法廷地独立牴触規定の適用上、指定される法が牴触法か実質法かの選択が一つの解釈問題にすぎないとすれば、準拠法を諸国間で統一されていない法（国家法ないし地域法）とするか、それとも諸国間で統一されている法（国際法）とするかという選択肢も、ともに解釈上許容される余地があるのではあるまいか。この点を解釈に委ねることが認められるならば、成文規定の解釈にあたっても国際法を選択の対象とすることには格別の妨げもないことになろう。というのは、いずれの実質法に対して適用根拠を与えるかという点が立法者により認められていたともいい得るからである。それゆえ、適用法規の決定にあたり、国際法もまた選択対象として立法者により是認されていたと裁判所が解釈すれば、そうした構成も十分に承認されることとなろう。むろんこのような構成に対しては、当然にいくつかの批判が向けられよう。例えば、歴史上確認可能な資料によってはそのことが証明されていないといった点などがそうである。けれども、そうした批判についても、一定の政策的価値評価を前提として行われる批判と、理論的な観点から行われる客観性のある批判とは明確に区別されなければならないであろう。というのは、両者が混同されるならば、概念の混乱が生じかねないからである。

準拠法指定行為の有効性という点についても、考え方は同様である。準拠法選択については、従来、次の二点が明確に区別して論じられてきた。すなわち、選択された準拠実質法により規律される法律行為の成立および効力の問題と、そうした準拠法選択行為の有効性それ自体を判断する基準の問題との二つがそうである。このような区別の採用それ自体については、さしあたり異論はない。けれども、準拠法指定行為の有効性の判断基準を、その準拠法により規律される法律行為の成立および効力の問題と無条件に関連付けて説明することだけが唯一の選択肢となるわけではない。というのは、両者の密接な関連性を肯定する場合でなければ、そうした説明にも説得力は感じられないはずだからである。むしろ、これら二つの基準を関連させるか分離するかということは、決して最初から論理必然的に決定されている事柄ではない。それは、両者を一致させる構成も、分離する構成も、価値的には同等の評価のもとに、ともに成立する可能性があるからである。そうした構成が成立する可能性があるということは、このこと自体一つの政策決定問題にほかならないことを意味するであろう。このことを前提とすれば、両者を分離する場合の基準もまた論者の政策的評価に基づき多様に選択される余地を持つものといわなければならない。

三　国際法が契約準拠法として指定され得るか否かという争点を肯定説の側から取り上げたブーイセン教授の説明は、右にみたように、この著者には総じて成功してはいないように思われる。というのは、右の二「ブーイセン教授の構成とその評価」の項で個別的に示したように、個々の言明が行われる場合、概して、国際法をも契約準拠法として認めた方がよいという立場からの結論を先取りした形の記述が随所にみられたからである。学問的な論証にあっては、本来、結論の正当性を明らかにするために理由が掲げられなければならないはずである。このことは、理由が結論の正当性を根拠付けていなければならないということを意味しよう。けれども、ここでは、むしろ逆に、教授により採用されている結論の方が逆に理由の正当性を根拠付けているように見受けられる。ブーイセン教授の説明に対してそれほど説得力が感じられないのもこの点が障害となっているからではなかろうか。ブーイセン教授の問題提起を契機として本章で考えようとしたことは、前稿(23)と同様に、ある特定の考え方を優先するという形式で行われる価値評価に対して可能な限り客観性を持たせようとすれば、どのように考えることができるかという点であった。この点を問おうとしたのも、格別の論拠もないままに反復される主張がいつの間にか通説・判例の名の下にあたかも一つの信仰の対象のようになっているのではないかという疑念があったからである。ここでは、この種の問題性を明確に述べているウェルナー・マルクスの次の言葉が何よりもまず想起されるべきであろう。例えば「善と称されるものは、何に照らして測られたとき、善であるのか、また、善を悪よりも先取する動機を授けるのは何であるのか」[24]とか、「哲学の最も緊急の課題は、隣人倫理の基礎への問い、つまり、善と悪との間を区別し、悪に対して善を先取する動機を与える方向づけのための尺度への問いを立てることではないだろうか」[25]とかといった指摘がそうである。もしかすると、著者がこの点を指摘すること自体、「パンドラの箱」を開けたことになるのかもしれない。けれども、この種の問題性を看過したままでは提起された問題を解決するための糸口を見出すことができないことを思えば、ここでの著者なりの問題提起にもそれなりの意義が認められるのではなかろうか。

(＊)　*Großfeld, Bernhard*, Kernfragen der Rechtsvergleichung, Tübingen 1996, S. 106.
(1)　「通例」という限定を特に付けるのは、一国数法の場合、当該国の部分的法秩序（地域法）が国家法に代わって登場する余地があることによる。以下では、この点を考慮し、当該国の部分的法秩序をも含めた広義で「国家法」という表現を用いることとする。
(2)　例えば、木棚照一教授・松岡博教授・渡辺惺之教授共著『国際私法概論〔第三版〕』（有斐閣、一九九一年）一一五頁他。
(3)　溜池良夫教授『国際私法講義』（有斐閣、一九九三年）三三〇頁。
(4)　例えば、江川英文博士『国際私法』（有斐閣、一九七〇年）二〇八頁他の場合がそうである。
(5)　澤木敬郎教授「国家との契約」『現代契約法大系』（第八巻）（有斐閣、一九八三年）一六三頁。そこでは、この問題が「理論的課題」と表現されている。
(6)　松岡博教授『国際取引と国際私法』（晃洋書房、一九九三年）一六九頁。
(7)　澤木敬郎教授「国際私法と統一法」松井芳郎教授・木棚照一教授・加藤雅信教授共編『国際取引と法』（名古屋大学出版会、一九八八年）一三九頁。
(8)　松岡博教授（前注(6)）一六九頁、澤木教授（前注(7)）一四一頁他参照。*Wichard, Johannes Christian*, Die Anwendung

der UNIDROIT-Prinzipien für internationale Handelsverträge durch Schiedsgerichte und staatliche Gerichte, RablesZ 60 (1996), S. 269.

（9）　このように国際法に対しても準拠法としての適格性が一般的に認められるとすれば、これにより、統一法のそれぞれにつき個別的に準拠法適格性の有無を検討することが可能となろう。例えば、日本の企業とアメリカ合衆国の企業との間で締結される国際契約について、各種のヨーロッパ条約を準拠法として指定することが許されるか否かといった点がそうである。この問いに対する解答も決して論理の問題ではあり得ない。けだし、論理の問題だとされるのであれば、右の問いに対して誰が考えても同一の結論に至るような状況を想定することができなければならないものと考えられるのに、実際には、そうした事態を想定することは不可能だからである。むしろ、右の問いに対する解答の内容を左右するのは、日本の契約法と関係諸国の国内契約法、そして条約法（一九八〇年および一九八八年のヴィーン条約等）を素材として行われる比較実質法的作業から得られる各種の利益対立状況についての政策的な評価の内容と、対立する利益相互間での優先順位の決定基準を形成する判断基準の内容如何ということになろう。

（10）　国際契約の準拠法決定に関しては、とりわけ国際私法と統一私法との適用関係が問題とされてきた。これについては、高桑昭教授「国際私法と統一私法」澤木敬郎教授・秌場準一教授共編『国際私法の争点』（第二版）（有斐閣、一九九六年）他の研究がある。また国際法の中に含められるか否かという点でも論じられる余地のあるlex mercatoriaについてもわが国では多喜寛教授、山手正史教授他による優れた研究がすでに公表されている。これらの論点も本章の主題と無関係ではないが、直接的な関連性の有無を考慮して、本章では除外することとした。lex mercatoriaについてはこのほか、*Weise, Paul-Frank,* Lex mercatoria, Frankfurt am Main 1990 ; *Booysen, Hercules,* Die internationale lex mercatoria : Das Erfordernis ihrer Umgestaltung zu einer rechtswissenschaftlichen Synthese und ihr Verhältnis zum Völkerrecht, Archiv des Völkerrechts, 30. Band (1992), S. 196 他をも参照。

（11）　*Booysen, Hercules,* Völkerrecht als Vertragsstatut internationaler privatrechtlicher Verträge, RabelsZ 59 (1995), S. 245.

（12）　*Booysen, H.,* a. a. O.（前注（11）), S. 246.

（13）　*Booysen, H.,* a. a. O.（前注（11）), S. 246.

（14）　*Booysen, H.,* a. a. O.（前注（11）), SS. 245–247.

(15)　*Martiny, Dieter,* Rechtswahl, in : *Reithmann/Martiny,* Internationales Vertragsrecht, 5. Aufl. München 1996, Rdnr. 64, S. 79 f.
(16)　*Booysen, H.,* a. a. O.（前注(11)), SS. 247–249.
(17)　*Booysen, H.,* a. a. O.（前注(11)), SS. 249–252.
(18)　*Booysen, H.,* a. a. O.（前注(11)), SS. 252–256.
(19)　*Booysen, H.,* a.a. O.（前注(11)), S. 256 f.
(20)　前述七頁。国際法の準拠法適格性を、その要否ではなく、可否の側面から捉えようとする理解はわが国でもみられる。例えば「国際私法上の指定の対象となりうる法といえるか」（澤木教授「国際私法と統一法」『国際取引と法』（前注(7)）一四一頁）とか、「国際私法上、国際法を準拠法として指定し得るか」（澤木教授「国家との契約」『現代契約法大系』（第八巻））（前注(5)）一六三頁）とかといった指摘がそうである。
(21)　前述五頁。
(22)　前述四頁。
(23)　山内「『国際租税法』という概念の理解の仕方について—木村教授の研究に接して—」法学新報一〇三巻一一・一二合併号一三七頁以下（本書第二部第四章）参照。
(24)　ウェルナー・マルクス著（上妻精教授・米田美智子助教授訳）『地上に尺度はあるか』（未來社、一九九四年）一〇頁。
(25)　ウェルナー・マルクス著（上妻教授・米田助教授訳）前掲書（前注(24)）二九頁。

# 第二章　西ドイツ国際私法における雇用契約の準拠法について
## ――〝便宜置籍船〟の場合――

〝立法者にとって法比較が有用であるという点はずっと以前から承認されてきたところであり、こんにちでは異論を見ない。国際的な関連性の度合いがますます強くなってきていることによって、こんにちの立法者は、外国の諸法制度が有する機能に留意する契機を与えられているのである。(*)〟

## 一　はじめに

いわゆる〝便宜置籍船〟をめぐる法律問題のうち、フルムーン号事件に代表される〝公海上での異国籍船舶間の衝突事件の準拠法決定〟については、この著者においてもすでにしばしば論及する機会があった(1)。それに続けて、以下では、そうした便宜置籍船に配乗される船員の労働条件を規律する雇用契約の準拠法決定について取り上げることとしたい。というのは、最近の諸事例からも知られるように、便宜置籍船に雇用される便宜船員をめぐる国際私法問題はわが国においてもなお無縁のものではあり得ないからである。[2] むろん、この主題についても、わが国の場合、貴重な先駆的研究[3]はあるが、そこには素材等の点で限界のあることが知られよう。その意味において、ここでは、わが国における解釈論的検討に先立つ法比較研究の一環として、近時、便宜置籍船および便宜船員の問題についても若干の資料を提供しているドイツ連邦共和国（以下、西ドイツと略称する）の場合[4]に限って、レフラー氏の整理[5]に依拠しながら、標記の主題に関する最近の動向を補足しておきたい。[6]

## 二　雇用契約の準拠法

### 一　当事者自治の原則

(1)　それならば、西ドイツ国際私法上、外国国旗を掲げた船舶に配乗されている船員の雇用契約はどのように規律されているか。いまレフラー氏によれば、外国船舶上での雇用契約もまた、その他の労働関係と同じように、この国際労働法上の諸原則に服するとされている。[7] しかも、その場合、当事者自治の原則が学説・判例上一般に承認されている。[8][9] それゆえ、当事者間に明示の準拠法指定があるときだけでなく、黙示の指定または推定的指定が行われていると解されるときも、まずこの法によることとなる。以下では、当事者による準拠法指定が行われている場合の原則的な取扱いおよびこの原則に対する制限の二つに分けて整理することとしよう。

(2)　そのうち、まず、雇用契約締結時にすでに準拠法の合意が行われていたとされる場合についてである。ここでは、合意された法がどこの国の法であるかによって、なお場面が分かれよう。

（a）　まず、当事者によって旗国法が選択される場合がある。[10] たとえば「この合意中において明らかに企図されていないすべての問題は、リベリア海事法（Liberian Maritime Law）によって規律される」とか、「本契約から生じるすべての民事法的紛争は、シンガポールの条項の定める基準に従って規律されるものとする」との条項[11]が含まれている事例のように、明示的な準拠法指定が行われている場合がそうである。ここでは、雇用契約に関わる諸問題は、そこで合意された旗国法に服することとなる。

この場合に西ドイツ法上まず論議されているのは、圧倒的多数のこの種の事例において用いられている、これらの条項を含む海員雇用契約書式が一九七六年一二月六日の普通取引約款法[12]の適用対象とされるか否かという点である。それは、連邦通常裁判所の裁判例[13]によれば、書式に基づく契約が同法の規律対象とされているところから、かかる書式に基づく契約に対して普通取引約款法による内容的統制が考えられていたためにほかならない。けれども、この点は、同法第二三条第一項により明文をもって否定され、したがってこの種の契約は同法の適用対象から除外されている。それゆえ、附合約款による旗国法の明示的選択は、普通取引約款法の適用を受けないこととなる。

かかる明示の準拠法選択のほか、国際的裁判管轄の合意等を通じて旗国法が黙示的に選択されていると見られる場合も少なくない。

（b）次いでは、西ドイツ人船員の本国法などの資格において西ドイツ法が選択される場合である。しかしながら、旗国法が合意される場合とは異なり、ここで考えられる指定はほとんどの場合、明示の指定ではなく、黙示のそれである[14]。そのための重要な根拠を提供しているのは、西ドイツ法の部分的指定[15]であり、また西ドイツ裁判所の国際的裁判管轄権についての合意[16]である。むろん、これらの徴憑も決して絶対的なものではない。最終的根拠という意味では、法廷地法としての資格における西ドイツ法の適用も考えられるところであろう。

限界事例を提供するのは、たとえば、明示の準拠法選択が行われていない場合において、個別的な点においては、旗国法の適用が考えられているが、他方で西ドイツ裁判所の国際的裁判管轄権が合意されているような場合である。けれども、そこでは、統一的な解決策はみられていない(17)。

（c） さらに、西ドイツの労働法規に対する実質法的指定にも言及されるべきであろう。旗国法たる便宜置籍国の法秩序が準拠法として明示的に合意されている場合であっても、契約自由の原則の枠内で、雇用契約上の個々の条項に関して西ドイツ法の部分的適用が肯定される点については、異論の余地もない(18)。それとしては、病気休暇時の賃金継続支払等に関する条項が挙げられよう(19)。

(3) 西ドイツ海事国際労働法におけるこのような当事者自治の原則についても、むろんその適用に対しては制限が考えられている。レフラー氏の整理によれば、それとして挙げられているのは、外国との牽連性(20)と法律回避論(21)とである。

（a） そのうちまず、外国との牽連性の要件についてである。便宜置籍船の運航について事実上の処分権が実質的船主たる西ドイツ企業の手中に残されている場合、したがって、事実上は外国との間になんらの牽連性もないと考えられる場合においても、当該便宜置籍船に配乗されている船員の雇用契約について当事者の準拠法選択が認められるべきか。この点に言及するにあたっては、その前提として以下のことが確認されなければならないであろう。すなわち、それは、労働契約の当事者が当該雇用契約の準拠法をみずから決定することができるのは、規律されるべき法律関係が渉外的なそれを示している場合に限られるという点である。この渉外性は、「国際性の混入（internationaler Einschlag）(22)」とか、「他国の法域への侵入（Übergriff in fremde Rechtsgebiete）(23)」、「外国に対する現実的関係（reale Beziehung zum Ausland）(24)」等の表現で表されているところであるが、このような渉外的雇用関係でなければ準拠法を選択することができないという点は、すでに古く一八九九年九月二一日のライヒ裁判所判決(25)において確認されているところである。すなわち、労務給付地が外国であることのみならず、使用者自身がその住所または会社所在地をそこで選択されている法の施行範囲内に有していなければならないとする立場である。そのことを船員の雇用関係についていえば、当該雇用関係が外国船舶について成立しており、しかも同時に、かかる船主が自己の住所または会社所在地を、選択された法秩序が行われている国に有する場合にのみ、当該雇用関係は外国との牽連性を示していることとなる。そのことは、形式的にみると便宜置籍船に配乗されている西ドイツ人についてもたしかに当てはまるところであろう。けれども、便宜置籍船の場合の取扱いは、船舶の実質的な所有権が外国会社に譲渡されていない点において、真の意味での渉外労働事件とは異なったものとされなければならない[26]。かくして、ここでは、外面的形式が打破されて「渉外性」が失われ、したがって、その事実関係により示される国内的性格が重視されることにより、結局、当該法律問題は西ドイツ法の適用下に置かれることとなろう。この意味において便宜船員の事例は法的には国内事件としての性格を有することとなる。

（b）　第二の制限根拠として挙げられているのは、法律回避論の構成である。そこには、西ドイツ人船員の雇用関係について本来的に適用を予定されている西ドイツ法の適用を回避するために純然たる国内法的関係を「渉外化」することに対しての消極的な評価がある。かくして、ここでも、西ドイツの国際労働法上認められている当事者自治原則の意味および目的からして、西ドイツ船でありながら、外国国旗を掲げているものについての雇用契約に際して旗国法の選択が許されているか否か、いいかえれば、そこで旗国法を準拠法として合意することは、形式的にはそのことが許されているにしても、準拠法選択の濫用を意味しているのではないかという一般的な問題が提起されるのである[27]。そのための判断基準とされているのは、外国国旗の掲揚[28]という客観的要件と回避意図の存在[29]という主観的要件とである。これら二つの要件の存在が肯定される限り、選択された旗国法に代えて、西ドイツ法が適用されることとなろう。

二　客観的連結――補充的連結

それならば、当事者による準拠法指定が行われていない場合[30]、雇用契約の準拠法はどのようにして決定されるか。この場合、西ドイツにおける支配的学説は旗国法への連結において異論をみないとされている[31]。他方、裁判例にあっても、まず、一九二六年一〇月三〇日のライヒ労働裁判所判決[32]において、その後、一九六三年五月三〇日の連邦労働裁判所判決[33]の中で、かかる旗国法主義の採用が確認されている。ただ、その場合においても、旗国法に連結するための根拠は決して一様ではない。一方で主張されているのは、船舶をもって、当該船舶がその国旗を掲げている国の浮遊する領土構成部分の一態様とみる立場（船舶領土説[34]）である。他方において、かかる主張を擬制によるものとみなし、その船舶の滞在地および領土の変化をいっさい顧慮することなく、公海および港湾内における船舶上での諸事象を統一的な主権のもとに服せしめるという、もっぱら実際的な必要性から旗国法の適用を基礎付ける立場[35]もある。そこでは、旗国こそは、自国船舶に対してみずからが有する密接な関係に基づいて主権を最もよく行使することができるとする予断がある。さらには、労働関係の準拠法と旗国法との間で生じ得る牴触を予防し、乗組員相互間での団結を確保し、もって船舶上での労働における最大限度の同質性を保護するために旗国法によるとか、また旗国法の適用が法的安定性および法の明確性を高度に保証するものであるとかという点に論及されることもある[36]。

ところで、このような旗国法主義は、周知のように、決してこの国にのみ特有の構成でもない[37]。そこでは、若干の立法例にも言及されている。とりわけて顕著なものは、イタリア[38]、フランス[39]、ソヴィエト社会主義共和国連邦[40]等にみられる一方的牴触規定の構成であろう。近時の東ドイツ法[41]もまた、この例外ではない[42]。

### 三　便宜置籍船の取扱い

しかしながら、このような旗国法主義を便宜置籍船の事例に対しても無制限に適用することに対しては、古くから異議が出されてきた(43)。すなわち、おそらくは存在し得ないであろう労働法に依拠することの問題性がガミルシェーク教授によりまず指摘された(44)あと、一九五七年にジュネーヴで開催された第二回労働法国際会議において、海上労働契約に対して旗国法を適用することに対する疑義がカーン・フロイント教授によって出されたのである(45)。そこでは、旗国法主義に代えて、たとえば、事実上の企業本拠地（tatsächlicher Unternehmenssitz）や各船舶の持分所有者の国籍への連結等の構成が提唱されていた(46)。しかし、そうした主張も、これまでのところ、必ずしも多くの支持を得るには至っていないようである(47)。

(1)　このような状況下において、若干の国における裁判例の展開を参考としつつ、近時、新しい構成を提唱しているのが次のようなレフラー氏の場合である。

〃外国国旗下の船舶上での雇用契約は、それぞれの渉外的労働関係と同じように、国際労働法上の諸原則に服する。それにしたがえば、契約当事者による準拠法選択が欠けている場合、雇用関係の法的重心に依拠しなければならない。この目的のためには、相異なるさまざまの連結基準がその重要性に応じて相互に周到に比較衡量されるべきである。その場合、旗国法は、絶対的に優勢な性格を有するものではなく、労務給付地法の一段階下の場合として、多数の連結可能性のうちでひとつの重要な可能性を示すに過ぎず、個別具体的な事案においては、より大きな具体的正義を実現するため、これとは別のより適切な連結基準の背後に撤退しなければならないのである(48)。〃

それならば、限定的な事例について提唱された「雇用関係の法的重心」への連結というこうした結論に到達するについて、レフラー氏の場合、どのような考慮が加えられているか。それとしてまず強調されるのは、この論者の場合、旗国法への連結が一般的には放棄されていない(49)という点である。そこには、国際法上、便宜置籍国もまた、自国国旗を掲げて航行している船舶に対して主権を行使しているという認識がある。そのうえで、旗国法への連結が好ましくないとされる事案について、弾力的な連結を行おうとするのである。

こうした弾力的な連結を行おうとする場合、その前提に置かれているのは、二つのアプローチ、すなわち、「推定的当事者意思」(50)と「空間的に最も密接な関係」(51)とである。殊に後者については、労働関係の場所的な重心は労務給付地であるという認識から、場合によっては、(52)労務給付地法への客観的な連結が考えられることとなる。そして、これら二つのアプローチは、その理論的出発点における相違にもかかわらず、実際の適用上大きな違いをもたらすものではないという認識のもとに、これら二つのアプローチの持つ長所がともに生かされる場合、すなわち、当該労働関係の法的重心への連結が行われる場合について、立ち入った説明が行われているのである。(53)(54)その結論部分はこうである。

〃外国国旗を掲げた船舶上での雇用関係に対していかなる法が適用されるかという点は、右に研究された前述の諸基準に基づいて判断されるべきである。すなわち、ドイツ人乗組員がいる場合、旗国法を除いて、他のすべてのメルクマールは、当該雇用関係の連邦共和国との緊密な結び付きを、したがってドイツ法秩序を示唆している。当該雇用契約中において、ドイツ法規への関連付けが欠けているであろう場合でさえも、ドイツ裁判所の合意、使用者および労働者に共通するドイツ国籍、そしてドイツが締結地であり、ドイツが船員の住所地であり、賃金がドイツの通貨で支払われているといった……メルクマールと比較してみると、ドイツ法が引き続き適用されるという点での信頼の保護……は、旗国法への連結が後回しにされなければならないほど重要なものである。

旗国法は、なるほど海事国際労働法において全世界的な範囲で適用されるという長所を持っており、原則的な承認にも値する。しかし、そのことは一方的に具体的正義の負担とされてはならないであろう。それというのも、旗国法は、それ自体のために用いられるような「論理的要請」ではないからである。外国国旗を掲げた船舶について、旗国に対して事実上密接な関連性が欠けている場合、旗国法は、雇用契約のための連結点としては、広範囲にわたってその重要性を失ってしまっている。というのも、すべての、さらに詳細な諸事情が外国国旗を掲げさせている者の国の法を示唆しているからである。ドイツ船舶が外国国旗を掲げたあとも、当該外国国旗を掲げさせているドイツの船会社の処分権のもとに引き続き置かれており、船舶の運航もまたドイツの高級船員によって構成されたままであるという点を念頭に置くならば、外国国旗を掲げている船舶は、結局のところ、外見上の国旗の操作という点でのみドイツ船舶から区別されているにすぎないのである。それゆえ、当該事実がより大きな近接性および正義を持っているという利点、そしてドイツ法こそがよりよく形成された法であるという論証、これらがドイツ法の適用に賛成しているのである。

外国国旗を掲げたドイツ船舶に配乗されている外国人船員の場合、最も密接な関係がいかなる法秩序に対して存在するかは、個別具体的事案において判断されなければならない。双方の当事者に共通するドイツ国籍というメルクマールは問題にならないので、ここでは旗国法がふたたび重要性を獲得することができる。より詳細な諸事情に基づいてなおその余の連結メルクマールが問題にならないときは、旗国法がその他の連結点に比べて、結局、それでもなお優っているか否かが綿密に検討されなければならない。それでも、当該雇用契約がドイツ裁判籍の合意ならびにドイツの規定への関連付けを含み、そして当該外国人船員がすでに以前にドイツ船舶に乗り組んでいたときは、ここでも重要な諸事情がこれまでこの者について行われていたドイツ労働法への連結について賛成しているのであり、この者にとって未知の、当該船舶の旗国法や、ましてやその者の固有の本国法への連結について賛成しているわけではないのである。(55)〃

(2)　さらに、ここで言及されなければならないのが、例外則たる公序条項の介入である。レフラー氏の場合、ここでも公序条項についての伝統的な理解のもとに、いくつかの点について個別的な検討が行われている。(56)すなわち、西ドイツ労働法上使用者に課されている義務は、準拠法たる外国法の適用上、そうした義務の履行、いいかえれば労働者の保護が欠落しているときは、公序条項によって調整されなければならないとする立場から、疾病に対する保護、病気の際の賃金の継続的支払、休暇、解約保護等についてさらに立ち入った分析が行われているのである。

そして最後に、公法的側面が取り上げられている。(57)公法と私法とが交錯するこの領域では、この問題を看過することはできないとして、外国公法のほか、ドイツ公法が適用される場合にも言及されている。

## 三　結びに代えて

本章では、標記の主題に関する西ドイツの学説および実務の一端を探ることが企図された。限られた素材から得られる結果はもとより部分的なものにとどまるところであるが、この国の場合、概略すれば、つぎのような整理も可能なのではなかろうか。すなわち、基本的には、当事者自治の原則が維持されてはいるものの、事案によっては弾力的な取扱いが行われている、とする立場である。そこでは、国際労働法における便宜置籍船の取扱いについて必ずしもつねに旗国法が適用されているわけではなく、時として旗国法の適用に対して疑義が出されてもいる。この点に関する準拠法決定問題についてのレフラー氏自身の主張は、結局のところ、実質的連結理論[58]の提唱にとどまるものといえよう。その場合に考えられているのは、一義的な客観主義ではなく、先に論及したアメリカ判例流の弾力的処理の立場である。

それならば、このような構成についてはどのように考えられるべきか。ここでは、性急な評価を避けて、若干の留意点への言及のみにとどめるべきであろう。それとしてまず挙げられるのは、準拠法決定におけるかかる白地化のもたらす問題性についてである。すなわち、実質的連結理論のもとではどのような要素についてどの程度に考慮することが実質的かという点について検討されなければならないところであろう。しかるに、レフラー氏の場合、後者の問題については、格別に論じられてはいない[59]。次いで、そうした準拠法の事項的適用範囲についても、さらに立ち入った論及の必要性があるのではなかろうか。けだし、そうした対象と方法との組み合わせいかんによっては、かかる実質的連結理論もまた空洞化する危険性がないとはいえないからである。

すでにエッサー教授が適切にも書き留めていたように、具体的事例を通じての問題思考、原理の形成、体系の構築、これら三者間の相互関連性はいずれの法文化においてもつねに強調されてきたところである[60]。そして、この点は、海事法においてもそのまま妥当するところであろう[61]。この点からみるとき、ここで取り上げられた便宜置籍船についても、冒頭のモットーに示されたように、いまや立法による規制が考えられるべき段階にあるのではなかろうか。この意味において、いくつかの問題点を有するとはいえ、ここにみた西ドイツの動きは、わが国の実務にとってもなお無関心ではいられないように思われる。ことに、わが国の場合、統計上も便宜船員の比率が高まってきているときだけに、そのことの持つ意味も決して小さなものとはいえないであろう。本章は、わが国における立ち入った論議のための契機を提供すべく試みられた一外国法研究の域を出るものではない[62]。それならば、この点、わが国ではどのように考えられるべきであろうか。

（＊）　*Zajtay, Imre*, Ziele und Methoden der Rechtsvergleichung, in : *ders.*, Beiträge zur Rechtsvergleichung, Tübingen 1976, 54, 58.

（1）　山内『海事国際私法の研究——便宜置籍船論——』（日本比較法研究所 研究叢書（12））（以下、山内『研究』として引用する）は、そうした個別的研究を集約したものである。なお、便宜置籍船の定義については、同書一二頁以下参照。

（2）　それとしては、先に山内『研究』二四四頁および二四六頁の注（9）に言及した事例のほか、より最近のものとしてつぎのケースが知られよう。

①　日本法人三豊運輸のパナマ子会社である三豊シッピングに所有され、日本法人昭和油槽船にリースされたパナマ船籍のケミカルタンカー、キング・ファミリー号に配乗された韓国人乗組員が同船のマニラ港内での爆発炎上事故により負傷した事例（日本経済新聞、一九八七年年九月二五日）。

② 日本人喜久汽船所有の富陽丸に配乗された韓国人乗組員がフランス北部のルアーブル港とルアン港間のセーヌ川を航行中に発生したパナマ籍タンカー、ビクトリア号との衝突事故で負傷した事例（日本経済新聞、一九八七年六月二四日）。

その他、こうした便宜船員問題の状況を伝えるものとして、船員コスト削減のために外国人を配乗している事例報告（朝日新聞、一九八六年一〇月二一日）、中西昭士郎全日本海員組合中央執行委員の発言（朝日新聞、一九八七年二月二二日）、外国籍「混乗船」の実態報告（朝日新聞、一九八七年九月二六日）、東京港に入港する便宜置籍船に対する全日本海員組合の乗務実態調査（日本経済新聞、一九八七年四月九日）、海運造船合理化審議会海運対策部会小委員会の動き（日本経済新聞、一九八八年二月九日）、ペルシャ湾での被害の実情報告（朝日新聞、一九八八年三月三〇日）など参照。

(3) たとえば、武城正長教授「労働契約・雇入契約・仕組船の雇入契約の準拠法(Ⅰ)、(Ⅱ)」海事産業研究所報一三八号五頁以下および一三九号五頁以下。なお、この著者においても、アメリカ判例の動きの一端について紹介する機会があった。（山内『研究』一〇四頁以下参照）。

(4) 便宜置籍船をめぐる渉外的労働事件の国際的裁判管轄権の決定問題に関する西ドイツ実務の動きについては、先に部分的に紹介する機会があった（山内『研究』二四三頁以下参照）

(5) *Leffler*, Das Heuerverhältnis auf ausgeflaggten deutschen Schiffen, Berlin 1978; *ders.*, Das Recht der Flagge im internationalen Seearbeitsrecht, RdA 1978, 97.

(6) 本章は、主として海事不法行為に関して提唱されたこの著者の仮定的構成（とくに『研究』一三八頁以下参照）の国際労働法領域への拡大それ自体を意図するものではなく、西ドイツ国際労働法の一断面についての現状把握の試みにとどまるものである。

(7) *Leffler*, Das Heuerverhältnis S. 81; *ders.*, Das Recht der Flagge S. 98 および同所所掲の諸文献参照。なお、この国における国際労働法の概観については、*Gamillscheg*, Internationales Arbeitsrecht, Tübingen 1959; *Birk*, Das Internationale Arbeitsrecht der Bundesrepublik Deutschland, 46 RabelsZ 1982, 384（その邦訳として、ビルク（山内訳）「ドイツ連邦共和国の国際労働法」法学新報九〇巻三・四号一四三頁以下（グロスフェルト他著（山内訳）『国際企業法の諸相』（中央大学出版部、一九九〇年）二九五頁下に収録））; *ders.*, Das Arbeitskollisionsrecht der Bundesrepublik Deutschland, Recht der Arbeit 1984,

129; *Trinkner*, Rechtswahl im internationalen Arbeitsrecht, BB 1967, 1290, 1291; *Martiny*, Arbeitsvertrag, in: *Reithmann*, Internationales Vertragsrecht, 3. völlig überarbeitete und erweiterte Auflage, Köln 1980, S. 427 ff. 他参照。

（8）*Leffler*, Das Heuerverhältnis S. 81 f.　なお、判例については、S. 81 f.　また学説については、S. 82 f. に詳しい。もっとも、*Großfeld*, Internationales Unternehmensrecht, Heidelberg 1986, S. 104 によれば、旗国法への連結が一般的であるとされている。

（9）むろん、こうした当事者自治の原則に対しては、周知のように、労働法の保護法性を強調する立場から強い批判が向けられており、経営体所在地（Betriebsort）への連結や労働者にとってより有利な法の適用などが提唱されている。その詳細については、*Leffler*, Das Heuerverhältnis S. 83 ff.

（10）*Leffler*, Das Heuerverhältnis S. 93 f.

（11）*Leffler*, Das Heuerverhältnis S. 81 FN 1.

（12）一九七七年四月一日発効の普通取引約款法（Gesetz zur Regelung des Rechts der Allgemeinen Geschäftsbedingungen, BGBl. 1976 I　S. 3317）。

（13）それとして挙げられるのは、連邦通常裁判所の一九七四年三月二九日判決（BGHZ 62, 251, 252 f.）、一九七四年一一月八日判決（BGHZ 63, 238, 239）、一九七六年一二月一五日判決（NJW 1977, 624）等である。

（14）*Leffler*, Das Heuerverhältnis S. 89.

（15）それとしては、西ドイツの労働協約法が指定されている点に依拠した連邦労働裁判所の一九六〇年七月七日判決（AP Nr. 2 zu § 124a GewO）他が挙げられている。その詳細については、*Leffler*, Das Heuerverhältnis S. 89 ff.

（16）多くの雇用契約中には、「当該雇用関係から生じるすべての民事紛争の判断については、ハンブルク区裁判所が専属管轄権を有する」旨の合意管轄条項が含まれているとされる。その詳細については、*Leffler*, Das Heuerverhältnis S. 90 f.

（17）この点、裁判籍の選択に対して決定的な重要性が与えられなければならないとする立場から西ドイツ法の適用が黙示的に合意されているとみなすことができるとするのが、レフラー氏の場合である（*Leffler*, Das Heuerverhältnis S. 94）。

（18）*Leffler*, Das Heuerverhältnis S. 94 f.

（19）けだし、いわゆる便宜置籍国（旗国）の労働法と西ドイツのそれとの間には、労働条件などの面で多少の相違がみられるからである。たとえば、船員が船上で病気になった場合において、船員がなお船上にあるときに、賃金が一〇〇%継続して支払われるという点では、たしかにこれら四か国とも西ドイツとの間に違いはない（リベリア船員法第三三六条第一項a号、パナマ労働法典第二七二条第一文、シンガポール海運法第八〇条、キプロス海運法第三八条第一項）。けれども、この船員が下船したときの給与については、つぎのような相違がある。すなわち、リベリアの場合、病気になったときから起算して一六週間については基本給の三分の一が支払われる（船員法第三三六条第一項c号）。パナマの場合、原則として時間的には無制限に給与が一〇〇%支払われる（労働法典第二七二条第一文）。シンガポールの場合、病状によりその取扱いが異なる。すなわち、病気が一時的なものであれば、五年間にわたって給与月額の三分の一が半月に一度支払われる（上限は月額八五シンガポール・ドル）が、病気が一時的なものでないときは、基本給の四八か月分（上限は九六〇〇シンガポール・ドル）が支払われるにすぎない（労働者災害補償法第八条第c項）。キプロスの場合、下船と同時に、賃金の継続支払請求権は失われることとなる（海運法第三九条）。西ドイツの場合、病気になったときから起算して六週間は基本給が支払われるが、その後の期間については船員健康保険から疾病手当てが支払われる（ライヒ保険法第一八二条第一項第二号）。

　また、このほか、労働時間および超過勤務に対する支払という点では、つぎのような事実がある。すなわち、リベリア船舶の場合、それが港内および海上にあるときの一日の労働時間は八時間とされており、日曜日および祝日も明示的には除外されていない（リベリア船員法（Merchant Seamen's Act）第三四一条a項）。これを越えるときは、超過時間につき、別に合意された一時間あたりの基準労働賃金の一五〇%が支払われる（リベリア労働法（Liberian Labor Law）第五一条）。パナマ船舶の場合、法定労働時間は一日八時間、一週四八時間である（パナマ労働法典（Codigo de Trabajo）第三一条）が、船長が海上および港内での一日の労働時間を定める排他的権利を有する（パナマ労働法典第二六〇条前段）のであって、当初の契約を通じて合意されていた労働時間を越える部分については、乗組員は、合意された賃金の少なくとも二五%増を請求する権利を有する。超過時間が日曜日にあたるときは、五〇%増を、また法定休日にあたるときは、一五〇%増を請求できるものとされている（パナマ労働法典第四八条第一項および第四九条第一項）。シンガポールでは、船上での労働時間に関する特別の制定法規はなく、労働省調査部の勧告では、一週五〇時間労働（平日八時間、日曜日二時間）、超過勤務については一時間あたり二五%増とされている（A Summary of the board of inquiry report, No. 3 and 5）。さらに、キプロスでは、海上での労働時間および港内での平日の労働時間は一日八時間とされ、入港および出港時のそれは除かれている（商船規則

第二条第一項および第二項、第三条第一項ないし第四項)。超過勤務については、一時間あたり月額の一七〇分の一に相当する金額が支払われ、二四時間以内に六時間を越える超過勤務は許されない(同規則第四条第一項および第二項)。これに対して、西ドイツ船舶の場合、一日の労働時間は、八時間を越えてはならず(船員法第八五条第一項)、船舶が港内にあるときは、平日で八時間、土曜日には五時間を越えてはならないとされている(同法第八六条第一項)。

さらに、雇用契約から生じる請求権の消滅時効期間については、西ドイツの場合、請求権が生じた年の年末から起算して二年間となっている(民法典第一九六条第八号および第九号、第一九八条、第二〇一条第一文)。これに対して、リベリアでは、請求権の発生時から一年(船員法第三六〇条第一項a号)、パナマでは、一年(労働法典第一二条第一号――労働災害の場合は二年(同条第一二号))、シンガポールでは六か月(雇用契約当事者が共にシンガポールに居る時から起算する――海運法第三七一条第一項)とされている。なお、これらの詳細については、*Leffler*, Das Heuerverhältnis S. 20 ff., S. 280 ff. 他参照。

(20) *Leffler*, Das Heuerverhältnis S. 96 ff.

(21) *Leffler*, Das Heuerverhältnis S. 99 ff.

(22) *Trinkner*, a. a. O.(前注(1)), 1291.

(23) *Kaufmann*, Die rechtliche Beurteilung von Arbeitsverhältnissen bei Beschäftigung im Ausland und bei ausländischen Unternehmen im Inland, DB 1960, 496, 497.

(24) *Beitzke*, Räumliche Kollisionen arbeitsrechtlicher Normen, in : Arbeitsrecht-Blattei, D, Rechtsquellen B III, 1 b.

(25) RGZ 44, 300.

(26) その場合、十分な渉外性を有するか否かの判定基準としては、当事者の住所、国籍、営業所といった「主観的な」基準だけでなく、「契約に内在する客観的な」基準が重視されている(*Leffler*, Das Heuerverhältnis S. 97)。

(27) *Leffler*, Das Heuerverhältnis S. 101.

(28) *Leffler*, Das Heuerverhältnis S. 102 ff.　むろん、そこで考えられているのは、あくまでも便宜置籍国の国旗であって、便宜置籍国以外の国の国旗がこの要件に含まれていない点は、改めて触れるまでもないであろう。

(29) *Leffler*, Das Heuerverhältnis S. 104 ff.　そこでは、法律回避の意図の有無を判断するための基準についても若干の言及があるが、渉外事件としての裁判例が挙げられていないところから、「制定法の目的を挫折させようとする行為者の意図を要する」という国内事件での判断基準が借用されているかのようである。

(30) レフラー氏によれば、ほとんどの事案がそうだとされている（*Leffler*, Das Recht der Flagge S. 98）。

(31) *Leffler*, Das Heuerverhältnis S. 107 ; *Siehr*, Billige Flaggen in teuren Hafen——Zum internationalen Arbeitsrecht auf Seeschiffen mit《billiger Flagge》, in : Festschrift für Frank Vischer, 1983, 303, 314 ; *Großfeld*, a. a. O., S. 104.

(32) IPRspr. 1928 Nr. 10.

(33) AP Nr. 7 zu IPR ArbR.

(34) *Leffler*, Das Heuerverhältnis S. 108.

(35) *Leffler*, Das Heuerverhältnis S. 108.

(36) *Leffler*, Das Heuerverhältnis S. 109.

(37) *Leffler*, Das Recht der Flagge S. 98.

(38) 一九四二年の航海法（Codice della Navigazione）第九条（*Makarov*, Quellen, I (Italien), S. 16）。

(39) 一九二六年の海事労働法（Code du Travail Maritime）第五条（Bulletin Legislatif Dalloz 1926, S. 848 ff.）。

(40) 一九二九年のソヴィエト社会主義共和国連邦航海法典（Gesetzbuch der Seehandelschiffahrt）第四a条（*Makarov*, Quellen, I (UdSSR), S. 8）。

(41) 一九七五年一二月五日に公布されたドイツ民主共和国の法律適用法第一二条第一項も船舶登録国法に連結している。

(42) このほか、こうした考え方はイギリス国旗を掲げて運行しているすべての船舶についても行われているとされている（*Leffler*, Das Heuerverhältnis S. 110）。その他、この点についての詳細は、*Leffler*, Das Heuerverhältnis S. 109 f.

(43) 主として海運国の側から出されているそうした批判の詳細については、*Leffler*, Das Heuerverhältnis S. 110 ff. また、比較判例については、S. 112 ff. ; *ders.*, Das Recht der Flagge S. 98 ; *Siehr*, a. a. O., S. 314 f. シーア教授は船舶を所有している海運企業（bereederndes Schiffahrtsunternehmen）と船員との共通属人法の適用可能性を示唆しつつも、結局はこの問題が個別的労働関係法上は実質法的に解決され得るにすぎないことに言及している。他方、ストライキ等の集団的労働関係法上の問題については、一九七四年一一月六日のジェノヴァ裁判所の事例（Il diritto marittimo, 77 (1975), S. 262）に言及しながら、労務給付地法、すなわち旗国法の適用に賛成している（a. a. O., S. 315）。

（44）*Gamillscheg*, Internationales Arbeitsrecht S. 136 f.

（45）*Gamillscheg*, Mitteilungen——Zweiter Internationaler Kongreß für Arbeitsrecht in Genf, 23 Rabels Z 1959, 199, 200.　この同じ会議において、シモン・デュピトゥル女史もまた、国旗変更がもたらす問題性に言及していた（47 Revue critique de droit international privé 195, 293）。これらの疑問の根底に共通にみられるのは、便宜置籍船の利用を通じて、伝統的海運国の労働法上の保護規定が回避され、労働条件等に関してそれらより劣悪な内容を定める旗国法が適用されることとなり、その結果、船舶上での労働条件について十分な管理が行われないこととなるという点であった。

（46）*Leffler*, Das Recht der Flagge S. 98 f.　とくに、ギリシアの判例については、*Leffler*, Das Heuerverhältnis S. 112 参照。そこでの分析によれば、ギリシア船隊の四分の三以上がパナマ国旗を掲揚しているところから、旗国法がパナマ法となる事例が圧倒的に多いにもかかわらず、ギリシアの判例上、通例、旗国法は適用されておらず、それに代えて、ギリシア法が適用されているようである。その理由はつぎの点に求められている。すなわち、ギリシア民法典第二五条によれば、明示の準拠法指定がない場合、すべての事情を考慮して最も適切とされる法秩序によることとなるが、多くの事案では、パナマの国旗を除いて船長、船員、形式的船主、実質的船主（tatsächlicher Schiffseigner）、契約締結地等がすべてギリシアを示しているという点である。こうした構成はいわゆる管理者説（Kontrolltheorie）の立場にほかならない（S. 113）。また、アメリカの判例については、S. 113 のほか、山内『研究』一〇四頁以下参照。

（47）そうした数少ない先例として知られるのが、一九八〇年七月一七日のバーデン・ヴュルテンヴェルク地方労働裁判所判決（RIW 1981, 272）である。そこでは、旗国法への連結に代えて、むしろ西ドイツ法が適用されているが、その根拠とされたのは、被告海運会社（キプロス法人）の持分所有者が西ドイツ人であること、本件海員の雇用契約が西ドイツでドイツ語を用いて締結されていたこと、そして本件海員の賃金が西ドイツの通貨で支払われていたこと、これらであった。

（48）*Leffler*, Das Recht der Flagge S. 101.

（49）*Leffler*, Das Heuerverhältnis S. 119.; *ders.*, Das Recht der Flagge S. 99.

（50）*Leffler*, Das Heuerverhältnis S. 119 f.

（51）*Leffler*, Das Heuerverhältnis S. 121 ff.

(52) *Leffler*, Das Recht der Flagge S. 100.

(53) たとえば、こうである。

〝労働契約準拠法の決定は、二つの側面から生じ得る。すなわち、……推定的当事者意思と……最も密接な空間的関連性……である。……連邦通常裁判所がその裁判において再三にわたり強調していたところによれば、当事者の主観的な観念ではなく、客観的な基礎に基づく理性的な利益衡量こそが重要なのである。これと同様に、連邦労働裁判所もまた、ひとつの理論のみにしがみつくことを避けている。むしろ、連邦労働裁判所は、各個別的事案の状況に応じて適切な解決策に到達するべく、さまざまの主観的および客観的な連結基準に依拠していたのであった〟。(*Leffler*, Das Recht der Flagge S. 99)

さらに、つぎのようにも述べられている。

〝……まず第一に依拠されるべきは、労働関係の重心としての労務給付地である。しかし、この労務給付地は、各事案においてこれに連結されるべきであるというほどに決定的な意味を持つものではない。そうすることは、客観的理論をあまりに硬直し過ぎたかたちで空間的に連結するという点において元のもくあみとなるし、また一方的に具体的正義の負担となるであろう。それゆえ、すべての事案においてその他の連結基準がそれ自体いずれか他の国に対してより密接な結び付きを示しているか否か、そしてその結果、労働関係の重心がこの国にあり、したがってその国の法秩序に連結されるべきか否かが審理されるべきである。

事実上の労務給付地を度外視して、原則として、主要な連結点が示している国の法秩序が最も妥当な連結を提供する。この意味での主要な連結点とは、主として裁判籍の合意、いずれかある法秩序上の特定の規範への関連付け、そして労働契約当事者の共通国籍、これらである。……決定的な重要性を有するのは、個々の連結点の数ではなく、その法的な陳述力なのである。

かくして、労務給付地法とは異なるいずれか他の地の法の適用についても限界が設けられることとなる。裁判所はこの限界の枠内で個別的事案における綿密な考量のもとに労働関係の重心を見つけなければならない。裁判所は、一般に労務給付地法の適用が可能であるという点に言及することによって、この課題を免れることはできないのである〟。

(*Leffler*, Das Recht der Flagge S. 100)

そしてまた、旗国法についてはつぎのように述べられている。

〝……乗組員の労務給付地は、領土上ではなく、旗国の主権のもとに置かれている船舶の上である。それゆえ、旗国法は、労務給付地法と同様に、その他複数の重要な連結基準のうちの主要なひとつであるにすぎない。

……旗国法への連結は、原則として労務給付地法への連結と同一の意味を持ち得ない。旗国法の適用によりもたらされる本質的な長所は、明らかに、すべての関与者にとっての法的安定性と予見可能性という点にある。旗国法を全世界的に承認することは、疑いもなく、海上労働法における国際的な裁判の調和をもたらしてきた。けれども、そのことは、このような連結が個別的な事案において、より大きな具体的正義に有利になるように、放棄されるべきではないということをもたらしてはいない。まさしくある船舶を便宜国旗のもとに置くこと、そして便宜置籍諸国の法のもとにそれを擬制的に従属させることは……法的安定性という長所を放棄する契機を提供しているのである。

かくして、旗国法と並ぶそのほかの……連結基準が顧慮されるべきである。個別的事案においては、その重要性に応じて、いかなる法が適用されるのかが判断されるべきである。主要な基準がすべて旗国法以外の法を示しているときは、旗国法はこの法の背後に撤退しなければならない。ドイツ人海員が便宜国旗下にあるドイツ船上での雇用契約のもとに置かれているときは、便宜置籍国法に対してつねにドイツ海上労働法の適用が優先する。けだし、国旗を除けば、すべての主要な連結基準がドイツ法秩序を指し示しているからである。これに対して、とくに乗組員が外国人である場合にあてはまるように、その他の基準がいろいろの異なる法秩序に連結しているときは、それでも旗国法がその他の連結素に比して優っているか否かが綿密に考量されるべきである。しかしながら、そうした考慮を行う場合、旗国法の適用というのは、旗国それ自体のために適用されなければならない論理的な要請ではないのだという点をつねにはっきりと知っていなければならないのである〟。(*Leffler*, Das Recht der Flagge S. 100 f.)

（54）*Leffler*, Das Recht der Flagge S. 99.

（55）*Leffler*, Das Heuerverhältnis S. 146 f.

（56）*Leffler*, Das Heuerverhältnis S. 148 ff.　なお、公序条項（旧民法典施行法第三〇条、現行国際私法典第六条）の適用により、外国規定の適用が排除される結果生じる欠缺は、第一次的に当該外国法秩序中のこれに類似する規定により補充され、これがないときにのみドイツ法上の関連規定に遡ることができるとされている。(*Leffler*, Das Heuerverhältnis S. 152.)。西ドイツ法における欠缺説の構成については、部分的にではあるが、すでに触れる機会があった（山内「わが国際私法における公序条項の適用について――「欠缺否認説」に対する若干の疑問――」日本比較法研究所創立三〇周年記念論文集『比較法の課題と展望』三九頁以下（山内『国際公序法の研究』（中央大学出版部、二〇〇一年）三頁以下）所収、とくに五六頁以下参照。

(57)　*Leffler*, Das Heuerverhältnis S. 178 ff.　これら公法の適用問題は本章の中心的主題からは若干離れるため、ここでは問題の指摘のみにとどめることとしたい。

(58)　実質的連結理論については、山内『研究』一三七頁以下参照。なお、これに関連して、旗国法の現代的意義についても検討の余地があるが、この点については、別稿に委ねられるべきであろう。この主題に関する最近の言及として、谷川久教授「旗国法の基礎の変化と海事国際私法（1）」成蹊法学二三号一頁以下他参照。

(59)　この点については、山内『研究』一四〇頁以下。また、そこで残されていたこの著者の課題については、法学新報八九巻九・一〇号一六七頁以下他四編の国際企業法に関する一連の論及に言及されるべきであろう。

(60)　*Esser*, Grundsatz und Norm in der richterlichen Fortbidung des Privatrechts, 3. Aufl. 1974.

(61)　*Lagoni*, Seerechtswissenschaft, in： Gedächtnisschrift für Wolfgang Martens, 1987, 803, 811.

(62)　第Ⅰ節注（6）参照。

# 第三章　ヨーロッパ国際私法における「便宜船員」の問題

## ――〃ネプテューン判決〃を手がかりとして――

〃外国法の……制度を研究対象とし……その生い立ちや背景を探るのは、それほど容易なことではない。……外国法を研究する場合の「視点の確立」は、どうすれば可能かつ妥当なものになるのか。(＊)〃

## 一　はじめに

一　「便宜置籍船」という表現は、そこに「便宜」という価値的評価を含む言葉が用いられていることからも明らかなように、船主が自己の所有船舶をその経営上の本拠が置かれるべき自国に代えて他国に登録するという作為的行為から派生する各種の経済的及び社会的な問題性を明示したものである。(1)このような事象が生じる背景には、他国の法規制に比してより厳格な自国の法規制を免れたり、また自国内での経営環境と比べて他国に登録することにより各種の経費を大幅に節減できるような状況を利用したりしようとする船主の積極的な意図がある。典型的状況としては、税制や会社法制などとともに、船員の労働環境をめぐって内外諸国間に存在する各種の経済的及び法的な水準格差も挙げられなければならない。例えば、相対的にみてより高額の賃金を保障される先進国の船員に代えて、発展途上国の船員がかなりの低賃金で雇用されるという場合がそうである(2)。ここに取り上げようとする「便宜船員」もまたそうした問題状況を示す表現にほかならない。長引いた海運界の不況等の影響もあって、わが国でも便宜船員の利用は決して稀ではない(3)。

二　それならば、このような便宜船員をめぐる労働問題はわが国際私法上どのように規律されるべきか。この主題それ自体に関する直接の裁判例はわが国の場合むろんまだ公表されていない。そのため、現段階では、この点に関するわが司法の実情を明らかにすることはできない。それでも、これまでに示されている考え方(4)を前提とすれば、ここでも、雇用契約（労働契約）中、概して私法的雇用関係の基本部分については法例第七条による当事者自治の原則が、また公法的性質を有する部分については強行法規の特別連結や公法の属地的適用によるとする構成がまず想定されることとなろう。けれども、便宜船員である場合の規律とそうでない場合の規律とをまったく区別することなく、便宜船員を含むすべての船員についてこのような一般的法律構成をそのまま採用すべきか否か、またその根拠を何に求めるべきかという点もまた、国際労働法において実践的な論点とされるように思われる。というのは、先の「昭和海運事件（フルムーン号事件）」における東京地裁判決(5)を契機として、公海上における異国籍船舶間の衝突事件の準拠法決定をめぐり、便宜置籍船をめぐる法律問題の取扱いと便宜置籍船ではない船舶をめぐる法律問題の取扱いとを異ならしめる可能性も考えられたからである(6)。準拠法決定の基本原則である実質的連結の確保という意味では、問題状況を同じくする便宜船員の雇用関係についても「真正な連鎖（genuine link）」が反映されなければならないであろう(7)。

三　もとより、この点についても、可能な限り包括的な外国法の調査と法比較研究が具体的提言に先行しなければならないであろう。というのは、より普遍的な解決策を国境を越えて模索する国際私法の場合、諸外国における規律の現況と将来の方向性をまったく無視することはできないからである。ここでは、右のモットーに示された趣旨を考慮しつつ、先のドイツ法研究[8]を補完する意味において、特にドイツ連邦共和国の法制とヨーロッパ経済共同体条約との適合性に論及したヨーロッパ共同体裁判所の一九九三年三月一七日判決[9]および同判決に対するマグヌス教授の論評[10]を取り上げることとしたい。けだし、右の判決には、便宜船員対策を盛り込んだこの国の第二次船舶登録制度[11]がヨーロッパ経済共同体条約に適合するか否かという問題との関連で、付随的にではあるが、標記の問題に言及した法務官(Generalanwalt)」の意見が示されているからである。この判決を取り上げることは、同時に、拡大されたヨーロッパ連合へと進展しつつあるヨーロッパ法の最新の動きを明らかにすることにもなろう。

以下では、まず右のヨーロッパ共同体裁判所判決の概要を、次いでマグヌス教授により行われた論評の要旨をそれぞれ紹介し、さらに筆者の視点から若干の問題に触れることとしたい。そのことを通じてわが国における規律のあり方を検討する素材が得られるならば、何よりのこととされよう。

## 二　ヨーロッパ共同体裁判所による〝ネプテューン判決〟

一　ヨーロッパ共同体裁判所による本件判決（以下、〝ネプテューン判決〟と略称する）[12]は、ヨーロッパ経済共同体条約第一七七条の定める先行裁判を求めてドイツ・ブレーメン労働裁判所が実施した一九九〇年一〇月九日付けの二件の提示決定を受けて行われたものである。それゆえ、何よりもまず、本件判決の前提をなすブレーメン労働裁判所における事案の概要が明らかにされなければならないであろう。

知られるところによれば、ドイツ法人で、ブレーメンに本拠を有する船会社スローマン・ネプテューン海運株式会社（Sloman Neptun Schiffahrt AG（以下、ネプテューン社と略称する））から同社の海事経営協議会（Seebetriebsrat）に対し、同社が国際船舶登録簿に登録されている自社船にフィリピン人一等通信士一名およびフィリピン人船員五名を配乗するうえでドイツの経営組織法（BetrVerfG）第九九条により必要とされる同社経営協議会の同意が求められた。当事者の合意によれば、本件労働契約の準拠法はフィリピン法とされていた。しかるに、同社の経営協議会は右の同意を与えることを拒否した。そのため、ネプテューン社はブレーメン労働裁判所に対し、裁判所による代替的同意の付与を申し立てた。

同社の海事経営協議会が同意を拒否するという判断を下した前提には、一九八九年三月二三日のドイツ連邦国旗を掲げ国際取引に従事する船舶についての追加的登録（国際船舶登録簿）の導入のための法律（国際船舶登録簿法）[13]第一条第二号により新たに挿入された国旗法[14]第二一条第四項の内容に対する消極的評価があった。というのは、同項は、次のように定めることによって、国際船舶登録簿に登録されているドイツ商船に乗務する特定の船員を当事者とする労働契約につきドイツ実質法の適用可能性を限定していたからである。

〝国際船舶登録簿に登録されている商船の乗組員で、内国にその住所または常居所を有しない者の労働関係は、民法典施行法第三〇条の適用に際して、ヨーロッパ共同体の法規定を留保して、当該船舶が連邦国旗を掲げているという事実に基づいては、ドイツ法に服さない。第一文に挙げられた労働関係について外国の労働組合により労働協約が締結されている場合、この労働協約が労働協約法典に定められた効力を有するのは、当該労働関係について、基本法の適用範囲内で施行されている労働協約法典の適用およびドイツ裁判所の裁判管轄権が合意されているときのみとする。[15]〟

右の表現形式から明らかなように、ドイツ連邦共和国内に住所または常居所を有しない外国人船員についてはドイツの労働協約に基づく保護は与えられず、本国の規定に服することとされた。その結果、外国人船員は同等の条件下にあるドイツ人船員に比してより劣悪な労働条件のもとに、より低額の報酬で働かされることとなり、ドイツ人船員との間で待遇上の差別が生じることとなった。同社の経営協議会は、右の規定がドイツ法上違憲であるだけでなく、それ以上にヨーロッパ経済共同体条約第九二条および第一一七条にも違反する旨を強調した。それは、国旗法第二一条第四項が、ドイツ法に基づいて雇用される船員に対して適用されるよりも劣悪な労働条件のもとで第三国の国民を雇用することを可能にしており、従って本件の場合、同一内容の作業に従事するドイツ人船員とフィリピン人船員との間で労働条件に関して差異が生じるという結果を是認することとならざるを得なかったからである。このような事情から、ブレーメン労働裁判所は、実体的判断を行う前提として、国際船舶登録簿法により導入された国旗法第二一条第四項がヨーロッパ経済共同体条約第九二条および第一一七条に適合するか否かの判断を求め、ヨーロッパ共同体裁判所に対して提示決定を行った。

二　それならば、ヨーロッパ経済共同体条約中、本件において基準とされた規定はどのような内容を有しているか。

1　そのうち、まず第九二条は、次のように規定する。

〃第九二条

1　この条約に別段の定めがない限り、形式のいかんを問わず国により与えられる援助またはいずれかの国家資金により与えられる援助で、ある企業またはある生産に便益を与えることによって競争を歪めまたは歪める恐れがあるものは、加盟国間の貿易に影響を及ぼす限り、共同市場と両立しない。

3　次に掲げる援助は、共同市場と両立するものとみなすことができる。

a　生活水準の異常に低い地域または重大な雇用不足の生じている地域の経済開発を促進するための援助。

b　欧州の共同利益となる重要な計画の達成を促進するためまたは加盟国の経済の重大な攪乱を救済するための援助。

c　ある種の活動の発展またはある経済地域の開発を容易にするための援助。但し、その援助は、共同の利益に反する程度まで貿易の条件を改変しないことを条件とする。もっとも、一九五七年一月一日に造船に対して与えられていた援助は、関税保護の欠除のみに対応するものである限り、関税の廃止に適用されるのと同様の条件により漸次減少される。但し、第三国に対する共通の通商政策に関するこの条約の諸規定の適用を妨げない。〟

右の規定から明らかなように、加盟国の国内法上「ある企業またはある生産に便益を与えることによって競争をゆがめまたはゆがめるおそれがあるものは、加盟国間の貿易に影響を及ぶす限り、共同体市場と両立しない」（第一項）とされているが、この原則に対しても第二項および第三項に基づいて例外が認められている。それゆえ、本件における論点は、国旗法第二一条第四項の規定内容が右の第三項にいう例外に該当するか否かに帰着する。この点について、ヨーロッパ共同体裁判所は次のように述べて、第九二条に対する違反はないと判示した。

〝14　本件提示を行っている裁判所が主張している立場は、本件で争われている規定がヨーロッパ経済共同体条約第九二条第一項の意味での国家的補助手段であり、その理由はこの規定が部分的にドイツ労働法・社会保障法の不適用を可能にしているという点にある。

15　同裁判所が、この見解のために引き合いに出した共同体裁判所の判例によれば、一定の産業分野の企業が担わなければならない福利厚生費の部分的免除がこの規定の意味での補助手段とされるのは、その免除により当該企業が部分的に、法律上定められている租税の一般制度の通常の適用上生じる金銭的負担から自由になるという場合だとされている（一九七四年七月二日判決、一九七三年一七三号事件（Italien/Kommission, Slg. 1974, 709））。本件で問題とされている規定により、自己の船舶を国際船舶登録簿に登録させている船主は一定の金銭的負担を、特にドイツ船員の就業の場合に支払うべきだとされているものよりも高額の社会保障金額を免除されている。

16　さらに本件提示を行っている裁判所が詳論しているところでは、国際船舶登録簿の導入との関連で、一九八九年七月一〇日のライヒ保険法における船舶事故保険の規定の変更のための法律（BGBl. I 1989, S. 1383）もまた公布されていた。これによれば、自己の労働契約がドイツ法に服していない船員に対して支払われる賃金は、社会保険についての金額の調査のための平均賃金の決定に際しては、算入されないものとされている。この金額は、前述した船員については、実際に支払われた報酬によって計算されることとなる。このことは、ここで関連させられている船主については、その負担の減少が感じとれるぐらいのものであるという結果をもたらす。というのは、これらの船主は、前述した報酬での金額と平均的なドイツの賃金での金額との間にある金額の差を支払う必要がないからである。

17　同委員会の見解では、一定の分野について負担の軽減を必然的に伴うに等しい種類の措置は、そうした措置が公的資金で賄われていなければ、それがヨーロッパ経済共同体条約第九二条第一項の意味における国家的補助手段である場合でさえ、どのような措置も包括的制度の一部ではない。そのことを明らかにしているのは、一方では、国家的補助手段と国家的賃金から与えられる補助手段とを区別している前述した規定の文言の解釈であり、他方では、この規定の目的、すなわち国家的補助手段についてのヨーロッパ経済共同体条約第三条ｆという原則から作り出される目的である。国際船舶登録簿法という法律が公布されている目的は、特別の特典の付与を通じてドイツ海運をより競争能力のあるものとすることにあるが、この法律は、国家的補助手段が有するすべてのメルクマールを満たしている。いずれにせよ、本件で争われている措置は国家的資金で認められることとなる。すなわち、ドイツ法に服していない契約の枠内で決定される報酬の額がより少ないということによって、課税所得における損失が生じる。この見解は海事経営協議会により賛成されている。

18　ヨーロッパ経済共同体条約第九二条によれば、一定の企業または製造分野の優遇を通じて競争条件を変更したりまたは変更するように威嚇したりするどのような種類の国家的補助手段または国家的資金から与えられる補助手段も、それが加盟諸国間の取引を妨げるときは、共同体市場とは合致しない。

19　共同体裁判所が一九七七年八二号事件（Van Tiggele, Slg, 1978, 25...）における一九七八年一月二四日の判決の中で裁判していたように、直接的または間接的に国家的資金に基づいて与えられるような特典だけが、ヨーロッパ経済共同体条約第九二条第一項の意味における補助手段とみなされるべきである。すなわち、この規定の文言が示し、そしてまたヨーロッパ経済共同体条約第九三条に含まれている手続規定も同様に示しているように、国家的資金以外のものから与えられる特典はここで問題とされている規定の適用範囲内には入らない。国家的補助手段と国家的資金から与えられる補助手段との区別が用いられるのは、そこにいう補助手段概念の中に、直接に国家により与えられる補助手段だけでなく、国家により指定されているかまたは設立されている公的または私的な組織を通じて与えられるような補助手段をも含めるという目的を達成するためである。

20　それゆえ、検討されるべきは、国際船舶登録簿についての規定のようなものから得られる特典が国家的資金から与えられているか否かという問題である。

21　ここで問題とされている規定が、その目的およびその一般的体系性において狙っているのは、国家や指定された組織にとっての追加的な負担となるような特典の創設ではなく、むしろこの規定をもって、海運企業にとってのみ有利になるようにするために、枠組――その枠内で、当該企業とその労働者との間の契約関係が生じる――が変更されることである。そこから生じる帰結は、それが提示を行っている裁判所により言及されている差異、すなわち社会保障金額にとっての算定基礎における差異に関するときも、またそれが、委員会により示唆されているが、時として生じる損失、すなわち報酬の額がより少ないことから生じる課税所得上の損失に関するときも、このような規定にとっては内在的なものであり、決して、当該企業に対して一定の特典を与えるための手段ではない。

22　従って、国際船舶登録簿に関する規定のような規定は、ヨーロッパ経済共同体条約第九二条第一項の意味での国家的補助手段ではない。[16]〟

2　また他方で、ヨーロッパ経済共同体条約第一一七条は次のように定めている。

〝第一一七条

1　加盟国は、労働者の生活および労働条件を向上させつつ均等化することができるように、これらの条件の改善を促進する必要性について合意する。

2　加盟国は、このような発展が、社会制度の調和を容易にする共同体市場の運営から生じると同様に、この条約により定められている手続ならびに法令および行政規則の接近からも生じるものと考える。〟

右の規定からも明らかなように、ドイツ人船員と外国人船員との間に労働条件面での相違が生じる結果を是認することは特に第一項の規定する内容と牴触する可能性がある。かくして、ここでの論点は、国旗法第二一条第四項が右の第一一七条に違反するか否かという点に集約されることとなろう。ヨーロッパ共同体裁判所は右の規定の解釈について次のように判示し、第一一七条に対する違反の存在を明確に否定した。

〃23　本件提示を行っている裁判所が主張する見解によれば、ヨーロッパ経済共同体条約第一一七条は、単なるプログラム綱領規定ではなく、加盟諸国に対して共同体の社会保障法的・競争法的諸目標の実現を義務付けている。それゆえ、加盟諸国はこの規定に従い、一方では労働市場の「賃金のダンピング」およびその他の障害を阻止するために、第三国出身者による労働力の殺到を監督し、他方ではこの規定に従いこれらの労働力に対し、彼らが共同体内で就業するときは、社会的進歩への参加を可能とするような措置をとらなければならない。第一一七条をこのように解釈することは、ヨーロッパ経済共同体条約第一一八条および第四八条をもって追求されている諸目標を通じて確認されているものと考えられている。しかしながら、ここに挙げられた義務は、本件で出発点となっている諸規定の枠内では、遵守されていない。

24　さらに、本件提示を行っている裁判所および海事経営協議会が主張している見解によれば、ヨーロッパ経済共同体条約第五条によって、加盟諸国は、現在の社会保障保護を危険な目に曝すことのないように、義務付けられている。生活条件および労働条件の改善は、本条約が掲げる諸目標の一つであり、これらの目標の実現が加盟諸国の措置を通じて危うくされてはならない。

25　これについて確認されるべきは、ヨーロッパ経済共同体条約第一一七条が共同体裁判所の判例（一九七七年一四九号事件における一九七八年六月一五日判決（Defrenne, Slg. 1978, 1365...）および一九八六年一二六号事件における一九八七年九月二九日判決（Giménez Zaera, Slg. 1987, 3697...））によれば本質的にはプログラム綱領的性格を持っているという点である。同条が関わるのは社会的諸目標のみであって、それらの目標の実現は、共同体の諸行為の結果、加盟諸国間の緊密な協力の結果、そして共同体市場の作用の結果でなければならない。

26　なるほど、第一一七条に挙げられている社会的諸目標のプログラム綱領的性格は、それらの目標がどのような種類の法的効果をも持たないということを意味するものではない。すなわち、これらの目標は、特に、社会保障の領域での本条約のその他の規定および第二次共同体法の解釈にとっては重要な手がかりである。けれども、これらの目標の実現は社会保障政策――その決定は所管部局の対象事項である――の結果でなければならない（Giménez Zaera 判決、a. a. O., ...）。

27　その結果、個々の加盟国により決定される社会保障政策の一般的指針も、提示決定に挙げられているような特別の措置も、ヨーロッパ経済共同体条約第一一七条に挙げられている社会的諸目標とそれらが調和しているという形で裁判所により審査されることはできない。

28　結局、ヨーロッパ共同体条約の前文ならびに第二条および第一一七条から生じるような生活条件および労働条件の改善は、なるほど、本条約の主要な目標のひとつである。けれども、加盟諸国が、その限りで、自由に処理できる判断の自由は、ヨーロッパ経済共同体条約第五条に含まれている義務が、諸国の国内裁判所が保護しなければならないとされる個々の権利について基礎付けているということを排除するような内容の判断の自由なのである。

29　以上のところから、本件提示を行っている裁判所が抱えている問題に対して答えれば、国際航海登録簿に関する規定――これによれば、第三国国民でありかつ当該加盟国内に住所または常居所を持たない船員との労働契約は、当該加盟国法の適用を受けず、しかも当該加盟国国民についてのそれよりも明らかに不利である労働条件および報酬条件に服せしめられる可能性がある――のような加盟国規定は、ヨーロッパ経済共同体条約第九二条第一項の意味における国家的補助手段ではなく、またヨーロッパ経済共同体条約第一一七条はこのような規定の適用を妨げるものではない。[17]〟

3　ヨーロッパ共同体裁判所はこのように述べてヨーロッパ経済共同体条約第九二条についても、また第一一七条についても、ともにヨーロッパ共同体法に対する違反の存在を否定した。その判示事項は、次のようにまとめられている。

〝加盟国の規定で、国際航海登録簿に関する規定のようなもの――この規定によれば、船員で第三国国民でありかつ当該加盟国内に住所または常居所を持たない船員との労働契約が、当該加盟国法の適用を受けず、しかも当該加盟国の国民について適用されるよりも明らかに不利であるような労働・報酬条件に服せしめられる可能性がある――は、ヨーロッパ経済共同体条約第九二条第一項の意味での国家的補助手段ではない。同条約第一一七条はこのような規定の適用を妨げない。[18]〟

三　ヨーロッパ共同体裁判所による判決中、ブレーメン労働裁判所の提示決定に対する回答は右のごとくであり、標記の主題、すなわち便宜船員を当事者とする雇用契約の準拠法決定という抵触法的問題に関して、同裁判所は直接には明言していない。というのは、この点がそもそも同裁判所の審理対象とはされていないからである。それでも、法務官マルコ・ダルモンによる次の指摘は決して無視し得ないであろう。

〃80　私見によれば、重要なのは、旗国の労働法が第三国国民でありかつ旗国に住所を持たない船員の労働契約に対して強行的に適用されるべきであると述べている一般的原則が存在するか否かということの審査である。

81　このことがドイツ法上の解決策でないとすれば、そのことはまた、加盟諸国間に存在する国際私法上の解決策でもない。このようにして、ローマ条約は、労働契約の当事者に対して当該契約の準拠法を選択することを許している（第三条第一項および第六条第一項）。その前提にあるのは、準拠法選択がない場合に適用されるべき法上の強行規定を通じて労働者に与えられるような保護がそうした労働者から剝脱されてはならないという点である。そこにいう法は、第六条第二項によれば、労働者が常時その労務を給付する国の法であるか、または当該労働者を雇い入れている営業所所在地国の法か、または当該労働契約がより密接な結び付きを示しているいずれか他の国の法である。その限りで、私見によれば、このことがあてはまるとすれば、スペイン語で作成され、フィリピンで締結されており、かつその対象たる目的が東南アジアとドイツとの間を往復就航する船舶上での就労にある――その場合、この労働者はいかなる場合でもドイツに住所を持つことはない――フィリピン人船員の労働契約がフィリピン法に服すると仮定することは理性を欠いたものとはいえないであろう。[19]〃

ダルモン法務官によれば、ここでは次の四つの争点が挙げられている。第一のそれは、旗国の労働法が第三国国民であり、しかも旗国に住所を有しない船員の労働契約に対して強行的に適用されるべきであるという主張を内容とする一般的原則が存在するか否かという点である。この点に対する同氏の意見は明示されていない。第二の争点は、そうした一般的原則が存在しないとされる場合、どのように規律されるかという点である。この点に対する回答として、一九八〇年の契約債務関係の準拠法に関するローマ条約第六条により、雇用契約当事者の意思に従うこと、その場合でも、準拠法選択がないときに適用される法上の強行規定のもとで労働者に与えられる保護が確保されることの二点が示されている。第三の争点は、右にいう準拠法選択がない場合に適用される法は何かという点である。この問いに対する回答として、労働者が常時その労務を給付する国の法、当該労働者を雇用している営業所の所在地国法、または当該労働契約が最も密接な結び付きを示しているいずれか他の国の法、の三つが挙げられている。最後の争点は、右の第三の争点に対する回答を本件に具体的に適用した場合の準拠法は何かという点である。これについては、フィリピン法を想定しても「理性を欠いたもの」ではないとする同氏の意見が明示されている。

## 三　マグヌス教授による論評

一　ヨーロッパ共同体裁判所の本件判決に対する論評において、マグヌス教授は雇用契約（労働契約）の準拠法決定問題につき次のように論じている。[20] まず明らかにされるのは、本件判決におけるダルモン法務官の主張内容の確認である。

〝ここに提示されている諸問題は、ヨーロッパ共同体裁判所にとって、準拠（海事）労働法に立ち入ることを必要とはしなかった。ヨーロッパ債務準拠法条約の直接的解釈のためには、このほか、ヨーロッパ共同体裁判所にはこれまでのところ今なお裁判管轄権が欠けている。それゆえ、ヨーロッパ債務準拠法条約の統一的な解釈のために重要な言及を行っている、労働契約準拠法についての詳論が法務官の最終中立の中に見出されるということがますます重要なものとなっている。この最終中立において詳細に検討されているのは、ヨーロッパ共同体加盟諸国が、第三国国籍を有しかつ旗国に住所を持たない船員の労働関係について旗国法が適用されなければならないという内容の一般的原則を知っているか否かという点である。もしこのような原則があるとすれば、――ダルモンの見解がそうであるように――国旗法第二一条第四項は例外規定として、従って補助的なものとして性質付けられることとなろう……。ダルモンが検討しているのは、それゆえ、ドイツ牴触法（民法典施行法第三〇条）およびこれと一致しているヨーロッパ債務準拠法条約第六条によれば、当該フィリピン人船員についてどこの労働法が適用されるかという点である……。彼は本件でフィリピン法を適用することを「理性を欠いたもの」ではないとみなしている。というのは、本件の場合、当該船員はフィリピン国籍を有してはいるが、ドイツには住所を持たず、なるほどドイツ国旗を掲げてはいるが、東南アジアとドイツとの間に就航する船舶に配乗され、本件労働契約もスペイン語でフィリピンにおいて締結されているからである……。

当該詳論の文脈が示しているように、そのことをもって明らかに、回避条項である民法典施行法第三〇条第二項（＝ヨーロッパ債務準拠法条約第六条第二項）が適用されるべきである。というのは、この最終申立は労務の常時給付地にも、雇用を行っている営業所所在地にも依拠してはいないからである。これらの地こそがまずもって客観的な労働契約準拠法の基本的な連結点である。むしろ、連結メルクマールの全体に基づいて、準拠法が推論されるべきである。しかし、こうした行動は、回避条項の適用に際してのみ、可能でありしかも必要である。それゆえ、当該詳論から引き出されるのが、法務官が回避条項の適用についてどのようなメルクマールを重要なものとみなしているか、それらのメルクマールが、原則連結を民法典施行法第三〇条第二項第一号または第二号（＝ヨーロッパ債務準拠法条約第六条第二項第一号または第二号）によって駆逐するために、どのような重要性を持っていなければならないかという点である。

顧慮されるべきは、全当事者の、特に労働者の国籍、労働者の住所、船舶上で就業している場合の定期的航路、当該契約の言語と締結地、これらである。これらの連結点すべてがまったく同一の——ここではフィリピンの——法秩序を指定する場合、この法秩序が原則連結を通じて指定されるものよりも優先する。本件では国旗と使用者の法人住所がそうであるが、いずれか他の——ここではドイツの——法をもたらすような連結点もまた、このことをなんら変更するものではない——当該詳論はこのように理解されなければならない。法務官はこれらドイツ法の適用をもたらす連結点に対して、これらの連結点がフィリピン法に対するより密接な関係を疑問にしているというほどの多くの意義を、明らかに与えてはいない。これとは逆に、フィリピン法をもたらすような連結点の充満と意義が、法務官の見解によれば、明らかに、原則連結が後回しにされなければならないという意味での重要性を持っているのである。(21)〃

ここに示されたマグヌス教授の整理によっても、第一の争点は、ヨーロッパ共同体加盟諸国が、第三国国籍を有しかつ旗国に住所を持たない船員の労働関係について旗国法が適用されなければならないとする内容の一般的原則の存否に求められている。右の点が否定されることを前提とした第二の争点は、同教授によれば、原則としての客観的な労働契約準拠法に代えて、例外としての回避条項によるべきか否かという点である。回避条項によるべきか否かの決定基準として、マグヌス教授により言及されているのは、すべての当事者の、特に労働者の国籍、労働者の住所、船舶上で就業している場合の定期的航路、当該契約の言語と締結地、これらがすべてまったく同一の法秩序を指定する場合には、当該法秩序が原則的連結により指定される法秩序、すなわち国旗および使用者の法人住所により連結される法秩序よりも優先するとするダルモン法務官の意見である。

二　このような事実確認のもとにマグヌス教授による総括的な評価は次のようにまとめられている。

〝民法典施行法第三〇条第二項の旧形式においてより密接な関係の調査のための最終申立が持ち出している連結の判定メルクマールは、広範囲に亘って、ドイツの判例……および文献……において顧慮されているものに対応している。いずれか他の法を指定しているメルクマールを明らかに優位させることが、原則的連結の裏をかくという目的のために、必要であるということは、連邦共和国における民法典施行法第三〇条第二項の従来の実務と一致している……。最終的には、最終申立における詳論によって確認されている見解は、連邦共和国においてこの間に有力になった見解、すなわち国旗、まずもってここでは便宜国旗が、労働契約準拠法調査のための常にかつ唯一の基準となる連結点として十分なものではないという見解である……。最終申立の結果に対しても従うことができる。国籍、住所、船舶の常時停泊港、当該契約の言語および締結地がまったく同一の法秩序を指定しているときは、たとえ船舶の国旗および使用者の法人住所がいずれか他の法をもたらすとしても、この法秩序が客観的な労働契約準拠法とみなされる。

法務官の最終申立はヨーロッパ共同体裁判所の裁判ではない。けれども、最終申立がヨーロッパ共同体裁判所の裁判に対して通常与えている影響を考えれば、この予測からみて、ヨーロッパ共同体裁判所が労働契約準拠法について、同裁判所がおよそそれにつき管轄権を有するような場合には、ダルモンがその最終申立において述べているのとまったく類似した裁判を行うであろうということが許容されるように思われる。ヨーロッパではヨーロッパ債務準拠法条約第六条（民法典施行法第三〇条）の統一的解釈を行うために、最終申立における詳論がいずれにせよやはり現在では役立っている。[22]〟

右の叙述からも知られるように、マグヌス教授の主張は、基本的にダルモン法務官の意見と合致する。すなわち、便宜船員の雇用契約の準拠法についても労働契約準拠法の一般原則たる当事者自治を前提としつつ、この原則から離脱する可能性を残す構成であり、実質的連結の確保という視点から便宜国旗の連結適格性を否定する立場である。そして、このような理解がそのままドイツ国際私法上の考え方[23]にも合致するというのが、この教授の主張である。けれども、このような構成の当否については、論者の立脚点いかんによりなお異なる余地のあることを認めなければならないであろう。

## 四　結びに代えて

一　本章では、「便宜船員」を当事者とする雇用契約の準拠法決定問題を考えるひとつの比較法的手がかりとして、ヨーロッパ共同体裁判所の〝ネプテューン判決〟に示されたダルモン法務官の意見とこれに対するマグヌス教授の評価がまず取り上げられた。

それならば、ダルモン法務官の意見とこれに対して行われたマグヌス教授の評価はドイツ法上どのように位置付けられるであろうか。先にレフラー氏の主張に関して触れられた[24]ように、リベリアやシンガポールなど、便宜置籍国として利用される諸国の実質法（旗国法）に依拠することの問題性はもとより否定され得ないところであろう。というのは、これら便宜置籍国の実質法によれば、労働者に対する法的保護がドイツ法に比して必ずしも十分に与えられるとは限らないからである。そのため、「雇用企業の事実上の本拠地」や「雇用契約の法的重心」といった一般条項的表現を含む連結点を創出することを通じて、ドイツ法を準拠法とする構成も模索されてきた[25]。このような状況のもとでは、ここでの〝ネプテューン判決〟におけるダルモン法務官の構成も確かに一つの立場として主張される余地がないわけではない。

二　しかしながら、ダルモン法務官の意見については、その論証過程に関して特に次の二つの問題を指摘しておかなければならないように思われる。その第一は、なぜに本件雇用契約の準拠法としてフィリピン法のみが考えられなければならないかという主張の根拠が必ずしも明確にされていないのではないかという点である。第二に、本件雇用契約の準拠法としてドイツ法が想定される可能性にまったく触れられていないのはなぜかという点もまた、明らかにされなければならないのではなかろうか。というのは、これら二点を考えることなくしては、論理必然的にそこで示されているような結論に至ることはできないように思われるからである。

1　第一に、ドイツ船舶に配乗されているフィリピン人船員の雇用条件に関する本件判決の立場、すなわちドイツ国旗法第二一条第四項がヨーロッパ経済共同体条約第九二条および第一一七条に牴触しないという解釈を前提とする限り、ブレーメン労働裁判所は、右の国内法規定をそのまま適用し、ドイツ国内に住所または常居所を有しない本件フィリピン人船員の雇用契約に対してはドイツ法を適用し得ないという結果を導くこととなろう。むろん準拠法決定にあたっては、先のダルモン法務官の指摘[26]からも読みとることができるように、実質的な連結が確保されなければならないことはいうまでもない。けれども、そうした実質的連結の確保も決して無目的かつ機械的に行われることなどあり得ないものといわなければならないであろう。というのは、法の解釈は、実務上、各自の主観的価値判断を前提としつつ、ある種の政策的利益を実現するために行われるものだからである[27]。連結点ないし連結点を決定するうえで必要とされる各要素の解釈がまったく形式的に行われるならば、実質的連結という構成もおよそ形骸化することとならざるを得ない。したがって、右のダルモン法務官の意見についても、なぜにそうした主張が正当化され得るのかという点が無条件に問われなければならないであろう。むろん、この点についての実質的な判断基準は、ドイツ法とフィリピン法[28]との間で行われる実質法レヴェルでの比較の結果でなければならない。というのは、二つの実質法上定められているいかなる保護をどのようなやり方で本件フィリピン人船員に対して与えることがより適切かという点が事前に明らかにされていなければ、いずれの実質法を準拠法とすべきかということでの結論を示すこともできないはずだからである。したがって、そうした結論を導くために不可欠のことと思われる法比較の過程を欠く以上、ダルモン法務官の意見についてはもとより、マグヌス教授の評価に関しても、まずこの点の検討が問題とされざるを得ないのではなかろうか。

2　次いで、本件雇用契約の準拠法としてドイツ法が想定される可能性にまったく触れられていない理由についても一言しておかなければならないように思われる。契約債務関係の準拠法に関する一九八〇年のローマ条約第三条および第六条(29)ならびにドイツ民法典施行法第三〇条(30)の解釈上、準拠法選択がない場合に適用されるべき法として、次の三つの可能性、すなわち①労働者が常時労務を給付する地の法、②労働者を雇用している営業所の所在地法、そして③当該労働契約がより密接な関係を示しているいずれか他の国の法の三者が列挙されている。本件の場合、フィリピン人船員がドイツ船上で労務給付を行うことを考えれば、右の①に該当する法として、旗国に着目しつつドイツ法を想定する可能性も否定し得ないのではなかろうか。また本件フィリピン人船員を雇用している営業所の所在地として、雇用契約締結地がフィリピンであるにせよ、それでも本件ネプテューン社がブレーメンに本拠を有する船会社であることを思えば、②に相当する法としてドイツ法が考えられる余地もないわけではない。さらに③の解釈上「より密接な関係」という白地的表現をめぐり、ドイツに対して示されている関係が「より密接である」という読み方が全面的に否定されなければならない謂われもないように思われる。「法による裁判」を行うにあたり、このように複数の解釈可能性があるにもかかわらず、そのうちのいずれかひとつの見解だけを優先し、他の可能性を排斥するためには、不可避的に、他の諸基準に拠ることの不当性を明らかにし得る決定的基準が法的根拠を伴って示されていなければばならないのではなかろうか。けれども、ダルモン法務官の意見にも、右の①および②による原則連結に従えばドイツ法の適用可能性があることに明確に言及しているマグヌス教授の評価[31]にも、そうした積極的な証拠をまったく見出すことはできないように思われる。

三　むろん右に示された二点は、いずれもこの著者の視点からするささやかな疑問にすぎない。それゆえ、そのことをもって、ヨーロッパ共同体裁判所の〝ネプテューン判決〟の結論が変わるわけでもない。したがって、ここでは、ヨーロッパ法におけるひとつの裁判例の立場が明らかにされたという以上には及ばない。けれども、この判決の射程距離それ自体、なかんずくダルモン法務官の意見の信頼性については、なお今後の動向をみなければならないのではなかろうか。それは、右の主張の内容が明確な論拠を伴わないたんなる「信仰告白」にとどまり、それ以上のものではないからである。実定法解釈学が論理および政策を基調とした言葉による説得を前提とする弁論術としての側面をも併せ持つものである以上、どのような法的主張にもすべからく論拠が示されていなければならない。かくして、「便宜船員」を当事者とする雇用契約の準拠法についても、なお引き続きドイツ法およびヨーロッパ法における今後の展開が確認されなければならないこととなろう。

(＊)　横井芳弘教授「比較法と私―外国法の研究ということ」日本比較法研究所ニューズレター八号（一九九三年）三頁。

(1)　山内『海事国際私法の研究―便宜置籍船論―』（中央大学出版部、一九八八年、以下山内『研究』として引用）一二頁以下他参照。なお、水上千之教授『船舶の国籍と便宜置籍』（有信堂高文社、一九九四年）一六三頁によれば、これと同一の問題事象を表す近時の表現として「フラッギング・アウト」という言葉が取り上げられ、その意味は「船舶の登録を他国に移すこと」にあると紹介されている（これについては、特に同書二六八頁以下をも参照）。フラッギング・アウトと呼ばれるこのような船舶の外国登録の動きに対抗するため、フランスは、一九八七年三月二〇日のデクレ第八七―一九〇号により、フランスの保護領であるケルゲレン諸島にフランス本土の船舶登録制度とは別の登録制度を設け（水上教授・前掲書二七〇頁以下）、またノルウェーも一九八七年六月一二日のノルウェー国際船舶登録法（Lov om Norsk Internasjonalt Skipsregister）により、通常の船舶登録制度とは別に、国際船舶登録制度を導入した（水上教授・前掲書二七三頁以下）。ドイツ連邦共和国においても、同様に、一九八九年三月二三日の連邦国旗を掲げ国際取引に従事する船舶についての追加的登録（国際船舶登録簿）の導入のための法律（BGBl. 1989 I 550）に基づき、第二次船舶登録を可能とする国際船舶登録簿が創設された（後注(11)参照）。

(2) 山内「西ドイツ国際私法における雇用契約の準拠法について―〝便宜置籍船〟の場合―」（『日本比較法研究所40周年記念―Conflict and Integration：Comparative Law in the Worle Today』（中央大学出版部、一九八九年）九九五頁以下（本書第一部第二章）所収）。

(3) 山内・前掲（前注(2)）九九五頁注(2)参照。その後の状況については、たとえば、「日本経済新聞」や「海運」などの海事関係誌を通じて適宜新しい展開を知ることができよう。

(4) 雇用契約の準拠法に関する概括的叙述としては、佐野寛教授「雇用契約」（池原季雄教授・早田芳郎教授編『渉外判例百選（第二版）』（有斐閣、一九八六年）七六頁以下所収）七六頁、山田鐐一教授『国際私法』（有斐閣、一九九二年）二八八頁以下、溜池良夫教授『国際私法講義』（有斐閣、一九九三年）三五八頁以下他参照。

(5) 東京地方裁判所昭和四九年六月一七日判決、判例時報七四八号七七頁以下。この判決については評釈も少なくない（山内『研究』二六九頁以下他参照）。

(6) この点については、山内『研究』三頁以下、一七一頁以下、二〇三頁以下、二六九頁以下他参照。

(7) 山内「便宜置籍船と法律回避論」（澤木敬郎教授編『国際私法の争点』（有斐閣、一九八〇年）五一頁以下所収）五一頁他参照。

(8) 山内・前掲論文（前注(2)）。

(9) IPRax 1994, S. 199 ff.（なお、Reports of Cases before the Court of Justice and the Court of First Instance, Vol. 1993 等は、技術的理由から未刊のため、ここで引用することができない。）

(10) *Magnus,* Internationales Seearbeitsrecht, Zweites Schiffsregister und der Europäische Gerichtshof, IPRax 1994, S. 178 ff.

（11）　Gesetz zur Einführung eines zusätzlichen Registers für Seeschiffe unter der Bundesflagge im internationalen Verkehr (Internationales Seeschiffahrtsregister—ISR) vom 23. März 1989（一九八九年三月二三日の連邦国旗を掲げ国際取引に従事する船舶についての追加的登録（国際船舶登録簿）の導入のための法律）。この法律については、たとえば、*Magnus*, Zweites Schiffsregister und Heuerstatut, IPRax 1990, 141；*Kostka*, Zweitregister für Seeschiffe. Eine historisch-rechtsvergleichende Betrachtung (Diss. Münster 1992)；*Däubler*, Das zweite Schiffsregister. Völkerrechtliche und verfassungsrechtliche Probleme einer deutschen "Billig-Flagge", Gutachtliche Stellungnahme für den Hauptvorstand der Gewerkschaft ÖTV (Arbeits- und Sozialrecht Bd. 16, 1988)；*Werbke*, Die neue Rechtslage nach der Einführung des Internationalen Seeschiffahrtsregisters (Schriften des Deutschen Vereins für Internationales Seerecht, Reihe A, N. 69, 1989) 他参照。

（12）　IPRax 1994, S. 199 ff.

（13）　Gesetz zur Einführung eines zusätzlichen Registers für Seeschiffe unter der Bundesflagge im internationalen Verkehr (Internationales Seeschiffahrtsregister—ISR) vom 23. März 1989 (BGBl. 1989 I 550). この法律は次のように規定する（BGBl. 1989 I 550；*Magnus*, Zweites Schiffsregister und Heuerstatut, IPRax 1990, S. 145）。

〃第一条　国旗法の変更

連邦官報第三部構成番号九五一四―一号中に公表され、整理された表現形式における国旗法で、最終的に一九七八年五月一〇日の法律（BGBl. I S. 613）第三条により変更されたものは、次のように変更される。

1　第一三条の後に、次の節が挿入される。

「六　国際船舶登録簿

第一三a条

1　連邦国旗を掲げる権利を有する商船で、所得税法典上の意味において国際取引に従事するものは、所有者の申立に基づき、国際船舶登録簿に登録されることができる。

2　国際船舶登録簿は連邦運輸大臣により設置され、管理される。」

2　第二一条に次の第四項が挿入される。

「4　国際船舶登録簿に登録されている貿易従事船舶の乗組員で、ドイツ国内に住所または常居所を有しない者の労働関係は、民法典施行法第三〇条の適用上、ヨーロッパ共同体の諸法規定を留保し、当該船舶が連邦国旗を掲げているという事実だけでは、ドイツ法に服さない。第一文に挙げられた労働関係につき外国の労働組合により労働協約が締結されている場合において、当該労働関係につき、基本法の適用範囲内で施行されている労働協約法の適用およびドイツ裁判所の裁判管轄権が合意されているときは、当該労働関係は、ドイツ労働協約法典所定の効力を有する。本項の施行後に締結された労働協約を第一文に挙げられた労働関係に含めるのは、当該労働協約がそのことを明示的に規定している場合に限る。ドイツ社会保障法典上の諸規定は触れられない。」

3　第二二条第一項第二号中、当該段落末尾の句点は読点で代替され、それに続けて、次の第三号が挿入される。

「3　第七条によりいずれか他国の国旗の掲揚を許す権能ならびに第一三a条により国際船舶登録簿の設置および監督を委ねること。」

第二条　ベルリン条項

この法律は、第三次経過法第一三条第一項に従い、ラントたるベルリンについても適用される。

第三条　施行

この法律はその公示の翌日に効力を生じる。

(14) Gesetz über das Flaggenrecht der Seeschiffe und die Flaggenführung der Binnenschiffe (Flaggenrechtsgesetz) vom 8. Februar 1951 (BGBl. 1951 I 79).

(15) BGBl. 1989 I 550; *Magnus*, Zweites Schiffsregister und Heuerstatut, IPRax 1990, S. 145. ドイツ政府によれば、国旗法第二一条に第四項を導入した目的は、民法典施行法第三〇条中に定められている労働契約準拠法に関する規定を海運の領域で精密なものとすることにあったとされている。というのは、そのような方法により、ドイツ海運の国際的競争能力を人件費の低下を通じて保障することができると考えられたからである（IPRax 1994, S. 199）。

この第二次船舶登録簿制度の創設により「便宜置籍船」の利用へと向かう傾向は切断され、ドイツの船主には、その所有船上にドイツ国旗を掲げながら、同時に外国船員をその母国の低廉な賃金水準で雇用することが可能となった（*Magnus*, Internationales Seearbeitsrecht, Zweites Schiffsregister und der Europäische Gerichtshof, IPRax 1994, S. 178）。

(16) IPRax 1994, S. 200. なお、この点については、ダルモン法務官による次の指摘にも留意されなければならない。

〃39　委員会は、本件で提示されている法律事件において争われている諸措置が第九二条第一項の意味における補助手段であるという委員会自身のテーゼを理由付けるための口頭弁論において、一例として、ある加盟国で導入されている税、すなわち当該総額を特定のある企業に転送する基金へ支払われている一定の産品の売買に割り当てられている税に言及した。このような措置は委員会の目には疑う余地もなく第九二条第一項の意味における補助手段である。

40　私見によれば、本件で存在している事実を考えれば、極端な一例が選ばれるべきであろう。われわれが考えている規定は国家により公布されたもののうち、私人――消費者、労働者、商事会社やその他私人のカテゴリィに入るもの――に対して、これらの企業またはこれら特定の産業分野に金額を支払うことを義務付けている規定である。私見によれば、第九二条の立法理由（ratio legis）、すなわち、互いに競争関係にある経済活動の参加者間で競争条件を同一のまま維持することが、このような措置を補助手段と性質付けることを命じている。第九二条第一項に含まれている補助手段が有する「国家的」性格が関連するのは、むしろ、通常の市場条件をこのようなやり方で妨げている当該措置が発せられている機関――国家およびその機関――であって、その補助手段をファイナンスしている部局や人ではない。国家の所得は私人を通じて直接または間接の租税により賄われており、補助手段のファイナンスは、結局は、間に挟み込まれた部局の種類や数とは無関係に、多かれ少なかれいずれにせよ明らかに個々人および経済活動の参加者に負っている。私見によれば、ヨーロッパ共同体裁判所が Steinike および Weinlig 判決において詳論しているように、

「第九二条の適用に際しては……優遇されている企業または生産者に対して本質的に当該補助手段が及ぼしている効果が……顧慮されるべきである。」

当該資金の出所は、かくして、特別には顧慮されるべきではない。

41　ある企業が、当該国の具体的行動から生じる例外規定を通じて優遇されている場合、そのことを通じて、資金の出所とは無関係に、競争条件が取り上げられ、そしてヨーロッパ経済共同体条約第九二条および第九三条が適用されるべきである。

50　（……）私見によれば、審査されるべきは、一般的な措置を補助手段と性質付けることを許すような特別のファクターが存在しているか否かという問題である。共同体裁判所の判例の教えるところによれば、当職が適切だと考えているのは、第九二条第一項の適用についての唯一の基本的要件は同項が有する例外的性格――こうした性格を当該措置はその

本質上、この措置が属する一般的体系性の構造に対して有する――であるという見解である。

51　このことは、私見によれば、共同体裁判所の Kommission/Frankreich 判決――同判決において、共同体裁判所は、輸出品のための優先的再販売割引率の導入を補助手段とみなした――の判決理由（ratio decidendi）である。そうした例外は、本件では、一般的に適用され得る原則のもとに置かれた特別の原則の存在するところにある。

52　これと同一のことは、Kommission/Italien 事件における一九八三年七月一四日判決――この事件で委員会が詳論していたところでは、補助手段は女性労働者に有利になるようにするため、疾病保険について使用者が支払うべき金額の軽減率がより高いところにあった――について、あてはまる。イタリアの繊維産業についての判決の中で共同体裁判所が同じように確認していたところでは、問題とされている措置によって「一定の産業分野の企業に対して部分的に、一般的社会保障制度の通常の適用から生じる金銭的な負担が、この免除が当該制度の性質またはその内部的構造を通じて正当化されることのないままに、（免除されていた）。」

53　当該制度の「性質またはその内部的構造を通じて」例外を正当化する可能性に依拠することによって明らかに示されているのは、争われている規定の例外的性格を「法的規格性」との対比においてある程度確認することが必要だという点である。（……）

58　第九二条および第九三条の適用範囲と第九九条ないし第一〇二条のそれとの間での区別は確かに簡単ではない。私見によれば、ある措置が例外的性格を有するのは、そうした措置が、制度の性質上およびその内部的構造上、当該措置を享受できるようなすべての企業およびすべての産業分野に対して適用されないという場合である。〃（IPRax 1994, S. 202.）

このように述べた後、ダルモン法務官による指摘はさらに次のように続けられている。

〃73　今やわれわれが本件に対して適用する「例外」という基準は、私見によれば、ヨーロッパ共同体裁判所の判例全体から引き出すことのできるものである。

74　この問題はむずかしい。ここで話題となっている措置は一般的な規律に対する例外をなすのであろうか。ドイツ政府が主張するところでは、追加的な船舶登録簿の設置前には、民法典施行法第三〇条により、この種の事案では、ドイツ法を適用しないことがすでに許されていた。この可能性は、一九八九年八月二四日の連邦労働裁判所判決を通じて、確認されている。国際法もまた、同政府が述べているように、この種の事案では旗国法上の諸規定を適用しない権利を定めている。特に言及されるべきは、一九五八年四月二九日の航海に関する条約第六条と一九八〇年六月一九日の契約債務関係の準拠法に関するローマ条約第六条である。追加的登録簿導入のための法律は、当該状況を明らかにするという目的でのみ公布されているものである。というのは、ドイツの船主は少なくとも連邦労働裁判所の前述の判決が下されるまでは、彼らが、自国の国内法を適用しないという可能性を有していたということ、そしていずれにせよ、自国の船舶を共同体加盟国ではない国の登録簿への登録を優先するということが確かではなかったからである。

75　この詳論は重要である。問題となっている措置は、それについて当職が以下にすぐ述べるように、私見によれば、どのような例外的性格をも持つものではない。ここにあるのは、ドイツ法の適用についての限界を決定する規定、またより厳密にいえば、外国との関連性が存在する場合に、個々人に対して、自己の契約に適用され得る法を選択することを可能とする規定だけでしかない。ドイツ政府が——私見によれば、正当に——詳論していたように、加盟国は、自国の法秩序が適用され得る場合にのみ、当該法秩序の内部で、特別の例外措置——この措置に対してその場合適用されるのはヨーロッパ経済共同体条約第九二条および第九三条である——を公布することができる。状況は、ここでは、自己の生産過程を賃金費用がより低い第三国に移転する旨を決議している共同体企業の場合に類似している。人は、この種の企業に対して、内国の賃金条件を適用しないことを許している加盟国の法規定をヨーロッパ経済共同体条約第九二条のもとに入るものとみなすような考えに至ることはないであろう。本件法律事件の特殊性の基礎には、海運企業が、第三国国民たる労働者がその住所をいずれかの加盟国内に有しており、したがって彼らがこれらの国のいずれかにおける滞在許可を申請することが義務付けられるということのないままに、第三国国民たる労働者を就労させるということがある。

76　その限りで、ドイツの立法者が、この可能性に言及するという目的から、追加的登録簿を創設することを有用なものとみなしているという事情は、取るに足りない。すなわち、この改正は、連邦労働裁判所の前述した判決を顧慮すれば、先の法状態——これによれば、旗国労働法の適用が必須のものとなる——に対する関係では、例外ではない。〃（IPRax 1994, S. 202.）

（17）IPRax 1994, S. 200 f.

（18）IPRax 1994, S. 199.

（19）IPRax 1994, S. 202.

(20) なお、マグヌス教授の論評では、この点の論及に先立ち、特にヨーロッパ経済共同体条約の解釈に関して次のように述べられている。

〃1　補助手段としての国際船舶登録簿が存在するか

一定の企業または分野を優遇することを通じて競争条件を変更したり、変更するように威嚇したり、加盟諸国間での取引を妨げたりするような国家的補助手段は、ヨーロッパ経済共同体条約第九二条により禁止されている。ヨーロッパ共同体裁判所の判例によれば、ヨーロッパ経済共同体条約第九二条は、もちろん、国家的手段で直接または間接に認められている長所しか把握してはいない……。この種の長所は制定法上の諸規定を通じても認められることができる。それでも、ヨーロッパ共同体裁判所は、国家や国家と結合している機関が目標に沿って金銭的な手段を提供しないままに、一定の分野の費用を一般的に低くするような制定法上の措置の中に補助手段を見ることを、おそらくは正当に、拒否した。本件の具体的事例では、結局、より少ない賃金を通じて、入手しようと努められている金銭的手段――この資金はドイツ船主にとっては負担を軽減することとなる――を提供すべきものとされているフィリピン人船員がそうであった。これらフィリピン人は、しかしながら、ドイツ国家とはどのようなやり方でも結び付けられてはいなかった。

ドイツ国家が行うある種の金銭的手段は、おそらくはドイツの賃金が適用される場合に生じるようなより高い課税所得の放棄のうちにあった。それでも、その場合、事情によっては、国旗を他に移転させることを通じてはどのような課税所得も見込まれることがないであろう。それゆえ、ヨーロッパ共同体裁判所は、当該企業に対してある一定の長所を与えるようないかなる手段をも、推定的な租税放棄の中に見ておらず、一般的規律の反射的効果だけしか見てはいない。

法務官ダルモンの最終申立において詳細に明らかにされているのは、企業の状況を改善するための制定法上の措置がいつ第九二条の意味での補助手段であると評価されるべきかという点である。ダルモンが共同体裁判所の判例……から引き出しているところによれば、本件のような事案で問題となるのは、そこで認められている優遇措置が一般に通用している原則に対する例外であるか否かという点である……。おそらく彼の見解では、第三者によりもたらされる資金もまた、それが例外だと認められるときは、補助手段とみなされることができる……。この種の例外をそれでもダルモンは否定する、というのは、国旗法第二一条第四項はドイツ法の適用範囲だけしか規律しておらず、――旗国法からは独立して――準拠法選択を許容しているからである。それでも、旗国の労働法が「第三国の国籍を有しかつ旗国に住所を持たない船員の労働契約に対して強行的に適用されるべきである旨を述べている」……一般的な原則は存在していない。この最終申立が適切に言及しているように、ドイツの牴触法も一九八〇年の契約債務関係の準拠法に関するローマ条約（ヨーロッパ債務準拠法条約）も労働契約の場合に準拠法選択を許容している。

2　ヨーロッパ経済共同体条約第一一七条は存在するか

ヨーロッパ経済共同体条約第一一七条について、ヨーロッパ共同体裁判所は、その従来の判例を確認している……。この規定は社会的目標の実現を条約目標として要請しているが、同条によれば、この規定はプログラム綱領的性格のみを有する。加盟諸国の個々の社会政策的な諸措置は、第一一七条と調和させると、裁判所によっては審査されることができない。このほか、第一一七条はたんに共同体法の解釈についてのみ援用されることができるだけである……。〃（*Magnus*, Internationales Seearbeitsrecht, Zweites Schiffsregister und der Europäische Gerichtshof, IPRax 1994, S. 179.）

(21)　*Magnus*, Internationales Seearbeitsrecht, Zweites Schiffsregister und der Europäische Gerichtshof, IPRax 1994, S. 179 f.

(22)　*Magnus*, a. a. O., S. 180.

(23)　ドイツ国際私法における労働契約の準拠法一般については、*Kegel*, Internationales Privatrecht, 6., neubearbeitete Auflage, München 1987, SS. 434 ff., 76 lf.; *Reithmann/Martiny*, Internationales Vertragsrecht, 4. völlig überarbeitete und wesentlich erweiterte Auflage, Köln 1988, S. 694 ff.; *von Bar*, Internationales Privatrecht, 2. Band: Besonderer Teil, München 1991, S. 325 ff.; *Kropholler*, Internationales Privatrecht, 2. Aufl. Tübingen 1994, S. 418 ff. 他参照。

(24)　山内・前掲論文（前注(2)）一〇〇三頁以下。

(25)　山内・前掲論文（前注(2)）一〇〇四頁以下。

(26)　前述六九頁（二の三）参照。

(27)　詳しくは松岡博教授『国際私法における法選択規則構造論』（有斐閣、一九八七年）、同教授「準拠法の決定における政策考慮」（山田鐐一教授・早田芳郎教授編『演習国際私法新版』（有斐閣、一九九二年）一頁以下）、山内『国際私法』（中央大学通信教育部、一九九三年）iii頁他参照。

(28)　フィリピン労働法上、船員に対してどのような保護法制が用意されているかについては、遺憾ながら、関連資料を入手できていないため、著者の立場から実質法の比較を行うことができない。

（29） BGBl. 1986 II, 810 ; *Jayme/Hausmann,* Internationales Privat- und Verfahrensrecht, 7., neubearbeitete und erweiterte Auflage, Müünchen 1994, S. 104, 106, 108.

（30） BGBl. 1986 I 1142 ; *Jayme/Hausmann,* a. a. O., S. 1, 14.　なお、その邦訳として、山内「西ドイツの改正国際私法について（中）」戸籍時報三四五号三九頁（桑田三郎・山内惟介編著『ドイツ・オーストリア国際私法立法資料』（中央大学出版部、二〇〇〇年）四二五頁に収録）。

（31） 前述七〇頁（三の一）参照

# 第四章　ドイツ国際私法における〝フラッギング・アウト〟について

――便宜置籍船をめぐる近年の動向――

〝およそ比較とは、同一性を手がかりとして、その相の下に多様性を解釈することである。(*)〟

## 一　はじめに

一　便宜置籍船(1)の登場により国際私法上どのような法律問題が提起されてきたか、またそうした課題を解決する上でどのような法律構成が可能かといった諸点については、この著者自身すでに繰り返し言及する機会があった。(2) 各種の政治的および経済的な状況から、周知のように、便宜置籍船の利用は国際的規模でも一向に衰えをみせておらず、その後も却って増加する傾向を示し続けている。(3) こうした外国籍の利用は近年ではフラッギング・アウト（flagging out）という表現でも説明されている。(4) そうしたフラッギング・アウトが一国の商船隊の維持にとって大きな障害となることもかねてより指摘されている。(5) このため、海運諸国はさまざまな対策を講じてきた。日本籍船および日本人船員を確保するために先年わが国で導入された国際船舶登録制度[6]もその一例に他ならない。

二　それならば、こうした国際船舶登録制度によって、国際私法上、どのような法律問題が提起されているか。以下では、法比較の素材を確保しようとする視点から、わが国と同様に国際船舶登録（第二次登録）制度を導入したドイツ連邦共和国における動き[7]を概括的にみておくこととしたい。というのは、この国の場合、国際私法上看過することのできない裁判例が存在するにも拘らず、わが国ではまだほとんど紹介されていないからである。叙述にあたっては、前提的知識を成すドイツの国際船舶登録制度をまず概略的に紹介し、次いで、国際船舶登録制度の中核を成す国旗法第二一条第四項第一文の適用例を含む四件[8]の便宜置籍船に関する裁判例を取り上げ、さらに抵触法的規律の枠組みとその中での国旗法第二一条第四項の意義等に論及することとしたい。こうした順序を辿ることによってこの国の法制度と問題状況をより包括的に把握することが可能となり、ひいてはわが国の国際私法においても検討を要する課題が明らかになろう[9]。

## 二　問題状況と裁判例

### 1　国際船舶登録制度の導入

一　ドイツ連邦共和国においても、自国の商船隊を維持しようとする努力はかねてから続けられてきた。しかしながら、一九七三年の石油危機を初めとする国際的な経済環境の変化とともに、この国でも便宜置籍船の利用が顕著になり、船籍をドイツからアンティグア・バーブーダ、ホンデュラス、リベリア、マルタ、パナマ、スリランカ、キプロスなどの諸国へ移す外国籍化（Ausflaggung : flagging out）が目立つようになった。そうした傾向を阻止するために導入されたのが国際船舶登録制度である。(10) 一九八九年三月二三日の国際船舶登録簿法第一条(11)により、国旗法第一三条の後に第一三a条が次のような表現形式で追加されることとなった。

〝第一三a条

1　連邦国旗を掲げる権利を有する商船で、所得税法典上の意味において国際取引に従事するものは、所有者の申立に基づき、国際船舶登録簿に登録されることができる。

2　国際船舶登録簿は連邦運輸大臣により設置され、管理される。〟

また、同法第二一条に追加された第四項の表現形式は次のようになっている。

〝第二一条

4　国際船舶登録簿に登録されている貿易従事船舶の乗組員で、ドイツ国内に住所または常居所を有しない者の労働関係は、民法典施行法第三〇条の適用上、ヨーロッパ共同体の諸法規定を留保し、当該船舶が連邦国旗を掲げているという事実だけでは、ドイツ法に服さない。第一文に挙げられた労働関係につき外国の労働組合により労働協約が締結されている場合において、当該労働関係につきドイツで施行されている労働協約法の適用およびドイツ裁判所の裁判管轄権が合意されているときは、当該労働関係は、ドイツ労働協約法典所定の効力を有する。本項の施行後に締結された労働協約を第一文に挙げられた労働関係に含めるのは、当該労働協約がそのことを明示的に規定している場合に限る。ドイツ社会保障法典上の諸規定は触れられない。〟

二　これら関連規定のうち、特に重要なのが、国旗法第二一条第四項第一文である。この第一文は、所定の場合についてドイツ法を旗国法としては適用しないこと、すなわち、ドイツ国旗を掲げて運航するドイツ船舶に配乗された外国人船員の労働関係につきドイツ法を契約準拠法とはしないことを明示的に定めたものである。これにより、キプロスなどへの外国籍化を意図するドイツ船主にとって、低賃金諸国の外国人船員との間で、その本国労働法の枠内で雇用契約を締結することも可能となった。というのは、この規定の文言がこのように消極的なものであるところから、旗国法たるドイツ法に代わる準拠法決定のための代替的連結点が明言されておらず、それゆえ、当該外国人船員の本国法を準拠法とする補充的解釈の余地も十分に考えられるはずだからである。

このような解釈は、第二一条第四項第二文が一定の場合についてドイツ法の適用を確保しようとしている点からも引き出すことができよう。すなわち、この第二文の反対解釈として、その余の場合については、ドイツ法の適用から解放される余地も認められているものと考えることができるはずだからである。そのことは、「この結果、ドイツ海運会社が組合とクローズド・ショップ（closed shop）条項を含む協約を締結している場合であっても、ドイツ船主には、外国の労働組合と労働協約を締結することが可能となった」とするマンコゥスキィの指摘[12]からも明らかとなろう。従って、このようにして締結される労働協約は、ドイツ法を準拠法とすることにより、ドイツ労働協約法典の規律に服することとなる。

三　このような内容を有する国際船舶登録制度はむろんドイツ船舶であることを前提とするものであって、船舶の所有権や担保権に関する法律関係を変更したり、当該船舶の旗国法を変更したりするものではない。この点で、ドイツの国際船舶登録制度も、わが国の場合と同様、選択的な船舶登録ではなく、単なる追加的登録制度となっている。

それならば、国際船舶登録制度の効果はどのようなものか。国際船舶登録制度の成否を外国籍化防止策という点からみる限り、わが国の場合と同様、ドイツでもこの制度は必ずしも機能していないように見受けられる[13]。というのは、一九九二年および一九九三年の統計によっても、平均して毎月一〇隻のドイツ船が外国籍化されていたことが報じられており、また一九九一年には一〇五四隻であったドイツ船も一九九五年には七九六隻に減少しているからである[14]（ドイツ国旗を掲揚して運行していたこの七九六隻中、約五〇〇隻が国際船舶制度を利用し、第二次船舶登録簿に登録されていた）。

## 2　個別的法律問題と裁判例

一　それならば、国際船舶登録制度ないし便宜置籍船の利用に関して、ドイツではこれまでにどのような法律問題が提起されたか。ここでは裁判例から明らかになる主要な争点、すなわち、国旗法第二一条第四項のヨーロッパ経済共同体条約第九二条および第一一七条との適合性の有無、国旗法第二一条第四項の基本法第九条第三項との適合性の有無、インド人船員のドイツ船主に対する賃金差額支払請求等の適否、そしてドイツ人船員に対する解雇通知の効力、これら四点を取り上げることとしたい。

二　第一の法律問題は、国旗法第二一条第四項のヨーロッパ経済共同体条約第九二条および第一一七条との適合性の有無である。この点に触れているのが、ヨーロッパ共同体裁判所の一九九三年三月一七日判決[15]である。

本件は、国際船舶登録簿に登録されていたドイツ船にフィリピン人船員六名を配乗しようとしたドイツ船主が、ブレーメン労働裁判所に対し、経営組織法（Betriebsverfassungsgesetz）第九九条第四項に基づき、裁判所による同意の代替的付与を求めた事件である。その前提には、経営組織法第九九条により必要とされる、同社の海事経営協議会（Seebetriebsrat）の同意が得られていないという事実があった。同協議会が、フィリピン人船員六名の配乗に関する同意を拒否したのは、第九九条第二項第四号にいう「雇用されるべき者にとって不当な不利益がある」と考えたからであった。というのは、第一に、国旗法第二一条第四項により、低賃金諸国出身の外国人船員の本国法を雇用契約の準拠法とする余地が認められることによって、外国人船員をドイツ人船員よりも劣悪な条件下で雇用することが可能になるからであり、したがって、第二に、この第二一条第四項は、ドイツ法上違憲であり、ヨーロッパ経済共同体条約

第九二条および第一一七条にも違反する、と考えられたからである。ヨーロッパ経済共同体条約第九二条第一項は、「形式のいかんを問わず国により与えられる援助またはいずれかの国家資金により与えられる援助で、ある企業またはある生産に便益を与えることによって、競争を歪め、または歪める恐れがあるものは、加盟国間の貿易に影響を及ぼす限り、共同体市場と両立しない」旨、規定する。また第三項は「次に掲げる援助は、共同体市場と両立するものとみなすことができる」として、「(b)……加盟国の経済の重大な攪乱を救済するための援助」などを挙げている。右の国旗法第二一条第四項により低賃金を許容する国に属する外国人船員の雇用関係の規律にあたり、当該船員の本国労働法を準拠法とするような雇用契約の締結をドイツ船主に可能とする措置が第九二条第一項および第三項にいう「援助」に該当するか否かという点がここでの解釈上の争点であった。他方で、第一一七条第一項は「加盟国は、労働者の生活および労働条件を向上させつつ均等化することができるように、これらの条件の改善を促進する必要性について合意する」と規定する。それゆえ、右の措置が第一一七条第一項にいう「条件の改善」に逆行することになるのではないかという点も問われることになった。

ブレーメン労働裁判所は、みずから実体判断を行うに先立ち、第二一条第四項がヨーロッパ経済共同体条約に適合するか否かという点についての先行判断を求め、ヨーロッパ共同体裁判所に提示決定を行った。ヨーロッパ共同体裁判所は、「国際船舶登録簿に関する本件規定は第九二条第一項の意味での国家資金により与えられる援助には当たらない」と判示した(16)。その根拠は、国旗法第二一条第四項は国家等による資金的追加負担を求めるものではないという解釈に置かれている。同裁判所の判決によれば、なぜに国家等による資金的追加負担を求めるものであるか否かが判断基準となり得るかという点についての説明は行われていない。それゆえ、この点については、これ以上、詰めることができない。他方、第一一七条については、加盟国は、労働市場における賃金のダンピングを行ってはならないという解釈が採用されている。けれども、ヨーロッパ共同体裁判所は、第一一七条は国旗法第二一条第四項のような規定の適用を妨げるものではないと判示した[17]。というのは、第一一七条が掲げる社会的目標は同条約の主要な目標ではあるが、それはプログラム綱領的性格をもつものであり、加盟国には、どのような立法をするかについて判断の自由が与えられていると考えていたからである。ここでも、第一一七条が掲げる目標がプログラム綱領的性格を有するものと考えるのはなぜかという点がさらに検討されなければならない。というのは、これとは異なる理解、すなわち、同条が厳格な規範遵守を求める条文であるとする理解も想定できないわけではないからである。けれども、加盟諸国間に実在する経済格差等を承認した上で段階的に法の調整を実現しようとする同条の立法趣旨を考えれば、そのプログラム綱領的性格を強調する右の立場にもしかるべき根拠が認められることとなろう。

この裁判例では、準拠法決定に直接言及されていない。それは、この裁判の中心的な争点が条約との整合性いかんにあったからである。

三　第二の法律問題は、国旗法第二一条第四項の基本法第九条第三項との適合性いかんというものである。この点に答えているのが、連邦憲法裁判所の一九九五年一月一〇日判決[18]である。ここでも、問題提起の意味を知るためにあらかじめ該当条文をみておこう。基本法第九条第三項は「労働条件および経済条件の維持および促進のために組合を結成する権利は、何人に対しても、そしてすべての職業に対して保障される。この権利を制限したり、また妨害したりすることを企図する取決めは無効であり、このために行われる措置は違法である」と規定する。

本件は、自由ハンザ都市ブレーメンの参事会（Senat）およびシュレースヴィッヒ・ホルシュタイン州政府が規範統制手続により、また関連する二つの労働組合が憲法訴願を申し立て、国旗法第二一条第四項の違憲性を主張した事件である。参事会および州政府は、国旗法第二一条第四項が、第九条第三項の他、同一賃金原則を保障する基本法第三条第一項[19]、低賃金の外国人船員の雇用を通じて職業を失うドイツ人船員の職業選択の自由を定める基本法第一二条第一項[20]にも触れるものと考えていた。また二つの労働組合は、通常のドイツ人労働者を対象とした労働協約の他に、第二の労働協約制度を導入することにより、協約自治への介入があると考えていた。

ドイツ連邦憲法裁判所の結論は、国旗法第二一条第四項のうち、第一文および第二文は合憲、第三文のみ違憲というものである。[21]合憲の理由は、外国人船員がドイツ船上で就業する場合に本国の賃金水準によることは一般的平等原則に違反していないという解釈に求められている。[22]その前提にあるのは、第一に、海運市場は完全に国際化された市場ではないこと、第二に、輸出志向型のドイツ経済にとって、ドイツの商船隊を維持することが重要な政策であって、ドイツ商船隊の維持はドイツ人船員の職場の喪失よりも優先されるべき価値だということ、これら二つの理解であった。[23]他方、明示の合意の強制を定めた第三文が違憲とされた根拠は、この第三文が団結の自由に対する不当な侵害にあたると判断されたからである。[24]それは、明示の合意の有無による適用上の区別は組合に対して期待し得ないものとされ、こうした区別が採用されることにより、組合が困難な立場に立たされると考えられたからであろう。

**四**　第三の法律問題は、インド人船員のドイツ船主に対する賃金差額支払請求等の適否である。この点を取り上げたのが、国際私法上重要な連邦労働裁判所の一九九五年五月三日判決[25]である。本件は国際船舶登録制度に直接関わるものではないが、便宜置籍船に配乗された船員の労働関係に対する規律を行っているものである。ここでも、問題提起の意味を知るためにあらかじめ該当条文をみておくことが必要であろう。とりわけ重要なのが次のように定める民法典施行法（ＥＧＢＧＢ）第三〇条、なかんずく、その第二項である。

〃第三〇条〃

(1)　労働契約および労働関係の場合、当事者双方の準拠法選択は、準拠法選択が欠けている場合に第二項により適用される法の強行規定を通じて労働者に認められている保護が労働者から剝奪される結果をもたらしてはならない。

(2) 準拠法選択が欠けている場合、労働契約および労働関係は次の各号に掲げる国の法に服する。

1　労働者が一時的にいずれか他の国に派遣されている場合でさえ、労働者が契約の履行上常時その労務を給付している国、または、

2　労働者がその労務を常時同一の国で給付していないときに限り、労働者を雇用していた営業所が所在する国。ただし、諸事情の総体から、当該の労働契約または労働関係がいずれか他の国に対してより密接な結び付きを示していることが明らかになっているときは、この限りではない。この場合には、その国の法が適用されなければならない。(26)〟

本件は、インド人船員がドイツの船会社に対して雇用契約に基づく月額二五〇USドル（約二五〇〇〇円）とドイツの平均賃金であった月額約二七〇〇ドイツマルク（約一六二〇〇〇円）との差額の支払等を訴求した事件である。インドに住所を有する原告の主張の前提には、賃金を月額二五〇USドルとする本件雇用契約はボンベイ（ムンバイ）で締結されていたものの、本件雇用契約の準拠法はドイツ法であるとする理解があった。というのは、ドイツ法が準拠法とされるときは差額分の支払請求が認容されることとなるからである。被告は、国際船舶登録簿に登録されたドイツ船舶に配乗された外国人船員の雇用契約の準拠法がインド法であることを主張し、請求の棄却を求めた。けだし、準拠法たるインド法によれば、合意された賃金は月額二五〇USドルであって、月額約二七〇〇ドイツマルクではないところから、原告の請求には理由がないからである。

第一審のリューベック労働裁判所は、法律構成は不明であるが、請求を認容し、二二〇〇ドイツマルクの支払を認めた。この結論は控訴審たるラント労働裁判所でも維持されている。(27) 準拠法決定に関する控訴審の判断過程は次のように整理することができよう。すなわち、本件ではまずもって民法典施行法第二七条によるべきであるが、当事者間には準拠法決定に関する明示の合意がない。そこで、第三〇条第二項による。同裁判所は、同条第二項前段第二号を

適用していると考えることができる、というようにである。そのことは、本件労働契約により、原告は「常時同一の国で仕事をする義務を負っていたわけではない」[28]という表現から明らかになる。このように考えるのは、この表現から、第二項前段第一号の要件が満たされていないということが判明するからである。このようにみれば、たしかに、ラント労働裁判所は、第三〇条第二項前段第二号に定められた要件の解釈を行い、原告を雇用していた被告がドイツ連邦共和国にあると認定し、ドイツ法を準拠法としたものと考えられよう。しかし、ラント労働裁判所は第三〇条第二項前段第二号のみによって、ドイツ法を準拠法としたわけではないように思われる。というのは、ラント労働裁判所は、こうした説明に付加して、第三〇条第二項後段にいう「当該の労働契約または労働関係がより密接な結び付きを示している国」がドイツ以外に存在するか否か、特にドイツよりもインドに対してずっと密接な関係があるか否かという点にも触れている。その際、①契約締結地（インド）、②労務給付地（インドではない）、③契約言語（英語はインドのみを特に優先するものではない）、これら三点から、インドに対する関係は、ドイツに対する関係と比べると、それほど密接なものではない、すなわち、ドイツに対する関係の方がずっと密接であると述べている。[29]以上のところから、なぜにラント労働裁判所がドイツ法を準拠法としたかの判断過程が明らかになろう。連邦労働裁判所の判旨から知られるのは、以上の点である。

上告審たる連邦労働裁判所は、ラント労働裁判所のこうした判断には誤りがあると述べている。そのことは、「第三〇条第二項と第二一条第四項第一文との関連を誤解している」とか、「第三〇条第二項の適用を誤っている」とかという記述[30]から読み取ることができよう。連邦労働裁判所の見解は、第三〇条第二項前段第二号の適用を修正するだけの、より密接な関係がインド法に対して存在するという点に尽きる。[31]それでは、なぜそのように考えることになるのか。連邦労働裁判所は、その場合、ドイツ法に対する関係よりも、インド法に対する関係の方がより密接であるか否かの判断基準として契約締結地が重要だという。連邦労働裁判所は、実際の契約地（インド）、本件労働者の募集地（インド）、原告の国籍と住所（インド）、契約締結の際の原告の滞在地（インド）、契約言語が当該国の公用語であること（英語がインドの公用語）、本件雇用契約の文言（インドを示しているという解釈）、これらの要素を重視することによって、契約締結地法たるインド法を準拠法とすべきだと考えていたようである。そして、連邦労働裁判所は、本件事実をインド法に従って判断するよう、事件を控訴審に差し戻した(32)。

第三〇条第二項前段では、労働者が常時労務を給付する地の法律（第一号）、労務の給付が同一の国で行われていない場合、労働者を雇用している営業所所在地法（第二号）、これらが選択的に定められ、さらに「当該の労働契約または労働関係がより密接な結び付きを示している国」が他にあるときはこれによることがただし書きで定められている。ラント労働裁判所は、本件労務の給付地が一定していないこと、雇用契約はインドで締結されていたがドイツとの関係がより密接であるという解釈に依拠することによって、ドイツ法を準拠法とした(33)。

しかしながら、ラント労働裁判所の判旨と連邦労働裁判所のそれとを対比する限り、それぞれの構成の間にみられる差異の存在それ自体はひとまず了解できても、なぜに連邦労働裁判所の判断がラント労働裁判所の判断よりも優先されるべきかの理由を明らかにすることはできないように思われる。というのは、ラント労働裁判所の判旨でも連邦労働裁判所の判旨でも、考慮されるべき諸要素の選択が恣意的に行われているように見受けられるからである。契約締結地のように、双方とも言及している要素がある一方で、契約言語のように、共に言及されていながら、評価が分かれる要素もある。他方で、労務給付地とか賃金支払地のように、一方の当事者に対する関係しか考慮されていない要素もある。考慮されるべき要素が異なっても、また考慮されるべき要素の解釈が異なっても、準拠法となる具体的な法秩序に関する結論が異なり得ることも十分に予測されよう。けだし、考慮されるべき要素について同一の判断基準および評価基準が採用されるのでなければ、優先順位を決定することはできないはずだからである。この点に触れているのが、連邦労働裁判所の一九九六年九月二六日判決[34]である。

**五**　第四の法律問題は、ドイツ人船員に対する解雇通知は有効か無効かという争点である。

本件は、ドイツ人船員がドイツ船主による解雇通知の無効を争ったものである。原告（ドイツ人船員）は当初一等航海士として、その後船長として被告（ドイツ会社）所有の複数の船舶に乗り込んでいた。その後、被告所有船舶が外国籍化されたものの、船積みや荷下ろし、運賃協議、寄港地等の航路と時刻表等の運行計画の作成は、依然として被告により決定されていた。原告の雇用条件は本件船舶が外国籍化されたあとも、特例措置により従前のドイツ国旗掲揚下での運航時と同等とされていた。しかし、被告は一九九三年三月一二日付け文書により原告に対し、第一に、本件通知の時点から六ヶ月後の一九九三年九月三〇日付けで原告を解雇すること、第二に、一九九三年一〇月一日以降も原告が乗船の継続を希望するときは、被告が外国の船員配乗会社を斡旋すること、これら二点を通知した。原告は、被告との雇用関係が一九九三年三月一二日付けの解雇通知により一九九三年九月三〇日をもっては満了していないこと、したがって、原被告間にはドイツ海事労働法による従前の雇用条件が妥当していること、これらの確認を求めて本訴に及んだ。被告は、外国籍化によって、船舶一隻につき年間三〇万ドイツマルクの人件費の節約が可能となったことに言及し、本件解雇通知は純粋に経営上の判断であるとして、解雇通知の有効性を主張した。第一審のハンブルク労働裁判所は原告の訴えを退けたが、ハンブルク・ラント労働裁判所は原告の控訴を認めた[35]。

本件が外国の船員配乗会社に関わるところから、連邦労働裁判所は、ドイツ人船員のドイツ船主に対する訴えを渉外事件とみて、民法典施行法第三〇条第二項前段第二号を適用し、本件原被告間の雇用関係がドイツ法であること、それゆえ、ドイツの解約保護法第一条第二項にいう「緊急な事業の必要性（dringende betriebliche Erfordernisse）」という要件に本件は該当せず、従って、本件解雇は同条第一項にいう「社会的に不当な（sozial ungerechtfertigte）」解雇にあたると判断し、被告の上告を退けている[36]。

**六**　便宜置籍船に関するこの国の問題状況、そして裁判例により具体的に提起された個別的法律問題は、以上の通りである。そこから明らかになるのは、ここでの主題が憲法や労働法などの国内法における解釈問題のみならず、ヨーロッパ共同体法にも広く関連するという事実である。しかしながら、便宜置籍船をめぐる法律問題は決してこれらに尽きるわけではない。便宜置籍船は、「海の多国籍企業」とも呼ばれているように[37]、多様な生成原因から成る巨大な問題複合体である。それだけに、今後の実務の展開により、その他の法律問題も次第に顕在化されることであろう。

## 三　国際労働契約の準拠法決定

### 1　民法典施行法第三〇条と国旗法第二一条第四項第一文

**一**　以上の概観を承けて、次には、国際私法の視点から問題提起が行われるべきであろう。以下では、海事労働契約の準拠法決定に関して重要な意味を有する民法典施行法第三〇条の内容をまず確認し、さらに国旗法第二一条第四項の内容に触れることとする[38]。

**二**　まず、民法典施行法第三〇条についてである。ここでは、この規定を含めて、各種法源の適用順序が確認されるべきであろう。すなわち、第一次的には、国際労働契約の準拠法決定に関して、まず統一法たるヨーロッパ債務準拠法条約による。そして、この条約により得ない場合には、国内法による。国内法として適用されるのは、右条約の内容を採り入れた民法典施行法である。海事労働関係の準拠法決定にあたっても、民法典施行法第二七条が定める当事者自治の原則による。これにより得ない場合に登場するのが民法典施行法第三〇条である。この意味において、第三〇条は補充的地位に立つ。準拠法選択がない場合の構成について、第三〇条第二項は次の三つの可能性を規定する。

民法典施行法第三〇条第二項前段では、当該雇用契約継続中の労務給付地が同一であるか否かにより二つの選択肢が提供されている。労務給付地が同一であれば、労務給付地法による（第二項前段第一号）。船員の場合、労務給付地は、解釈上、旗国とされている(39)。国際法における理解と同様、旗国法への連結の基礎にあるのは船舶と旗国との間に実在する密接な関係を重視しようとする理解である(40)。従って、旗国が形骸化している便宜置籍船の場合、船舶と旗国法との間に密接な関係が存在するという前提が失われる。これに代えて、船舶との間で密接な関係が存在するものと考えられる代替的要素として登場するのが船主の本拠（Sitz）への連結である(41)。管理者説（Kontrolltheorie）では、外国籍化された船舶については、船舶を外国籍化している船主が当該船舶の運航を実質的に継続しているときは、当該船籍を外国へ移している海運会社の本拠への連結が肯定されている(42)。他方、労務給付地が複数の国にまたがっている場合、雇用を行っている営業所所在地への連結が提案されている（第二項前段）。このように第二項の第一号と第二号の関係は選択的なものである。

第三〇条第二項前段の適用上、第一号による場合でも第二号による場合でも、前段の適用結果である特定の実質法に対して修正機能を有するのが第二項後段の回避条項である。前段に規定された方法で決定された実質法に代えて別の実質法に準拠法適格性を認める手掛かりとなるのが、同項後段に定められた「諸事情の総体（Gesamtheit der Umstände）」という白地的表現である。もっとも、何がそこにいう「諸事情の総体」として考慮されるべきかという点についての判断は、むろん個々の事案の特性によるとされている。それゆえ、便宜置籍船の事例では、管理者説への依拠の可能性も残されている。

ヨーロッパ債務準拠法条約の場合と同様に、第三〇条についても、海事労働契約が第三〇条の適用対象か否かという点も論じられてきた。否定説は海事労働契約の特殊性を強調することにより、この点を説明しようとする。[43] しかし、第三七条が定めるように、海事労働関係が明確に除外されていないところから、肯定説が優先されている。[44] 他方、第三〇条のもととなったヨーロッパ債務準拠法条約の成立過程に言及することで歴史的根拠を提示する説明方法もみられる。ジュリアーノ／ラガルド報告書[45]への言及のもとに、船員について特別規定を設けようとする考えは意識的に採用されなかったとする指摘[46]がそうである。

三　次に、国旗法第二一条第四項についてである。変更された国旗法が施行された一九八九年四月五日以降、上記の一般的枠組みは国際船舶登録簿に登録されているドイツ船の場合にも維持されるか否か。海事労働契約の準拠法決定過程における変更の有無とその内容の確認が必要となるのは、むろん、外国法を正しく理解するためであるが、その前提には、この規定の内容について複数の説明が行われているという現状がある。[47] 以下では、本章の主題との関連性を考慮し、国旗法第二一条第四項第一文の存在意義、同文の解釈、同文に与える意味、同文適用の事後措置、これら四点を取り上げよう。

まず第一に、右に引用した（前述八九頁）国旗法第二一条第四項第一文の存在意義は、掲揚された国旗と準拠法との関係を明確に切断する点にある。すなわち、旗国法主義の否定という意味においてである。第二に、国旗法第二一条第四項第一文は表現上ドイツ法のみに言及するが、このドイツ法という表現を限定的に解するか例示列挙と解するかにより、この規定の適用範囲も大きく異なることとなる。とりわけ、ドイツ法への言及を例示とみる後者の場合、この規定は便宜置籍船についても大きな意味を持つこととなろう。けだし、旗国法たるキプロス法やリベリア法は準拠法として指定されなくなるからである。

第三に、国旗法第二一条第四項第一文にどのような意味を与えるかについてである。この点に関しては、次の二つの異なった評価がみられる。まず、第二一条第四項第一文にそれなりの意味付けを認めるマンコゥスキィの理解(48)がある。それは、ドイツ法を準拠法とするための連結点適格要件を加重したとみる立場である。このように考えるのは、ドイツの海運会社に対して人件費削減の機会を保障するためにはドイツ法の適用を広範囲に亘り制限しなければならないとみるからである。この点を立法趣旨として強調することにより、第二一条第四項第一文は第三〇条の適用を抑制する機能を果たすことになる。これに対して、第二一条第四項第一文は何も新しい内容を述べておらず、何も規律していないというのがプットファルケンの理解(49)である。それは、第二一条第四項第一文により提案されている内容が第三〇条第二項後段においてすでに先取りされており、従って、今更第二一条第四項第一文を置く意味がないと考えるからである。その前提にあるのは、(支配的見解によれば、第三〇条第二項前段第一号により、労務給付地として旗国法が適用される余地があるとはいえ)、旗国法たるドイツ法から離れることは、旗国法に対する関係よりももっとずっと密接な関係を有する国の法への連結を定める第三〇条第二項後段においてすでに可能となっていると考えるからである。

第四に、同文適用後の事後措置についてである。ドイツ船の外国籍化に対する誘惑からドイツ船主を引き戻すためのひとつの労働法的保障措置として第二一条第四項第一文を構想したというその立法趣旨を考慮すれば、なんとしてもドイツ法の適用が回避されなければならないことであろう。しかし、同文に対する評価はこのように分裂している。こうした理解の相違は、第二一条第四項第一文により、ドイツ法の準拠法適格性が排除される場合の事後措置についても異なった説明方法を誘発することとなる。例えば、前者マンコゥスキィの理解では、第二一条第四項第一文はドイツ法の準拠法適格性を否定するだけであり、それ以上に、旗国法たるドイツ法に代わるべき連結点を同文が明記していないところから、代替的連結点の決定は解釈に委ねられることになる。[50]船舶の通常のルート、契約言語、募集地、契約締結地などに言及するのは、すべて、旗国法たるドイツ法の適用を排除しようとするための説明でしかない。本国での雇用条件を重視する者は、船員の本国法を代替的連結点とすることになろう。これに対して、第二一条第四項第一文の固有の存在意義を否定するプットファルケンの立場では、ドイツ法以外のどの法を準拠法とすべきかについては、第三〇条第二項後段によりすでに解答が与えられていると考えることとなろう。[51]それゆえ、準拠法の決定基準はより密接な関係の所在如何に委ねられることとなろう。

## 2　若干の検討

一　それならば、以上の検討から、どのような問題提起が可能か。以下では、もっぱら素材の制約から、国旗法第二一条第四項第一文の法的性質、第二一条第四項第一文と第三〇条との適用関係、そして、連邦労働裁判所の一九九五年五月三日判決に対する評価、これら三点に言及するにとどめたい。

二　国旗法第二一条第四項第一文の法的性質をどのように理解すべきかという問いは、第二一条第四項第一文は独立抵触規定、とりわけ、一方的抵触規定であると解釈すべきか否かという問いに読み替えられるものである。肯定説は、一方的抵触規定であるというために、第二一条第四項第一文がドイツ海事労働法の適用範囲しか定めていないという点を強調する。[52]というのは、「当該法律関係に適用すべき法を広く一般的に定めずに、内国法の適用される場合のみを規定する」[53]といった一般に通用している一方的抵触規定の定義を想起すれば、国旗法第二一条第四項第一文の表現形式がドイツ法の適用範囲のみを取り上げているという点でこれを一方的抵触規定と理解する可能性も十分に肯定することができるからである。その際、特にドイツ法が適用される場合ではなくて、ドイツ法が適用されない場合を取り扱っているという点で、第二一条第四項第一文を「消極的な一方的牴触規定（negative einseitige Kollisionsnorm）」と呼ぶのがマンコゥスキィである。(54) こうした新たな表現の採用によって牴触法総論における検討素材の追加が考えられているのかもしれない。

右の第二一条第四項第一文を一方的牴触規定と解する構成は、決してこれに尽きるわけではない。というのは、この第一文を、ドイツ法を準拠法とする際の連結点として、旗国の他に追加的要素を加重している規定であると読むこともできないわけではないからである。たとえば、旗国に加えて、船員の国籍、船主の本拠、雇用契約を締結している船主の営業所所在地、船主の持ち分所有者の国籍など、旗国以外のいずれかの要素を追加的に考慮する複合連結の構成を採用した一方的牴触規定であると解釈することもできるはずだからである。このような理解を前提とすれば、ドイツ法の適用可能性を肯定的に述べているという意味で、「積極的な一方的牴触規定」ともいうことができよう。もっとも、このような説明が受け入れられるのであれば、従来の一方的牴触規定を敢えて細分化するような「消極的な一方的牴触規定」という新たな専門用語を用いる必要もないであろう。けだし、右の構成自体、従来の一方的牴触規定の定義にそのまま対応し得るものだからである。

右の二つの理解では、いずれの場合も、国旗法第二一条第四項第一文は独立牴触規定として構想されている。これに対して、第二一条第四項第一文を従属牴触規定として捉えることも十分に可能であろう。このように考えるのは、第二一条第四項第一文が第三〇条という双方的牴触規定の適用上制限的機能を有すること、すなわち、第三〇条という双方的牴触規定の適用範囲を確定する機能を果たしているとみることもできないわけではないからである。このことは法廷地独立牴触規定の適用範囲に制限を加える反致条項や公序条項が従属牴触規定と呼ばれていることを想起すれば十分に了解されよう。そこでは、従属牴触規定という表現に代えて、定義の仕方によっては、第二一条第四項第一文はメタ牴触規定だという表現が可能かもしれない。

国旗法第二一条第四項第一文の法的性質に関する以上の整理には、現にドイツで主張されている構成のほか、著者の視点からする法律構成の可能性も付加されている。前述の裁判所はいずれも牴触法の総論的説明に関するここでの論点にはまったく言及していない。それゆえ、ドイツ法上、これらのうち、いずれの法律構成が優先されるべきかを明らかにすることはできない。この点では、共通の判断基準たるべき「比較の第三項（tertium comparationis）」がさらに探求されなければならないであろう。

**三**　次に、国旗法第二一条第四項第一文と民法典施行法第三〇条との適用関係についてである。国旗法第二一条第四項第一文の法的性質を右のように解する場合、第二一条第四項第一文は民法典施行法第三〇条に対してどのような地位に立つものと考えられるべきか。この点についても、論者の説明は必ずしも一致していない。一方では、いずれか一方のみが適用されるという意味で両者を選択的関係に立つものとみる理解がある。たとえば、プットファルケンは、第三〇条という双方的牴触規定（一般法）に対し、第二一条第四項第一文という一方的牴触規定が特別法の関係に立つものと考えているようにみえる。(55) またマンコゥスキィも、第二一条第四項第一文は特別法（lex specialis）としても後法（lex posterior）としても第三〇条に優先すると述べている。(56) こうした理解のもとでは、第三〇条と第二一条第四項第一文とが等しく独立牴触規定として並置され、「特別法は一般法に優先する」とか「後法は前法に優先する」という内容の（不文の）上位のメタ牴触規定または従属牴触規定によって、その適用順序（優先順位）が決定されることになる。

こうした構成に対して、これら二つの牴触規定を選択的関係に立つものとしてではなく、累積的関係に立つものとする理解も考えられないわけではない。すなわち、民法典施行法第三〇条第二項の前段と後段との関係に関する理解と同様の把握である。こうした立場では、国旗法第二一条第四項第一文を従属牴触規定と位置付けることが必要となるかもしれない。そこでは、第二一条第四項第一文それ自体により民法典施行法第三〇条の適用範囲が決定されるという説明を介在させることにより、不文のメタ牴触規定を介在させることなく、第二一条第四項第一文を優先的に適用することができよう。

**四**　それならば、こうした前提に立つ場合、右にみた連邦労働裁判所の一九九五年五月三日判決はどのように評価されるか。この連邦労働裁判所判決に対しては、次の四点において疑問が生じよう。すなわち、準拠法選択に関する当事者意思の有無、国旗法第二一条第四項第一文適用の有無、第三〇条第二項後段の解釈における国旗法第二一条第四項第一文の意味、そして、連邦労働裁判所の解釈がラント労働裁判所の解釈に優先する根拠、これらがそうである。

第一は、連邦労働裁判所の判断には一貫性に欠ける部分があるのではないかという点である。連邦労働裁判所は一方では本件において当事者による準拠法選択が行われていないという立場に立っている。というのは、民法典施行法第二七条ではなく、第三〇条を適用しているからである。それでいて、同裁判所は、本件雇用契約の文言中にインド法の適用可能性が含まれているという点に言及する。(57)しかし、同裁判所がこの点に言及するのであれば、一方ですでに否定しているはずの第二七条第一項第二文にいう準拠法選択が行われているという解釈が成り立つのではないかという疑念が生じ得るはずだからである。逆に、本件当事者により準拠法選択が行われていないと同裁判所が認定するのであれば、準拠法選択が行われていない以上、本件雇用契約の文言からインド法の適用を当事者の（黙示の意思の）内容として読み取ることは不可能なのではないかという推測が成り立つ余地があろう。しかしながら、これらの関係について連邦労働裁判所の判決では何も説明されていない。

第二に、連邦労働裁判所は果たして本件において国旗法第二一条第四項第一文を適用していたか否かという点がある。この点に疑いを抱くのは、文献[58]上、この判決が同文の適用に関する先例とされているにも拘らず、必ずしもそのようには読み取れない点があるからである。連邦労働裁判所の判旨からは、ラント労働裁判所は、第二一条第四項第一文適用の前提としての第三〇条第二項前段第一号に本件が当たらないと判断したことが十分に読み取れよう。第三〇条第二項前段第一号の要件が満たされていない以上、旗国が登場する余地はなく、したがって国旗に留意する第二一条第四項第一文も登場する余地がないはずである。それでは、連邦労働裁判所はなぜに「ラント労働裁判所が民法典施行法第三〇条第二項と……国旗法第二一条第四項第一文との関連を誤解し、第三〇条第二項の適用を誤っている」[59]という判断を下したのであろうか。この点を問うのは、連邦労働裁判所も、第三〇条第二項後段の解釈を行っているだけで、国旗法第二一条第四項第一文と民法典施行法第三〇条との適用関係については何も触れていないからである。連邦労働裁判所が、本件での法規の適用過程を明らかにし、その中で第二一条第四項第一文と第三〇条第二項の適用関係を明記していれば、ラント労働裁判所がどの点で第三〇条第二項と第二一条第四項第一文との関連を誤解していたかということも明らかになるはずである。しかし、この点を明記せず、第三〇条第二項後段の解釈においてラント労働裁判所との違いを述べるだけならば、連邦労働裁判所がなぜにラント労働裁判所の法規適用過程を疑問視したかという点は謎のままといわなければならない。

むしろ、著者の理解では、連邦労働裁判所自身、第二一条第四項第一文を適用してはいないのではなかろうか。それは、国旗法第二一条第四項第一文適用の前提には、おそらく、第三〇条第二項前段第一号の労務給付地を旗国とみる理解が存在していなければならないのではないかと考えるからである。というのは、そうした構成がなければ、旗国それ自体が連結点として登場する余地がなく、従って第二一条第四項第一文も空回りすることになるとみるからである。

第三に、民法典施行法第三〇条第二項後段の解釈上、より密接な関係の有無の判断にあたって、国旗のみが重視されるわけではないという考え方はどうか。第二一条第四項第一文は第三〇条第二項後段の解釈にあたっても意味を持つと考えるならば、連邦労働裁判所の判断過程でも第三〇条第二項後段の関連性評価の過程で国旗への言及があるはずである。しかし、連邦労働裁判所はこの場面でも国旗法第二一条第四項第一文にはまったく言及していない。このように、連邦労働裁判所は、国旗法第二一条第四項第一文を適用する前提として、民法典施行法第三〇条第二項第一号に依拠し、労務給付地＝旗国とみることによってドイツ法を準拠法と考えた後で、これを否定するために、国旗法第二一条第四項第一文を考慮していたわけでもないように思われる。また第三〇条第二項後段の解釈に際して国旗法第二一条第四項第一文を適用したわけではないし、また第三〇条第二項後段の解釈に際して国旗法第二一条第四項第一文を考慮していたわけでもないように思われる。連邦労働裁判所が認めるように、本件船舶はドイツの内航船ではなく、ヨーロッパ城内に就航する外航船舶であった。したがって、労務給付地＝旗国とみる立場からは、第三〇条第二項前段第一号の要件は具備されていないことになろう。それゆえ、連邦労働裁判所は結果的に国旗法第二一条第四項第一文を本件では適用していないのではなかろうか。

第四の疑問は、民法典施行法第三〇条第二項後段にいう「諸事情の総体（Gesamtheit der Umstände）」の解釈基準は何かという点である。前述のように、ラント労働裁判所は契約締結地（インド）、労務給付地（インドではない）および契約言語（英語はインド固有の言語ではない）の三つの要素に留意し、インド法はドイツ法に優先しないと判断した。[60]これに対して、連邦労働裁判所は契約締結地が特に重要だと述べ、契約締結地を構成する六つのファクターを挙げている。すなわち、契約地、募集地、原告の国籍および住所、契約時の原告の滞在地、契約言語（公用語）、雇用契約の解釈、これら六点がそうであり、そのいずれもがインドを指し示しているという。しかしながら、連邦労働裁判所がこれらインド法を指し示すものと考える諸要素のみを挙げるにとどまり、ドイツ法を示す労務給付地や被告の所在地等に言及しないのはなぜかという点も疑問が残ることであろう。というのは、連邦労働裁判所の判断には、ラント労働裁判所の解釈と連邦労働裁判所のそれとの間での優先順位の決定基準となるべき外部的な共通判断基準が何も見られず、むしろ依拠する諸要素が意図的に選択されているものとも考えられるからである。

## 四　結びに代えて

一　国際船舶登録制度それ自体についてはむろんそれぞれの立場に応じて複数の社会的・経済政策的な評価が可能であろう。外国籍化の理由が船員の人件費削減だけにとどまらず、会社法制や税制、為替管理などにも関連するところから、便宜置籍船に対して真に実効的な規制を行おうとすれば、各原因ごとにしかるべき対策が立てられなければならないように思われる。この点を考慮すれば、フラッギング・アウトが減少しない原因を国際船舶登録制度のみに求めることはできないであろう。

それならば、便宜置籍船をめぐる法律問題の解決に関する前述のドイツ法制はどのように評価されるか。学理および裁判例に関するここでの概観から知られるのは、フラッギング・アウトに対する措置として導入された国旗法第二一条第四項第一文についても国際私法上なお検討すべき論点が残されているのではないかという点である。むろん国旗法第二一条第四項第一文のような成文規定を持たないわが国の場合、便宜置籍船をめぐる諸問題は、従前のように、法例第七条等、現行法規の解釈問題の枠内で規律されることとなろう。(61)その意味では、右の断片的なドイツ法研究から得られる示唆にも限界があることとなる。

それにも拘らず、ドイツの国旗法第二一条第四項第一文のような立法形式がわが国の専門家によりどのように評価されるかという点は、純粋に理論的な問題としてなお検討に値するように思われる。この点に検討の必要性を見出すのは、決して、この点に関する評価がドイツでも分裂しているからという理由だけではない。むしろ、法的規律の可能性の探求が理論家に固有の課題である以上、このような立法形式が望ましいかという政策的問い掛けに答える意味でも、この点を看過することはできないように思われるからである。

二　ここに取り上げた便宜置籍船は、先年のサイガ号事件[62]が示すように、今大会の共通テーマである国連海洋法条約[63]にとっても無縁ではない。海洋法裁判所規程第二〇条第二項に基づき、国際海洋法裁判所[64]に民事紛争の解決が委ねられる可能性もすでに繰り返し指摘されている[65]。海上衝突事故や海難救助活動等に起因する民事法上の請求が同裁判所に付託される場合の実体法的解決基準もさらに探求されなければならないであろう。というのは、国連海洋法条約にはこれらに関する実体法規が含まれていないように見受けられるからである[66]。周知のように、国際的統一の必要性は海事法についても繰り返し強調されている[67]。真に国際対話を実現し、より統一的な紛争解決秩序の確立を目指す上でも、国際海洋法裁判所を舞台とした異文化間コミュニケーションの充実と発展[68]がさらに期待されるところである。

（＊）　マッソン・ウルセル著（末木剛博教授監修・小林忠秀教授訳）『比較哲学』（法蔵館、一九九七年）一七頁。

（1）　便宜置籍船の定義に関しては、水上千之教授『船舶の国籍と便宜置籍』（有信堂高文社、一九九四年）一四二頁以下、山内『海事国際私法の研究―便宜置籍船論―』（中央大学出版部、一九八八年）三頁以下他参照。

（2）　山内・前掲書（前注（1））のほか、同「西ドイツ国際私法における雇用契約の準拠法について―〃便宜置籍船〃の場合―」（『Conflict and Integration―Comparative Law in the World Today―』（日本比較法研究所創立40周年記念論文集）（中央大学出版部、一九八九年）九九五頁以下（本書第一部第二章））、同「ヨーロッパ国際私法における『便宜船員』の問題―〃ネプテューン判決〃を手がかりとして―」法学新報一〇一巻九・一〇号一二五頁以下（本書第一部第三章）。

（3）　便宜置籍船の利用に対する近年の問題関心は概してマグロの資源保護との関係に向けられている。そのことは、船籍を海洋資源保護条約未加盟国においてマグロの乱獲を繰り返す台湾資本の便宜置籍船からのマグロの買付停止に関する新聞記事（一九九九年一〇月五日朝日新聞朝刊一〇面、同年一二月一八日朝日新聞朝刊一面、同年一二月二九日日本経済新聞朝刊一一面、二〇〇〇年一月一四日日本経済新聞朝刊二九面、同年二月七日日本経済新聞朝刊三八面他）や、便宜置籍船の廃船に関する新聞記事（一九九九年三月一日日本経済新聞朝刊三三面、同年一一月六日朝日新聞朝刊一面、二〇〇〇年三月三日朝日新聞朝刊三面および一一面、同年三月四日日本経済新聞朝刊五面、同年三月一〇日朝日新聞朝刊三面他）などからも知られよう。こうした便宜置籍船の増加傾向は各種の資料によっても裏付けられている（一九九九年七月一九日朝日新聞朝刊三面他参照）。統計資料の詳細については、運輸省編『運輸白書』の各年度版における日本籍船・仕組船・単純外国用船別に作成されたわが国商船隊の推移、運輸省海上交通局編『日本海運の現況』（いわゆる海運白書）の各年度版におけるわが国商船隊の構造変化の推移等参照。

（4）　水上教授・前掲書（前注（1））二六八頁、山内「ヨーロッパ国際私法における『便宜船員』の問題」（前注（2））一二八頁注（1）他参照。

（5）　水上教授・前掲書（前注（1））二六八頁以下他参照。

（6）　海運造船合理化審議会、運輸政策審議会等の答申が示すように、わが国は、貿易物資の安定輸送の確保、船舶運航等に係わるノウハウの維持向上、海上運送の安全の確保向上、海洋汚染防止を含む環境対策の充実などの観点から、日本籍船および日本人船員を確保しようとする政策を採用してきた。この趣旨を実現すべく、外国籍化措置対策の一環として導入されたのが、いわゆる国際船舶登録制度である。その意図は、もっぱら国際航海に携わる日本籍船を国際船舶と名付けることによって、①船舶の特別償却および買い換え特例を欧州並の水準まで引き上げること、②固定資産税および登録免許税を非課税とすること、③国際船舶に配乗する船員の国税・地方税を減免し、日本人船員と外国人船員のコストの差を埋める支援措置の財源を確保することなどにあった。平成八（一九九六）年六月二一日法律第九九号による海上運送法改正および同年九月六日運輸省令第四九号による海上運送法施行規則改正（法第四四条の二以下および施行規則第四三条以下に国際船舶に関する規定が追加された）、平成一〇（一九九八）年五月二七日法律第六九号による船舶職員法の改正（わが国の海技資格を有しない外国人船員でも一九七八年のＳＴＣＷ条約締結国発給の資格証明書を有する者に日本籍船への乗り組みを認める制度を設け、船長および機関長の二名を除き外国人船員の配乗による賃金格差是正策を導入）などは、こうした趣旨を実現するために行われたものであった。しかしながら、海事産業の空洞化防止、国際競争力強化のために採用されたわが国の国際船舶登録制度に対する評価は、必ずしも好意的なものとはいえないように思われる。けだし、国際船舶登録制度の導入後も日本船の外国籍化（フラッギング・アウト）傾向に歯止めがかかっていないところから、フラッギング・アウト対策というその目的を達し得てはいないように見受けられるからである。運輸省編『運輸白書』および運輸省海上交通局編『日本海運の現況』に示された統計資料によれば、一九八五年に一〇二八隻であった日本船は一九九五年には二一八隻となり、以後、一九九六年には一九一隻、一九九七年には一八二隻、一九九八年には一六八隻にまで減少している。

（7）　ドイツの国際船舶登録制度は、一九八九年三月二三日の連邦国旗掲揚下で国際取引に従事する船舶の追加登録制度の導入に関する法律（Gesetz zur Einführung eines zusätzlichen Registers für Seeschiffe unter der Bundesflagge im internationalen Verkehr (Internationales Seeschiffahrtsregister—ISR), BGBl. 1989 I 1550）第一条により、いわゆる国旗法（一九五一年二月八日の船舶の国旗掲揚権および内航船舶の国旗掲揚に関する法律（Gesetz über das Flaggenrecht der Seeschiffe und die Flaggenführung der Binnenschiffe (Flaggenrechtsgesetz 4), BGBl. III 9514-1）の変更という形式で導入されたものである。その概要については、さしあたり、*Däubler, Wolfgang*, Der Kampf um einen weltweiten Tarifvertrag, Probleme des deutschen Arbeitsrechts bei der Verbesserung der Arbeitsbedingungen auf Billigflaggenschiffen, Baden-Baden 1997, S. 11 ff. 他参照。

（8）　BGBl. III 9514-1（前注（7））。

（9）　本章は一九九九年一〇月九日開催の国際法学会一九九九年度（第一〇二年次）秋季大会（東北大学）における共通テーマ「動き出した国連海洋法条約体制」の枠内で国際私法の観点から行った報告「便宜置籍船―ドイツにおける船舶登録制度の最近の動向を素材に―」（原題）に加筆したものである。なお、右の共通テーマの枠内でこの主題が選ばれた理由は、報告翌日のテーマでもあったマグロの捕獲に際して、ホンジュラス、パナマ、フィリピン、赤道ギニアなどに船籍を置く便宜置籍船が盛んに利用されているという報道（一九九九年一〇月五日朝日新聞朝刊一〇面、同年三月一日日本経済新聞朝刊三三面他参照）が示すように、便宜置籍船の問題性それ自体、わが国でも依然として失われていないと考えられたからである。この問題との関連では、国連海洋法条約第九一条第一項第三文にいう「その国と当該船舶との間には、真正な関係が存在しなければならない」という表現を、真正な関係が存在する国への船舶登録が行われるよう、締結国の努力義務をも定めたものと解することができるか否かという点もなおひとつの論点となり得るのではなかろうか。けだし、そうした理解を前提とすることによって、そこで真正な関係の存在を要求するひとつの実質的な法政策的根拠を想定することができるかもしれないと考えられるからである。

（10）*Däubler, Wolfgang*, Der Kampf um einen weltweiten Tarifvertrag, Baden-Baden 1997（前注（7））, S. 11. 従前の問題状況については、*Leffler, Friedrich*, Das Recht der Flagge im internationalen Seearbeitsrecht, RdA 1978, 97 ff. 他参照。

（11）BGBl. 1989 Teil I, 550.

（12）BVerfG EWiR § 21 FlaggRG 1/95, 145 (*Mankowski, Peter*).

（13）*Junker, Abbo*, Neuere Entwicklungen im Internationalen Arbeitsrecht, RdA 1998, 42; *Mankowski, Peter*, Arbeitsverträge von Seeleuten im deutschen Internationalen Privatrecht, Ein Beitrag zur Auslegung des Art. 30 II EGBGB und zum sog. Zweitregistergesetz, RabelsZ 53 (1989), 486, 523.

（14）*Däubler, Wolfgang*, a. a. O.（前注（10））, S. 11 f.

（15）IPRax 1994, 199. この判決に対する論評として、*Magnus, Ulrich*, Internationales Seearbeitsecht, Zweites Schiffsregister und der Europäische Gerichtshof, IPRax 1994, 178 がある。このヨーロッパ共同体裁判所判決およびマグヌス教授の論評については、山内「ヨーロッパ国際私法における『便宜船員』の問題」（前注（2））参照。

（16）IPRax 1994, 200（判決書中の22参照）；山内・前掲論文（前注（2））一三五頁参照。

（17）IPRax 1994, 201（判決書中の29参照）；山内・前掲論文（前注（2））一三七頁参照。

（18）NJW 1995, 2339; JZ 1995, 507; RIW 1995, 676. この連邦憲法裁判所判決に対する論評として、*Hofft, Wolfgang*, Zweitregister oder Ausflaggen, NJW 1995, 2329; *Lagoni, Rainer*, Koalitionsfreiheit und Arbeitsverträge auf Seeschiffen, JZ 1995, 499; *Puttfarken, Hans-Jürgen*, Grundrechte im internationalen Rechtsraum, Zur Zweitregister-Entscheidung des

Bundesverfassungsgerichts, RIW 1995, 617 ; *Wimmer, Norbert,* Minderer Grundrechtsschutz bei internationalen Arbeitssachverhalten?, NZA 1995, 250 ; *Geffken, Rolf,* Soziale Grundrechte unter Vorbehalt?. NZA 1995, 504 ; *Herdegen, Matthias,* Standortsicherung durch Rechtsprechung, in : Verantwortung und Gestaltung, Festschrift für Karlheinz Boujong zum 65. Geburtstag, München 1996, 869, 874 f.　他がある。

(19)　基本法第三条第一項では、「すべてのひとは、法律の前に平等である（Alle Menschen sind vor dem Gesetz gleich）」と定められている。

(20)　基本法第一二条第一項では、「すべてのドイツ人は、職業、職場および職業訓練所を自由に選択する権利を有する。職業の実施（Berufsausübung）は、法律を通じてまたは法律に基づいて規制されることができる」と定められている。

(21)　RIW 1995, 676.

(22)　NJW 1995, 2339 ; JZ 1995, 507 ; RIW 1995, 676（判示事項の3参照）。

(23)　NJW 1995, 2340 ; JZ 1995, 508 f. ; RIW 11995, 678.

(24)　NJW 1995, 2341 ; JZ 1995, 509 ; RIW 1995, 679.

(25)　IPRax 1996, 416 ; BAG EWiR § 21 FlaggRG 2/95, 1191 (*Mankowski, Peter*). この判決に対する論評として、*Mankowski, Peter,* Internationales Seeschiffahrtsregister, Anknüpfung von Heuerverträgen und Qualifikationsfragen im internationalen Arbeitsrecht, IPRax 1996, 405 がある。

(26)　この民法典施行法第三〇条は、基本的に、一九八〇年六月一九日の契約債務関係の準拠法に関するヨーロッパ経済共同体ローマ協定第六条を採用したものである（この点については、山内「西ドイツ国際私法改正のための政府草案(5)」比較法雑誌一八巻三号下一五八頁以下（桑田三郎・山内惟介『ドイツ・オーストリア国際私法立法資料』（中央大学出版部、二〇〇〇年）第五章「西ドイツ国際私法改正のための政府草案」一四一頁以下、特に三五三頁所収）他参照）。この民法典施行法第三〇条の前提には、むろん、「契約は当事者双方により選択された法に服する」旨定める同法第二七条第一項がある。

(27)　IPRax 1996, 417.

(28)　A. a. O., 417.

(29)　A. a. O., 417.

(30) A. a. O., 417.

(31) A. a. O., 418.

(32) A. a. O., 418.

(33) A. a. O., 419.

(34) ZIP 1997, 249 ; DB 1997, 178 ; BAG EWiR § 1 KSchG 2/97, 231 (*Hromadka, Wolfgang*).

(35) ZIP 1997, 249 ; DB 1997, 178.

(36) ZIP 1997, 250.

(37) 木畑公一氏『便宜置籍船―海の多国籍企業―』（成山堂、一九七四年）。

(38) この点に関する概観として、*Eser, Gisbert,* Kollisionsrechtliche Probleme bei grenzüberschreitenden Arbeitsverhältnissen, RIW 1992, 1 ; *Wimmer, Norbert,* Neuere Entwicklungen im internationalen Arbeitsrecht—Überlegungen zur Politik des Arbeitskollisionsrechts, IPRax 1995, 207 ; *Mankowski, Peter,* Arbeitsverträge von Seeleuten im deutschen Internationalen Privatrecht, Ein Beitrag zur Auslegung des Art. 30 II EGBGB und zum sog. Zweitregistergesetz, RabelsZ 53 (1989), 486 ; *ders.,* Seerechtliche Vertragsverhältnisse im Internationalen Privatrecht, Tübingen 1995, 459 ff.; *Junker, Abbo,* Neuere Entwicklungen im Internationalen Arbeitsrecht, RdA 1998, 42 ; MünchKommBGB-*Martiny* Art. 30 RdNr. 48 ff. 他がある。

(39) この点につき、より一般的には、*Mankowski, Peter,* Der gewöhnliche Arbeitsrecht im Internationalen Privat- und Prozeßrecht, IPRax 1999, 332 他参照。

(40) MünchKommBGB-*Martiny Art.*. 30 RdNr. 48b.

(41) MünchKommBGB-*Martiny Art.*. 30 RdNr. 48c.

(42) *Leffler, Friedrich,* Das Heuerverhältnis auf ausgeflaggten deutschen Schiffen, 1978, 88 ; 山内「西ドイツ国際私法における雇用契約の準拠法について」（前注（2））一〇〇五頁以下参照。

(43) *Mankowski, Peter.* Arbeitsverträge （前注（38））, RabelsZ 53 (1989), 490.

(44) A. a. O., 494.

(45) *Giuliano, Mario/Lagarde, Paul,* Bericht zum Übereinkommen über das auf vertragliche Schuldverhältnisse anzuwendende

Recht, ABl. EG 1980 C 282/1 ff.

(46) *Mankowski, Peter*, Arbeitsverträge（前注(38)）, RabelsZ 53 (1989), 495.

(47) 細目については、前注(38)所掲の諸文献参照。

(48) *Mankowski, Peter*, Arbeitsverträge（前注(38)）, RabelsZ 53 (1989), 495.

(49) *Puttfarken, Hans-Jügen*, Grundrechte（前注(18)）, 624.

(50) *Mankowski, Peter*, Arbeitsverträge（前注(38)）, RabelsZ 53 (1989), 495.

(51) *Puttfarken, Hans-Jürgen*, Grundrechte（前注(18)）, 623 f.

(52) *Mankowski, Peter*, Arbeitsverträge（前注(38)）, RabelsZ 53 (1989), 518.

(53) 山田鐐一教授「一方的抵触規定」（国際法学会編『国際法辞典』（鹿島出版会、一九七五年）二八頁他参照。秌場準一教授「抵触規定」（国際法学会編）『国際関係法辞典』（三省堂、一九九五年）五六二頁では、「地域的適用範囲の画定にあたり、その画定の対象を自州・自国の法律のみに限定するもの」が一方的牴触規定とされている。

(54) *Mankowski, Peter*, Arbeitsverträge（前注(38)）, RabelsZ 53 (1989), 517.

(55) *Puttfarken, Hans-Jürgen*, Grundrechte（前注(18)）, 623.

(56) *Mankowski, Peter*, Arbeitsverträge（前注(38)）, RabelsZ 53 (1989), 522.

(57) IPRax 1996, 417, 418.

(58) *Junker, Abbo*, Neuere Entwicklungen（前注(38)）, RdA 1998, 44 ; MünchKommBGB-*Martiny* Art. 30（前注(38)）, RdNr. 49d.

(59) IPRax 1996, 418.

(60) 前述九六頁参照。

(61) この点に関する近年の言及として、藤田友敬教授「海事国際私法の将来」および神前禎教授「海事国際私法の独自性」がある（これらは、国際私法学会第一〇〇回大会（一九九九年六月一九日、北海道大学）における報告であり、「国際私法年報」二号（二〇〇〇年）一五二〜一九八頁に掲載されている）。

(62) これについては、古賀衛教授「海洋法裁判所の始動—サイガ号事件を手がかりに—」（国際法学会一九九九年度秋季大会報告）のほか、*Schillhorn, Kerrin*, Rechtssache M/V Saiga — der erste Fall des Internationalen Seegerichtshofs, NJW 1998,

2955 ; *von Breven, Hartmut/von Carlowitz, Leopold,* Die erste Hauptentscheidung des Internationalen Seegerichtshofs, RIW 1999, 856 他参照。

(63) 同条約に関する近年のドイツ語文献として、*Berenbrok, Marius B.,* Zum Inkrafttreten des Seerechtsübereinkommens der Vereinten Nationen, Der Internationale Seegerichtshof in Hamburg und der Tiefseebergbau, RIW 1994, 910 他がある。

(64) *Wolfrum, Rudiger,* Der Internationale Seegerichtshof, RIW 11/1999, Die erste Seite ; *Mensah, Thomas A.,* The Jurisdiction of the International Tribunal for the Law of the Sea, RabelsZ 63 (1999), 330 他参照。

(65) *Treves, Tullio,* Private Maritime Law Litigation and the International Tribunal for the Law of the Sea, RabelsZ 63 (1999), 350 ; *Basedow, Jürgen,* The Law Applicable to the Substance of Private Litigation before the International Tribunal for the Law of the Sea, RabelsZ 63(1999), 361 ; *Lagoni, Rainer,* Rechte natürlicher oder juristischer Personen vor dem Internationalen Seegerichtshof, in : Seehandelsrecht und Seerecht, Festschrift für Rolf Herber zum 70. Geburtstag, Hamburg 1999. 375.

(66) 国連海洋法条約第二九三条第一項では、「この条約およびこの条約に反しない国際法の他の規則」と規定されるにとどまり、国際司法裁判所規程第三八条による法源の限定を考慮しても、想定される実質規定の法律要件および法律効果の細目はなお明らかではない。この点に関しては、*Basedow, Jürgen,* The Law Applicable（前注(65)), RabelsZ 63(1999), 362 参照。

(67) 最近の言及として、*Basedow, Jürgen,* Perspektiven des Seerechts, JZ 1999, 9, 12（そこでは、「海事取引法の脱国家化(Entstaatlichung des Seehandelsrechts)」という表現が採用されている)。

(68) 一般的には、シタラム著（御堂岡潔教授訳）『異文化間コミュニケーション―欧米中心主義からの脱却―』（東京創元社、一九八五年）他参照。

# 第五章　ドイツ国際私法における〝戦後補償〟問題について

——元強制労働者補償請求事件を素材として——

〝今日の人口の大部分はあの当時子供だったか、まだ生まれてもいませんでした。この人たちは自分が手を下してはいない行為に対して自らの罪を告白することはできません。……しかしながら、……罪の有無、老幼いずれを問わず、われわれ全員が過去を引き受けなければなりません。全員が過去からの帰結に関り合っており過去に対する責任を負わされているので……す[*]。〟

## 一　はじめに

一　いわゆる戦後補償問題の処理に関する裁判例が近時改めてマスコミの注目を浴びている[1]。わが国の裁判例がほぼ一貫して日本政府の法的責任を否定している現状に対して批判的論調を帯びた新聞記事も少なくない[2]。こうした視点から、第二次世界大戦中の日本軍の戦争犯罪について、犠牲者への賠償を日本政府に要求する決議案がアメリカ合衆国キャリフォーニア州上院議会で一九九九年八月二四日に成立した状況[3]やナチス時代の強制労働に対する補償基金の設立に関する法案がドイツ連邦共和国で閣議決定された経緯[4]もわが国ですでに紹介されている。

判決理由を幾分か異にしているとはいえ、請求棄却例が続いているにも拘らず、戦後補償を求める訴えはその後もわが国で提起され続けている[5]。こうした状況は一面では法律家に対し、請求容認のための新たな法律構成の探求可能性を問い掛けるものであるともいえよう。他方で、わが国裁判所の消極的態度表明を懸念したためであろうが、日本国内での訴訟遂行を断念し、アメリカ合衆国の裁判所で損害賠償請求訴訟が提起される例も目立つようになってきた[6]。こうした事例の増加傾向はわが国の裁判所がおよそ信頼されていないことに起因する司法の空洞化現象を、より一般的にいえば「法廷地漁り（forum shopping）」を助長するものとも考えられよう。とりわけ、注目されるのが、「政府間で賠償請求権を放棄しても、企業に対する個人の請求権は存在するという考え」[7]が強調されている点である。外国での訴訟において日本企業が被告とされているのは、国際法上の主権免除特権により、日本政府を被告として訴訟を遂行することが法技術上難しい点を考慮したためでもあろうが、日本企業の損害賠償責任がアメリカ合衆国の裁判所で肯定される場合には、そうした裁判の日本政府に及ぼす政治的影響も決して少なくはないであろう。

二　それならば、戦後補償に起因する各種の請求を是認するための法律構成はどのように考えられるべきか。国際私法上の諸問題についてはすでに奥田教授の研究[8]があり、著者自身も東京地裁一九九八年一〇月九日判決[9]に対する解説[10]に際して部分的に論及する機会があった。以下では、近時の資料のうちから、特に、ケルン上級地方裁判所の一九九八年一二月三日判決[11]とこれに対するトムシャット（Tomuschat）教授の評釈[12]を素材として、ドイツ法における法律構成を最近の動きを確認しておくこととしたい。というのは、戦後補償問題をわが国とも共有するドイツにおける法律構成を見ておくことは、賠償法制に関して法系上さほど隔たっていないわが国にとって、法比較の視点からも看過し得ないものと思われるからである。乏しい資料に基づく一裁判例の研究を通じてこの国における実務の一端が明らかになり、わが国の裁判所にみられるこれまでの法律構成の適否を再検討するわずかな手掛かりでも得られるならば、何よりのこととされなければならない(13)。

## 二　元強制労働者補償請求事件

### 1　事案の概要

一　ケルン上級地方裁判所の認定によれば、原告二二名の国籍は、ドイツの他、ポーランド、ハンガリー、イスラエル、カナダ、アメリカ合衆国など、多岐に亘る(14)。ユダヤ血統の故に国家社会主義者の迫害を受け、アウシュヴィッツ強制収容所に入れられた後も、近郊の軍需工場で強制労働をさせられた(15)ことを理由に、原告は各自が提供した労務の対価に相当する二万七千ドイツマルクないし六万八千ドイツマルクを損害賠償または補償として支払うよう、ドイツ連邦共和国に訴求した。それは、国際法上違法な強制労働への徴用を原因とする本件請求権が国際法上排除されていない(16)からであり、また、原告とドイツ帝国の履行補助者たるW・メタル・ウニオン合資会社（W. Metall-Union KG）との間に事実的労働関係があったところから、この国の国内法たる連邦補償法および一般戦争結果法によっても右請求権が排除されていない(17)と考えられたからである。被告は、補償請求権および支払請求権の不存在を主張し、訴えを棄却するよう申し立てた。その論旨は次のようなものである。

〃……原告には、すでに支払われている以上の補償請求権ないし支払請求権は帰属しない。というのは、迫害措置についての補償請求権は連邦補償法において最終的に規律されており、同法第八条はそこで把握されている請求権より広い請求権を排除しているからである。また、これに関連して、こんにち西側諸外国で生活しているユダヤ人被迫害者のもとで、ドイツに対する回復給付（Wiedergutmachungsleistungen）のための組織として設けられているC会議（Conference on Jewish Material C. Against Germany（C. Conference））による補償の支払も考慮されなければならない。けだし、この組織は被告が資金繰りを行い、補償給付も全額被告により負担されているものだからである。C会議の給付は連邦補償法の決定日という要件から独立している。唯一の要件は、申立人がその住所または継続的滞在を「東欧ブロック」外に有するという点である。それゆえ、強制労働に対する補償を求める特別の請求権が存在しないとすることは、なんら原告に対する不法虐待には当たらない。

このほか、原告の請求権は一般戦争結果法（Allgemeines Kriegsfolgengesetz）第一条第一項によっても消滅している。一般戦争結果法第一〇一条は、たんに、ロンドン債務協定により満たされていないかまたは消滅している諸請求権は一般戦争結果法によっても満たされることはできないということを意味するにすぎない。

消滅という法律要件事実は、さらに、ロンドン債務協定第五条第四項という規定から生じる。というのは、ポーランド民主共和国は一九五三年八月二三日の宣言において全ドイツに対する賠償を放棄しているからである。この放棄は一九七〇年のワルシャワ条約についての交渉の枠内でもポーランドにより明示的に確認されている。これと同様に、ハンガリーは一九四七年の平和条約第三〇条第四項においてドイツに対する全請求権を放棄していた。このことは、いずれにせよ、かつてのポーランド国民およびハンガリー国民である原告にも適用されなければならない。

さらに、ロンドン債務協定第五条第二項による猶予が引き続き存在する。それゆえ、この猶予が本件で訴求されている諸請求権を依然として妨げている、けだし、本件では、同協定の意味における修復債権（Reparationsforderungen）は問題となっていないからである。憲法上もこの点に異議を唱えることはできない。というのは、立法者には……戦争結果に関する法に基づき履行されるべき請求権の理由および金額に関して……形成の余地が認められているからである。このほか、主張されている請求権のもとで存在するのは、一般的な国際法上の諸原則によると、個別的には主張できないいわゆる修復債権である。この種の請求権の調整は国際法的な諸規定の留保に委ねられなければならない。同権原則に対する違反は存在しない。というのは、本件と同じように置かれた同種の事案に対して原告は決して不平等に取り扱われてはいないからである。最後に、被告は補助的に消滅時効の抗弁を申し立てた。(18)〃

二　第一審のボン地方裁判所は、ドイツ人原告（原告第二〇号）の手続では、一般戦争結果法第一条の基本法との合致の有無につき、また外国人原告の手続では、本件請求権は国家間でしか主張され得ないという国際法上一般的なルールの有無につき、連邦憲法裁判所の判断を求めるべく、基本法第一〇〇条第一項および第二項により各手続を中断した(19)。しかるに、右の提示が連邦憲法裁判所で不適法とされた(20)ため、同裁判所は審理を続行し、以下のように述べて、連邦補償法上の補償が行われていなかった一名（第一九号）の訴えを部分的に認め、その余の原告の請求をすべて棄却した。

〝……ボン地方裁判所が言い渡したところによれば、原告には、基本的に、原告により行われた強制労働（これについては被告たる連邦共和国がドイツ帝国の権利承継人として責任を負う）につき基本法第三四条と結び付いた民法典第八三九条による国家賠償責任の観点に基づく（無時効の）損害賠償請求権が帰属する。しかし、原告主張の金額では帰属していない。……被告は、公務員の行為に対するライヒの責任に関する法律（Gesetz über die Haftung des Reichs für seine Beamten (RBHG) vom 22. 5. 1910）第七条に規範化された責任制限を援用することができない（それは、基本法第二五条を経て国際法上の一般的な諸規定が右の規定に優先するからである）……。同様に、ロンドン債務協定第五条第二項、一九五三年八月二四日のポーランド賠償放棄宣言、一九五二年九月一〇日のドイツ連邦共和国・イスラエル国間の協定、C会議の協定、二プラス四条約の枠内でたとえばポーランドにより宣言されたと推測される債権放棄、連邦補償法第八条、一般戦争結果法第一条および民法典第八三九条第三項、これらも原告第一九号の支払請求権を妨げてはいない。被告は、このほか……民法典第八二二条と結び付いた第八五二条第三項による価値の賠償ないし公法的賠償請求権の観点に基づく価値の賠償に対しても責任を負う(21)。〟

ボン地方裁判所のこの判決に対し、原告および被告はともに控訴した。一部勝訴の原告は敗訴の残余部分を、敗訴原告は全額をそれぞれ認容するよう主張し、被告も第一審敗訴部分につき請求棄却を申し立てた(22)。

である。

## 2　ケルン上級地方裁判所一九九八年一二月三日判決

一　ケルン上級地方裁判所は、原告の申立を退け、被告の控訴のみを全面的に認めた。その判示事項は以下の二点である。

〃1　国家社会主義体制による支配の時期に行われた「国家賠償責任を問う不法行為」(Amtshaftungsdelikte)を理由とする「国家賠償請求権(Amtshaftungsanspruch)」の諸要件は、国家主権という国際法的原則に基づき、当該「不法行為で国家賠償請求の対象となるもの」が外国で行われた場合にも、ドイツ法による。これによれば、関連するのは、国家社会主義の権力引受によっても残存しているヴァイマール憲法第一三一条に当時の国家法上の根拠を有する民法典第八三九条である。

2　これにより基礎付けられるライヒの債務について、ドイツ連邦共和国は、国家賠償請求権の主張が制定法上排除されていない限り、ドイツ帝国の職務後継者として責任を負わなければならない。現行の諸制定法に基づけば、国家社会主義による迫害の犠牲者には、強制労働を理由とした連邦共和国に対する損害賠償請求権および補償請求権は帰属しない。[23]〃

右の判示事項第一点では、ドイツ法、特に民法典第八三九条が適用されること、また第二点では、同条を含む関係諸法規の解釈上、原告には損害賠償請求権も補償請求権も認められないこと、これら二点が示されている。それならば、右のような結論に至ったこの判決の思考過程はどのようなものか。判旨の構成は必ずしも明確に整理されているようには見受けられないが、大略すればその趣旨は次のようになろう。すなわち、第一に、私法上の国家賠償請求権というにせよ、公法上の補償請求権というにせよ、本件のような強制労働に対する対価の支払を求める請求権の有無を決定する法源は連邦補償法のみであること、第二に、適法に認められた立法裁量の範囲内で強制労働に対する補償が連邦補償法上定められていない以上、強制労働に対する対価の支払を求める請求権は原告には認められないこと、これら二点がそうである。

二　そのうち、連邦補償法のみが適用されるという判断基準の形成過程に関する判旨は以下のとおりである。まず挙げられるのが、適用法規の決定に関する以下の説明である。

〝a）……国家賠償請求権の諸要件事実は当法廷の見解でも疑いなく存在する。これらの要件は当該行為時に基準とされていた法状況による……。国家賠償責任を問う不法行為が外国で行われた場合に(も)ドイツ法が適用される（参照されるのは、たとえば *Beitzke*, ÖstZfRVgl 1977, 136；Staudinger-*von Hoffmann*, 12. Aufl., Art. 38 n. F., Rdn. 228a m. w. N. である）。国家責任を抵触法上特別に取り扱うことは、国際法上の主権原則（この原則により、主権的行動について国家の主権免除が決定される）から生じる。その結果、本件と関連するのは、一九三三年以降の政治的変動によってもなお存在し続けているヴァイマール憲法第一三一条に当時の国家法的根拠を有する民法典第八三九条である（RGZ 160, 193(196)）。これにより基礎付けられるライヒの債務については、被告がドイツ帝国の職務後継者として責任を負わなければならない（参照されるのは、たとえば *Sachs-Ipsen / Koch*, Grundgesetz, 1. Aufl. (1996), Art. 134, Rdn. 7 m. w. N.；*Maunz / Dürig / Herzog / Scholz*, Komm. zum Grundgesetz, Art. 134, Rdn. 10 である）[24]。〟

次に挙げられるのが、ドイツ法上、どの法規が適用されるかに関する以下の説示である。

〝2）公法上の補償請求権（Entschädigungsanspruch）の主張と同様に、私法上の国家賠償請求権の主張も……一九六五年九月一四日の連邦補償法変更のための第二次法（BEG-Schlußgesetz, BGBl. I. S. 1315）の形式における連邦補償法第八条第一項により排除されている。

a）連邦補償法変更のための第二次法第八条では、次のように定められている。

(1) ドイツ帝国、ドイツ連邦共和国およびドイツの諸ラントに対する請求権は、第五条に挙げられた諸規定および第二二八条第二項を通じて維持されている諸規定に拘らず、第一条の迫害理由に基づいて行われている諸措置を通じて損害が発生している旨が援用されているときにのみ、本法に基づき主張することができる。

(2) その他の公法上の団体（Körperschaften）、アンシュタルト（Anstalten）もしくは財団（Stiftungen）または私法上の人（Personen）に対する請求権は、本法によっては触れられない。各請求権は、本法により補償が行われる限り、補償国の領域

を越えて主張される。当該補償国外へのこのような拡大は、権利者の不利益になるように主張することはできない[25]。〃

それでは、なぜに連邦補償法のみが唯一の法源とされたのか。判旨が掲げる第一の根拠はその一般的言語慣用[26]であり、第二の根拠は立法者意思[27]である。判旨はこの点をさらに以下のように敷衍する。

〃c）この点は、制定法上の委任とこの法律の立法資料とから取り出すことができる（……）。

これらすべてのことから明らかになるのが、立法者の（歴史的）意思、すなわち、補償法を財政的に可能な範囲内で包括的に規律し、その他の規定によるどのような請求権も排除するという意思である。国庫は連邦と諸ラントを通じて代表されているが、連邦補償法の法典化をもって、国庫は迫害から生じる損害について自己の責任を引き受けており、法的明確性、法的安定性、実際の法適用、そして金銭的に必要とされる制限と負担額の算定、これらの理由から、国庫は自己の責任に制限を加えている。

d）ここで主張されている見解は、連邦補償法に関する文献中、圧倒的多数の注釈書によっても賛同されている。それらにより強調されているのが、連邦補償法による請求権と並存する形で、その他の請求権を民法上（契約、不法行為）も公法上（官吏の義務違反）も主張することはできないという点である（そのようなものとして、*Blessin-Gießeler*, BEG, 1. Aufl. (1967), § 8, Anm. II……）。

e）連邦通常裁判所がその一九五四年二月一一日の裁判（BGHZ 12, 278）においてこれと正反対の観点に立っているという点をボン地方裁判所が援用している点は、誤りである。むしろ、連邦通常裁判所が、右の裁判に先行する二つの裁判（BGHZ 11, 198 および 12, 10）を援用して書き留めていたように、一九五三年の連邦補償法第七条、第九条第二項および第一〇四条による例外に当たらない限り、国家社会主義的権力措置に基づく諸請求権は、一九五三年の連邦補償法第九条により、原則として連邦補償法の諸規定に従わなければ主張することはできない。……このような制限が考えられたのは、おそらく、一九五三年の連邦補償法第九条という、当初の意図がうまく達成されなかった規定の必然的な帰結といえよう。この規定の意図は、回復義務の主たる債務者である連邦と諸ラントの問題に関する限り、国家社会主義的迫害措置から生じた損害を回復という形式で全体として立法するというその最終的性格を決定することにあり、その結果、連邦および諸ラントに対する、その他の法規定から生じるその余の請求権を排除することにあった（*Becker/Huber/Küster*, a. a. O., § 9, Vorbem.）。第九条という、この失敗した表現形式に基づいて判例が誤った展開をしていたと立法諸機関は認識していたので、この点は一九五六年六月二九日の修正表現の形式（BGBl. I S. 652）ですでに訂正されている。この点は公式の理由書で明らかにされている。

そこでは、草案第五条について以下のようにいわれている。

「ライヒ、連邦またはいずれかのラントに対する請求権が問題となるときは、連邦補償法が最終的かつ排他的な規律をなすという点が、第一項を通じて明らかにされるべきである。」

本件ボン地方裁判所および原告はこれと正反対の見解を主張し、シュトゥットゥガルト上級地方裁判所判決（RzW 1964, 425）を引用している。しかし、右の裁判はここで主張されている当裁判所の見解を妨げるものではない。すなわち、そこにあるのは、民間会社に対する強制労働者の訴えである。[28]〃

さらに触れられるのが、連邦補償法上「強制労働」についての規律の欠落の違憲性に関する次のような説明である。

〃f)　連邦補償法上規律されていないこの生活事実（本件でこれに相当するのは、人間に値しない諸条件のもとでの強制労働である）の部分的排除が憲法に違反するという点も、確定することはできない。

基本法第一三四条第四項、第一三五a条を通じて、特にライヒの債務を規律すること、その際に債務が履行されるべきではないとか完全な金額では履行されるべきではないとかを決定すること、これらの立法権限は被告に与えられている。それゆえ、これらの条項は、そこでの明確な目標設定により、基本権に対しても通常とは異なる規律をなすことを許している（*Maunz/Dürig/Herzog/Scholz*, a. a. O., Art. 135a, Anm. II 2）。もちろん、これらの条項は……立法者に対して完全な形成の自由を与えているわけではない。これらの条項は、ライヒ債務の廃止を一般的に理由付けているのではなく、立法者のための規律権限のみを理由付けているにすぎない……。この制限内であれば、立法者は弁済を切り詰めたり、拒否したりしてもよい（BVerfGE 15, 142 ff.）。

この点は、前述のように、ライヒが国家破産の状態にあることからも正当とされる。ライヒは一時的に支払無能力であっただけでなく、破産の危機にも瀕していた（BVerfGE a. a. O.）。国家破産についての一般的破産法は考えられていないし、適切でもないので、制定法上特別の措置が講じられなければならない。その場合、基本法第一三四条第四項および第一三五a条は、

「自分自身のためにライヒの破産状況の清算を目的とする(だけ)にとどまらず、その基本的な重要性からみて、連邦および諸ラントの将来の秩序ある財政運営……を目的としている」(BVerfGE, a. a. O., S. 136)。その中心にあったのは、過去に対する清算ではなく、将来についての基盤の創設である。

これを前提とすると、連邦補償法が一般法によって与えられている請求権を切り詰めたりまたそれ以上に全面的に排除したりしている以上、連邦補償法が基本法に違反するという主張には理由がない。連邦憲法裁判所は戦争結果の規律について、すでにしばしば、従来の戦争結果の規律の仕方に所有権保障および同権原則への侵害はないと判断してきた（参照されるのは特にBVerfGE a. a. O., 19, 150；23, 153；24, 203；27, 153；41, 126；79, 240；94, 375である)。基本法第一四条は、一定のグループのライヒ債務を履行することを命じてはいない。個人は、自己に属する債権が顧慮されていないことをもって一般的な平等原則を援用することはできない（BVerfGE 15, 110 und 32, 166への言及のもとでのBVerfGE 24, 215)[29]。〃

三　次に、右の判断基準の本件への具体的な適用過程が明らかにされなければならないであろう。

〃本件強制労働については、連邦補償法による補償を求める請求権は存在しない。連邦補償法による規律から明らかになるのは、ただ、法的責任に類似した考えから、強制労働が自由剥奪と同列に置かれるという点のみである。その背後にあったのは、補償に値するあらゆる形式の国家社会主義的迫害措置を把握するという考えである（*Klee*, Die Entschädigung wegen Schadens an Freiheit, in: Die Wiedergutmachung nationalsozialistischen Unrechts durch die Bundesrepublik Deutschland, Bd. IV, S. 448)。

しかし、この規律から、ボン地方裁判所が考えていたように、本件強制労働を理由とする賠償請求権がこの規定をもってともに弁済されるべきであるという結論を取り出すことはできない。原告による強制労働が連邦補償法第六五条（労働力の利用に対する侵害）に含まれると考えることもできない。というのは、強制収容所にいた被迫害者の場合、これらの損害は、強制収容所にいたという事実によってすでに発生しており、被迫害者が強制労働を行っていたか否かという点は問題とされていないからである。

むしろ、立法者は、前述のように、強制労働により生じた物質的損害について賠償を認めることを意識して無視してきた。この法律の第二編に挙げられた損害発生に関する法律事件事実（生命損害（第一五条以下)、身体または健康の損害（第二八条以下）、自由に関わる損害（第四三条以下）、所有損害（第五一条以下）、財産損害（第五六条以下）、特別公課、罰金、科料および費用の支払による損害（第五九条以下）、職業的経済的発展可能性の損害（第六四条以下））から明らかになるように、自由剥奪の結果のうち、一定のものについてのみ補償が行われるべきである。最終的にほぼ三百万人ないし五百万人という莫大な数の強制労働者がいることから、「強制労働」という表現のように、補償の対象を決定する法律要件事実としてはより広いものを立法者が無視してきたという点を正当化する根拠はなんら存在しない。

迫害という不法行為を取り扱っている過去の制定法も国際法上の諸条約も、強制労働については何の規律もしてこなかった。これに関連して挙げられなければならないのが、一九四九年四月二六日の「国家社会主義的不法行為の回復のための法律(Das Gesetz zur Wiedergutmachung nationalsozialistischen Unrechts, US-EG)」、一九六五年九月一〇日のドイツ連邦共和国・イスラエル国間の協定（いわゆるイスラエル条約）（BGBl. 1953 II S. 35 ff.）、一九五四年一〇月二三日の形式における一九五二年五月二六日の移行条約（BGBl. 1955 II S. 405）、一九五三年九月一八日の国家社会主義的不法行為の迫害についての連邦補充法（BErgG）（BGBl. I S. 1387）、これらである。

しかしながら、立法者が補償権利者の範囲の拡大を留保したり、補償給付を一般責任法のもとに置こうとしている以上、請求権が向けられるその他の相手方について連邦補償法第八条第二項で行われているやり方に似せて、あたかも権利者が拡大されたかのように規律することは不当であろう。補償義務は迫害者概念と結び付けられており、損害という法律要件事実とは結び付けられていない……。立法者が補償の権利を被迫害者という概念と結び付けていたという状況もまた、まさしく、立法者がすべての国家社会主義的迫害措置に関して最終的な規律を行おうとしていたことを示している。国際法上の条約および憲法により、可能な枠内で回復を図ることが立法者に課されている。その限界を決めるのは、一方では、八千万ライヒスマルクと見積もられた債務負担であり、他方では、給付能力の回復である。このことからしてもすべての弁済が認められるわけではなく、補償の範囲に関しても物的および人的な制限が行われなければならない。ここには強制労働も含まれる。連邦補償法ではカヴァーされない補償給付について一般責任法を超えて損害賠償を試みる可能性が被害を受けた犠牲者に開かれているとすれば、弁済に要するライヒ債務の規模は算定不能となり、その結果、破産状態から抜け出る道は（恐らくは）阻止されることとなろう。

したがって……損害という法律要件事実や人的範囲が全般的に連邦補償法により把握されていない以上、回復法による請求権と異なる請求権は排除される。というのは、一般責任法による請求権を経て回復の範囲の限定が回避され得るならば、回復の範囲を限定する必要性が意味のないものとなるからである（*Becker/Huber/Küster*, a. a. O., § 9, Rdn. 1）。

原告は一九九六年七月二三日の政務次官告示に言及しているが、原告により採り入れられた観点はこの告示でもまったく確認することができない。むしろ、この宣言では、当法廷により賛成される見解、すなわち、強制労働（のみ）についての補償は認められないという見解が主張されている。しかし、このことは、被告の責任が一般責任法上生じ得るとみなされることを意味しない。この告示（これによれば、過酷な事案については基金による解決策が試みられる）の意義を全般的関連性の中で考えれば、むしろ、これとは正反対のことが明らかになる。被告が国家責任法によって賠償しなければならないとすれば、このような基金による解決策は必要がないからである。[30]〟

ケルン上級地方裁判所は、さらに、右請求権の排除を一般戦争結果法によっても以下のように根拠付けている。

〝……一般戦争結果法第一条第二項によれば、同法による規律は、ドイツ連邦共和国の諸法律……には影響を及ぼさない。（……）この規定によっては、補償に関するその他の法律（ここでは、それゆえ、連邦補償法第八条第一項）が定める消極的規律（Negativregelungen）も触れられない……。一般戦争結果法第五条第二項第三号も連邦補償法のこの排他性を確認している。これによれば、国家社会主義的権力措置に基づく請求権の全体は連邦補償法で最終的に規律されており、権利を有するという積極的観点でも権利を有しないという消極的観点でもそうである……。

c）　原告第一九号はポーランド国民であったが、一九六八年以降イスラエル国民である。この原告はその後連邦補償法第四条が定める住所の規律に服している。というのは、この者は一九六五年一二月三一日までは……まだイスラエルには住所を有していなかったからである。それゆえ、右原告は主観的人的属地主義の適用上連邦補償法第八条第一項により把握され、それゆえ、ハーグ議定書第一号および第二号（BGBl. II S. 35, 85）に従い、C会議を通じてのみ補償給付を得るにすぎない。

原告第一九号はポーランド国籍を有するユダヤ被迫害者（自国でドイツ占領中に国家社会主義的権力措置を通じて迫害された者）で、当該請求権の一般要件を満たしていない。旧ポーランド国民は、ドイツ占領地区収容所にいた場合にのみ、連邦補償法第一五〇条以下による無国籍者または避難民として、また変更法第Ⅳ条の被迫害国民として、連邦補償法第四条による請求権を主張することができる。もとより、特定の被迫害者をこの権利者の範囲に含めないことは、各被迫害者間での差別待遇を、それゆえ、不平等取扱いを意味する（憲法上の平等原則を顧慮すれば、この点は特別の正当化事由を必要とする）。しかし……財政政策的にみると、補償立法は、国家社会主義的政体の全般的清算の、そして、それにより惹起された損害の全般的清算の問題である。当該損害の規模およびドイツ連邦共和国（その領域は旧ドイツ帝国の一部分でしかなく、それゆえ、この国の財政力も旧ドイツ帝国の財政力の一部分でしかない）の財政事情を考えれば、国家社会主義的政体によるすべての被害者の損害補塡は不可能である。完全な損害補償はできなかったし、すべての被害者に損害賠償を認めることもできなかったのであって、むしろ種々の制限が必要であった。どこでどのような制限を行うべきかは、広範囲に亘り、立法者の自由な形成的裁量の中にあった（そのようなものとして明示的には *Gießler*, a. a. O., S. 52/53 unter Hinweis auf BVerfG NJW 1970, 799 und RzW 1975, 24 Nr. 22）。

補償に関する諸法律の公布に際して、立法者は、主として、ドイツ連邦共和国内に生活する被迫害者とドイツ連邦共和国外に生活する被迫害者とを区別した。立法者が直接的な回復義務を認めたのは、原則として、自国民および自国民と同一とみなすことのできた被迫害者に対してのみである。それは、ドイツ連邦共和国で生活していたかまたはドイツ連邦共和国の法的前身の領域たる旧ライヒ領域で生活していた被迫害者であった。これに対し、ドイツ民主共和国で生活している被迫害者（この者に対する回復はドイツ民主共和国の義務である）に補償を与えるいかなる根拠もなかった。原則として、これと同じことが外国国籍を有するその他の被迫害者（右戦争中に本国で迫害され、しかも今なお本国で生活している者）についても行われた。というのは、これらの者は、その損害を理由に、彼らの保護国である自国を頼ることができたからである。これらの国は、その側で、国際法的な修復（Reparation）という方法で、ドイツ国に求償（Regreß）を求めることができた。前述のように、これらの外国はこの可能性をも利用してきた（*Gießler*, a. a. O., S. 53）。

右の諸観点を考慮していたこの人的属地主義は、それゆえ、実体に即した諸考慮に基づいている（おそらくはそのように考えているものとして BVerfG RzW 1975, 24 Nr. 22）。この人的属地主義は、ドイツ連邦共和国によるドイツ国内での補償をドイツ民主共和国によるドイツ国内での補償とは区別し、さらに、固有の補償の法律要件事実を修復法的種類の法律要件事実から区別している。これらに当たらない単純な被迫害者、被追放者、無国籍者または避難民……に対しては、これらの者を特別の被迫害者グループとして権利者の範囲に含めることによって、ドイツ連邦共和国が個別的補償義務を引き受けた。

さらに、前述のように、西側諸国の圧力で国際法上の条約が締結された（これらの条約に基づき、連邦補償法第一条による被迫害者も当該国を超えて補償された）。このようなグローバルな条約は下記の諸国との間で締結されている。

ルクセンブルク　一九五九年七月一一日に一千八百万ドイツマルクについて
ノルウェー　一九五九年八月七日に六千万ドイツマルクについて
デンマーク　一九五九年八月二四日に千六百万ドイツマルクについて
ギリシャ　一九六〇年三月一八日に一億千五百万ドイツマルクについて
オランダ　一九六〇年四月八日に一億二千五百万ドイツマルクについて
フランス　一九六〇年七月一五日に四億ドイツマルクについて
ベルギー　一九六〇年九月二八日に八千万ドイツマルクについて
イタリア　一九六一年七月二日に四千万ドイツマルクについて
スイス　一九六一年六月二九日に一千万ドイツマルクについて
オーストリア　一九六一年一一月二七日に一億百万ドイツマルクについて
連合王国　一九六四年六月九日に一千百万ドイツマルクについて
スウェーデン　一九六四年八月三日に一千万ドイツマルクについて

国家間条約に基づく支払のほか、連邦政府は、特別の目的規定を有する基金を設立し、また、連邦補償法では顧慮されなかったその他の被害者に補償給付を行ってきた。このようにして、一九五二年九月八日のC会議との合意に基づき、「イスラエル外での国家社会主義的迫害のユダヤ系犠牲者の援護、社会適応および入植のために」四億五千万ドイツマルクがこの組織に支払われた。

東欧ブロックの領域で生活していた被迫害者がハンガリー動乱後西側に流出したとき、この被迫害者グループも連邦補償法変更のための第二次法の適用対象とされ、補償を受けた。

これらの規律でも、連邦補償法がすべての被迫害者に対する唯一かつ最終の規律であることが明らかである。というのは、そうしなければ、この法律は、制定法上の措置や国際法上の条約により、その他の被迫害者グループへの右のような拡大を必要とするはずがないからである。

d）　原告が自己の観点を支えるために援用する、連邦補償法第二三八条の排除効には誤りがあるという主張は成功していない。というのは、せいぜい、再統合の留保だけしかそこには存在しないからである。そこで考えられているのは、迫害が行われた領域出身の被迫害者ではなく、旧ドイツ民主共和国の領域に対して場所的関係を有する人々である。ドイツ統合の途中で、立法者は、連邦補償法の経過措置により、そして一九九二年四月二二日の補償年金法（BGBl. I S. 906）の可決を通じて、連邦補償法第二三八条に含まれる留保を満たしてきた。

一九五三年二月二七日のドイツの対外債務に関する協定（ロンドン債務協定）（BGBl. IIS. 333）第五条第二項からも、一般責任法上の補償請求権が存在するという帰結を引き出すことはできない。その文言が、

「第二次世界大戦に由来する債権の有無についての審理……は……後回しにされる」

と示しているように、右協定では、このような請求権の存在は前提とされていない。このような請求権を右協定をもって基礎付けることは、やはり、できないであろう。

それゆえ、二プラス四条約からも、条約締結をもって国家社会主義的迫害の犠牲者の補償請求権が復活しているという結論を引き出すことはできない。

e）　最後に、以下の考慮もまた、ここで主張された見解に賛成している。すなわち、補償法による給付の範囲は一般責任法によるそれよりも遥かに少ない。例えば、補償法は慰藉料請求を被迫害者に認めていない。給付範囲が少ないのは、特に、戦後数年における連邦共和国の給付能力が限定されていたからであった。それにも拘らず、この被迫害者グループ（給付能力がごく限定されているという理由で補償給付から排除された者）が国家賠償責任法を経て最終的には請求権者とされ、さらにそれ以上に、連邦補償法で補償給付を受ける被迫害者より有利な地位に立つとするならば、このことは連邦補償法の立法者の意図と矛盾することとなろう(31)。〟

かくして、最後に、損害賠償請求権および補償請求権が原告に帰属しないことが重ねて強調されている(32)。以上が、ケルン上級地方裁判所による判決の概要である。

## 3　トムシャット教授の評釈

一　このケルン上級地方裁判所の判決に対しては、ベルリン大学のトムシャット教授による評釈が「元強制労働徴用者のドイツ連邦共和国に対する法的請求権の有無」という表題のもとに公表されている[33]。そこでは、準拠法(anwendbares Recht)、請求権者（Anspruchsinhaber）[34]、請求の基礎（Anspruchsgrundlagen）、国際法と個別的損害賠償(Völkerrecht und individueller Schadensersatz)[35]、これら四点が取り上げられている。しかしながら、国際私法上の問題点を検討する本章では、検討の対象も適用法規の決定および実質法の適用の二点に限定されなければならない。

二　そのうちまず触れられるのが、適用法規の決定についてである。複数の法律構成の可能性を示しつつも、ドイツ法を準拠法とする判旨の結論にトムシャット教授は全面的に賛同する。その主張は以下のごとくである。

〃生じ得る請求権の基礎について審理する場合、基本的な選択肢が存在する。一方では国際法に依拠することができるし、他方ではドイツ国内法に依拠することができる。さらに、理論的に考えられ得るのが、ポーランド法の適用である。というのは、アウシュヴィッツ収容所がポーランドの領域上にあったからである。しかしながら、どの裁判所もこの後者の可能性を考慮してこなかった。当事者に共通する不法行為地法（lex loci delicti commissi）たるポーランド法の適用を拒否することには、論証の欠如が明らかであるにも拘らず、賛成されなければならない。なるほど、ドイツ帝国により試みられた、ポーランド国家領域の併合は、*Randelzhofer* および *Dörr* が適切に示していたように、無効ではあった。しかし、このことから、それを理由としてドイツ国家の行動をポーランド法の下に置く結果をもたらすことはできない。たとえポーランドの取扱いが国際法上の諸原則と一致しておらず、こうした理由からポーランドの国家主権が除去され得なかったとしても、それでも、事実上の支配権の存在と法的な有効性との間にあるこの食い違いは、ドイツ国家権力のポーランドでのすべての措置が国際法という基準に即して測られなければならないという結果しかもたらさない。この他に提起される問題は、戦争行動とその責任追及措置に対してドイツ不法行為法上の一般原則が適用されなければならなかったか否か、そうであるとしてどの程度か、といった点である。いずれにせよ、第三帝国の時代についてもドイツの諸国家機関の行動の是非を判断するためにドイツ法を適用することは明らかであり、このことは、こんにち、基本法第一条第三項がドイツ基本権に関して明示的に定めているとおりである。(36)〃

三　次に「請求権の基礎」という表題のもとに、トムシャット教授は実質法の適用について、以下のように述べている。

〃国際法上個人の権利としての請求権が欠けているという点に関する連邦憲法裁判所の明確な詳論があるところから、ケルン上級地方裁判所はもはやこの問題には一言も触れず、ドイツ国内法上考え得る請求権の有無に審理を限定している。その限りで、論証は異例に直線的である。いつでも法状況がまずもって判断されなければならないところから、同裁判所も判決で、連邦補償法変更のための第二次法第八条という規定により、迫害措置に起因するドイツ帝国に対するすべての法的請求権を連邦補償法に従って主張することができるという点について述べている。それゆえ、同裁判所は、当初の国家賠償請求権が連邦補償法による請求権へ転換されるべきであるとしていた。この考えによれば、一般戦争結果法は本件ではなんら法的意義を持っていなかった。というのは、本件で問題とされている諸損害については連邦補償法という特則が存在したからである。これと同様に、そこでは、一九五三年二月一七日のロンドン債務協定も重要ではなかった。

以上の詳論が説得力を得られるのは、訴えを提起した旧強制労働者のどのような請求権が当初から存在し得るかという問題が詳細に取り扱われる場合である。簡潔にいえば、ケルン上級地方裁判所の確認するところでは、ハーグ陸戦規則違反があるが故に、ヴァイマール帝国憲法第一三一条と結び付いた民法典第八三九条による国家賠償請求権の成立要件が満たされている。ボン地方裁判所が一九九七年一一月五日のその判決で比較的詳細にこの問題点に触れている。そこでいわれているのは、それもまったく正当なことであるが、犠牲者の取扱いがすべての法治国家的基準と国際法的基準とに違反していたという点である。請求権の基礎として引用されるのは、上記の確認を前提とすると、本件では「基本法第三四条と結び付いた」民法典第八三九条の規定である。この結論にはかなり啞然とさせられることであろう、けだし、ボン地方裁判所は、一九四三年ないし一九四五年には基本法がまだ施行されていなかったことを適切にも認識しているからである（このことは最終的には難しいものではなかった）。総じて、これら二つの裁判所は、今日の法治国家的意義における国家責任に関する諸規定を根拠としている。しかしながら、この説明をもってひとつの基本問題が明らかに見落とされている。この基本問題は、「法律なければ犯罪なし

（nullum crimen, nulla poena sine lege）」という公理があるが故に、どの刑事裁判官にとっても自明のものであるし、しかも、この基本問題は、ドイツ民主共和国で行われた不正を理由とするすべての訴訟手続でも重要な役割、つまり、刑法上有罪判決を言い渡すことができるのは原則として行為当時に行われていた規範状態に基づいてのみであるという役割を演じてきたものである。第二の問題は、行為当時の法が、被告人もまたみずからに適用しなければならない一般的法原則を通じて、一定の制限を受けるか否かという点である、というのは、どの人にとっても分別のある、自然法に準じた（しかし、国際法では実定法的に根拠付けられた）性質を有する諸要求がここに登場するからである。

それゆえ、本件でも、時際法上の諸原則に従って、ドイツ国内法上民法典第八三九条がどのような効力を本件で問題とされている一九四三年ないし一九四五年に有していたかが問われなければならなかった。ケルン上級地方裁判所は、同裁判所が民法典第八三九条とヴァイマール帝国憲法第一三一条との結び付きに言及している点で、原審とは逆に、このことを見落としてはいない。しかしながら、その場合、出発点は、事実上の、経験的に確定可能な法状況でなければならない。この法は後になって（ex post）純化させることはできず、この法を当時付与されていなかったような意味で解釈することはできない。第三帝国の（倒錯した）法秩序に従えば、拉致と強制労働は議論の余地が認められない措置であり、これらの措置は最高の政策的判断の結果であった。官吏も個人も誰も、みずからがこうした判断の置き換えに関与していたとき、実定ドイツ法の意味で違法に行動することはできなかった。それゆえ、ドイツ国家に対する関係では、ドイツ民法典上の不法行為法（場合により、ヴァイマール帝国憲法とのその結び付きの中で）の助けを借りて強制労働を把握することはできない。これと同じことは、不当利得または公法上の補償請求権の諸原則で支えられる諸請求権についてもあてはまる。

独裁制は法治国家ではないという、まさにこの理由から、独裁制崩壊後に可能な範囲で、一般的な直観によれば当初から不正であったことを形式的にもそのように不正なものとみなし、求められている帰結を引き出すために、法を改正することが必要となる。刑法の領域では、このことはすでに強調されているように、一般的な法治国家における遡及効禁止の故に、ごく狭い範囲内でしか許されていない。しかしながら、テロや権利濫用の犠牲者の名誉を物質的および非物質的な損害賠償を通じて回復させる点で、国家の立法者を妨げるものは何もない。その限りでは、補償に国際法上の限界はない。ただ、事実上、国家機構は、あたかも損害を惹起した出来事がまったく生じなかったかのような立場に被害者を置くように、かつての不当な政体により行われた行為につき金銭的な補償給付の付与を通じて完全な範囲で罪滅ぼしをすることはできない。ひとつの国家の生活の中で生じた歴史的大破局をたった一筆で消し去ることはできない。これらの大破局はごく大ざっぱにしか清算することができないものである。人種平等を掲げた新生南アフリカは、アパルトヘイト政策のかつての犠牲者それぞれに対して補償することができなかった。制度上の差別というこの政策の犠牲者は非白人の個人であったが、しかし、誰にとっても役立つような、それでいてほぼすべての個人により一緒に支払われなければならないような、補償給付制度を導入することは何の意味ももたない。ドイツ連邦共和国という裕福な国でさえも、ドイツ民主共和国にいる違法な自由略奪の犠牲者に対してのみ適切な補償を与えることはきわめて困難であった。

第二次世界大戦の結果に関していえば、ドイツ連邦共和国は、ここで議論されているこの問題点につき、決して恣意的とは思われない、そして恐らくは憲法上の疑念が排除されるような、一連の原則的判断を行ってきた。一方では、一般戦争結果法第一条により、ドイツ帝国に対するすべての債権が、それらが第二次世界大戦と関連する事件から生じている限り、原則として消滅すべきものとされている。しかしながら、他方では、連邦補償法により、国家社会主義による責任追及という特別の事案が問題となる限り、一定の諸要件のもとで、補償金が支払われている。このほか、一連の諸国との間で補償協定が締結されている。ケルン上級地方裁判所は正当にも、これらの法規の公布をもって最終的な規律が意図されていること、そして、この規律と並行して、民法上または公法上の一般的な法制度に頼ることは許されないこと、これら二点を確認している。ケルン上級地方裁判所は連邦補償法上の各法律要件事実を十分に調べ尽くし、本件強制労働があることを理由に原告が補償を求めている限り、それらの法律要件事実のいずれもが原告に対して適用され得るという結論を冷静に引き出している。

理性的に考えれば、これとは別のもう一つの解決策を考慮することはまったくできない。国家賠償責任に関する諸原則に従ってボン地方裁判所が強制労働を理由にドイツ国の賠償義務を認める結果へ到達しているこれらの法律構成は、その対内的な論理に従えば、決して強制労働の諸事案に限定されるべきではなく、むしろ、同じやり方で国際法違反の戦争行為およびその他の責任追及措置すべてについて適用されなければならないことになろう。しかしながら、第三帝国が至る所でドイツの軍隊により占領された領域での無防備の民間人に対する戦争をも行っていたということは、歴史的真実として、異議を述べることはできない。ボン地方裁判所のこの手掛かり（Ansatz）（これは今やケルン上級地方裁判所により退けられている）に従えば、百万人規模の人々がドイツ連邦共和国に対する個別的な賠償請求権を有することとなろう（そうした賠償請求権は、場合により、消滅時効により緩和されたり、いくつかの事案ではおそらく相続できない一身専属的請求権であったりする）[37]。〃

**四**　このように述べてケルン上級地方裁判所の結論を支持するトムシャット教授も決して本件原告の立場に対してまったく共感を示していないわけではない。そのことは、この評釈の随所に示された同情的表現からも十分に読み取れよう。それでいて、教授の場合にも、最終的な解決策は裁判所にではなく、もっぱら立法の場に委ねられている。

## 4　若干の検討

**一**　それならば、トムシャット教授によるここでの言及はどのように考えられるか。以下、適用法規の決定および準拠実質法の解釈適用、の二点につき検討することとしたい。

**二**　まず適用法規の決定についてである。検討の出発点を成すのは、ケルン上級地方裁判所における判旨の表現である。右にみたように、そこでは、「国家賠償責任を問う不法行為が外国で行われた場合にも、ドイツ法が適用される」と述べられてはいるものの、それでいてドイツ法適用の法的根拠については特に明言されていないように見受けられる。むろん「牴触法上特別な取扱い」という表現が判旨で用いられている点に着目すれば、法律構成上、牴触法的構成が考えられているようにもみえないわけではない。しかしながら、それでいて、ドイツ民法典施行法第三八条のような成文の独立牴触規定が根拠とされるわけでなく、国際法上の主権原則に依拠されている。けれども、こうした構成は、牴触法に関するこの国の通常の理解(38)を前提とすれば、違和感を招かずにはおかないであろう。というのは、国際法上の主権原則は、主権の一般的な定義(39)からも明らかなように、それ自体一つの実質規定ではあっても、決して適用法規を決定する機能を有する独立牴触規定と同じものではないと理解されているはずだからである。この点で、ケルン上級地方裁判所の立論は、準拠法決定に関するこの国の通常の実定法規の解釈からみる限り、異例な構成によっているものといわなければならない。

しかも、さらに奇異に感じられるのは、こうした判旨の構成の適否について評釈者トムシャット教授が何も述べていない点である。確かに、教授によっても「準拠法（anwendbares Recht）」という表現が用いられているという事実が示すように、トムシャット教授も適用法規の決定を抵触法的に把握しているものと思われないわけではない。そして、「当事者に共通する不法行為地法」たるポーランド法の適用が理論的に考えられ得る点への言及がみられる事実からも、同教授の抵触法的構成に対する関心を十分に読み取ることができよう。しかしながら、他方で、「国際法に依拠することができる」という表現や「ドイツ国家権力のポーランドでのすべての措置が国際法という基準に即して測られなければならないという結果しかもたらさない」といった表現に着目すれば、教授の場合、ドイツ実質法に適用根拠を与える法源は最終的に国際法に求められているという理解も可能であろう。

それならば、ドイツ実質法に適用根拠を与える国際法とはいかなるものか。判旨が前提とする主権概念に依拠すれば、「一定の空間（領域）においてそこにあるすべての人および物を統治し支配しうる権力であり、かつ他の権力に従属しないで活動できる独立性を意味する権力[40]」という主権の一般的な定義から、本件のような事態を処理する権限も右の「権力」内に含まれるという理解のもとに、一応の説明がつくといえないことはないようにも考えられる。けれども、民法典施行法の存在が実証するように、一国内での渉外事件の処理に際して、直ちに国内実質法によることが唯一の選択肢ではなく、そこに抵触法的な規律方法が実質法的規律方法とともに併存し得ることも、ドイツではすでに広く承認されている。それゆえ、国内実質法たるドイツ法によるべきだとする結論部分と、そうした結論へと至る過程の説明に際して主権原則に言及することとの間には、なお埋められるべき隔たりがあるといわなければならないのではなかろうか。この点を強調するのは、法治主義のもとでは、ドイツ実質法が適用される過程もまた可能な限り厳密に説明されなければならないものと考えるからである。

それでは、この点をどのように説明することができるか。ここでは、以下のいくつかの構成が考えられよう。すぐに連想される一つの構成は、この種の事項は全面的に公法により規律されるとするものである。そこでの関心はドイツ公法の適用範囲の決定問題にあるといった理解を強調する場合がそうである。たとえば、「第三帝国の時代についてもドイツの諸国家機関の行動の是非を判断するためにドイツ法を適用することは明らかであり、このことは、こんにち、基本法第一条第三項がドイツ基本権に関して明示的に定めているとおりである」というトムシャット教授の説明をこの意味で理解することができるならば、そうした説明も可能となるのかもしれない。しかしながら、こうした理解がより広い承認を得るためには、当該請求が国際私法上のものではなく純然たる国内公法上のものであるという説明も必要となろう。けだし、そうした説明が十分に行われるのでなければ、公法説の根拠も失われるはずだからである。しかも、その場合には右のような法律構成によるべき旨を明確にするためにも、渉外私法事件処理の過程で通常用いられている「準拠法」という表現の使用は避けられるべきであろう。こうした根拠探求の必要性は、ドイツ基本法第一条第三項が一方的牴触規定であると理解する構成についてもそのままあてはまるように思われる。というのは、主権原則から導かれるドイツの一方的牴触規定によってドイツ実質法への指定が行われているとする法律構成も確かに可能な選択肢ではあるが、なぜにそうした構成が採用されていると考えられるかについての説明が行われていなければ、これとても、決してその他の法律構成を廃してまで優先されなければならない絶対的な法律構成とはいい得ないはずだからである。双方的独立牴触規定たる民法典施行法第三八条における連結点の解釈上ドイツ法が指定されるとする構成も十分に考えることができる以上、このような構成に依拠し得ないとする積極的な根拠が求められなければならないのではあるまいか。実体法的解決基準たる実質法の決定過程になお補充的説明が必要とされる点において、ケルン上級地方裁判所の構成にもトムシャット教授の理解にも、ともになお疑念が生じよう。

三　次いで触れられるのが、ドイツ法上いかなる法規によるべきかという点である。ケルン上級地方裁判所は連邦補償法を適用する根拠を一般的言語慣用および立法者意思に求めている。トムシャット教授の評釈も概ねこれに沿うものであり、判旨との違いは限られている。たとえば、トムシャット教授は民法典第八三九条の解釈が先議されるべきことを強調する。すなわち、「ハーグ陸戦規則違反があるが故に、ヴァイマール帝国憲法第一三一条と結び付いた民法典第八三九条による国家賠償請求権の成立要件が満たされている」ところから、「時際法上の諸原則に従い、ドイツ国内法上民法典第八三九条がどのような効力を……一九四三年ないし一九四五年に有していたか否かが問われなければならなかった」とする指摘がそうである。しかしながら、ケルン上級地方裁判所の判旨についても、トムシャット教授の評釈についても、右の適用法規（準拠法）決定過程と同様に、なお指摘されるのが、複数の解釈可能性のうち、なぜにそのひとつが優先されるべきかの根拠が必ずしも明らかにされてはいない点である。それゆえ、関連規定のこの国における先例との対比における解釈が判旨において詰められているにせよ、そこでのせっかくの法律構成も決して十分な論拠を提示しているものとはいい得ないであろう。

## 三　結びに代えて

一　右に略述したケルン上級地方裁判所による本件判決のみをもってドイツ法の動きを推測することは、むろん、できない。しかしながら、この国の代表的な概説書(41)や注釈書(42)によっても、戦後補償問題に関する国際私法的解決策の探求というここでの主題に関する裁判例がさほど知られていない現状(43)からすれば、限られた素材ではあるが、右の言及によって、ともかくもドイツ国際私法における展開の一端を明らかにすることができたものと思われる。みられたように、ケルン上級地方裁判所の立場は、連邦補償法のみが戦後処理問題に関する唯一かつ最終的な法源であるとする理解のもとに、同法上「強制労働」に対する対価の支払が規定されていないところから、本件請求権は認められないとするものであった。この判決に対する評釈者トムシャット教授の認識も基本的にはこれと一致する。

それならば、ここでの検討から、わが国の場合、どのような問題提起が可能か。ドイツ法研究というここでの制約を考えれば、何よりもまずドイツ法の枠内において、適用法規の決定過程およびドイツ実質法の解釈過程の両面における法律構成の不十分性が再言されなければならないであろう。これに対して、立法論的課題に関しては全面的にこの国の意思決定過程に委ねられなければならない。

二　それならば、法比較という視点からケルン上級地方裁判所のこの判決をどのように受け止めることができるか。法解釈の性質や法解釈の過程についてはすでに多くの論議が行われているが(44)、解釈の主観性が一般的に認められているところから、とりわけこの判決の結論を是認する立場にあっては、そこにおける法律構成のさらなる補強がなお残された課題とされなければならないであろう。けだし、消滅時効に関して、「戦争犯罪および人権侵害の犠牲者はいつでも（zu jeder Zeit）補償を要求しかつ受け取る請求権を有する。この種の犯罪が時効にかからないことは国際法上の基本原則である。このことは慣習法上すでに第二次世界大戦中に存在していた。こうした国際的実務の根拠のひとつに、必要とされる証拠資料が往々にして長い年月を経た後でしか手に入らないという事情がある。」という指摘も繰り返し行われているからである(45)。こうした主張が時効に関する法規の解釈として認められる余地があるとすれば、本件原審たるボン地方裁判所の判断にもみられたように、この種の請求が認められる可能性が生まれよう。この点に言及するのは、そうした解釈が一時的であれ裁判上肯定されたという事実も否定し得ないからである。そのような解釈が行われるのは、消滅時効規定の適用基準自体が明文化されていないところから、ボン地方裁判所における解釈を封鎖する絶対的な根拠はないものと考えられるからである。ケルン上級地方裁判所の解釈自体決して論理必然的なものではないところから、現に上告中の本件に対する連邦通常裁判所の判断が一層注目されることとなろう。

周知のように、どのような解釈も社会的な価値評価から全面的に離れることはできない。それは、価値判断が一定の政策的目的を達成するために行われる有意的行為だからである。「ドイツや日本の国民は、自国政府によって犯された残虐行為に対して、どこまで責任を負うべきなのか……という……マクドナルドが提起した問題は、今日の時勢にもぴったりあてはまる」[46]。裁判官もまたそこにいう「国民」に含まれている。「真実を語り、虚偽を暴露する……知識人の果すべき責任」[47]を自覚しようとすれば、「裁判官はその道徳的判断力のすべてを正義のために動員しなければならない」[48]。「およそ役人たらんとする者は法規を盾にとりて形式的理屈をいう技術を修得することを要す」という古い指摘[49]がわが国の裁判官に向けられないようにするためにも、なお「責任ある社会科学者は……実質的合理性とでも呼びうるものを、要求してゆかなければならない」[50]。その根底にあるのは、「汝が人からされたくないことは、他の誰に対してもしてはならない」[51]というわれわれの原理的な行動指針である。この点でも、ドイツ法研究から得られる積極的および消極的な示唆はなお少なくないのではなかろうか[52]。

（＊）『荒れ野の四〇年―ヴァイツゼッカー大統領演説　全文―』（岩波ブックレットNo・55）（岩波書店、一九八六年）一六頁。これと同旨の言及は枚挙に暇がない。近年における類似の発言として、マコーマック著（松居弘道・松村博両氏訳）『空虚な楽園―戦後日本の再検討―』（みすず書房、一九九八年）（特に第六章「記憶と忘却」二七三頁以下）参照。

（1）　新聞記事から知られる最近の裁判例のみを挙げても、以下のごとくである。

①ポツダム宣言受諾後に日本政府がシベリアに抑留された日本兵を放置したため強制労働に従事させられ、肉体的・精神的苦痛を受けたとして元日本兵の中国人二名が日本国に求めた謝罪および損害賠償計八五〇万円の請求を退けた東京地裁二

〇〇〇年二月九日判決（二〇〇〇年二月一〇日朝日新聞朝刊三八面他）、②第二次世界大戦中に女子勤労挺身隊に動員の上、静岡県の工場で強制的に働かされたとして韓国人女性二名が日本国に求めた公式謝罪および損害賠償六千万円の請求を棄却した静岡地裁二〇〇〇年一月二七日判決（二〇〇〇年一月二八日朝日新聞朝刊三四面、日本経済新聞朝刊三八面他）、③第二次世界大戦で重傷を負い障害が残った旧日本軍の元軍属であった在日韓国人が日本国と厚生大臣に求めた、「戦傷病者戦没者遺族等援護法」に基づく障害年金支給請求却下処分の取消請求を退けた大阪高裁一九九九年一〇月一五日判決（一九九九年一〇月一六日朝日新聞朝刊一面他）、④戦争中に旧日本軍の従軍慰安婦にされて精神的・肉体的苦痛を受けたとして韓国籍の在日朝鮮人女性が日本政府に求めた謝罪文の交付および損害賠償一億二千万円の請求等を退けた東京地裁一九九九年一〇月一日判決（一九九九年一〇月一日朝日新聞夕刊一八面他）、⑤旧日本軍の七三一部隊による人体実験や南京大虐殺などにより被害を受けたとして中国人および遺族らが日本政府に求めた謝罪および損害賠償総額一億円の請求を退けた東京地裁一九九九年九月二二日判決（一九九九年九月二三日朝日新聞朝刊三五面、同日本経済新聞朝刊三九面他）、⑥韓国併合から太平洋戦争までの間に日本が朝鮮を不法に侵略したため被害を受けたとして韓国人約三六〇人が日本政府に求めた、韓国国民が受けた被害の回復を求める義務の確認および損害賠償約百万円の請求等を退けた東京高裁一九九九年八月三〇日判決（一九九九年八月三〇日朝日新聞夕刊二三面他）、⑦太平洋戦争中に香港を占領した旧日本軍発行の軍用手票（軍票）と呼ばれる臨時通貨により香港ドルと強制的に交換させられ財産を失ったのに終戦後日本政府が一方的に軍票を無効としたため損害を受けたとして香港住民が日本国に求めた損害賠償総額七億六千万円余の請求を退けた東京地裁一九九九年六月一七日判決（一九九九年六月一七日朝日新聞夕刊一五面他）。

これらに先行するその他の裁判例については、判例時報、判例タイムズ等の索引記事に委ねたい。

（2）　川名紀美氏「軍隊は女性を守らない」（二〇〇〇年二月八日朝日新聞朝刊四面）、磯村健太郎氏「コラム　私の見方　オランダ交流年　祝う前に」（二〇〇〇年二月二日朝日新聞朝刊四面）、金賛汀氏「語られぬシベリア抑留朝鮮人」（一九九九年六月七日朝日新聞夕刊七面）他の署名入り記事の他、一九九九年九月四日朝日新聞朝刊三七面他参照。

（3）　一九九九年八月二五日日本経済新聞夕刊一九面。一九九九年八月二六日朝日新聞朝刊三面。なお、いわゆるホロコースト被害者による訴えについての管轄権および消滅時効に関するキャリフォーニア州の法律については、Section 354 Code of Civil Procedure; Neueste Informationen, Neue Zuständigkeit und Verjährungsregeln für Holocaust - Klagen in Kalifornien,

IPRax 1999, Heft 5, V で概要が紹介されているほか、*Gebauer, Martin/Schulze, Götz*, Kalifornische Holocaust-Gesetze zugunsten von NZ-Zwangsarbeitern und geschädigten Versicherungsnehmern und die Urteilsanerkennung in Deutschland, IPRax 1999, Heft 6, SS. 478-484 がある。また、該当の法文は、Kalifornische Holocaust-Gesetzgebung zugunsten von geschädigten Versicherungsnehmern und NZ-Zwangsarbeitern, IPRax 1999, Heft 6, SS. 500-502 にも英文で転載されている。なお、ドイツにおける立法措置として、「五〇年またはそれ以上も前に犯されたナチスの戦争犯罪にたいして、出訴期限法による免除は適用しないという特別立法が一九七九年に成立した」旨も伝えられている（マコーマック著・前掲書（前注（＊）二八一頁。そこでは該当する法令名が挙げられていないが、一九七九年一〇月二九日のドイツの元戦時捕虜に対する補償に関する法律の変更に関する第七次法（第七次戦時捕虜補償変更法）（BGBl. I 1979, 1769）のことであろうか）。

（4）　二〇〇〇年一月二七日日本経済新聞朝刊八面および一月三一日同朝刊四五面。なお、永井潤子氏「歴史的な責任を果たすドイツ」未來四〇一号二四頁他参照。

（5）　たとえば、旧日本軍の慰安婦として兵士から繰り返し暴行を受けたとして台湾人女性九人が日本政府を相手取り公式謝罪と一人当たり一千万円の損害賠償を求める訴えを一九九九年七月一四日に東京地裁に起こした事案（一九九九年七月一五日朝日新聞朝刊三八面他）、第二次世界大戦中に中国から新潟に強制連行された後に対日破壊工作を理由に広島刑務所に収監され被爆した中国在住の中国人が国および当時の企業に日中双方の新聞への謝罪広告と計約二千五百万円の損害賠償等を求めて一九九九年八月三一日に新潟地裁に提訴した事案（一九九九年八月一一日日本経済新聞朝刊三五面、同月三一日日本経済新聞夕刊一一面他）などがそうである。

（6）　たとえば、①第二次大戦中に日本鉱業が台湾で経営していた銅山で強制労働させられ、日本兵からの暴行などで肉体的・精神的な苦痛を受けたとして英国人の元捕虜ら、日本軍強制収容所生存者協会（JLCAS）の会員が日本鉱業の後身であるジャパン・エナジーに対しキャリフォーニア州で損害賠償請求訴訟を起こした事案（二〇〇〇年二月二四日日本経済新聞朝刊三八面他）、②第二次世界大戦中にフィリピン戦線で旧日本軍の捕虜となり「パターン死の行進」で生き残った元米軍兵士が移送先の福岡県三池炭坑で過酷な奴隷労働を強制されたとして三井鉱山、三井物産と両者のアメリカ子会社を相手取り当時の労働対価や拷問等の被害回復と懲罰的賠償を求める損害賠償請求訴訟をロサンゼルスの州地方裁判所に起こした事案（一九九九年八月一二日日本経済新聞夕刊一二面、同月一二日朝日新聞朝刊六面他）、③第二次大戦中に日本軍の捕虜となり日本国内で不当な労働を強いられた上に暴行を受けたとして米国ネヴァタ州在住の元米軍兵士らが日本車輛製造（本社名古屋市）と米国内の子会社を相手取って損害賠償などを求める集団訴訟をロサンゼルスの州裁判所に起こした事案（一九九九年八月一七日朝日新聞夕刊一四面他）、④第二次大戦中に北九州市の旧八幡製鐵（現在の新日本製鉄）などで強制労働をさせられたとして米国在住の韓国籍の男性が当時の労働の対価や被害回復などの損害賠償を求める訴訟をワシントン州の連邦地方裁判所に起こした事案（一九九九年九月八日日本経済新聞夕刊一八面他）などがそうである。第二次大戦中に日本軍の捕虜となり強制労働させられた元アメリカ兵らが日本企業を相手に損害賠償を求めて提起した訴訟はすでに一八件に達し、今後も数十件の訴訟が起こされるとの予測も伝えられている。（二〇〇〇年三月六日朝日新聞朝刊二面、同日日本経済新聞朝刊三八面他）。これらの訴訟はいずれも前注（3）に掲げたキャリフォーニア州民事訴訟法の追加法規を根拠としたものである。こうした動きにより、アメリカ合衆国での勝訴判決のわが国での承認および執行を求める訴えが今後生じ得ることが十分に見込まれよう。なお、ドイツ国際民事訴訟法におけるキャリフォーニア州裁判所判決の承認可能性については、キャリフォーニア州裁判所の管轄権、相互の保証および公序違反の有無の三点につきドイツ民事訴訟法第三二八条の解釈に関する検討がすでに行われている（*Gebauer / Schulze*, a. a. O.,（前注（3）, S. 483 f. 参照）。

（7）　一九九九年八月二二日朝日新聞朝刊六面。

（8）　奥田安弘教授「国家賠償責任の準拠法に関する覚書―戦後補償のケースを中心として―」北大法学論集四九巻四号一〇七頁以下（これに依拠したものとして、穂積剛氏「七三一・南京・無差別爆撃事件における国際私法上の請求についての報告」法と民主主義三三九号一二頁以下）および同教授「国際私法からみた戦後補償」（奥田教授他共著『共同研究　中国戦後補償　歴史・法・裁判』（明石書店、二〇〇〇年）一二六頁以下所収）。

（9）　判例時報一六八三号五七頁以下、週刊法律新聞一三四〇号（平成一〇年一〇月一六日）七頁他参照。

（10）　山内「旧日本軍の国外での行為による国家賠償請求と法例一一条」『平成10年度重要判例解説』ジュリスト一一五七号二八八頁以下（本書第三部第一章三）。

（11）　IPRax 1999, SS. 251-257 ; NJW 1999, SS. 1555-1560.　この裁判については、奥田教授・前掲書（前注（8））一七五頁注（24）でも取り上げられている。

（12）　*Tomuschat, Christian*, Rechtsansprüche ehemaliger Zwangsarbeiter gegen die Bundesrepublik Deutschland?, IPRax 1999,

Heft 4, SS. 237-240.

(13) わが国の諸裁判所により示された各法律構成につき再検討の余地を認めるのは、これら裁判所の構成とは異なる法律構成も十分に考えられ得るはずだからである。たとえば、「サンフランシスコ平和条約、その他国家間の協定は、一九三〇年代、四〇年代の日本の国家権力の暴虐に泣いた無数の個人の損害補償請求権を消滅させたと考えられるという発想は、個人より国家を優先させる、二〇世紀に高揚した国家主義の価値体系を反映したものである。この価値体系は、世紀末を迎える今日では信を失い、奪うことのできない個人の権利を優先させる価値観に道を譲りつつある。……日本が直面しているこの問題の中心は金銭ではなく、倫理であり、道徳であ……る」とする指摘（マコーマック著・前掲書（前注（＊））三四一頁以下）に着目したり、「一九九三年末ごろの調査では、六〇％近くの人が太平洋戦争が侵略戦争であったことを認識し、五〇％以上がなんらかのかたちで賠償を支払うべきであるという考えを示した。別の調査では五一％が補償問題に肯定的な立場を表明し、この問題を決着済みであるとする政府の公式見解を支持する者は三七％にすぎなかった」という新聞社の調査結果（同・前掲書（前注（＊））三四〇頁）に依拠したりする場合には、従来のそれとは異なる法律構成が採用される余地も十分にあり得よう。このように考えるのは、法の解釈が決して価値盲目的なものではなく、社会的な価値の実現のために行われるという法律学の社会的任務がすでに広く認められているからである（ラートブルフ著（碧海純一教授訳）『法学入門』（東京大学出版会、一九六一年）二八八頁他参照）。

(14) この点は次のように述べられている（なお、清野幾久子教授「ドイツ憲法判例研究（六五）アウシュヴィッツ強制労働労賃賠償請求」自治研究七四巻五号一三四頁をも参照）。

〃本件原告たる一名の男性と複数の女性は第二次世界大戦中にそのユダヤ血統の故にドイツ国防軍により占領された領域で国家社会主義者から迫害され、アウシュヴィッツ強制収容所に拘置された。彼らは当時、ドイツ人であった原告第二〇号を除き、ポーランドおよびハンガリーの国民であった。彼らの大多数はのちにイスラエル国籍を取得した。原告第一四号は一九六五年以降カナダ人であり、原告第二一号および第二二号は一九五三年または一九六三年以降アメリカ合衆国民であった〃（IPRax, 1999, Heft 4, S. 251）。

(15) この点は次のように述べられている。

〃ナチ親衛隊SS（Schutzstaffel）の命令に基づき、原告は、一九四三年九月から一九四五年一月一八日のアウシュヴィッツツ強制収容所の解放まで（拘置期間は区々である）強制労働のために動員された。アウシュヴィッツ近郊にある軍需工場Wメタル・ウニオン合資会社で彼らは大砲の起爆装置、手榴弾および弾薬を製造していた。彼らは労働に対する報酬を得ていなかった。Wメタル・ウニオン合資会社との間での法律関係は終戦の際の当該工場の放棄以降明らかではない。原告は戦後に連邦の諸ラントの補償官庁から、連邦補償法（Bundesentschädigungsgesetz）およびその前身を成す諸規則に基づき、または、個別具体的事案ではC会議からいろいろな金額で補償給付を、たいていは補償金としておよび／または年金として受け取っていた。多くの例では彼らに今日でもなお年金が支払われている〃（A. a. O., S. 251）。

(16)　この点は次のように述べられている。

〃前述の訴えをもって、原告およびその権利承継人（原告第一五号および第二二号は本件手続中に死亡している）は、被告ドイツ連邦共和国に対して、連邦共和国またはその法的前身により行われた強制労働について、二万七千ドイツマルクないし六万八千ドイツマルクの金額で損害賠償または補償の支払を要求した。これについて原告が主に主張していたのは以下の点である。すなわち、強制労働への徴用は国際法上不法であり、これをもって不法行為の法律要件事実を満たしている。ドイツ帝国の権利承継人として、ドイツ連邦共和国は、それゆえ、損害賠償義務を負っている。このほか、原告と、ドイツ帝国の履行補助者としてのWメタル・ウニオン合資会社との間の事実的労働関係に基づき、補償義務が生じている〃（A. a. O., S. 251）。

(17)　この点は次のように述べられている。

〃連邦補償法第八条第一項の排除条項は、そこから引き出される賠償請求権を妨げてはいない。というのは、連邦補償法は、国家社会主義の迫害のすべての種類についての最終的な規律ではないからである。特に、連邦補償法第四三条はここで主張されている請求権を把握しておらず、強制労働の一部、すなわち、強制労働と結び付けられている自由剥奪の結果としての非物質的侵害しか把握していない。

国際法上の諸規則もまた被告の権利主張を妨げてはいない、というのは、行われた強制労働についての補償請求権の個別法的性格が国際法上数十年来承認され、そしてこのことが基本法第二五条を経由して被告をも拘束しているからである。一般戦争結果法第一条第一項も、同様に、本件訴えをもって追求されている請求権を排除してはいない。というのは、国内法である同法は外国国民の請求権を駆逐することができないからである。さらに、一九五三年のロンドン債務協定の諸規定が、一般戦争結果法第一〇一条から生じる特別規定として、一般戦争結果法上の諸規定に優先した。そしてまた、これによれば、被告の権利主張は排除されていない。一方では、同協定に規定されている猶予は、賠償（これに対して本件で問題となっているのはこれとは異なる概念である回復（Wiedergutmachung）である）にしか関係しない。他方で、また、被告は、二プラス四条約の批准を通じて、自己の無制限主権を再取得（回復）してきた（それゆえ、同協定は最終的平和条約とみなされなければならない）。最後にまた、ドイツ連邦共和国がこの間に行ってきた経済的整理統合の故に、被告のロンドン債務協定上の諸規定の援用も憲法違反である。さらに、ポーランドおよびハンガリーを一方当事者としドイツ連邦共和国を他方当事者とする国際法上の諸条約の締結においても、債権の放棄はない。というのは、これらの条約は本件訴えをもって主張されている諸請求権を対象としてはいないからである。

最後に、原告はなお、東ヨーロッパ地域の被迫害者が西側諸国の被迫害者とは異なって補償を受け取っていないことが不平等を意味するという点に言及している。基本法第一三四条第四項、第一三五a条もまた、このような規制実務を正当とはしていない〃（A. a. O., S. 251 f.）。

⑱　A. a. O., S. 252.

⑲　A. a. O., S. 252.

⒇　連邦憲法裁判所第二部一九九六年五月一三日決定（BVerfGE 94, 315 ff.）がそうである。なお、この決定については、清野教授・前掲（前注⒁）一三四頁以下にその詳細な紹介があるほか、この決定を素材とした同教授による研究「ドイツ戦後補償の法理―アウシュヴィッツでの強制労働に対する連邦憲法裁判所決定に見る一側面―」法律論叢七〇巻五・六号一頁以下も公表されている。

㉑　A. a. O., S. 252.　他の二一名の原告の請求については、以下のように述べられている。

〃……原告第一号ないし第一八号、第二一号および第二二号は原告により行われた強制労働について補償を要求することができない。というのは、原告はすでに連邦補償法による補償金の支払を受け取っており、その結果、それをもって生じ得る補償請求権は弁済されていたからである。連邦補償法上の諸規定による請求と並存するものとして、行われた強制労働についての特別の補償請求権は、同法の最終的な性格の故に、原告には帰属しない。原告第二〇号については、このほか、請求権排除が一般戦争結果法第一条第一項から引き出される〃（A. a. O., S. 252）。

(22)　A. a. O., S. 252 f.

(23)　IPRax, 1999, Heft 4, S. 251.

(24)　この点は次のように述べられている。

〝国家賠償請求権を生ぜしめる諸法律要件事実は本件でも存在する。原告により言及された、本件でもみられる、人権を無視した形式での強制労働（一九九八年三月二五日の書面をもって提出された当事者の報告書）は、身体的および精神的な生命現象への重大な介入である。この介入は、一九〇七年一〇月一八日の陸戦の法律および慣習に関する協定（ハーグ陸戦規則）第五二条によっても何ら補償されていない。当時の権力者に関する法律関係が異なることは重要ではない（参照されるのは、たとえば BGH RzW 1959, 219 および NJW 1952, 1139 である）。一九九八年八月二七日の判決（7 U 167/97）を通じて当法廷により裁判された事案（そこで問題となっていたのは戦時法に服する武力紛争であった）と異なり、当該紛争事案における第三者との関連性が肯定されることにも疑いはない〟（A. a. O., S. 253）。

(25)　A. a. O., S. 253.

(26)　この点は次のように述べられている。

〝この規定の第一項から、連邦補償法による請求権と、回復（Wiedergutmachung）法上の規定ではない、一般的規定による請求権との競合はこの規定をもって規律されるべきであるという点が引き出される。一般的言語慣用を解釈の根底に置けば、迫害という条件下で加えられた侵害を理由とする請求権（連邦補償法変更のための第二次法第三条と結び付けられた第一条）は、連邦補償法上の諸規定、ならびに、特別の（本件ではこれ以上関心を呼ばない）回復法上の法規定（連邦補償法変更のための第二次法第五条）、さらに、連邦補償法変更のための第二次法第二二八条第二項を通じて維持されている、その他のラント法上の補償規定、これらによってしか存在しない。このことがあてはまるのは、もちろん、請求権がドイツ帝国、ドイツ連邦共和国およびドイツの（連邦構成）ラントに向けられる場合のみに限られている。これに対して、第二項に挙げられた団体および人に対するその他の請求権は引き続き存続する。その場合、この連邦補償法変更のための第二次法という法律はこれら二つの事案を通じてごく一般的に「諸請求権」について述べるだけで、公法上の請求権と民法上の請求権とを区別してはいない〟（A. a. O., S. 253）。

(27)　この点は次のように述べられている。

〝b）（歴史的存在である）立法者の規律意図、目的および規範観念（Normvorstellungen）からも、立法者が、国家社会主義者による迫害の犠牲者が有する請求権を、不法行為法と補償法という責任法を結び付けることによって全体として解消し、（国家社会主義者による違法行為の一部を）特別に規律しようとしていたことが明らかになる。これについては、特に次の二つの理由付けが決定的であった。

aa）一九四五年春におけるドイツ帝国の軍事的および政治的な崩壊は、同時に、経済的・財政的破綻の規模も最大であることを示した。貯蓄と復興をもたらすのに必要な負担のすべてを除いても、ドイツ帝国の債務額はやはり到底見通しのつかないほどの金額になった。連邦政府は、後に、この債務を八千億ライヒスマルクと見積もった。この負債額の大きさは、一方で、ライヒの債務問題を規律しないままに放置することを許さなかった（BVerfG 15, 127）。他方で、「完全な損失補塡を行うことは、たとえそのことが国家社会主義者による権力措置を通じて惹起された損害に限定されるにしても、連邦共和国の財政上の可能性を超えたものとなることが見込まれた」（……）それゆえ、生じ得る請求権は、国家が一旦破綻した後では、給付財産の点で決定的に弱体化した国家（国家の状況はこの点で破産管財人のそれに似ている）に対して、無制限の有効性を求めることはできない（*Bachof*, Öff. Verw. 54, 33 (36) und 225 (226/227)）。立法者は、それゆえ、こうした状況を甘んじて受け入れた上で、自国の金銭的補償給付義務を一定の損害発生に関わる法律要件事実に結び付けること、そのことを通じて連邦共和国の財力に応じて少なくとも金銭的に測定可能な損害につきできる限り包括的かつ迅速な補償を行うこと、これら二点に活動を限定しなければならない……。

以上の点から書き留めておかなければならないのが、国家社会主義政体の結果として生じた清算措置全体の枠内では、国家社会主義的権力措置の被害者に対しても完全な損失補塡を行い得ないこと、したがって、一般的な不法行為法および補償法による損害補償は排除されていること、これらである。

このことは連邦補償法でもすでにその文言に現れている。このようにして、同法は、すでにその法律の表現でも各規定においても「回復（Wiedergutmachung）」という（以前に政治的討議でまだ用いられていた）概念の利用を回避している。というのは、すべての現象形態の国家社会主義的不法行為の回復を図ることは、いわばなし得ることをなし得なくしてしまう、成功の見込みのない大胆な企てだからであり（*Blessin-Ehrung-Wilden*, Bundesentschädigungsgesetz, 3. Aufl., Art. I ÄndG, Rdn. 33）、またドイツ連邦共和国の給付可能な財産を超越したものだからである。これと同様に、この法律は「損害賠償（Schadensersatz）」についても述べていない。それは、損害賠償法の基本的な思考方法では、「発生した不利益の完全な賠償を行うことはできない」からである。それゆえ、連邦補償法はその前身であるアメリカ合衆国占領地区における諸ラントの補償法（US-EG（Entschädigungsgesetz der Länder in der amerikanischen Zone））をモデルとし、同法中に規定された請求権を、補償を求める公法上の請求権（BVerfG NJW 1953, 1137）と呼んでいる。

確かに、補償を行うか否かは「損害」の発生に結び付けられている。顧慮されているのはもちろん金銭的に測定可能な損害のみであり、いわゆる非物質的損害は顧慮されていない。その例外は自由の剥奪および制限についての元本補償（Kapitalentschädigung）のみである（連邦補償法変更のための第二次法第四三条以下の諸規定）。

とりわけ補償請求権が認められるのは、個々の損害についてではなく、諸損害につき類型化された一定の法的財産および生計上の資産（Rechts- und Lebensgütern）についてのみであって、連邦補償法変更のための第二次法第一条はこれを余すところなく列挙している。そして、往々にして最も過酷な、耐え難い条件下で行われた強制労働についても、（その他の場合に勤労報酬として得られる）労働報酬を求める補償法上の請求権も存在しない。さらに、連邦補償法は、補償を求める請求権の有無を、被迫害者が当該国に対して空間的関係を有していたことまたは少なくとも有していたこと（主観的人的・空間的属地主義の原則）にかからしめている。最後に、補償法は、一般的な責任法に対するもうひとつの別の例外を挙げようとして、被った損害を賠償するための各種の請求権（これらの請求権は当該損害の間接的または直接的な金銭的賠償を目標とするものである）を権利者に付与している（参照されるのは、たとえば、一方では連邦補償法第六七条第二項、第一一五条第二項、第六八条、第八九条、第二九条、第六九条、第七〇条、第七二条、第九〇条であり、他方では、連邦補償法第四五条、第五〇条、第五一条、第五四条、第五六条、第五七条、第七九条、第七四条、第九一条である）〃（A. a. O., S. 253f.）。

(28) A. a. O., S. 254 f.
(29) A. a. O., S. 255.
(30) A. a. O., S. 255 f.
(31) A. a. O., S. 256 f.
(32) この点は次のように述べられている。

〃以上の点からすると、国家社会主義的迫害の犠牲者には、現行法上、当該強制労働について連邦共和国に対する損害賠償請求権または補償請求権は帰属しない。現行法制度（Recht und Gesetz）に従ってのみ裁判しなければならない当法廷は、この点で拘束されている。犠牲者に有利になるよう、これと異なった補償の規律を行うことは、立法機関の裁量の中にのみある〃（A. a. O., S. 257）。

（33）*Tomuschat, Christian*, Rechtsansprüche ehemaliger Zwangsarbeiter gegen die Bundesrepublik Deutschland ?, IPRax, 1999, Heft 4, SS. 237-240.

（34）国際法上請求権を主張するためには、原告に法的資格がなければならない。教授は、この点に関する従来の理解を次のように述べて、原告適格を否定する。

〃連邦憲法裁判所は一九九六年五月一三日の決定において正当にも、少なくとも国際法上、一九四五年までの数年間に行われていたような国際法に違反する行為についての回復請求権が認められるのは国際法上承認された国際法主体、すなわち、もっぱら国家のみである旨を確認していた。ハーグ陸戦法規（Haager Landkriegsordnung, HLKO）違反も、同様に、この種の侵害の犠牲者の本国に対し回復請求権をもたらしていた。他方、国際法上の人権保護は、国連憲章に、すなわち、時間的には一九四五年になって初めてその糸口を見出した。しかも、こんにちでさえ、一般国際法上、被害を受けた個人の包括的な回復請求権は存在していない。たんに条約上、各人権保護条約の中でのみ、管轄権を有する裁判所、ヨーロッパ人権裁判所および米州人権裁判所が違反確定の際に損害賠償を認めることが規範化されているにすぎない（ヨーロッパ人権条約（EMRK）第四一条、アメリカ人権条約（AMRK）第六三条）。しかしながら、この点はこれらの裁判所の裁量事項であり、実務が示すように、決して自動的にそうした結果をもたらすわけではない。市民的および政治的権利に関する国際規約による人権委員会の実務はなるほど侵害された個人の個別的請求権から出発してはいるが、しかし、諸国の抵抗により、こんにちまでのところ、慣習法の形を取るまでには至っていない。国際連合で数年前から進行しているある計画では、どのような事案でも、深刻な人権侵害があれば、被害者は回復を求める権利を有するものとされている。しかし、報告者ヴァン・ボーヴェン（van Boven）が法技術的に整えた当該条項案は、こんにちまでのところ、国際連合の決定権ある政策委員会の承認を得ていない。それゆえ、この草案は、現在でもまだ、現行国際慣習法の一部をなすものとはみなされていない〃（*Tomuschat*, a. a. O., S. 237 f.）。

教授の解説の前提にあるのは、国際法上の請求権についてである。しかるに、本件判旨はこの前提をとっていないように思われる。というのは、ロンドン債務協定等への言及はあるものの、それらは、ドイツの国内法たる連邦補償法が唯一かつ最終的な法源として適用される旨を確認するために言及されているにすぎないように考えられるからである。それゆえ、ここでは、なぜに教授がこの点を取り上げたのかという点も問われなければならないであろう。なお、この点に関しては、申教授「国際法からみた戦後補償」（奥田教授他共著・前掲書（前注(8)所掲）八〇頁以下）一二四頁注(68)でも言及されている。

(35)　「国際法と個別的損害賠償」については、以下のように述べられている。

〝そこでは、ボン地方裁判所により、連邦憲法裁判所への提示の対象とされた、名目上の原則、つまり、国際法上の損害に関する規律の「排他性」という原則が、正しく理解されている。この原則は、同地方裁判所により、誤った法的観点で脇へずらされていたにすぎない。国際法は、被害を受けた他国民の加害国に対する関係で戦争損害が排他的に国際法上の諸原則により調整されてもよいということを、まったく確認してはいない。このことは、もちろん、別の言葉でいえば、国際法が加害国に対して、外国人被害者のためにより有利な規律を行う（このことは国際法秩序の利益にはならない）ことを禁止しているのだということになろう。しかしながら、加害国の国内法は戦争行為を通じて被害を受けた外国の国民に有利になるようには自国の一般的不法行為法上の手段を整えていないという一般的推定原則から出発することができる。それゆえ、重要なのは、当該国国内法上のある実定法規、すなわち、むろん国際法と最も近い関係に立っており、それゆえ、そのことが外観できる限りで、たいていの国の法実務および判例をも形作っているような実定法規である。

強制労働の諸事案では直接的被害者のドイツ国に対する請求権は決して成立していなかったのであり、国家賠償責任に基づいても、不当利得に基づいても、公法上の補償の原則に基づいても、成立していなかったという結論は、何度もドイツの諸裁判所が主張されていた請求権をロンドン債務協定第五条第二項への言及の下で棄却してきたという事実を通じては妨げられていない。論理的には、自明のことであるが、ロンドン債務協定は、実質法的請求権（ein materieller Rechtsanspruch）の成立を前提としている。しかし、諸裁判所はこれらの事案を当該事案構成の抽象的論理にしたがっていつも判断していたわけではなく、むしろ、最も容易に判決理由（ratio decidendi）が見出され得る場所で当該事案を摑まえようと試みている。ロンドン債務協定第五条第二項という封鎖条項（Sperrklausel）は、提起された訴えを、ドイツ帝国に対する個別的請求権

（これについてはドイツ連邦共和国が責任を負わなければならないであろう）が生じる可能性があったか否かという特に難しい問題の個別的審査に立ち入ることが必要であるとすることなしに、棄却することを許していた。このようにして、従前の諸事案は、なんら、この原則的問題をすでに数年前から実定的な意味で判断していた先例があるという点についての証拠とはなっていない。

最後の、ここでまたふたたび重要となるのが、戦争と独裁者の大規模不正行為の法的再処理がいかなる手続に従って適切に克服されることができるかという問題である。被害者の本国と加害国との間での関係での補償という国際法上求められているモデルはまったく廃れてはいない。このモデルこそが、ただひとつ、国際破産という状況を考慮しかつ包括的な支払を通じての、加害国の給付能力をも計算に入れた利益調整を引き起こすことを可能としている。事実、もちろんドイツ連邦共和国もまた過去においてはすでに数十億にのぼる高さの金額での支払を行ってきた。それにも拘らず、その上、ドイツ連邦共和国がドイツ帝国の国家領域の大部分を放棄することを義務付けられていたという点は、顧慮されていない。裁判官は、その審理に際して、こうした全般的文脈を評価する（このことは、しかし、必要なことではある）ために、訴えを通じて自己の前に提示された個別具体的事案から超然としていることはできない。数十万の、いやおそらくは数百万の個別的訴えをもってしては、第二次世界大戦の損害結果を決して適切に清算することはできないであろう。いわゆる「日常」行われている一般法上の諸規則を適用した、大規模不正行為の調整の個別化は、適切であることを示し得ない邪道であるように思われる。むしろ、あらゆる重要な諸事情を比較検討し、国際法上の責任を考えて、公平且つ公正な調整をなし得る規律を決定することこそが立法者の課題でなければならない〟（*Tomuschat*, a. a. O., S. 239 f.）。

（36）*Tomuschat*, a. a. O., S. 237.
（37）*Tomuschat*, a. a. O., S. 238 f.
（38）*Kropholler, Jan*, Internationales Privatrecht, 3, Aufl., Tübingen 1997, S. 461 f.; *Kegel, Gerhard/Schurig, Klaus*, Internationales Privatrecht, 8. Aufl. München 2000, S. 624 f. u. a..
（39）高野雄一博士「主催」（国際法学会編『国際関係法辞典』（三省堂、一九九五年））四〇五頁以下他参照。
（40）高野雄一博士「主催」（前注（39））四〇五頁。
（41）*Kropholler, Jan*, Internationales Privatrecht, 3, Aufl., Tübingen 1997, S. 461 f.; *Kegel, Gerhard/Schurig, Klaus*, Internationales

Privatrecht, 8. Aufl. München 2000, S. 640 f. u. a.

(42) MünchKomm-*Kreuzer* Art. 38 RdNr. 275 ff.（Münchener Kommentar zum Bürgerlichen Gesetzbuch, Bd. 10 Einführungsgesetz zum Bürgerlichen Gesetzbuch (Art. 1-38), Internationales Privatrecht, 3. Aufl. München 1998）

(43) 戦後補償のケースを取り扱われた奥田教授の研究（前注(8)）一一三―一一六頁でも、ドイツの戦後補償に関する裁判例には言及されていない。なお、この点については、IPRspr および IPG に収録された裁判例および鑑定例も参照されなければならない。

(44) 碧海純一教授『新版　法哲学概論　全訂第一版』（弘文堂、一九七三年）一四八頁以下、長谷川晃教授『解釈と法思考―リーガル・マインドの哲学のために―』（日本評論社、一九九六年）一一一頁以下他参照。

(45) 最近の言及として、*Schmidt, Petra*, Japans Wiedergutmachung : Trostfrauen, Zeitschrift für Japanisches Recht（ZJapanR）8 (1999), S. 5 ff., S. 32.

(46) チョムスキイ（高橋葉子氏訳）「知識人の責任」（ローザク編（城戸明子氏他訳）『何のための学問』（みすず書房、一九七四年））二四八頁以下参照。そこでは、この指摘が戦後二〇年を経てもなお妥当することが述べられている。戦後五〇年を超える現在でもこの指摘がなお命脈を保ち得ているとすれば、これまでに行われた関係者の営為がなお不十分であることが改めて強く自覚されなければならないであろう。

(47) 同右（前注(46)）二四九頁。

(48) ガダマー他著（長倉誠一・多田茂両氏訳）『哲学の原典―ドイツからの提言』（未知谷、一九九九年）一九二頁。

(49) 末弘厳太郎著『役人学三則』（岩波現代文庫、二〇〇〇年）九頁。

(50) ベイ（山口節郎氏訳）「陰気な政治をたたえる陽気な科学」（前掲書（前注(46)所掲））二二一頁。

(51) ガダマー他著（前注(48)）一五七頁。新約聖書マタイによる福音書第七章第一二節「何事でも人々からして欲しいと望むことは、人々にもその通りにせよ。これが律法であり預言者である」。

(52) その後の文献として、*Frauendorf, Lutz*, Die Entschädigung von NZ-Zwangsarbeit - ein aktuelles Problem, ZRP 1999, SS. 1-6 がある。なお、*Inhoffen, Peter*, Verstrickung in Schuld, Strukturen der Sünde, soziale Mechanismen : eine Wiederkehr oder Kollektivschuld-These?, in : Gnade und Recht, Festschrift für Gerhard Holotik zur Vollendung des 60. Lebensjahres, Frankfurt

am Main 1999, S. 39；*Yamauchi*, Staatshaftung für Kriegsgeschädigte im japanischen IPR, Festschrift für Otto Sandrock, Heidelberg 2000 ,1057　他参照。

# 第二部　国際経済法

# 第一章　国際経済法の現状
## ——概説的試み——

## 一　はじめに

国際経済法とはどのような分野か。国際経済法はこれまでにどのような問題を取り上げてきたか。国際経済法の現代的課題は何か。これらについて知るためには、国際経済法の定義、主要な価値基準、法主体、規制対象となる行為、紛争解決制度など、この分野を構成する基本的諸要素について一通り理解する必要があろう。以下では、まず本章の枠組みを決定する国際経済法の定義を概観し、次いで、国際経済秩序における主要な価値基準を明らかにし、さらにそうした価値基準を表す法源、価値基準の形成および実行に関わる法主体、規制対象たる行為、紛争処理の枠組みなどに着目してこの分野の全体像を略述しよう。最後に、最近の事例を紹介することとしたい。このような順序を辿ることにより、現代国際経済法の内容と課題が一通り明らかになろう。

## 二　国際経済法の定義

国際経済法をどのように定義すべきかに関しては、歴史上顕著な対立がある。一方には、国内経済法、とくに独占禁止法を中心とする競争政策に関する国家法体系の国際的な場面での適用を考える理解があった。その前提にあるのは、おそらく、わが国の経済法秩序を渉外的事案でどのように維持すべきかという問題関心であろう。国内法規の絶対性を強調する公法的アプローチといえよう。国民国家制に基盤を置く主権国家ごとの規制を前提とする限り、諸国の法文化間に存在する相違に起因する法的格差の発生は避けがたく、企業の戦略的発想のもとで国家的規制の脱落や重複を回避することもできない。こうした問題点を克服しようとすれば、国境を越えて行われる経済的諸活動に対する規制を国際的規模で構想せざるを得ない。国境を越えた利害調整を一国の立場から行うことに代えて、国家間の合意を優先する国際主義の構成である。しかしながら、そこにも、全主権国家の一致した理解を得ることが不可能だという厳しい現状がある。規制する国家と規制される企業、個別国家と国際社会など、二項対立的状況のもとでいずれの視点を強調するかにより、国際経済法の定義もそれぞれに異なったものとなる。国際経済法の規律対象を確定する基準は、むろん、各種の要素をどのように結合させれば最も適切に体系的説明を行い得るかという点での論者の政策的評価にかかっている。本章では、国際経済に関わる各種の利益対立を調整する紛争解決基準の包括的体系として国際経済法を把握する最広義の定義を採用することとしたい。というのは、最も包括的な定義に依拠する場合にのみ、読者は想定可能な全領域を把握した上で自己の判断基準によりその中から検討対象をさらに絞り込む素材を得ることが可能となるからである。

## 三　主要な価値基準

国際社会において私企業や国家などにより営まれるさまざまな経済活動の前提には、諸国が置かれた自然の風土、戦略物資を含む各種天然資源の偏在、歴史的に形成されてきた国民国家制という制度的枠組みなどの制約条件がある。現在の世界の経済秩序はこうした自然および社会的環境のもとで市場経済的理念に指導されて営まれており、現代の国際経済秩序にも、歴史的に長い伝統を有する自由、平等、公正など、多くの価値基準が含まれている。国際経済主体の自主性の確保という点では、諸国は主権を平等に有する（国連憲章第二条第一号）。資本主義経済社会では、諸国の自主性を尊重しながらも、経済的効率の確保という視点が重視されている。諸国には、国家および国家共同体の存在を無にしないようにするため、オゾン層保護や酸性雨対策など、地球環境の保全にも目配りする共同体の成員としての社会的責任も求められよう。諸国は、統一法を形成することができない場合でも、国内法秩序を整備することにより、世界的規模の市場で活動する自国企業の行動に影響を及ぼすことができる。これに対抗して、多国籍企業は、租税回避や雇用市場の操作など、世界的規模での経済取引活動を行うことにより、国民国家の法制度間に存在する水準格差を戦略的に利用することができる。財・役務・資本・情報などを効率的に配分しようとする点では共通しても、その配分の基準は国家と企業とで必ずしも同じではない。いずれの場合も、経済的効率という視点と並んで、経済的弱者に対する連帯の思想を忘れることはできない。外貨による直接給付や発展途上国に対する優遇措置を含む政府開発援助や企業のフィランソロピーなどがその典型である。経済的効率性の確保や連帯の思想の発露として、国際協力が頻繁に行われている（国連憲章第一条第三号）。善隣主義の一般原則（同第七四条）はその一例であり、国際取引や為替関係の調和に関する多くの条約文書もそうした調和の表現である（むろん、国家の利害を優先して保護主義的な傾向を示す例外条項もないわけではない）。

これらの価値基準を内包する現代の国際経済秩序・世界経済秩序を当面どのように構築すべきか、また立法・行政・司法の場にこれらの価値基準をどのように反映させるべきかはすべて論者の世界観を反映したものとならざるを得ない。国境を越えた経済取引を自由化することによって恩恵を受ける国や企業は、自由の価値を一段と強調し、可能な限り規制を縮減しようとして、各国国内市場へのアクセスに対する諸制限の撤廃を強く求めることとなる。その背後には、国家共同体における分業を通じた対外取引がこれに関与する国民経済に利益をもたらすという見方があろう。これに対して、財政政策・金融政策・雇用政策など、一国内での安定や水準の維持を重視する立場からは、外国資本の国内市場への影響をまったく無視することはできない。それぞれの社会が置かれた歴史的状況や社会的環境のいかんにより、どちらの考えが当該社会により多く適合するかはまったく異なり得る。金本位制などに支えられた対外取引による世界的規模での幸福の増大という経済自由主義は、第一次世界大戦により崩壊した。戦間期には、保護主義的傾向および通貨の安定化により自由な秩序の再生が妨げられた。市場アクセス条件の均一化により国際経済取引が強化されるという考えは、一九四一年八月一四日に発表された大西洋憲章にもみられたが、一九四四年七月に行われたブレトン・ウッズ会議および一九四八年に可決された国際貿易機関憲章（ハヴァナ憲章）によりさらに促進されることとなった。現在の世界経済秩序の指導理念を具体化している大部分の条約文書に現れているのは、市場の開放であり、国際的な取引および支払手段の流通に対する諸制限の撤廃である。しかし、その前提には、そうした措置により高い雇用水準が維持され、実質所得が増大し、その結果、それが生産的諸要因の投入を最適化する手段であるという認識があった。

## 四　国際経済法の法源と主要な機構

右の価値基準を定める国際経済法の法源には、国際法源と国内法源がある。国家間経済関係の秩序としての国際法源を決定するのは、まずもって国際司法裁判所規程である（規程第三八条一項）。そこでは、国際的諸条件、法として認められた一般慣行の証拠としての国際慣習、文明国が認めた法の一般原則、さらに、条件付きではあるが、国際法を調査する際の補助手段としての裁判上の判決および諸国の最も優秀な国際法学者の学説も挙げられている。他方、諸国の国内法源についても、法源論の理解の仕方により、制定法のほか、慣習法、条理などに法源性が認められている。

全世界をカヴァーするほど普遍的で内容上も包括的な国際条約はまだ存在しない。発展途上国の側から、先進工業国に有利な秩序に代えて、より平等で公正な新しい国際経済秩序を求めようとする動きもみられ、一九七四年に、新国際経済秩序の樹立に関する国際連合の宣言および行動計画と広範囲に亘ってこれと同じ内容を有する諸国家の経済的権利義務憲章などの決議が成立した。国家主義を出発点とする（諸国家の経済的権利義務憲章第一条）この憲章では、全世界の生産高および貿易高に占める発展途上国の比率の増大が意図され、どの国も発展途上国の諸利益を侵害してはならないとされている（同第二四条）（しかし、この憲章はまだ国際慣習法とは認められていないようである）。

現行の条約中で特に重要なのは、一九八六年九月にウルグアイのプンタ・デル・エステの閣僚会議から始まり、一九九三年一二月にジュネーヴのガット本部で決着を見たガット・ウルグアイ・ラウンド（関税貿易一般協定・多角的交渉）の成果、すなわち、一九九四年四月一五日にマラケシュで採択された世界貿易機関を設立するマラケシュ協定である。同協定の成立までには長い歴史がある。第二次世界大戦後、輸入関税その他の貿易障害を制限することにより対外取引関係を規制しようとして、広範な管轄領域を有する国際的な貿易組織の設立が試みられた。一九四八年のハヴァナ憲章がそうであったが、一度も施行されることなく、終息した。しかし、この理想のうち、憲章の貿易政策上の諸規定に関する協定として、一九四七年一〇月三一日に署名された関税と貿易に関する一般協定（ＧＡＴＴ）が暫定的適用に関する議定書に基づき一九四八年一月一日に発効した。同協定は本来関税その他の通商政策上の諸措置の自由化に関する秩序の一部として構想されていた。しかし、暫定的発効を確保すべく、妥協が図られた結果、同協定はアメリカ合衆国などが主張したの保護貿易主義に有利なものとなった。それは、同協定に抵触する加盟国の国内法も、一九四三年一〇月三〇日の時点で効力を有していたときは、既存の国内法を同協定に優先させる旨の祖父条項が採用されたからである。ガットはその後ひとつの独立した国際機構へと発展してきた。自由な世界貿易の確立という目標を実現するため、一九四七年ジュネーヴを皮切りに、全八回に亘り締約国間で貿易交渉ラウンドが実施されてきた（一九四九年アヌシー、一九五〇・五一年トーキー、一九五六年ジュネーヴ、一九六一・六二年ジュネーヴ（ディロン・ラウンド）、一九六四〜六七年ジュネーヴ（ケネディ・ラウンド）、一九七三〜七九年ジュネーヴ（東京ラウンド）、一九八六〜九四年（ウルグアイ・ラウンド））。こうして成立した世界貿易機関では、従来ガットが対象としていた物品の貿易のほか、サービス貿易や知的所有権も統一的に規律されることとなった。世界貿易機関への加盟を希望する国は、これらすべてを一括して受諾しなければならないとされている（シングル・アンダーテイキング（ただし、付属書四を除く））。

通商に関しては世界貿易機関の重要性が際立っているが、この他にも多くの多国間協定がある。通貨協力および開発協力の領域では、一九四五年一二月二七日に署名され、同日発効した二つの協定により設立された国際通貨基金（ＩＭＦ）と国際復興開発銀行（世界銀行）（ＩＢＲＤ）が重要である。国際通貨基金は、国連の専門機関として、通貨に関する国際協力の促進、国際貿易の拡大と均衡のとれた増大の助長、為替の安定の促進と競争的為替減価の防止、多角的支払制度の樹立と外国為替制限の除去の支援などを行ってきた。国際復興開発銀行は、第二次世界大戦により破壊された経済の復興を援助するとともに、開発の遅れた諸国に対し開発援助を行っている。加盟国政府と政府保証のある民間企業に対してのみ貸付を行う同銀行に加えて、政府保証なしに民間企業に融資を行い、みずから株式投資や証券の発行の引受を行う国際金融公社（ＩＦＣ）、そして、通常の条件では融資を受けられない発展途上国に対して譲許的条件で融資を行う国際開発協会（ＩＤＡ）がそれぞれ一九五七年二月二〇日および一九六一年三月二七日の連携協定に基づき国連の専門機関となった。これらは世銀グループと呼ばれている。このほか、一九六五年一二月四日にマニラで作成された協定に基づくアジア開発銀行（ＡＤＢ）や一九九一年三月二八日に発効した協定に基づくヨーロッパ復興開発銀行（ＥＢＲＤ）など、地域ごとに開発金融を担当する諸機関がある。手続的な側面で投資保護を保障するために、国際復興開発銀行により一九六五年三月に作成され、一九六六年一〇月一四日に発効したのが国家と他の国家の国民との間の投資紛争の解決に関する条約であり、これに基づいて設立されたのが投資紛争解決国際センター（ＩＣＳＩＤ）である。国際復興開発銀行は一九八五年にソウルで開催した総会で採択した多数国間投資保証機関を設立する条約に基づいて多数国間投資保証機関（ＭＩＧＡ）を設立した。その目的は、とくに発展途上の加盟国への民間投資を促進し、その障害となる非商業的危険（革命、戦争など）に対する保証を行い、投資を促進するための活動を行うことにある。国連総会直属の常設機関としては、先進国に有利な自由貿易体制であったガットに対抗する意味で途上国の強い要望に応えて一九六四年に設立された国連貿易開発会議（ＵＮＣＴＡＤ）がある。同会議はその設立以来非産油途上国を中心として貿易と開発に関する諸問題を取り上げ、一九六八年に一般特恵関税制度を導入し、一九七四年に定期船同盟行動規範条約を採択し、一九七六年以降、一次産品総合計画を採択してきた。このほか、同会議により、天然ゴム、ジュート、熱帯木材などの原料協定が採択されている。これら生産国と消費国とを結び付ける一連の原料協定により、国際天然ゴム機関や国際コーヒー機関、さらには、国際すず理事会、石油輸出国機構（OPEC）などが設立されている。国際的な原料機関に対する援助および原料市場の安定化のために国連貿易開発会議で交渉された成果が一九八〇年の原料のための共通基金を設立する協定である。

地域的規模での経済協力機構としてまず挙げられるのは、ヨーロッパ共同体／ヨーロッパ連合である。当初、ヨーロッパ石炭鉄鋼共同体（ECSC）を設立するための条約、ヨーロッパ経済共同体（EEC）を設立するための条約、ヨーロッパ原子力共同体（EURATOM）を設立するための条約、これらにより成立した三共同体は国家政府代表者による会議、委員会、ヨーロッパ議会、ヨーロッパ共同体裁判所など統一組織を持つことによって国際組織というよりも国家連合という新しい形態を生み出してきた（一九九三年一月一日発効のマーストリヒト条約）。そのことは、共同体条約および共同体機関を基礎として公布される第二次法という独立した法体系によっても示されている。ヨーロッパ連合は一九九九年一月一日からはユーロによる通貨統合をも実現している。地域的な経済協力の例としては、一九九四年一月一日に発効したアメリカ合衆国、カナダおよびメキシコ間での北アメリカ自由貿易協定（NAFTA）も挙げられよう。わが国にとっては、日米通商航海条約（一九五三年一〇月三〇日発効）、日中貿易協定（一九七四年六月二日発効）、日中投資保護協定（一九八九年五月一四日発効）、日本トルコ投資保護協定（一九九三年三月一二日発効）、日米租税条約（一九七二年七月九日発効）などの二国間条約・協定が重要である。

国際慣習法は、諸国家および国際的組織がある程度継続してしかるべき法的確信を表現することによって、外部からも認識することができる。実力行使の禁止、民族の自己決定権、人権尊重などがその例である。慣習法の創造にはかなりの時間がかかるため、ある原則がすでに現行慣習法の一部となっているか否かという争点が生じる。国連総会での特別決議の存在はときに多数の確信の存在を予告するものではあるが、それでも、一九七〇年一〇月二四日に採択された国連総会決議である、国連憲章に従った諸国家間の友好関係と協力に関する国際法の諸原則の宣言（友好関係原則宣言）など、そうした確信が決定的なものといえるか否かという点ではなお争いがあり得よう。ソフト・ローの概念に関しては、多国籍企業のための行動綱領を発展させる努力などが挙げられる。さらに、国際法秩序の一部として欠缺補充機能を有する一般的な法原則については、諸国の民事法体系間での法比較から得られる権利濫用の禁止、失効制度、不当利得および事務管理、信義則、責任把握などを考えることができよう。

国際経済取引の根底には、私的経済取引を容易にするために締結された多くの国際協定がある。これらはむろん国際経済法の直接的な法源とはいえないとしても、それでも、国際経済法の学修上これらを看過することはできない。というのは、法規制は総合的なものであり、規制の現状に対する個別的評価を行う場合もその全体を把握する必要性があるからである。国際貿易取引に関する条約には、国際的な手形および小切手に関する一九三〇年および三一年のジュネーヴ条約、一九六四年の統一売買法に関する二つのハーグ条約、国際動産売買の準拠法に関するハーグ条約などがある。一九八〇年の国際動産売買に関する国連条約、ヨーロッパ共同体の枠内での一九八〇年の契約債務関係の準拠法に関するローマ条約、一九六八年の会社および法人の相互承認に関する条約案、同年の民事および商事に関する裁判管轄ならびに判決の執行に関するブリュッセル条約、その改訂版としてのルガノ条約なども無視することはできない。実体法に関しては、lex mercatoria（商人法）として、パリの国際商業会議所による、国際取引における特定の条項を解釈するためのＣＩＦ規則や貿易取引条件解釈の国際ルール（Incoterms）なども付加されよう。また、手続的な実施を容易にするという点で実務上重要な意味を持つのは、外国における証拠収集に関する条約、外国裁判および仲裁判断の承認執行に関する条約などである。

国内法源も枚挙に暇がない。領域ごとに規制が行われることによりひとつの連続した経済関係が分割されてしまうことになるが、国家法による規律を考える場合には、これにより生じ得る諸問題も考慮されるべきである。国際経済取引は債権法・物権法、商法総則・会社法など一般私法のほか、関税定率法などの対外経済法・経済行政法を含め、広く公法によっても規制されている。また、輸出カルテルと国際的協定に関する独占禁止法の解釈について（メモ）（昭和四七年八月九日）や特許・ノウハウライセンス契約における不公正な取引方法の規制に関する運用基準（平成元年二月一五日公取委事務局）などの運用基準も法源として無視することはできない。法廷地国の国際私法によるか、国際公法によるかを決定する経済牴触法もある。国内公法の適用上、国境を越える事実関係に対する規制を行うか否かを決定する最初の要件はそれが当該国の領域に関わるか否かである。ガットに基づく各国の国際法上の義務を留保しつつも国内の対外経済法が規制するのは、とくに国境を越える商品および資本の移動であり、関税、輸出入制限（輸出・輸入の禁止、許可の留保、量的制限）、補助金などである。輸入関税方式は外国からみればより透明性は高いが、価格・消費構造の歪みをもたらすことがある。渉外私法関係では、連結点を通じて外国法が準拠法として適用される余地があり、その行き過ぎは公序条項（法例第三三条）による留保を通じて修正されることとなる。外国経済法の顧慮については多様な説明が可能である。国内法の適用か外国法の適用かは属地主義の適用範囲の理解の仕方にも反映する。とくに論議を呼ぶのが効果主義の理解である。属地主義の前提には、外国公法不適用の原則や国家行為理論がある。

国際経済取引、特に関する外国法規の内容もまた、実践的法比較という視点から重要性を有している。わが国の対外経済取引上、特に参照される機会が多いのは、アメリカ合衆国およびヨーロッパ連合のものである。前者の代表例にはダンピング防止税と相殺関税に関する一九三〇年関税法第七部（一九九五年一月一日発効）、通商法第三〇一条およびスーパー第三〇一条（一九九九年一月二六日復活を発表）、シャーマン法（一八九〇年七月二日制定）、反トラスト国際執行ガイドライン（一九九五年四月五日施行）、ライセンスガイドライン（一九九五年四月六日施行）などが、また後者の代表例には、非加盟国からのダンピング輸入に対する保護に関する一九九五年一二月二二日付理事会規則三八四／九六号（一九九六年三月七日発効）、ヨーロッパ経済共同体条約第八五条および第八六条の施行に関する理事会規則一七号（一九六二年三月一三日発効）、企業間結合の規制に関する理事会規則四〇六四／八九号（一九九〇年九月二一日発効）、技術移転規則（一九九六年四月一日発効）などがある。

## 五　国際経済法の体系

国際経済法の体系についても多様な説明が可能である。まず考えられるのは、法主体に着目した整理であろう。国際経済法の主体を考える場合、規制の主体と規制の客体とが区別されなければならない。規制主体としての機能は立法・行政・司法の全般に亘り、国家自身が直接に行う場合もあれば、国際組織への参加を通じて間接に行う場合もある。規制の客体としては、経済的事業行為を直接に行う国家自身の他、国営企業、国際組織、私企業（多国籍企業を含む）、超国家企業などがある。

国家は、経済取引に関わる場合、さまざまな理由から、直接にではなく、法的に独立した行政法上の組織形式や企業などを介して行動することがある。ここに生じるのが、いわゆる責任把握の問題である。チェルノブイリ原子炉事故に起因する事件では、原子力発電所の経営主体が独自の法人格を持っていたことから、これにより生じた損害に対するソビエト国家の責任はドイツ裁判所により否定されている（LG Bonn, NJW 1988, 1225）。国営企業が契約債務を免れるために契約の目的達成が自国の法律上または行政上禁止されていることを援用できるか否かという問題もある。国営企業が自己の意思決定の自由を維持していたり、国営企業と共謀して国家自身が給付障害を創り出していたりするときは、これを否定する可能性もあろう。国家が国際的経済取引に直接に関わる場合、国家およびその下位機関は、主権上の行為または特別に主権的な目的のために費やされた国家の財産が問題となる限りにおいて、国家免除に関する諸原則により他国の裁判権からの解放を求めることができる。

国際組織は、加盟諸国に対して規制機能を持つとともに、国家間の協議および調整の場としての機能をも有する。加盟国の責任を対外的に分離するため、加盟諸国間での国際法上の設立条約に基づき、国際法上固有の法人格を有するものもある。国際労働機関（ＩＬＯ）、世界知的所有権機関（ＷＩＰＯ）など、国際経済活動にとってきわめて重要な組織は国際連合との協力協定を通じて専門組織として登場している（国連憲章第五七条）。国連の枠内で経済協力の促進を目指す国連貿易開発会議（ＵＮＣＴＡＤ）のほか、取引法上の諸領域における一致と調整とを託された国連国際商取引法委員会（ＵＮＣＩＴＲＡＬ）が総会の特別組織として設立されている。国際的な資本および支払手段の流通にとって重要なのが前述の国際通貨基金である。同基金は、諸国の通貨秩序の安定した調和を、金本位制を基礎とし、通貨基金により統制された固定為替相場というシステムを用いて保障するものであった。しかし、自由な為替変動相場が導入されている今日では、同基金の任務も、為替相場の変動が安定に向かうよう監視し、一時的に支払決済が困難になっている加盟国に対して借款の特典を与えることにある。同基金と密接な関係を有する国際復興開発銀行の活動の中心は発展途上国のために借款の特典を与えることにある。第三世界における一般的な発展の要求に応じるための国際金融公社、国際開発協会などの世界銀行グループの活動もなお重要性を帯びている。国際連合の庇護のもとに、より貧しい諸国における生活水準の向上および工業発展の実現に関わっているのは、国連食糧農業機関（ＦＡＯ）および国連工業開発機関（UNIDO）である。この他、その活動が経済生活と関連するものに、万国郵便連合、国際電気通信連合がある。さらに、先進自由主義諸国間の経済組織として、経済協力開発機構（OECD）がある。

規制対象となる行為に着目した法的規制に関しては、独禁法、通商法、金融法、投資法、知的所有権法、労働法、租税法など、各分野ごとに行為規制上の原則と例外のカタログが細目に亘って整理されなければならない。その第一次的素材を得るには、関連する条約や法令の参照が有用であろう。

## 六　世界貿易機関

二〇世紀最後の多角的貿易交渉となったウルグアイ・ラウンド妥結の結果、正式な国際機関として設立された世界貿易機関は固有の法人格を有し、その任務の遂行のために必要な法律上の能力を各加盟国により与えられている（世界貿易機関を設立するマラケシュ協定（WTO協定）第八条第一項）。同協定の発効日における一九四七年のガットの締約国および欧州共同体であって、この協定および多角的貿易交渉を受諾しかつ一九九四年のガットに自己の譲許表が附属されおよびサービス貿易一般協定に自己の特定の約束に係わる表が附属されているものは、世界貿易機関の原加盟国となった。加盟国・地域はその発足時には七六であったが、途上国を中心にその後増え、一九九九年二月一〇日にラトヴィアが加盟したことにより、同年八月一六日現在、国連加盟一八四カ国中、一三四となっている。

右条約に基礎を置く世界貿易機関の任務を遂行し、そのために必要な措置をとるため、すべての加盟国の代表で構成する閣僚会議が設置され、二年に一回開催されている（同協定第四条第一項）。閣僚会議は、加盟国から要請がある場合、意思決定につき同協定および関連する多角的貿易協定に特に定めるところに従い、多角的貿易協定に関するすべての事項について決定を行う権限を有する。それと同時に、すべての加盟国の代表で構成される一般理事会が設置される（同条第二項）。一般理事会は、同協定により定められる自己の任務の他、閣僚会議の会合から次の会合までの間、閣僚会議の任務を遂行する。同協定の定める任務には、紛争解決機関としての任務（同条第三項）と貿易政策検討機関（同条第四項）としてのそれとがある。一般理事会の他、物品の貿易に関する理事会、サービスの貿易に関する理事会および知的所有権の貿易関連の側面に関する理事会が、それぞれ多角的貿易協定、サービスの貿易に関する一般協定、知的所有権の貿易関連の側面に関する協定の実施に関する任務を担当するために、設置されている（同条第五項）。これら三理事会は必要に応じて補助機関を設置する（同条第六項）。物品の貿易に関する理事会のもとには、一五の委員会が置かれている（農業委員会、防疫・植物防疫委員会、繊維モニタリング機構、貿易の技術的障害委員会、貿易関連投資措置委員会、アンチダンピング委員会、関税評価委員会、原産地規則委員会、輸入許可委員会、補助金・相殺措置委員会、セーフガード委員会、政府調達委員会、民間航空機委員会、酪農品理事会、牛肉理事会）。閣僚会議は、貿易および開発に関する委員会、国際収支上の目的のための制限に関する委員会、予算、財政および運営に関する委員会を設置するほか、適当と認める任務を有する追加的な委員会を設置する（同条第七項）。これらとは別に、複数国間貿易協定に定める機関が設置される（同条第八項）。事務局長を長とする世界貿易機関事務局も設置されている（同協定第六条第一項）。世界貿易機関の事務局は、ガット第二五条の「共同行動」を拡大解釈して運営されてきたガット事務局と異なっている。閣僚会議により任命される事務局長は、閣僚会議が採択する規則に従い、事務局員を任命し、その任務および勤務条件を決定する（同条第二項、第三項）。事務局長は、予算、財政および運営に関する委員会に対し、世界貿易機関の年次予算見積および会計報告を提出し、同委員会はこれらを審査し、一般理事会に対してこれらに関する勧告を行う（同協定第七条第一項）。この事務局はスイスのジュネーヴで活動してきたガット事務局をそのまま引き継いでいる。世界貿易機関事務局とスイスとの間で世界貿易機関本部協定が締結されている。

世界貿易機関は、付属書が含む協定と関係文書の内容について、加盟諸国間の貿易関係を律する共通の制度的枠組みと交渉の場を提供する。付属書一～三に含まれる協定と関連文書（多角的貿易協定）はすべての加盟国を拘束する。付属書四に含まれる協定および関係文書（複数国間貿易協定）は受諾加盟国を拘束する。

右のような組織を有する世界貿易機関は、一九四七年のガットのもとでのコンセンサス方式による意思決定の慣行を維持している。これは、いずれかの内部機関がその審議のために提出された事項について決定を行うときに、その会合に出席していずれの加盟国もその決定案に正式に反対していない場合、当該内部機関は当該事項についてコンセンサス方式によって決定したものとみなすというものである。コンセンサス方式により決定できない場合は、別段の定めがある場合を除き、投票により決する。世界貿易機関の各加盟国は閣僚会議および一般理事会の会合で一票を有する。欧州共同体が投票権を行使する場合、同共同体は、世界貿易機関の加盟国であるその構成国の数と同数の票を有する。閣僚会議および一般理事会の決定は、同協定または関連する多角的貿易協定に別段の定めがある場合を除き、投じられた票の過半数による議決で行う。閣僚会議および一般理事会は、同協定および多角的貿易協定の解釈を採択する排他的権限を有する。解釈を採択する決定は加盟国の四分の三以上の多数による議決で行う。

すべての国または対外通商関係その他この協定および多角的貿易協定に規定する事項の処理について完全な自治権を有する独立の関税地域は、自己と世界貿易機関との間において合意した条件によりこの協定に加入することができる。加入に関する決定は閣僚会議が行う。閣僚会議は、世界貿易機関の加盟国の三分の二以上の多数による議決で加入の条件に関する合意を承認する。中国、ロシアなど、加盟交渉中の国は三〇カ国に近い。パナマ、サウディアラビアのほか、イラン、イラク、リビア、北朝鮮なども加盟していない。同機関の加盟国はこの協定から脱退することができる。脱退はこの協定および多角的貿易協定の双方に係わるものとし、世界貿易機関事務局長が書面による脱退の通告を受領した日から六カ月を経過した時に効力を生じる。世界貿易機関の活動については、年報（Annual Report）のほか、月刊誌（WTO Focus）、ホームページ（http://www.wto.org/english/thewto_e/whatis_e/tif_e/org6_e.htm）などによってその後の展開を知ることができる。

## 七　紛争解決

国際経済取引から生じる紛争の解決にはいろいろな手段がある。国際司法裁判所、世界貿易機関のパネル、投資紛争解決国際センター、各国の国内裁判所、裁判外の仲裁や調停などである。これらのうち、特に重要なのが世界貿易機関における紛争解決の仕組みである。

世界貿易機関における紛争処理手続は、必ずしも十分には機能していなかったといわれるガットのそれと大きく異なっている。すなわち、紛争処理を段階的に確保するための時間的制限が導入され、一カ国でも反対すると手続が進まないという弊害を除去すべく、拒否することにコンセンサスがない限り提案は採択されるというネガティヴ・コンセンサスが導入された。さらに、中立の委員の関与のもとでパネル報告の質を確保する上級審制度が導入され、物品、サーヴィスおよび知的所有権の三分野を統一的に管理運営するために、紛争の源となった違反措置が生じていた分野とは異なる分野で対抗措置をとることを認めるクロス・セクトラル・リタリエーションが導入されている。

紛争処理手続に際しては、紛争解決に係る規則および手続に関する了解（紛争解決了解（ＤＳＵ））に詳細な定めがある。まず関係の二加盟国で協議が行われる（ＤＳＵ第四条）。協議の要請後六〇日以内に協議により紛争を解決できないときは、小委員会の設置を要請することができる。小委員会はその設置から原則として六カ月以内に検討を行い、報告書を作成する（同第一一条）。小委員会報告が採択されればそれで終了する（同第一六条）が、採択されず小委員会の判断に疑問が出された場合は中立の委員による上級委員会の判断が行われる（同第一七条）。小委員会報告または上級委員会報告が採択されると、採択内容に即した履行または自発的措置による代償交渉が行われる。後者の場合、代償の提供とそれに続く履行、または対抗措置の承認の要請とそれを受けた対抗措置の承認が決定される。小委員会の設置、小委員会または上級委員会の報告の採択、対抗措置の承認の三者についてネガティヴ・コンセンサス形式が用いられる。これら多様な紛争処理形式の内、いずれを採用するかは、各事案の特性と当事者の置かれた状況などにより異なったものとなる余地がある。

世界貿易機関の小委員会および上級委員会で争われた先例には、一九九五年一月二四日にヴェネズエラがアメリカ合衆国のガソリン規制上、国産品に比して輸入ガソリンの販売条件が不利であるとして協議を要請した事案（小委員会はガット第三条違反を認定し、日本は一九九七年八月一九日にガソリン規制改正法を施行した）、一九九六年六月一三日にアメリカ合衆国が日本の大店法、景表法などによる輸入フィルム、印画紙の販売制限がガット第三条、第一〇条、第二三条などに違反するとして協議を要請した事案（一九九八年小委員会はアメリカ合衆国の主張を退けた）、一九九七年四月二八日にヨーロッパ連合がインドに医薬品・農業化学品に対する特許の取得および保護制度のないことが（ＴＲＩＰＳ）協定第七〇条に違反するとして協議を要請した事案（小委員会はインドの協定違反を認定した）などがある。

最後に、最近の新聞記事から国際経済法に関連する若干の事例を掲げておこう。

**［事例１］**　一九九九年一月二六日、アメリカ合衆国通商代表部（ＵＳＴＲ）は期限切れで失効していたスーパー第三〇一条（不公正貿易国の特定と制裁）および政府調達条項（タイトルセブン）を大統領令で復活することを決定した。翌二七日、同

国議会は日本などからの輸入鉄鋼のダンピング（不当廉売）問題に関連して、緊急輸入制限を定めた通商法第二〇一条の発動手続を進める検討に入ったことを明らかにした。これらの措置は、一九九八年の同国の貿易赤字額が史上最高になったことから、制裁を武器に相手国市場の開放を求め、米国製品の輸出増加を企図するためになされた。その背景には、操業停止、減産、大量解雇などに追い込まれた同国鉄鋼業界が鉄鋼輸入中一五・五パーセントを占める日本メーカーなどを標的に大型のダンピング提訴を起こしているという状況がある。日本の業界は赤字輸出はしていないと反論し、同国議会は強硬でも政府は自由貿易派が優勢であること、米国市場の魅力も次第に薄れてきておりこれ以上輸出は増えないこと、合弁生産や技術支援など日米間での提携関係の存在から悪化は避けられることなどを指摘し、静観の構えを見せたが、米国商務省は二月一二日に日本のメーカー六社についてダンピング仮決定を下し、日本製鉄鋼製品に対する事実上の制裁が始まった。その後、三月に東京で開催された日米次官級協議でこの問題への対応策が協議された（一九九九年二月二三日日本経済新聞朝刊同年八月一四日朝日夕刊他）。

**［事例2］**　日韓両国は国交を樹立した一九六五年に日韓漁業協定を締結し、沿岸一二海里を沿岸国の漁業水域（一九七七年からは領海）と定めた。この一二海里の外側では両国漁船とも相手国の許可なく操業することができた。しかし、一九九六年に両国が国連海洋法条約を批准したことにより、右協定の改定交渉が本格化し、一九九八年九月に基本合意に達し、一九九九年一月二二日に新しい日韓漁業協定が発効した。国連海洋法条約第六一条では、排他的経済水域の資源について管理保全措置を講じる義務が沿岸国に課されており、わが国は資源保護を主張し、韓国漁船の漁法に対する規制を主張する。韓国側は漁法よりも漁獲高の制限を主張する。同協定では沿岸二〇〇海里までの排他的経済水域における沿岸国の漁業主権が認められ、両国漁船が互いの排他的経済水域で操業する場合、新たに許可証が必要になったが、協定に基づく操業条件についての合意に至らない見切り発車の間に、許可証なく操業していた韓国漁船が排他的経済水域漁業法違反の現行犯で厳原海上保安部に拿捕され、韓国人船長が逮捕された（一九九九年一月二三日日本経済新聞夕刊）。一九九九年二月五日、ソウルでの実務者協議で韓国漁船が行ってきた、海底に網を張りカニなどを根こそぎ捕る底刺し網漁業を禁止し、かご漁は操業区域や期間、隻数などを制限することを内容とする操業条件交渉が決着した（一九九九年二月六日日本経済新聞朝刊など）。

**［事例3］**　一九七八年二月、日中間の貿易拡大のため、日中長期貿易協定が締結された。同協定により、日本が必要とするエネルギー、鉱物資源と中国が必要とするプラント、機械などが相互に供給されてきた。しかるに、中国が、国際金融買いに

衝撃を与えた広東国際信託投資公司（ＧＩＴＩＣ）の清算に引き続き、右協定で年間六百万トン以上の輸出を約束していた大慶原油の対日輸出停止に踏み切ったことが明らかになった。中国は石油の純輸入国に転落し、国内消費向けに本来の輸出分を回し始めた。国有企業改革により、行政と企業との分離が進み、各企業の自主性が高まった上、輸出価格が国内価格より三〇パーセント程度安いため、対日安値輸出で外貨を獲得するよりも国内市場に回し輸入を削減する方が貿易収支の悪化を回避できるという思惑もある。日本側は、今回の事態は不可抗力には当たらず、協定不履行に当たるという立場から協定の履行を求めた。この結果、中国側からの輸出が再開されたが、輸出量には留保が付されている（一九九九年二月六日日本経済新聞朝刊、同年同月一六日朝日新聞朝刊など）。

## 八　結び

以上の概説によっても、国際経済法がどのような範囲の事象をどのように取り扱うかが大略明らかになったことと思われる。われわれは国際社会の日常の動きの中にも国際経済取引紛争のモデルを頻繁に発見し、解決策を模索することができる。そうした契機を積極的に利用することによって、読者もまた、それぞれに国際経済法のあるべき体系を自由に構想し、そこに至る過渡的な対策を国際法および国内法の両面において総合的に再検討する手掛かりを得ることができよう。

# 第二章　国際金融法の諸局面
## ――ドイツ法研究の視点から――

## 一　国際銀行取引と「言葉のリスク」
### ――ドイツ法における展開――

### 一　問題の所在

„Ubi societas ibi ius.“ この法諺が示すように、どの社会でも、それぞれが主張し、かつ擁護する利益の実現の可否、条件などをめぐってさまざまな対立があり、そうした争いを解決するための基準として法の存在が認められている。しかも、このような対立を甚だしく助長するもののひとつに、使用される「言葉」の意味内容の相違という事実がある。すなわち、当事者間で利用される言葉についての理解が必ずしも一致していないために双方当事者の意思に不一致があるというのが、その典型的な場合である。

わが国を含めて同一言語が用いられている国内においてさえそうした紛争が少なくないという事実は、まして異なった言語を母国語とする者同士の間で締結される国際取引において取引言語の決定およびその解釈がはらむ問題性を暗示するものといえよう（そのことはスイスやベルギーのような多言語社会においても同様にあてはまる）。実際、国際取引において紛争を呼び起こす大きな原因は、周知のように、当事者間で利用される言葉についての知識が必ずしも互いに一致していないところにある。法比較の観点からみると、合意とか契約とかという言葉の表わす内容が関係諸国で必ずしも一致していないという現実は多くの関心を集めている。諸国の法秩序はそれぞれの文化的・社会的な伝統の反映であって、各国の実定法秩序は、ミンケも指摘するように、部分的に同一の文言で表現されている場合でも、それぞれの法律要件や法律効果において多くの違いを示している。

それならば、そうした法文化的な相違はどのようにして調整されるべきか。以下では、資料的制約からもっぱらドイツ法を参照しつつ、国際銀行取引を素材としてそのことを部分的に紹介しておきたい。

## 二　ドイツ法の展開

### 1　裁判例

(1)　ここでの問題をより明確に示すため、初めに四件の裁判例を示しておこう。

裁判例①　ブレーメン上級地方裁判所一九七三年六月二二日（IPRspr. 1973 Nr. 8）

事案は、ペルシャ人XがドイツのY銀行に預金口座を開設したことに起因する。Xは後に本件口座を解約し、残高の支払を求めたが、Y銀行は、Y銀行自身がXに対して有する別の費用賠償請求権に本件残高を充当することを理由に、かかるXの請求を拒否した。ドイツ語で作成された開設申込書に併記された約款にはその旨が記載されていたが、ドイツ語のできないXはそのことを理解していなかった。Xは、みずからが理解できていない本件約款は契約の内容を構成しないと主張し、ブレーメン地方裁判所で勝訴した。しかし、控訴審では、X敗訴。その理由は、本件では口座開設申込書にX自身がブレーメンに住所を有する旨をドイツ語で記載していたこと、そして、かかる記載は、Xが本件約款に服するという黙示の意思を推測させること、の二点に求められている。

裁判例②　ミュンヒェン上級地方裁判所一九七五年三月二〇日（IPRspr. 1975 Nr. 11）

本件では、ドイツ語のできないギリシャ人AがドイツのX銀行と消費貸借契約を締結し、同じくドイツ語のできないギリシャ人Yを保証人に立てていた。Aの債務不履行を理由に、XがYに訴求したとき、Yは本件契約で使用されたドイツ語を理解できていなかったことを理由として、本件保証契約の不成立を主張した。X勝訴。Yの控訴棄却。本件では、Yの契約の相手方であるX銀行の約款が国内で普通に行なわれており、顧客に対してその内容についての知識を有することを期待できるときは、ドイツ語ができない外国人顧客Yもまたこの約款に従わなければならないとされている。

裁判例③　フランクフルト・アム・マイン地方裁判所一九七六年一〇月五日（私的情報による）

本件の当事者は、ドイツのX銀行に預金口座を開設したトルコ人Yであった。Xからの貸付金返還請求に対して、Yはドイツ語の知識を有していなかったために本件約款は外国人当事者たるYについては効力を持たない旨を主張した。一、二審を通じて、Y敗訴。

裁判例④　ケルン地方裁判所一九八六年四月一六日（IPRspr. 1986 Nr. 24）

本件もまた、ドイツのX銀行との間で消費貸借契約を締結していた訴外Aのために保証人となっていたギリシャ人Yに対して、債務者本人による債務不履行を理由に、X銀行から残存債務の返還が請求されたものである。Yは、ドイツ語の読み書きができないため、本件保証の意思表示は錯誤により内心の意思に反していると主張し、当初の意思を取り消した。しかし、かかる取消は認められなかった。それは、Yがドイツ語の読み書きができないという事実はそれだけではドイツ語で署名された本件保証の意思表示を取り消すために十分なものではないとされたからである。

(2)　このように裁判例①～④を通じて、ドイツでは、銀行側の主張が全面的に認められてきた。その根拠は、„Do in Rome as the Romans do." という古典的な行為原則に求められるのかもしれない。けれども、かかる行為原則が当てはまるというためには、当事者が対等であるという私法的規律の前提が確保されていなければならない。その場合、対等性を確保するための基準としては、経済的・精神的状況以外に、言語的能力にも留意されるべきである。外国人がこの意味における社会的弱者として登場する場合には、右の結論も再検討されなければならないこととなろう。そのことは、国際銀行取引に関していえば、もともと取引地において公用語として用いられている言語を普通に理解することができない者との間で取引をしようとする場合、取引銀行側にしかるべき特段の配慮が求められるということを意味する。そのことが一般的に主張され得るか、また、契約締結当事者に固有の状況も考慮されるべきかについては、さらに検討が深められるべきであろう。

## 2　学　説

むろん、これらの先例に対する評価の視点は多様であるが、ここでは法律構成の可能性いかんに限定することとしたい。というのは、各種の可能性を追求するところに理論家の関心が置かれているからである。それとしては、ここでも抵触法的解決と実質法的解決とに留意することを要する。

(1)　最初に、抵触法的解決についてである。ここでは、言葉の問題を契約準拠法の事項的適用範囲に含める構成にまず言及されるべきである。すなわち、国際銀行取引においても、約款中で合意されている(はずの)契約準拠法によりそうした意思表示の成否が判断されるとする立場である（主観主義—明示の指定、黙示の指定および推定的指定）。そこでは、意思表示の成否の問題はすべて準拠実質法の解釈に委ねられればよく、それ以上に独立した連結単位を構成する必要はないとする考慮がある（Linke；Schwenzer usw.）。けれども、そうした構成の場合、往々にして、強者である銀行側の提示する準拠法が基準とされがちであるという実態を知らなければならないであろう。しかも、そこには、かかる実質法秩序の解釈上、銀行側に有利な解釈が行なわれ、銀行側が勝訴するという事実もある。

この点を考えるとき、事前の合意の形成に用いられた言葉に関して、契約準拠法とは別の準拠法（言語準拠法）に依拠したり（Beckmann/Sandrock usw.）、またかかる言葉をめぐる諸問題に限定してしかるべき法への特別連結を考慮する構成（Schmidt-Salzer；Schlechtriem usw.）や、また言葉の問題を「方式」と性質決定する主張（Reinhart）にも存在意義が見出だされる余地がある。それとして適用され得るのは、当事者の住所地法や常居所地法（Sonnenberger）であり、また当事者の環境を成す法（Umweltrecht）（Jayme）である。このような構成によりつつ、連結点の解釈操作を通じて、当事者の出身国法（これは、通例、当事者がその母国語を習得した地を意味する）が適用されることもあり得よう。それは、言葉のできない者にとっては当該言語で表示されているいかなる意思表示にもアクセスすることが事実上不可能であるという実態を前提としつつ、かかる当事者にとってより有利な解釈の余地を提供する別の法秩序が存在し得るからである。

(2)　むろん、こうした帰結は牴触法的方法に依らなければ得られないものであると断言することはできない。というのは、実質法的解決方法という第二のやり方によっても同じ結論を導くことができないわけではないからである。そのことは、ドイツ法上も主張されている。特に普通取引約款法典（AGBG）を有するこの国の場合、かかる特別法上の諸規定の解釈問題として上記の諸点を国内法の枠内で取り扱い、格別に連結の問題を提起しないとする学説も主張されている。けれども、実質法の解釈に全面的に委ねることに代えて、牴触法的解決に依拠することの意味は、ただひとつだけ想定されている国内実質法上の解釈のみに依拠する場合には得られない別の選択肢が、契約準拠法とされ得る別の実質法における解釈の結果を通して、このような構成を採用することによって得られるという点にある。諸国の実質法秩序の解釈が決して単純に行なわれているわけではなく、競合する多様な政策の実現の場でもあるという事実をみるならば、多数の可能性を提供し得る牴触法的構成の採用にもそれなりの意義が与えられなければならない。このような解釈を通じて、「自己の行動がそれとして意識されていないときは、誰にも自己の行動を意思表示として帰せしめることはできない」(Schmidt-Salzer, NJW 1972. 392 f.) とする、上記の裁判例①〜④とは反対の結論に到達する道が開かれることとなる。

## 3　小　結

結局、いずれの方法によるべきかは、利益較量的に言えば、そこで全面的に適用可能な複数の実質法秩序の内容いかんに委ねられることとなる。各実質法の解釈上、当事者の置かれた状況を考え、その意思を考慮することによって、比較法的にも多様な解決の道が残されている。

そのうえで、そうした異言語へのアクセスを可能とするために不可避とされる翻訳や通訳の確保とそのために必要とされる費用を国内の訴訟法上当事者に負担させるという方法も考えられないわけではない。しかし、そうした方法が一般的に確立されているとみるべきか否かは、個別具体的な事案に応じて検討されなければならないところであろう。

## 三　結びに代えて

かくして、ここでの問題を通して、われわれは、意思疎通の手段として用いられた言語表現がその目的を達し得ない場合に、そこから生じ得る不利益をいずれの当事者に負担させるべきかという（国際）契約責任法上の一般的な問題提起へと回帰することとなる。その解決は、基本的には領域説の視点から、すなわち、いずれの当事者がそうした不利益を自己の固有の領域において負わなければならないかという観点から解決されるべきであろう。

しかしながら、こうした問題はその大部分において見かけのものにすぎないといえないこともない。というのは、実務上用いられている普通取引約款に当初から合理的範囲内で複数の言語での翻訳を添付することにより、このような問題の発生それ自体を量的に防止することができるからである（事実、製造業では、部分的にではあるが、すでに使用書を複数言語で表示した例がみられている）。またそうすることで、法実務家も同一言語内で生じ得る質的な言葉のリスクへの対処に専念することができよう。法的処理の実際が予防法学として機能することの一例はここにもあるといわなければならない。

わが国においても、一方で駐在ないし定住のため渡航する邦人の数が次第に増えている。他方で外国人労働者の流入の増加なども引き金となって、国内金融機関での取引件数もいよいよ増加しつつある。相互主義の適用を含めて、これらの状況を考慮するとき、近年頻りに国際化が強調されるわが国においても、ここで触れられた点は、銀行取引においてのみならず、証券取引、保険契約などの場においても複数言語での約款の用意を不可避のこととする契機となるのではあるまいか。

**〔主要参考文献〕**

出口　耕自「西ドイツ国際私法判例における『意思表示の特別連結』問題」（金沢法学二九巻一・二号、一九八七）
林脇トシ子「国際契約と言語」（『現代契約法大系』八巻、一九八三）
山内　惟介「国際私法における言葉のリスクについて」第八二回国際私法学会報告要旨集（一九九〇・五・一四）掲載のドイツ語文献参照。

# 二　ドイツ国際金融法における「貨幣価値の変動」
## ――貨幣価値保障条項と中央銀行の権限――

### 一　問題の所在

周知のように、貨幣価値は必ずしも常に一定しているわけではない。その典型は、インフレーションによる貨幣価値下落の場合である。国内的には物価変動による貨幣価値の下落があり、また国際的には、湾岸戦争に際してわが国が負担した国際支援額（九〇億ドル）につきアメリカ側から指摘されたように、為替相場の変動による貨幣価値の下落もある。ここに法律問題として提起されるのが、貨幣価値の変動から生じる損失（当初の貨幣価値とその後の貨幣価値との差額分）を誰に帰属（負担）させるべきかという政策決定課題である。この問題について考えることは、ＯＤＡの援助額や累積債務などについて検討する場合にも示唆的な視点を示すこととなろう。以下では、ドイツにおける論議の一端を簡単に紹介することとしたい。

## 二　名目主義とその例外

この問題は、諸国の制度上、貨幣単位が純粋に名目的に定められていることに起因する（名目主義の原則）。名目主義とは、数量化された単位を固定的なものとする立場をいう。けれども、この原則の位置付けをめぐっては、二つの理解が対立する。

(1)　一方の主張によれば、名目主義の原則が貫徹されている。というのは、法的安定性が顧慮されなければならないからである。券面額を基準とするこの立場に立つと、当事者は相手方に対して券面額以上の額を請求することはできない。その結果、貨幣価値の下落による事実上の損失分はつねに債権者が負担しなければならないこととなる。

これに対して、上記の原則の適用範囲を制限することにより、この原則に対する例外を認める見解がある。すなわち、損失分について債務者の負担を認める立場である。ここでは、二つの問題が検討されなければならない。いつどのような例外が認められるかという場合分けの基準と、そのための法律構成はどのようなものかという点がそうである。

(2)　まず区別の基準についてである。コロサー教授は、そのための基準を各債務関係の機能の相違によらしめている。すなわち、法定債務の場合には制定法により、また契約債務の場合には、当該契約内容の決定段階で影響力を行使し得る契約当事者の意思によるというようにである。法定債務（損害賠償請求権や扶養料請求権など）や長期間にわたる契約債務（交換契約や定期金債務など）の場合、そこで予定されている金額が長期間にわたって実質的に確保されなければならないため、給付内容は債務者の負担において塡補されなければならない。これに対して、購入価格（売買契約）や賃料（賃貸借契約）のように、比較的短期間に金額の修正が可能なときは、債務設定時に名目的に確定された金額に依拠することが正当とされるため、債務者がそこでの損失を負担することとなる。かくして、ここでは、経済的な等価値性の確保が決定的な役割を果たしていることが知られよう。

(3)　それならば、名目主義から離れるための法律構成はどのようなものか。ここでは、司法の実情に即して、制定法の有無により二つの段階が区別されなければならない。

当初は、かかるインフレ・リスクを解決する制定法規がないため、裁判所による救済を待たなければならなかった。まず依拠されたのは、信義誠実の原則（ドイツ民法典第二四二条）に由来する行為基礎の脱落という構成であった。ドイツ法上、契約の成立には、そこで前提とされる固有の事情が確保されていなければならない。双務契約では給付と反対給付とがほぼ等価値であることがそこでの行為基礎を成している。かかる等価値性の破壊が著しいときは、契約の適応が行なわれなければならない。裁判所は、行為基礎脱落の有無を認定するにあたり、等価値性の破壊の程度が特に著しい場合という厳格な条件を課していた。その後、この条件はしだいに緩和されてきた。連邦労働裁判所では、年金の価値が約四〇パーセント減少していた場合について、契約の適応が認められている。しかし、その後の裁判例は、契約の適応を行なう基準を、当事者により引き受けられた契約リスクの理論に求めている。すなわち、当事者が契約締結の際に行為基礎の変更を予見していたか否かという点である。ただ、契約当事者がどのようなリスクを引き受けていたかという点は個別的に判断されなければならないところである。

その後、立法者は、インフレ・リスクの配分を立法規定を用いて解決してきた。たとえば、労働法の領域では、年金制度改善法第一六条（一九七五年）により、三年ごとに給付の実質的内容が確認されなければならないとされている。民事訴訟法第三二三条もまた、判決により確定済みの金額について、変更の訴えを許容している。

## 三　貨幣価値保障条項

けれども、司法上採用された行為基礎の脱落による契約の適応も、また制定法による適応の仕組みも、すべての金銭債権者に及ぶわけではない。そのため、債権者保護という点からみると、必要な場合、代替策が求められなければならないこととなる。契約当事者による自衛策としてここに登場するのが金銭債務を安定させる貨幣価値保障条項の導入である。この貨幣価値保障条項は、給付決定留保条項と価格差排除条項とに大別することができる。給付決定留保条項が挿入されている場合、契約の内容に応じて、当事者の一方もしくは双方または第三者が金銭債務の額を決定する。他方で、価格差排除条項に従い、将来給付されるべき時点での時価または帳簿上の価格によることや、また商品価格を構成している部品の価格変化を考慮した価格を設定することも許容されている。

## 四　貨幣価値保障条項と中央銀行の権限

貨幣価値保障条項を導入するか否かは、もともと契約自由の原則のもとで、当事者の自治に委ねられるべきものである。けれども、ドイツでは、通貨の価値を保護するという目的（通貨法第三条第二文）を達成するため、貨幣価値保障条項導入の合意の許容性に関する判断が、外国為替の認可について所管する中央銀行（Deutsche Bundesbank）（対外経済法第四九条第二項）に委ねられてきた。中央銀行にかかる権限を付与することの当否は、そこでの目的に対する評価と全面的に結合されている。すなわち、貨幣価値保障条項を無制限に導入できるとすれば、インフレーションの発生やその悪化を招くことになりかねないか否かという点についてである。ただ、連邦通常裁判所の見解によれば、この点は否定されることであろう。

けれども、通貨政策の維持という視点からすると、貨幣価値保障条項の導入を認め、地代や家賃の額を全面的に契約当事者の意思決定に委ねることにも問題がないわけではない。というのは、市場の需給バランスだけを考慮すれば、余りにも非現実的な価格が設定されてしまうことにもなりかねないからである。むろん、この点は、消費者保護の立場から競争制限禁止法のもとで経済規制官庁に委ねられるべき課題でもある。しかし、そのことと、中央銀行が果たすべき通貨政策の維持という視点からの論議とは、おのずから別個の問題とされなければならない。

**〔主要参考文献〕**

H. Kollhosser, Rechtsprobleme der Geldentwertung, 15 JA (1983) 49–57.
和田安夫「金銭債務と貨幣価値変動」（民商法雑誌九二巻六号三四頁以下、九三巻一号一頁以下および九三巻二号三六頁以下）。

# 三　オンライン決済の法律問題
## ――西ドイツ法における展開(*)――

### 一　はじめに

オンライン決済をめぐる諸問題についての検討対象は資料入手面での制約から主として国内の制度的側面に限定されてきた。ここでは、ユーロ・チェック・カード（以下、ECカードと言う）の利用を中心に、西ドイツにおける法実務の展開を探ることにより、従来の研究を補足することとしたい。

その場合、この国におけるオンライン制度にまず言及されるべきであろう。オンライン決済の定義それ自体についても多様な理解が可能であろうが、ここでは、コンピュータを利用した情報処理方式という広義の意味においてこの言葉を理解しておきたい。けだし、オンラインに関する種々の問題を取り上げるためには、最初から限られた枠を設けることにあまり意味がないからである。

## 二　西ドイツにおける法律問題

ＥＣカードとは、ＥＣ域内で決済され得るキャッシュ・カードを言う。それならば、西ドイツ法上、このカードの利用などをめぐってどのような法律問題が提起されてきているか。ここでは、代表的な問題に限って、若干の事例を紹介することとしたい。

### 1　民　事　法

まず民事法の領域においてである。ここでは、次の諸点が挙げられよう。

(1)　キャッシュ・カード発行機関・顧客間の法律関係[1]

ＥＣカードを利用する場合、利用者は、取引銀行との間で通常の口座開設契約とは別に新しくカード利用契約を締結しなければならない。それゆえ、ここでは、振替口座の設定契約とカード利用契約との二種類の契約の存在がまず区別されなければならない。このカード利用契約は、特別の契約であって、振替口座の開設契約と必然的に連動するものではない。カード発行機関は、振替口座所有者のうちのどの部分について現金自動預入支払機からのカードによる支払を認めるかについて自由に判断することができるのである。このカード発行機関（以下、取引銀行という）と顧客との間の法律関係は、双務契約である。両当事者の基本的義務は、取引銀行の場合、以下のような説明義務であり、また顧客の場合には、以下のような報告義務をそれぞれ相手方当事者に対して負うこととなる。

(a)　取引銀行の説明義務[2]……ドイツ民法典第二四二条によれば、取引銀行は、カード契約を締結する前に顧客に対して以下の点を説明する義務を負う。すなわち、カードの機能および現金自動預入支払機の機能、顧客の注意義務およびカードの濫用に対する顧客の責任、カードを紛失している場合および暗証番号が無権限者に知られている場合に顧客が遅滞なくカード発行機関に対してその旨を通知しなければならないという義務、カードで引き出すことのできる最高金額、カードで引き出す場合の手数料、カードの利用に関して生じる諸問題について異議を申し立てる場合の手続などについてである。それゆえ、取引銀行が顧客に対しこれらの事項について説明を行っていないときは、取引銀行は、そのことから生じ得る損害に関与していたという理由から、顧客に対して損害賠償責任を負う（ドイツ民法典第二五四条第一項）。もっとも、実務上は、口頭でその旨の説明が行われることはほとんどなく、取引約款が顧客に対して交付されるにとどまり、顧客からの約款解釈に関する質問に対して、必要な回答がなされるだけにすぎない。

これに対して、顧客が有する権利は、カード発行機関に対して自己の預金の支払をいつでも請求することができるという権利のみである。他方、顧客は、取引銀行に対して、前述のような事態が発生したときには、遅滞なく報告する義務を負う。それゆえ、顧客がかかる義務を履行していないときは、顧客は、そのことから生じる損害をみずから甘受しなければならない。

(b)　現金自動預入支払機の作動障害に対する取引銀行の責任(3)……カード発行機関の顧客が当該カード発行機関以外の機関により運営されている現金自動預入支払機を利用する場合において、その機械が正常に機能していないとき、顧客はこの機関に対して、現金自動預入支払機に基づく支払を請求することができるか。この点については、否定されている。ただ、この点が格別の問題として提起されていないのは、顧客がカード発行機関の窓口開設時間中に、またカード発行機関以外の銀行の窓口でも、ユーロ・チェックを通じて現金を入手することができるからである。

（2）　損害賠償[4]

それならば、カードの利用から生じる損害賠償問題はどのように解決されているか。すなわち、各契約当事者の義務違反から生じる損害の賠償責任の帰属についてである。この点で基準とされているのは、ウルマー[5]により提唱された「領域説」という構成である。これは、当該損害結果の発生に際して、その原因がどちらの当事者の支配する領域に帰属するのかという点を基準として責任を配分しようとする立場である。たとえば、カード所有者はカードの不適切な利用ないし濫用または偽造から生じるすべての損害を負担しなければならないとされるごとくである。

この点に関する最近の典型的な事例は、一九八七年一月一三日のザールブリュッケン区裁判所判決[6]の場合である。本件では、ＥＣカードを紛失した者の口座から二度にわたり、三〇〇ＤＭずつ引き出されていた。被害者は銀行に対して、この六〇〇ＤＭの賠償を求める訴えを提起した。原告は、この六〇〇ＤＭが引き出されたとされる当時、マンハイム近郊のルートヴィッヒスハーフェンに居り、そこから約一〇〇キロメートル離れたザールブリュッケンには居なかったので、問題の六〇〇ＤＭを引き出すことはできなかった旨主張したが、この主張は入れられなかった。そこで理由とされたのが、この領域説[7]の構成である[8]。

このような判例および多数の見解に対しては、コラーにより疑念が出されている。彼によれば、このような場合については、銀行自体にそうした濫用の危険性を排除する措置をとることが求められているとされている。このような構成に対する賛否は、銀行に対する顧客の地位の相対的な低下をどのようにみるかという点に対する政策的考慮いかんに全面的に依拠しているところであろう。

(3)　占有権・所有権の帰属(9)

オンラインを用いて引き出された現金についての物権法的問題はどのように解決されているか。ここで提起されるのは、引き出された現金についてECカード所有者が占有権および所有権をいつ取得するのかという問題である。占有権は、現金自動預入支払機の金銭容器中にある紙幣が取り出された段階で、カードの利用者に移転する（民法典第八五六条）。しかし、所有権は、カード利用契約締結の段階ですでに包括的に発生しているものと考えられている。現金自動預入支払機から行われる「支払」という現実的な過程は紙幣の事実的な引渡であって、法律行為的な意思表示ではあり得ない。というのは、現金自動預入支払機は、法律行為的な意思を述べることができないからである。

(4)　その他の現金自動預入支払機運営機関（提携機関）・顧客間の法律関係(10)

提携機関と顧客との間には固有の法律関係は存在しない。取引銀行は、かかる提携機関との間で、自己の顧客に関して、第三者のためにする不真正契約を締結しているだけである（民法典第三二八条第二項）。かくして、顧客は、提携銀行に対してなんらの請求権も行使することができない。提携機関は、取引銀行のための履行補助者（民法典第二七八条）としての地位に立つにすぎない。

2　保　険　法(11)

ここで提起される第一の問題は、巨大リスクの負担に関する。たとえば、ある銀行の倒産からコンピュータの利用を媒介として連鎖倒産が発生した場合にどうすべきか。この点については、現在のところ、システム参加者相互間でのシステム・リスクの負担の問題が提起されているにとどまり、保険の領域では格別の解決策は考えられていない。

それは、そのようなリスクに対して、銀行が保険を掛けることを強制されてはいないからである。保険契約の締結強制は制定法上に根拠を持たなければならない。しかし、そうした付保の強制が是認されるべきか否かは、そのまま企業のリスク評価およびリスクの満足度についての考え方に全面的に依拠している。

第二の問題は、元従業員または現従業員が自己の職務上知り得た知識を利用し、オンラインを用いて他人の口座から預金を引き出すというような場合に生じる。この場合に発生する損害については、信頼損害保険ないしコンピュータ濫用保険（ロイズ）を通じて、その解決が図られている。また、ハッカーの侵入による通信回線の不正接続や事故に起因する情報システムやデータの破壊といった損害を保険で塡補することの是非や可否については、その問題性が感じられていながらも、現実には、まだそのための解決策は提案されていない(12)。

## 3　労働法(13)

ここで提起されるのは、労働時間法上の問題である。それは、オンラインのように時間的な壁を超越して、すなわち、二四時間取引のように一方では時間的な制限が無くなってくるのに対して、他方では、労働者の側で、週四〇時間労働といったように労働法上の制限があることから生じる問題である。営業法（Gewerbeordnung）第一〇五ｂ条第五項によれば、銀行の従業員は日曜日および祝日には仕事に従事してはならないとされている。これに対する例外として、同法第一〇五ｃ条は、当該機器の定期的な運営を可能ならしめるような清掃・保持に従事することを許容する。しかし、かかるオンライン業務の実施はこうした例外にはあたらない。そのため、一九八五年に公表された新しい労働時間法草案では、かかる日曜日および祝日の就業禁止の原則の見直しも提案されている。

## 4　民事訴訟法[14]

ここで取り扱われるのは、コンピュータの利用から生じるさまざまな結果についての証明責任を負うのは誰かという問題である。ここでは、取引銀行は、いわゆる外観証明の原則に依拠することができる。すなわち、顧客の利用した現金自動預入支払機が正常に作動していたものと推定されるとする立場である。それゆえ、当該機械が正常に作動していなかった場合には、顧客は、自己のカードを注意深く保管していたこと、他の誰もが自己のカードについての暗証番号を知ることができなかったこと、また顧客が当該カードが利用されたとされる時点において、みずからが引き出すことができなかったという点などについての主張と証明を行わなければならないのである。この点で参照されるのは、一九八六年一〇月一五日のニュルンベルク区裁判所判決である。[15] この事件は、ＥＣカードを利用し、暗証番号を押して、自分の口座から四五〇ＤＭ引き出そうとしたところ、銀行側の控えには四五〇ＤＭ引き出したという記録が残されているのに、実際には四〇〇ＤＭしか出てこなかったという事案である。そこで、顧客は不足分の五〇ＤＭの支払を求める訴えを提起した。この請求は棄却された。それは、当該五〇ＤＭが出てこなかった点についての証明責任を負っている顧客がそのための証明を行っていないという点に求められている。このような処理はこの国の実務に一貫したものである。

## 5　情報保護法[16]

情報保護法の観点からまず想起されるのは、顧客から提供されたデータの取扱い上、取引銀行は一般に当該契約関係の目的からして許される範囲内にとどまらなければならないという点である。いいかえれば、顧客は、情報の自己決定権を取引銀行以外の第三者に対しても主張することができるかという点である（基本法第二条第一項参照）。その場合、取引銀行は、顧客から提供された各種の情報を加工するうえで、連邦情報保護法（Bundesdatenschutzgesetz＝BDSG）第六条に従い、情報保護のために必要な措置をとるように義務付けられている。連邦情報保護法第六条により要求される技術的・組織的な保護措置は当該データをその濫用から保護するためのものである。それゆえ、そこで考えられる措置もまたその保護目的からして適切なものに限定される。むろん、どのような措置が必要とされるかは、原則として、当該機関の自由裁量に任されている。その場合、当該データの保護の基準とされるのは、技術的に可能な水準というよりも、経済的に要求され得る水準である（連邦情報保護法第六条第二項）。

## 6　国際私法⒄

ＥＣカードの空間的利用範囲が西ドイツ国内だけでなく、デンマーク、イギリス、スペインおよびポルトガルにも拡大されてきたところから、顧客はこれら諸国の提携先金融機関の現金自動預入支払機を利用して外国においても現金を引き出すことができる。そのため、取引銀行と提携金融機関、提携機関と顧客との間の法律関係は外見上、渉外性を有することとなる。けれども、西ドイツ法上、この点については、これまでのところ、格別の国際私法問題も提起されていない。その場合、前者（取引銀行と提携金融機関との間の法律関係）については、通例、明示的に合意された準拠法が適用されることとなろう。他方、後者（提携機関と顧客との間の法律関係）については、渉外事件としてではなく国内事件としての処理が優先しているようである。それは、西ドイツ法上、外国の提携機関もドイツの取引銀行にとってはたんなる履行補助者（民法典第二七八条）にすぎないと考えられているからである。それゆえ、この問題も、結局は、取引銀行と顧客との間の法律関係も結局は渉外性を喪失し、国内化され、ドイツ法に服することとなる。

その他、最近の事例として挙げられるのは、一九八七年三月九日の連邦通常裁判所判決である。(18)この事件は、西ドイツの会社から鋼鉄製の階段を購入したフランスの会社がストラスブールの取引銀行を通じて売り主に対して代金を支払ったのであるが、その代金が売り主のドイツ会社ではなく、この会社の単独社員たるドイツ人の口座に振り込まれてしまったために、ドイツの銀行がこの単独社員に対して不当利得金の返還を請求した事例である。本件では、フランスおよびドイツの銀行が共にＳＷＩＦＴに加盟しており、このシステムを通じてオンライン決済が行われていた。

## 三　結びに代えて

右にみたように、オンライン決済に関する法律問題は少なくない。これらの諸点についてのわが国の実務における展開はすでに触れられているところであるが、そうしたわが国の実務が西ドイツにおける処理との比較においてどのように評価されるかが、今後の検討課題とされよう。むろん、その場合、わが国の金融環境と西ドイツのそれとの相違に対する多様な政策的評価が先行しなければならないであろう。しかし、そうした文化的・経済的な背景の相違は、決して価値的な優劣を示すものではあり得ない。それゆえ、ここでも、法比較は、たんにわれわれの実務の問題点を見直す契機を提供するにとどまり、わが国の実務に代替するものではあり得ないのである。

（＊）　本節は、一九八七年一二月一日に開催された第八回中央大学学術シンポジゥムでの著者の講演中、特に法律問題に限定して整理されたものである。

(1) *Bieber*, Rechtsprobleme des ec-Geldautomatensystems, WM-Sonderbeilage Nr. 6/1987, 1, 6 f.
(2) *Bieber*, a. a. O., 11 f.; *Reiser*, Rechtliche Aspekte der Zahlungsverkehrsnetze, WM 1987, 1401, 1403.
(3) *Bieber*, a. a. O., 12.
(4) *Reiser*, a. a. O., 1402.
(5) *Ulmer*, Das Recht der Wertpapiere, 1983, 308.
(6) NJW 1987, 963; WM 1987, 810.
(7) *Koller*, 1981, 2433, 2438; WM 1985. 821, 825.
(8) わが国の銀行で発行されているカード規定もかかる領域説を採用したものといえよう。「カードまたは暗証につき偽造、変造、盗用その他の事故があっても、そのために生じた損害については、当行は責任を負いません」と定める部分がそうである。
(9) *Bieber*, a. a. O., 9 ff.
(10) *Bieber*, a. a. O., 8 f.
(11) *Reiser*, a. a. O., 1406 f.
(12) 一九八七年七月一日の日本経済新聞によれば、わが国の損害保険業各社により、データ保全保険の発売が一九八七年秋を目途として検討されている。その目的は、ハッカーによる通信回線の不正接続や事故に起因する情報システム、データの破損などの被害の補償にあるとされている。また、一九八七年五月にまとめられた保険審議会の答申でも、コンピュータ・オンライン事故などの際には、データ通信回線やＶＡＮ（付加価値通信網）サーヴィスを提供する通信業者が利用者の営業上の被害を保険金で賠償する制度の開発が検討されている（日本経済新聞一九八七年一一月二一日）。
(13) *Reiser*, a. a. O., 1407 f.
(14) *Bieber*, a. a. O., 12; Reiser, a. a. O., 1404.
(15) NJW 1987, 660.; 佐上善和「コンピュータを用いた取引・契約と民事訴訟」ＮＢＬ三八六号四一頁以下。
(16) *Reiser*, a. a. O., 1404 ff.
(17) *Bieber*, a. a. O., 14.

(18)　IPRax 6/87, 372 ff.：これについては、*Schlechtriem*, Zur bereicherungsrechtlichen Rückabwicklung fehlerhafter Banküberweisungen im IPR, IPRax 6/87, 356.

# 四　利得返還請求訴訟の国際的裁判管轄権

――イタリア最高裁一九九〇年六月二二日判決の場合――

## 一　問題の所在

国際金融実務上、振込に関しても時として問題事例が生じている。たとえば、銀行側のミスで、二重に振り込んだとか、小数点の位を見誤り多く払い込みすぎたとか、振込依頼が撤回されていたのにその振込手続を行ったとか、継続的振込期間の満了後にも振り込んでいたとか、氏名を混同して振込先を間違えたとか、といった場合がそうである。イタリア最高裁の一九九〇年六月二二日判決（Riv. dir. int. priv. proc. 27 [1991] 772 ff.）もまたこの点に関する。以下では、この判決および同判決に対する論評の紹介を通じて、各種の法律問題を考える契機を提供することとしたい。

## 二　事案の概要

本件の事実関係は次のようなものである。一九八五年当時、イタリア北部の Brescia に主たる営業所を有する

Mario Sivini 社は、偶然にも、まったく同一の商号を有する二つの外国会社と取引を行っていた。そのひとつはアメリカ合衆国の Ariens Company であり、他の一つはドイツの Ariens GmbH であった。Sivini 社は、Banca Credito Agrario Bresciano に対し、売買代金支払のため三七、二〇九・二〇ドルをアメリカ会社の口座に振り込むように依頼した。しかるに、行員のミスにより、この金額はドイツのコルレス銀行を経て、Volksbank Alfeld にある Ariens GmbH の口座に振り込まれた。ドイツの会社は本件振込が誤りである旨を直ちに同銀行に通知したが、Volksbank Alfeld は本件で振り込まれた金額をイタリアの依頼銀行に対して返還するための送金をしなかった。というのは、Ariens GmbH が支払不能の状態に陥っており、同社が同銀行に対して債務を負っていたからである。

Banca Credito Agrario Bresciano は、Tribunale di Brescia において、イタリア民法典第二〇三三条および第一一八九条第二項に依拠し、ドイツの Volksbank Alfeld に対して本件振込金額の返還を訴求した（Indebitum “exlatere accipientis”）。原告は同裁判所の国際的裁判管轄権を基礎付けるにあたり、民事・商事事件の裁判管轄および執行に関するECブリュッセル条約（以下、条約と略称）第五条第一号および第三号を援用した。それは、同条が次のように定めていたからである。

「(1)　締約国の主権領域内に住所を有する者は、次の各号に掲げるときは、いずれか他の締約国で訴えられることができる。

1　契約または契約に基づく請求権が、特に義務が履行されているかまたは履行されるべき地の裁判所において、当該手続の対象を成すとき、

3　不法行為もしくは不法行為と同一視される行為またはかかる行為に基づく請求権が、特に侵害結果が生じている地の裁判所において、当該手続の対象を成すとき、……」

さらに原告は、本件損害（支払銀行の “ingiusta dapauperazione”）がイタリアで生じている旨を主張した。これに対し、被告たるドイツの銀行（Volksbank Alfeld）は、本件では国際的裁判管轄権が欠けている旨を指摘し、イタリア民事訴

訟法第四一条によりこの点について破毀院の裁判を求めた。その根拠とされたのは、①被告は委任者たるドイツのコルレス銀行の指示を実行しただけであって、原・被告間には契約関係がなく、右条約第五条第一号を援用することができないこと、②本件侵害結果はドイツで生じており、また本件法律関係の準拠法はドイツ法となるので、同条第三号もふさわしくないこと、の二点である。

## 三　イタリア最高裁判決

破毀院は第一審裁判所である Tribunale di Brescia の国際的裁判管轄権を条約第五条第三号に基づき肯定した。判決では上記二つの請求原因が区別されないまま、Ariens GmbH が本件振込に錯誤がある旨をすぐに述べていたということから、同社は本件金銭を受け取っていなかったという点が強調されていた。それは、当該額が同社に帰属していないからである。本件で問題となるのは、民法典第二〇三三条の意味で推定される債権者に関しての Indebitum の支払ではなく、"in senso aquiliano" という意味での不法行為である。被告銀行は原告によって指示された金額を留保する権利を持たない。裁判所が認定したように、"quasi delitto" の法律要件事実は本件では満たされていない。現行イタリア法上 "quasi delitto" という法形相は知られていない。Gaius の Institutionen でさえ、Indebitum を取り上げるのは "quasi contratto" の場合であって、"quasi delitto" の場合ではない。というのは、それが "delitto"、すなわち Volksbank に帰責されるべき行為（契約外責任である）として具体化されるべきだからである。

破毀院は、本件請求権の法的性質をこのように考え、条約第五条第三号に関しては、イタリア民法典第二五条第二項と同様に、契約外債務の発生地法に服するとした。同条約締約国に住所を有する被告は、加害結果の発生地国たる締約国の裁判所で応訴しなければならない。この規定を解釈する上で、破毀院は“Mines de Potasse”事件として知られるヨーロッパ共同体裁判所（EuGH）の一九七六年一一月三〇日判決（Rs 21/76 = NJW 1977, 493）を援用した。この判決で採用された“Ubiquitätstheorie”に従えば、行動地も結果発生地もともに裁判籍として認められる。それゆえ、原告は、訴訟経済上、被告の普通裁判籍（条約第二条）、そして当該裁判所と訴訟対象との間の密接な関係に基づき基礎付けられる特別裁判籍の中からしかるべき裁判所を選択することができる。本件では、当該金額の取得により損害を惹起する（schadenstiftend）行動がドイツで行われており、またイタリアでは本件侵害によって財産価値が減少する（“depauperamento del patrimonio”）という形式において損害が発生していた。Banca Credito Agrario Bresciano はVolksbank Alfeld をドイツでも、またイタリアでも訴えることができるところから、本件イタリア裁判所についても、国際的裁判管轄権が認められることとなる。

## 四　ローレンツ教授の論評

イタリア裁判所の国際的裁判管轄権を認めた本判決が、そしてその過程で示された条約第五条第三号の解釈が明らかに原告のためにする判断であったという点は、ローレンツ教授によっても指摘されている（IPRax, 1993 44, 45）。本件請求権を不法行為と性質決定することによって、当該損害が原告の居住地（Niederlassungsort）で生じているとする解釈も可能となろう。しかし、こうした解釈に対し、ローレンツ教授は次のように指摘する。

〝……ドイツの金融機関の不法行為が本件ではどの地に存在していたというのであろうか。債務の存在が明らかであり、しかも本件事実がさらに伝えているように、支払不能の状態にあった本件顧客のもとには、ドイツのコルレス銀行の仲介を経て、比較的大きな金額が提供されていた。受領銀行が——銀行取引約款第一九号に基づき——入金された振込送金分をまず自己の顧客の債務を減らすために用いる……のは違法なのだろうか。問題となるのは、本件で関連する二つの法のいずれに従ってどのような不法行為の法律要件事実が存在すると認定するかという点である。……この判決にはかなりの不安定性があることが知られよう。〟

ローレンツ教授はこのような主張を基礎付けるために、さらに次の点にも触れている。

〝……振込が誤って行われているときは、推定された債権者への支払が行われていないので、Indebitum は存在していないという主張には、納得がゆかない……。本件では、たとえ受領銀行により口座所有者の債務の埋合わせのために用いられていたにせよ、当該金額が受益者と表示されている Ariens GmbH の口座にまず入金されていた。自己の債務につき支払を受けている者は……「より豊かに」なっている。原告側の錯誤が最終的に明らかにされたときは、債務への充当は受領銀行により取り消され、その結果、この金額は返還請求の対象となる。けれども、本件返還請求権は適切に表現されておらず、“Widerrechtlichkeit im aquilianischen Sinne”（“illecido in senso aquiliano”）への言及が漠然と行われているだけである。しかし、本件イタリア最高裁判所にとっても、推測すると紀元前二八六年前に発せられ、物的損害の場合の損害賠償の統一的な規律をもたらした法律へと遡ることがおそらくは適切であろう。古代ローマの執政官も、そして特に後期古典法も、lex Aquilia の適用事例をのちに拡大し、ローマ法からの影響を受けた諸法秩序のために、不法行為の場合の損害賠償の今日的な規律のための重要な基礎を築いていた。〟

破毀院は、現行イタリア法上存在しない Quasi-Delikt についても、さらに法史の観点から言及していた。しかし、この点についても、ローレンツ教授は批判的に論じている。

〝Quasi-Delikt は後期古典法上のものである。……Gaius の Institutionen にみられる債務の原因は契約と不法行為のみである。D. 44, 7, 5 において初めて、Quasi-Delikt が Quasi-Kontrakten と並び、“variae causarum figurae” として現れる（D. 44, 7, 1 pr.）が、これによりまったく異なる種類の民事法律要件事実が統合されている。Quasi-Delikt の場合に問題となった事例は危険支配の原理に従った無過失責任のそれであり、現代の危険責任の前触れであった。条約第五条第三号のイタリア語の表現である

"in materia di delitti o quasi delitti" において述べられているのはこの概念である。……同裁判所は本件返還請求権の性質をQuasi-Delikt と考える可能性があまりないことを認めているが、その説明は十分ではない。かかる請求権は純粋に不法行為とされるべきものである。被告に帰せられるべき行為を解決するのは契約外責任である。……また民法典前加編第二五条第二項では、"obbligazioni non contrattuali" も当該事実の発生地法に連結されているが、そこで考えられているのは、不法行為以外の、特に事務管理や不当利得に基づく請求権である。〃

外国金銭判決のイタリアでの執行に関する一九七五年の Tribunale Milano のある判決では、利得法的性質を持つ返還請求権は明らかに条約第五条第三号の適用範囲から除外されていた。当該返還請求権は条約第五条第三号の意味での Quasi-Delikt とは性質決定されず、不当利得請求権（"ripetizione di indebito oggetivo"）とされ、その結果、国際的裁判管轄権は条約第二条第一項に従うものとされていた。この判決では、一方的な給付の約束、事務監理、そして不当利得が不法行為や契約とは区別されていた。それでも、Indebitum の返還請求は法史上初期の Kodifikatione では "quasi contratti" とされており、フランスの制度を経て Justinian の Institutionen まで遡ることができる。それゆえ、イタリア法の解釈に際しても、"quasi contratto" という法概念を知らない現行法だけでなく、法的伝統にも言及されなければならない。しかし、その場合、この "indebito" を、条約第五条第三号の "quasi delitti" というカテゴリィに分類することは許されないであろう。

## 五　返還請求権の法的性質決定

イタリア破毀院の本判決は、条約第五条第三号の意味での「不法行為」を、被告の損害責任が主張されておりかつ第五条第一号の意味での「契約」には連結されないような訴えに関するものという意味で、イタリア法とは異なる独立した概念と理解していた共同体裁判所の判断と抵触する。共同体裁判所の判決では、第五条に含まれる特別裁判籍は「被告住所地国裁判所の管轄権の原則に対する例外を示し、これらの例外は限定的に解釈されるべきである」という点が強調されていた。条約第五条第三号による管轄権を支持するためには、「不法行為を基礎とする」請求権が主張されている訴えでなければならない。共同体裁判所のこうした判断はさらなる解釈を必要とする。考えられるのは、契約前の領域での責任に限定されているという点であるが、この責任は、フランス法とは異なり、ドイツ法上不法行為責任ではない。しかし、そうした解釈が抵触法上も維持されるのは、契約が開始する場合の有責の加害行為のもとで、給付の利益が関連しているときに限られる。従って、行為の相手方の完全な利益が侵害されているときは、culpa in contrahendo に基づく請求権を契約と性質決定することはできない。

本件のような返還請求権の性質を抵触法上統一的に決定することはできないし、また望ましくもない。契約に基づく給付の逆交換（解除、切替え）が問題となる場合には条約第五条第三号の第一次的な裁判籍による。これと同じことは、当初の絶対無効のためまたは逆清算の法的原因の脱落のため事後に必要となる給付関係についてもあてはまる。これに対して、本件のように、このような給付関係が当事者間に存在しないときは、条約第二条第一項の普通裁判籍で我慢しなければならない。不法行為に基づくまたは不法行為と同一視されている行為に基づく損害賠償と給付関係以外の利得調整とは当初から異なるものである。しかし、“depauperamento del patrimonio”が強調されるときは、その違いが曖昧になる。それは、たとえ多くの事案で一方の利得が他方の損失に対応するにせよ、検討の対象は利得法（Bereicherungsrecht）であって、利損法（Entreicherungsrecht）ではないからである。利得責任は損害賠償責任とは異なり、財産損害が補償されるべきであるという意味での調整責任ではない。この請求権の核心部は、その基礎にある法律関係に従えば相手方当事者に当然には帰することのない財産上の利得を相手方当事者から再度取り去るという点にある。それゆえ、利得法上の逆清算請求権は条約第五条第三号という管轄規則の要件事実を満たすことはできないのである。以上が、ローレンツ教授による主張の概要である。

## 六　結　び

実務はもともと個別事件処理のために存在するものであって、一般的な法理の形成を意識したものではない。この点からすれば、各裁判例の価値にもおのずから限界があろう。しかし、わが国の場合と異なり、多少とも立ち入った理由付けに言及されている外国裁判例の場合、それぞれの立場において理論的研究のための素材を読み取ることができよう。このような意味において、ここでは、国際金融に関する法比較のための素材として、最近のイタリア最高裁による判決が紹介されたものである。

# 第三章　外国中央銀行と執行免除
## ――西ドイツ法・スイス法を中心として――

〝比較は、人間による思考の方法のひとつであって、この方法はいずれの学問においても応用することができるものである。(*)〟

### 一　問題の所在

一　通常の理解によれば、国際法上、主権免除の中心は裁判権免除であるとされてきた(1)。しかもその内容として考えられていたのは、「国家裁判所が外国国家およびその国有財産に対する訴訟について裁判管轄権を有しない(2)」という原則である。そしてこの原則の判決手続における適用については、国家の活動範囲が商業的領域にまで拡大したという状況をうけて、いわゆる絶対免除主義から制限免除主義への移行が見られてきた。また制限免除主義にあっても、制限の範囲を確定するための基準をめぐって必ずしも一致が得られなかったところから、最近では立法形式上も、公法的（主権）行為（acta iure imperii）か私法的（職務）行為（acta iure gestionis）かという大分類に代えて、原則として主権免除を認めつつ、免除が認められない場合を個別的に列挙するという方法が採られている(3)。これに対して、執行免除の是非およびその基準に関する問題は、従来、裁判権免除のそれとは別個のものとして取り扱われてきた。[4] それは、執行の持つ現実的意義が考慮されていたためにほかならない。[5] しかし、その基準自体については、わが国の場合、必ずしも明確には論じられてこなかったように思われる。[6]

このような一般的傾向は、ここで取り上げようとする外国中央銀行についてもそのままあてはまるところである。すなわち、イギリスの一九七八年国家免除法第一四条第四項[7]にも見られるように、外国中央銀行はそうした主権免除が認められない例外には当たらない、いいかえれば、外国中央銀行については裁判権免除とともに執行免除も認められるとする立場がまず一般的である。[8] このような立場を前提とするならば、「裁判権がある場合には強制執行も可能とする見解が、次第に支持を増してきた」[9] とされても、外国中央銀行に対する執行という問題自体、現実的意味をほとんど持ち得ないものとなろう。

二　しかしながら、他方において、国際金融をめぐる最近の問題状況に目を向けて見ると、たとえばイタリアのミラノ裁判所が、ミラノおよびローマの銀行に預けられているリビア国有資産七〇億リラ（当時の換算率によれば、邦貨にして約七億五千万円）の凍結を命じ、[10] またイタリアの銀行、Banca Nationale del Lavoro により同行ローマ支店のリビア人民代表部名義の預金が現実に差し押えられている。[11] これに先行する行政的措置としては、著名な、カーター大統領による在米イラン資産凍結（一九七九年一一月一四日）[12] やレーガン大統領によるリビア中央銀行の在米資産の凍結（一九八六年一月九日）[13] もいまだ記憶に新しい。

さらにわれわれの関心を呼ぶのは、いわゆるソヴリン・ローンとカントリィ・リスクから生じる国際的な累積債務の問題である。[14] 知られるところによれば、民間銀行の累積債務国向け融資の比率は中南米一〇大債務国について六七・九%に上っている。[15] そしてごく最近においても、ブラジル政府により行われた事実上のモラトリアム宣言、すなわち、民間銀行からの借入金六八〇億ドルについての期間を明示しない利払停止宣言が国際金融界に与えた影響も決して小さなものではない[16]。民間銀行の国家・政府に対する貸付金額が上昇し続ける中で、債務国の返済可能性が依然として低いというこのような問題状況を想起するとき、「外国国家や中央銀行名義の預金についても外交使節団の通常の経費の支出のためのものはともかくとしてかなり突っ込んだ取組みが許されて然るべきであろう」[17]とする石黒教授の指摘はひとつの重要な問題提起であるように思われる。しかるに、それでいて、同教授の場合、アプローチの方法としては公法的行為と私法的行為との区別に依拠する伝統的な立場に依然としてとどまっているかのようである[18]。けれども、ここでは、後述するように、混合的な性格を有する銀行預金について、従来の基準が有用か否かの検討が必要となろう。むしろ、ここでも、一方において主権免除原則の適用範囲が絶対主義から制限主義へと相対化してきた背景を考えるとき、そのコロラリィとして外国中央銀行についてもひとつの相対化が考えられるのではなかろうか。

本章は、かかる前提のもとに、外国中央銀行名義の預金に対する執行は認められるべきか否かというひとつの現実的な問題を、とくに西ドイツ、スイスなどの展開を素材として検討しようとするものである。以下では、冒頭のモットーに従い、まず、執行免除の取扱いに関する従来の一般的論議を整理し、次いでここでの主題に関する展開を紹介したのち、ひとつの仮定的な構成をわが国における論議のために提案しておきたい[19]。

## 二　ヨーロッパにおける展開

### 1　執行免除概説

ここでは、まず、執行免除それ自体に関するヨーロッパの一般的な法状況[20]の確認から始めることとしたい。けだし、ヨーロッパにおいても、中央銀行それ自体を訴訟当事者とする裁判例がそれほど多くはないからである。しかも、これに加えて、「(強制)執行」という表現の多義性[21]も指摘されなければならないであろう。ただ、これについては、仮処分などの手続をも含む最広義におけるそれとして考えておきたい。けだし、諸国における各種の執行措置をすべて含めるためには、そうした理解が適切なものと思われるからである。

いまシュロイァー教授によれば、外国の国家、国有財産および国家機関に対する執行措置の許容性、すなわち執行免除が認められるか否かを確認する方法として、裁判権との連動、行政府への授権、書面による放棄、および二重審査の構成の四つが挙げられている[22]。

(1)　裁判権との連動　まず、執行措置に対する免除の有無を裁判権の有無にかからしめる立場がある。そこでは、裁判権免除と執行免除とが概念的に一体のものとして考えられるところから、裁判権がある場合には当然に執行も予定されているという構成がとられることになる[23]。しかし、かかる方法もその実際の適用にあたっては、重要な限定に服することとなる。それが、国内的関連性(Binnenbeziehung)の要件である。すなわち、たんに執行目的物が国内に所在するだけでは足りず、その基本的行為(Grundgeschäft)が自国領域内に所在するという要件も具備されなければ、執行されることはない。その典型とされるのは、大使館所有の銀行預金差押えに関するイギリス貴族院の一九八四年四月一二日判決である[24]。

この事件では、コロンビア共和国の駐英大使館で行われた工事代金の支払請求がコロンビア側欠席のまま認容され、アメリカの民間銀行に開設されていた同大使館名義の口座が差押えられた。被告側の右差押解除請求を基礎付けるために援用された主権免除について、控訴院の一九八三年一〇月二四日判決[25]はこれを否定したが、貴族院は、これとは逆に、主権免除を肯定した。貴族院判決によれば、その理由は、当該大使館の口座が一九七八年国家免除法第一三条第三項に言う経済的目的のために用いられる財産であるか否かに関しての大使館側の主張を否定する証明責任を原告側が尽くしていないという点に求められている。(26)(27)

(2)　行政府への授権　次に、執行の実施にあたって、外交政策的な配慮を重視しようとする立場がある。そこでは、強制執行措置の実施を行政府に委ねようとする政策的な配慮から、行政府への授権という構成が採られてきた。たとえば、イタリアでは、一九二五年八月三〇日の法規命令（Decreto legge）および一九二六年七月一五日の法律（Legge）という二つの立法によって、法務大臣の事前の同意がなければ、執行に入れないことになっている。(28)かかる構成が、理論上、法治国家の観点からする三権分立構想のうえでどのように評価されるか、またかかる構成によって、そこで意図された外交政策的効果をどの程度挙げることができるものか、いずれも評価が分かれるところであろう。

(3)　書面による放棄　さらに、執行の有無の判定を主権国家による書面での明示的な放棄の有無にかからしめる立場がある。そのことを明文で定めているのが、ヨーロッパ理事会（Council of Europe）の一九七二年五月一六日ヨーロッパ国家免除条約第二三条(29)である。しかし、この条約の加盟国が一九八四年末段階でわずか五カ国でしかないこと、(30)しかもそのうちベルギー、スイスおよびイギリスの三カ国が、同条約第二四条により、商業的国家財産への執行措置の実施を相互主義にかからしめるという自由選択宣言を行っているところから、結局、このモデルの実施も現実にはオーストリア、キプロスの二カ国のみに限定されることになろう。そして、このヨーロッパ協定については、いまひとつ、この条約がヨーロッパ理事会加盟諸国間での特別の信頼関係の存在を前提としていたことを考えなければならないであろう。その限りにおいて、この方式も決して一般化され得るものではない。

(4)　二重審査の構成　そして最後に、執行目的物に応じて異なった取扱いをするという構成がある。そのことは、西ドイツでは、二段階説として現れる。すなわち、執行について人的な免除と物的な免除という二重の基準を考慮する立場である。確かに、グラァムリッヒ氏によれば、執行段階では、誰に対して執行されるかではなくて、何に対して執行されるのかが重要なのだという理由でこれら両者は区別されていないと指摘されている。[31] しかし、ここでは、現実的視点から、右の両者を区別することに意義を見出しておきたい。

その基準の第一は、人的主権免除（Immunität ratione personae）である。この点を指摘する先例は、少なくない。たとえば、訴訟当事者として頻繁に登場する National Iranian Oil Company がイラン株式法上の株式会社であるとして、イラン側の主権免除特権享有の主張を否定したフランクフルト上級地方裁判所の一九八一年五月一一日決定[32]やその上告審である連邦憲法裁判所の一九八三年四月一二日決定[33]がそうである。とくにこの連邦憲法裁判所決定がそうであるということは、次のような判示事項からも知られよう。

〝……権利能力を有する企業の名において、裁判国の銀行に開設されている口座に起因する債務の所有者を国家それ自体として取り扱う国際法上の一般原則は存在しない。[34]〟

この点で注目されるもうひとつの、これとは逆のケースとして、フィリピン大使館事件における連邦憲法裁判所の一九七七年一二月一三日決定[35]がある。本件では、一九六六年、フィリピン共和国駐ドイツ連邦共和国大使館の事務所用に、ボンのバート・ゴーデスベルクで賃貸されていた家屋の賃料支払が滞ったところから、その支払が訴求されていた。この給付訴訟において、ボン地方裁判所は、一九七五年九月三日、フィリピン側欠席のままに請求を認容した。その後、原告側が、ボン区裁判所に対し、ドイチェ・バンクのボン／バート・ゴーデスベルク支店に開設されているフィリピン大使館所有口座の差押えを求めたのに対して、フィリピン側が異議を唱えたため、ボン区裁判所の一九七六年四月一二日決定により憲法訴願がなされたものである。本件では、結局、執行の免除が肯定された。すなわち、ここでは、外交代表部の国際法的保護という一般国際法上の原則からして、人的主権免除の享有が認められたといえよう[36]。このようにして、まず人的な免除についてそれを否定されたあと、次に予備的に物的免除が認められるか否かを検討するというのが、西ドイツ判例のひとつの構成である[37]。

それならば、このようにして提起される第二の問題、物的主権免除（Immunität ratione materiae）の判定はどうか。ここでは、伝統的な判断基準、すなわち、公法的行為と私法的行為との区別に依拠する立場が西ドイツにおいても維持されているといえよう[38]。ところで、そこでの分類基準、牴触法的にいえば、性質決定の準拠法（Qualifikationsstatut）については、その本国の国内法だとする準拠法（lex causae）説の立場[39]がより多く採用されているのではなかろうか。むろん、これとは反対の立場から、この点で法廷地法（lex fori）説の立場を表明する先例[40]もないではない。しかしながら、人的主権免除付与の判定にあたっての組織法的性格付けの場合と同じように、ここでも、その性格付けを法廷地法に委ねることは各主権国家の、権限を留保された領域（domaine reservé）への介入になろう[41]。そして、準拠法説を理由付けるいまひとつの考慮として、裁判の国際的調和が挙げられるかもしれない。その場合、基準となるのは、決して、当該行為の性質ではなく、執行目的物の使用目的（Zweckbestimmung）であり、目的物がどのような使途に向けられているかというものである。それゆえ、その使途が本国法上公的なものであれば、それについては主権免除が認められるということになろう。

以上四つの構成を整理してみると、第二および第三の立場はある意味で部分的にしか意義を持たない構成であることが知られよう。すなわち、行政と司法との関係をどのように考えるか、そして地域的・文化的に限定された歴史的環境をどうみるかという点においてである。これらに対して、第一および第四の主張は、より普遍性を持つものであろう。ただ、この著者の問題関心からは、最近の実務において特徴的なものとして、とりわけ第四の立場に注目しておきたい。

## 2　銀行預金の取扱い

一　それならば、右に言及された一般的な態度は、特にここでの主題についてどのように展開しているか。それとして挙げられるのは、西ドイツのナイジェリア共和国中央銀行事件(42)（ナイジェリア・セメント事件）とスイスのトルコ共和国中央銀行事件(43)である。

(1)　まず、前者についてである。本件は、一九七五年二月にナイジェリア共和国国防省との間で締結されたセメント供給契約に基づきセメントを供給していた原告が、ナイジェリア軍事政府による政策変更のために被った損害などの賠償を訴求したものである。この申立に対して、フランクフルト地方裁判所が同年一〇月二一日に差押えを認めたところから、被告たるナイジェリア中央銀行がこの決定に対して、主権免除を援用して異議を申し立てた。フランクフルト地方裁判所の同年一二月二日判決によれば、ドイツ連邦共和国の裁判権は免除されないとして、被告側の主張は退けられている。

(2)　他方、トルコ共和国中央銀行事件として知られるのは、スイス連邦裁判所の一九七八年一一月一五日判決である。この事件では、一九七二年チューリヒのロイズ銀行がイスタンブールのトルコ保証銀行に対して一〇〇万スイス・フランを貸付けていたところ、満期到来後も右の貸金が返還されなかったため、ロイズ銀行がこの債権を第三者に譲渡した。そこで、この第三者が、トルコ通貨法上右の手続に関与していたトルコ共和国中央銀行に対する給付訴訟に先立って、差押命令・支払命令を得たため、これらの命令の実施が主権免除原則に触れるとして、トルコ共和国中央銀行がかかる命令の取消を求めた。本件では、結局、トルコ側の主張は入れられず、トルコ共和国中央銀行に対する執行は肯定された。それは、トルコ共和国中央銀行を訴訟当事者とする本件の裁判権が肯定されていたためである。いま判決文によれば、この点は次のように述べられている。

〝……トルコ中央銀行は株式会社であるから、法的には国家と同一性がない（この点は、責任把握により、経済的関連性を重視するのであまり重要ではない）。主権行為か否かの区別は、法律関係の性質による。すなわち、公権力を特徴付ける行為か私人間でも類似の形式で行われるかという点である。本件では、トルコ共和国は当事者ではない。それゆえ本件では、主権行為か否かの問題が提起されない。国内的関連性は欠けている(44)。〟

かくして、ここでの主題に関するわずかな外国判例から知られるところによっても、外国中央銀行の預金に対する執行可能性が肯定されている点が特に注目されるのである。

二　さらに指摘されるべきは、いわゆる混合（hybrid）口座の取扱いについてである(45)。ここでは口座の分割可能性に関する理解の相違に応じて二つの立場が主張されることとなる。まず主張されるのは、統一説である。この立場はさらに次の二つに分かれよう。すなわち、口座のうちどこまでが主権に関わるかの判定に裁判所が介入するのは、各主権国家の権限を留保された領域に触れるので、口座全体として免除を享有するという構成(46)と、どこまでが主権に関わるかについて明確にすることなく、意図的に混合口座を利用することは免除特権の濫用と考えられるので、その制裁措置として、口座全体について免除特権を否定するという構成(47)とである。他方、分割説(48)の立場では、あくまでも目的物の使途について調査し、そのそれぞれについて別個の取扱いをすることとなろう。ただ、この立場に対しては、分割の客観的基準を明示し得ないという点になお問題が残るとする批判もなされよう(49)。

## 三　結びに代えて

一　本章では標記の主題に関してヨーロッパ諸国、特に西ドイツおよびスイスにおける展開が跡付けられた。むろん限られた資料からこの広い法域でのこの点に関する一般的な動向を読み取ることは容易ではないが、ともかくもその一端は辿り得たかと思う。以下では、右に触れられたヨーロッパ諸国の裁判例、立法例および学説の展開との対比において、わが国においてどのような法律構成が考えられるかが検討されなければならないであろう。

むろん、ヨーロッパの法文化的環境とわが国のそれとの相違にも十分に目を向ける必要があることはいうまでもない。けれども、ここでまず前提に置かれるべきは、国際的金銭消費貸借契約を中心とする私法事件の場合、当事者間の対等な取扱いであろう。国際金融取引の領域においても、免除特権の放棄といった限定的な取扱い(50)以前に、まず原則的な解決策が模索されなければならないように思われる。最終的には、主権国家の活動の自由の確保か、その濫用に対する規制かという点をめぐっての論者の政策的な判断に帰着しようが、その場合の法律構成としていえば、やはり、従来、判決手続において裁判権免除をめぐってみられた公法的行為か否かという単一基準を執行の段階でも考慮しようとする従来の構成に代えて、中央銀行の法的地位、すなわち、組織法的側面にも目を向ける必要があるのではなかろうか、けだし、国際私法的にいえば、ある行為が公法的か否かの判定にあたって、当該行為地国法に判断を委ねようとする国際法的牴触規定(51)の構成（準拠法説）を採るならば、それと同じことが中央銀行の組織法的側面についても考慮されなければならないように思われるからである。

確かに、グラァムリッヒ氏(52)が指摘するごとく、執行段階では執行目的物に関心が集まるのも当然のことであろう。

しかし、その場合でも、直ちに執行の名宛人を無視してよいということになるわけではない。たとえば、民事訴訟法第二〇一条第一項所定の「口頭弁論終結後の承継人」という概念も明らかに時間的要素を顧慮したものである。国内事件では、民事執行法第二三条の適用上格別の困難が生じないとしても、国際的な事案においてはそうでない場合があり得るように思われる。典型的には、判決手続段階では「株式会社」形式を採っていた中央銀行がその後の執行段階で「国有化」されるという場合がそれにあたるであろう。

**二**　かくして、この著者の場合、ここでは、今後の論議のために、第二節において言及した「二重審査の構成」に着目する立場から、以下のような二段階から成る重層的構成、すなわち二段階説をひとつの仮説的法律構成として提案しておきたい。

(1)　その第一は、人的な免除についての主体的アプローチである。ただ、ここで主体的側面を取り上げるについては、外国中央銀行それ自体についていますこし立ち入った検討が必要とされよう。それは、執行の名宛人としての中央銀行が諸国の制度上必ずしも同一の取扱いを受けているわけではないからである。

いま金融制度論の領域での成果によれば、中央銀行の本質は一国の通貨金融制度の中枢であるとされる[53]。すなわち、金融市場や通貨の流通の中心にあって、日々、銀行業務を営み、それらを通じて健全な通貨を供給し、健全な市場メカニズムを維持するのが中央銀行なのであって、そのことと国家ないし政府それ自体との間にはなんら論理必然的な結合関係はない[54]。そのことは、中央銀行の発展史を考えてみれば明らかになろう。

歴史的にみると、中央銀行は、当初、民有民営からスタートしたものとされている[55]。そして、政府の財政・経済政策に対して、中央銀行がその金融政策を通じて協力するという方式が採られていたともされている。中央銀行に対する免許制度もそのための制度的保障のひとつといえよう。その背景には、金融の中立性を維持する、いいかえれば、中央銀行の発券力を国家ないし特定政党の利益のために利用することのないようにとする政策的な配慮が伺い知られよう。むろん、こうした歴史的な事情が時代を異にするこんにちの中央銀行についてそのままあてはまるものでないこともいうまでもない。一九三二年以降、多くの国で中央銀行の国有化が見られている点はたしかに十分考慮されるべきであるが、それでも、中央銀行の金融政策における中立性、つまり国家からの独立性は、程度の差こそあれ、やはり中央銀行の本質として無視できないものであるように思われる[56]。

これに加えて、中央銀行といっても、その果たす政策的役割も決して一様ではない[57]。たとえば、累積債務国として特に問題とされることの多い中南米諸国についてみても、次のような相違が知られよう[58]。

まず、近代的中央銀行制度があるとされるブラジル[59]、アルゼンティン[60]、メキシコ[61]などでは、支払準備政策、為替政策などの金融政策が中心であるとされている。これに対して、当初の商業銀行が発券機能を与えられて中央銀行となったグワテマラやウルグワイでは、商業銀行的機能を残しているところから、公開市場政策が中心とされている。また、為替局から中央銀行に昇格したチリ、ボリヴィア、ペルー[62]などでは、公定歩合の操作などの金利政策を重視する傾向にあるとされている。そして、パラグワイやホンデュラスなどでは、中央銀行がなく、政府金融機関またはこれに類似の機関が金融政策よりもむしろ金利政策中心の活動を行い、商業銀行業務をも手掛けているとされている。このように、一口に中央銀行といっても、その機能、政策には多様性のあることが知られなければならない。

他面において、中央銀行の組織法的性格も決して単純ではない。通常、中央銀行の機能からする定義といえば、銀行券の独占的発行、市中民間銀行に対する「銀行の銀行」および「政府の銀行」の三点が挙げられているが[63]、諸国の中央銀行は果たしてつねにこれら三つの機能を維持しているものと言えようか。後述するように、政府の下部機構として成立しているものについては、第三の機能は考え得べくもない。しかし、そのような銀行でも、当該国において現実に金融政策を営んでいるという実体がある。

それでは、中央銀行の法的地位についてはどのようなものがあるか。まず挙げられるのは、政府中央機構の一部分を形成しているものである。一九五二年の勅令で財政・国民経済省の所管下に置かれたサウディ・アラビア通貨庁[64]（Saudi Arabian Monetary Agency）や一九四八年に設立され、国務院に所属している中国人民銀行[65]がその代表的なものである。次いで挙げられるのは、国有形式である。一九四五年一二月二日法により国有化されたフランス銀行[66]（La Banque de France）や一九四六年に国有化されたイングランド銀行[67]（The Bank of England）、そしてソ連邦国立銀行[68]（ゴスバンク）に代表される社会主義諸国の中央銀行がその典型であろう[69]。第三は、金融の政治的中立性の観点から、特殊法人形式を採るものである。クウェート[70]や西ドイツ[71]、韓国[72]、そして日本[73]にもこの制度がみられる[74]。ただし、この形式が採られるにしても、政府出資比率の幅は、五一％から全額出資まで、さまざまである[75]。そして最後に、少数ではあるが、中央政府からの政治的独立性を守るため、私法上の株式会社形式を採るものがある。トルコ[76]やオーストリア[77]、南アフリカ[78][79]などがその好例とされよう。

右のような中央銀行の法的・経済的多様性を考えるとき、この点は執行免除の有無に対する判定基準としても無視し得ないように思われる。

(2)　第二に検討されるべきは、物的な免除についての客体的アプローチである。当該銀行預金の性質が主権に関するか否かの判定にあたっての基準ははたして何に求められるべきか。ここで注目されるのは、ナイジェリア・セメント事件における一九七五年一二月二日のフランクフルト地方裁判所判決[80]である。この判決の場合、行為に着目するという観点から信用状開設というナイジェリア中央銀行の行為は公法的行為ではないとする判断が示されている。しかしながら、同判決においても、当該財産価値の将来における利用目的のいかんは、決定的なものとはされていない[81]。

その理由は、あるいは、たとえ予算上費目が決定しているにしても、金銭の場合その費目間の流動可能性がかなり高いという点に求められるのかも知れない。しかもそのことを助長しているのが、銀行口座の持つ特殊性、すなわち、混合性という点である。端的に言いえば、為替の留保など公的な職務遂行のために用意されている部分と、日常の商業的な活動のための部分とが同時にひとつの口座にプールされているというのが実情でもあろう。かかる「混合口座」の取扱いについては、右に言及したようにいくつかの構成が実務上も示されてはいるが、ここでは必ずしもそうした形式のみを重視する必要もないのではなかろうか。けだし、ここでの問題はあくまでも当該預金に対する執行措置がその国の国政に対していかなる影響を及ぼすかという点のみにあると思われるからである。この点からすれば、西ドイツ判例における構成を借りて、執行目的物とされる口座ないし銀行預金の使途それ自体に着目することもひとつの工夫といえないわけではない。

結局、この客体的側面では、執行目的物についての本国の使途そのものを決定基準とする立場の方が、弾力的な運用の可能性を示しているという点において、従来の行為目的説や行為性質説よりも有用なのではないか。

三　以上のところを整理すれば、次のような構成が可能となるのではなかろうか。すなわち、その第一は、組織法的局面である。ここでの問題提起は、当該中央銀行がその設立国法上独立法人格を付与されているか否かである。この場合、各主権国家の「権限を留保された領域」を前提とすれば、当該中央銀行が人的執行免除特権を主張し得るか否かは、設立国法によることになろう。たとえば、サウディ・アラビアの通貨庁のようにこれが否定されるならば、国家、政府と一体を成しているという理由から、かかる機関について執行免除が肯定されよう。またトルコ中央銀行のようにそれが肯定されるならば、この段階ではこれにつき執行免除が否定されることとなる。もっとも、かかる人的主権免除享有の判定基準を外国中央銀行の法的独立性のみに求めることの問題性もすでに指摘されてはいる。すなわち、組織の解明だけでなく、機能の解明を必要とするというエッサーの主張がそうである[82]。それは、当該法主体が個別具体的な事例において行っている活動が主権行為としての性質（hoheitliche Natur）を有するか否かを基準として機能的にその職務範囲を探求するという立場である[83]。しかし、そうした判定がどの場面で行われるべきかという点は、最終的にはひとつの政策的な決断の問題なのであり、ここでの立場に対する決定的な批判とはなり得ないであろう。かくして、この第一のスクリーンを通過したものについてのみ、第二の行為法的局面が問題とされることとなる。

そして、行為法的局面では、目的論的アプローチが採用される。その場合、検討の対象とされるのは、融資契約（金銭消費貸借契約）など個々の行為の目的や当該行為によって生じる法律関係の性質ではなく、執行目的物とされる口座ないし銀行預金の使途それ自体である。それゆえ、ここでの表現も、口座主体の入金行為や当該資産の使用それ自体が公法的行為と私法的行為のうちいずれにあたるかではなく、「執行目的物の使途ないし使用目的が公法的行為に関するか私法的行為に関するか」ということになろう。それでは、その基準はなにか。ここでは、手続的に、主権免除特権の援用を主張する国側の主張・立証責任を肯定したうえで、免除特権援用国による執行目的物の使途に関する立証の成否に求めておきたい。すなわち、従来の実体的構成に代わる手続的構成である。その場合、立証にあたっては、口座に対する執行の実施がその国の主権行使のうえでどのような障害を生ぜしめるかについて、抽象的危険[84]でなく、具体的危険の立証まで求められてよいのではないか[85]。民間人の公的文書へのアクセスの困難性という問題を考慮した[86]、このような手続的構成の先例は、すでに国際法協会の一九八二年草案八―Bに付されたコメント四五[87]やヨーロッパ国家免除条約第二七条[88]にもみられたところである。かくしてかかる構成は、その限りにおいて、「国家の行為がいかなる目的でなされたか」を基準とする行為目的説の先例とされてきた広瀬教授の「保護主体の機能の阻害可能性の有無[89]」という先駆的主張に立ち返ることにもなろう。そのうえでさらに、スイス判例におけるように、執行目的物について国内的関連性の要件を付加することもひとつの可能的構成とされるかもしれない。

**四**　以上の構成は、従来、免除特権の放棄がなければ執行は不可能と考えられてきた外国中央銀行名義の預金について、特に特殊法人形式および株式会社形式の中央銀行の預金に対する執行の可能性を確保するためのひとつの過程的な試みでもある。右の立論自体、なおまだ詰められるべき点も少なくないが、その点については他日を期することとしたい。

ここで採用された方法としての比較法は、わが国の主権免除法における法的構成の多元化へ向けての発展に寄与しようとするものである。周知のように、法比較研究は、決して「比較立法」のみにとどまるものではない[90]。法比較は、確かに一方では、英米やカナダ、オーストラリア[91]などの例にみられるように、制定法実現へ向けての道を用意するものではあるが、同時にまた他方では、判例、学説および外交実務にもいくつかの指針を示すものでなければならない。ここでは、そのことが、上記の課題に即して検討されたものである。

（＊）*Schnitzer, Adolf F.,* Die Aufgabe der Rechtsvergleichung, in: 13 Zeitschrift für Rechtsvergleichung (1973), S. 186, 187.

（1）この点は、高野雄一教授『全訂新版　国際法概論上』弘文堂（一九八五年）四二三頁以下、田畑茂二郎教授『国際法講義上（新版）』有信堂高文社（一九八二年）九四頁以下他内外の多くの文献において指摘されているところである。

（2）広部和也教授「主権免除」（澤木敬郎教授編『国際私法の争点』有斐閣（一九八〇年））一五五頁。

（3）たとえば、アメリカ合衆国における一九七六年の外国主権免除法（Foreign Sovereign Immunities Act of 1976）第一六〇二条、第一六〇五条以下（これについては、Public Law 94-583, 90 Stat. 2891 (1976); Int. Leg. Mat. 15(1976), S. 1388 ff. 他参照。その解説として、本間浩氏「一九七六年主権免除法」外国の立法一七巻二号六五頁以下および西立野園子氏「米国主権免除法」ジュリスト七二七号一一七頁以下がある）、イギリスにおける一九七八年の国家免除法（State Immunity Act 1978）（388 HL DEB 1977/1978 Col. 51. Int. Leg. Mat. 17 (1978), S. 1123 ff. 他参照。その解説として、山崎公士氏「一九七八年国家免除法」外国の立法一八巻六号三〇一頁以下がある）第三条以下、一九八二年のカナダ裁判所における国家免除規定法（Act to provide for State Immunity in Canadian Courts 1982）（Int. Leg. Mat. 21 (1982), S. 798 ff.）第五条以下などがそうである。

（4）この点は、広部教授・前掲一五五頁のほか、太寿堂鼎教授「主権免除をめぐる最近の動向」法学論叢九四巻五・六号一五二頁以下（以下①として引用）、特に一六三頁以下、同「民事裁判権の免除」『実務民事訴訟講座』七巻四五頁以下（以下②として引用）、特に五五頁以下、同「国家の裁判権免除」法学教室二八号三六頁以下（以下③として引用）、特に三九頁以下において強調されている点であり、さらに、*Gramlich*, Staatliche Immunität für Zentralbanken?, 45 RabelsZ (1981), S. 545, 591 ff.; *von Schönfeld*, Die Immunität ausländischer Staaten vor deutschen Gerichten, NJW 1986, 2980, 2985 他においても共通する認識とされよう。

（5）すなわち、強制執行が他国の主権およびその財産に対する直接的な権力行使にあたるところから、主権免除が認められる結果、執行は禁止されるとする絶対免除主義の原則が当初主張されていたこと、そしてその後の段階では、私的債権者の保護などの視点を考慮して、執行が部分的に認められるようになってきたことなども太寿堂教授・前掲①一六五頁以下、②五六頁以下他において、部分的にではあるが、すでによく指摘されているところである。かくして、今日における論議の中心は、かかる執行措置の限界とそのための構成に移行していることが知られるのである。

（6）広部教授によれば、「公法行為に関して用いられる外国国有財産は強制執行を免除されるが、私法行為に関する財産は免除されないとの制限免除主義が採用され、強制執行を行う例が増加している」（前掲一五五頁）とされ、また太寿堂教授によれば、「当該国の主権的活動のために使用されるもの……に対する強制執行は許すべきではない」（前掲③四〇頁）とされている。しかし、このように、裁判権免除をめぐって論じられた基準に執行段階でもそのまま依拠するという構成をとるならば、一旦は別のものとされた裁判権免除と執行免除とが結果的に同様に取り扱われることにもなりかねず、両者を区別することの意味が失われるのではなかろうか。なお、これら両者について異なる基準を採用する立場、すなわち、裁判権免除の判断基準として行為の性質に依拠しつつ、執行免除については当該財産の使途を基準とする立場から、銀行預金について両者の調整上の困難を指摘するのがシュロイァーの場合である（*Schreuer*, Zur Zulässigkeit von Vollstreckungsmaßnahmen in Bankkonten ausländischer Staaten, in: Festschrift für Karl H. Neumayer (1986), S. 521, 535-537）。その場合、判決手続では、賃貸借、売買、役務供給などの諸契約において、たとえそれらが国家の主権的活動（たとえば、大使館の運営、軍隊用の装備の調達など）と関連していても、裁判権が免除されないのに、逆に、これらのもののために用意されている銀行預金そのものは執行を免除されるという点に着目されている。

（7）「国家の中央銀行又は通貨当局の財産は、商業目的で使用又は使用予定のものとみなされてはならない」（山崎氏・前掲三〇九頁参照）と定めるこの規定は、中央銀行の預金について免除を認めているが、それは、かかる預金が非商業的なものとみなされるからである。もっとも、かかる執行禁止の例外として、書面による合意が考慮されている（第一三条第三項）。

（8）太寿堂教授によれば、「外国中央銀行の財産は、とくに商業用の指定がない限り絶対に執行の対象とならない。それは、中央銀行の財産が、外国の為替市場における自国通貨の乱高下を防止するという主権的活動に使用されることがあるからである。問題はそれ以外に、法廷地国の銀行における外国の預金である。使途が特定されていない場合には差押えが許されるという見解はあるが、まだ一般的な支持を得るに至っていない」（前掲③四〇頁）とされている。また、前掲②五八頁で依拠された外国法のうち、たとえば、アメリカ合衆国の外国主権免除法第一六一一条第b項第一号によれば、外国の中央銀行または通貨官庁の財産で「それ自身の計算のために設けられているもの（held for its own account）」は差押えまたは強制執行から免除されている。そこでの例外は明示的な免除の放棄のみであるが、中央銀行の預金担保のための差押えに関する免除の放棄はそもそも不可能とされた先例もある（Banque Compañina v. Banco de Guatemala, 583 F. Supp. 320, S. D. N. Y. 1984）。このアメリカ合衆国外国主権免除法に強く依拠している国際法協会（ＩＬＡ）の一九八二年草案第八条第c項第三号および第四号も外国の中央銀行および通貨官庁の財産で、その施設の公的な目的に使用されているものを差押えおよび執行の対象とする。特に英米両国の主権免除法中で中央銀行および通貨官庁について特別規定が置かれていることの意味を、ニュー・ヨークやロンドンを外国中央銀行にとっての魅力的な投資地（Anlageort）とする点に求める見解もある（*Schreuer*, a. a. O., S. 541）。

（9）太寿堂教授・前掲③四〇頁。

（10）本件は、一九八一、一九八二年にイタリアの建設機械メーカー二社がリビアに売却した掘削機械と土木用トラックの代金四〇億ドル（約四億三千万円）の支払を訴求したものである（日本経済新聞〔以下、日経〕一九八六年八月八日）。

（11）前注（10）の債権回収訴訟を受けて、イタリアの裁判所により国内五銀行に対してリビア資産の凍結が命じられていたが、差押えが実施されたのは、本件が始めてであったとされている（日経一九八六年八月二八日）。

(12) 日経一九七九年一一月一五日。なお、石黒一憲教授『金融取引と国際訴訟』有斐閣（一九八三年）五頁以下他参照。

(13) アメリカ合衆国の対リビア制裁措置の一環として採られたこの大統領命令によれば、「リビア政府、その諸機関、リビア政府管理下の諸独立機関やリビア中央銀行が米国内に保有するすべての資産」が凍結の対象とされている（朝日新聞一九八六年一月九日）。なお、日経一九八六年一月九日他をも参照。

(14) より一般的には、國生一彦氏「ローン・アグリーメント①〜⑥」ＮＢＬ三二〇号四〇頁以下〜三二九号二六頁以下、桜井雅夫教授『カントリー・リスク』有斐閣（一九八二年）のほか、この主題について特集記事を組んだ New York University Journal of International Law and Politics, Vol. 17 (1985), No. 3 他参照。

(15) 日経一九八六年八月一六日他。

(16) ブラジルの対外累積債務総額一、九〇〇億ドルのうち、民間銀行団分六八〇億ドルの約一五％が日本の民間銀行分だとされている（日経一九八七年二月二一日）。かかる事態に対して、わが国銀行界は、「累積債務国向け債権……が回収不能になった場合に備え、三月をメドに累積債務国向け債権の共同買い入れ会社の設立を急ぐ」こととなった（日経一九八七年二月二二日）。また、ブラジルに追随して、エティオピアも対外債務利払の停止を呼び掛けている（日経一九八七年三月一七日）。

(17) 石黒教授『現代国際私法(上)』東京大学出版会（一九八六年）二四一頁以下参照。

(18) たとえば、「外国の中央銀行……がどこまで免除特権を享有し得るか……については公法的行為と私法的行為の区別という別の斬り込み方があるのであり、それによって免除特権を否定する道が常に残されている。……けれども執行面でも制限免除主義を貫くべきであり……」（石黒教授・前掲書（前注(17)）二四〇頁以下）とされる指摘がそうである。ただ、「英米を中心とする諸国の立法の中から参考とすべき点とそうではない点とを適宜取捨選択しつつ、ともかく制限免除主義への転換のため一刻も早く第一歩を踏み出すべきであろう」（同二四一頁）とされる点からすれば、制限のための基準については格別論じられるに至っていないとも読めるのかもしれない。

(19) 本章は、日本比較法研究所における「国際金融法の研究」の一環としてなされたものの一部である。

(20) とりわけ、ここでの主題に関する西ドイツ判例の動向についてはクラウスコップ氏による整理（*Krauskopf*, Die Recht-

sprechung zur Immunität ausändischer Zentralbanken und Währungsbehörden in der Bundesrepublik Deutschland, 25 Wertpapier-Mitteilungen (1986), S. 89 ff.）が参考になろう。

クラウスコップ氏によれば、西ドイツ法上外国中央銀行の免除特権に関する実定法規がないため、この点の判断は裁判所に委ねられている。判例によれば、この種の事案では、当該中央銀行または通貨官庁が独立法人格を有するか否かによって異なった取扱いがなされている。当該外国中央銀行が法人格を有していれば、裁判権は免除されない（フランクフルト上級地方裁判所一九八一年五月一一日判決（OLGZ 81, 370）他参照）。連邦憲法裁判所の一九八三年四月一二日決定も、かかる独立法人格の有無という形式基準に固執している。これに対して、独立法人格を持たない通貨官庁については、判例上、判決手続と執行手続とでは異なった取扱いがなされてきた。まず、判決手続においては、一九四五年以降、免除は、無制限には認められていない。当該国家活動が主権的性質を有するものか否かによって、免除特権享有の有無が異なることとなる（連邦憲法裁判所一九六三年四月三〇日決定、フランクフルト地方裁判所一九七五年一二月二日判決）。主権的な性質を有するか否かの判定における困難さはかかる区別を放棄する理由とはされていない（前掲一九六三年四月三〇日決定）。かかる区別の基準は、このように国家の活動の動機や目的いかんではなく、当該国家行為の性質またはそこに発生した法律関係の性質によるものとされている（前掲一九六三年四月三〇日決定、連邦憲法裁判所一九七七年一二月一三日決定、前掲一九七五年一二月二日判決）。ここでの国家活動が主権的なものか否かの判定基準はその国の国内法である（前掲一九六三年四月三〇日、一九七七年一二月一三日の両決定――もっとも、独立法人格を持たない外国の通貨官庁が主権的活動に関して判決手続において免除を認められたという先例はない）。第二に、執行手続においては法的確信に担われた諸国家間の慣行によれば、外国の財産であって国内に所在するものまたはその国の主権的目的に奉仕するものに対してその国の同意を得ずに執行することは国際法上禁止されている（前掲一九七七年一二月一三日決定）。ただ、この決定は、判決手続での判断基準と執行手続でのそれとが同一でなければならないか否かには触れていない。しかし、この点は、のちに、法廷地国に所在する執行財産の使途の決定自体は決して当該国の専属的管轄事項ではないとされている（前掲一九八三年四月一二日決定）。先の一九七七年一二月一三日決定は、外交代表部の銀行口座について執行免除を認めているが、外交代表部の免除特権のみをもって理由付け、外国通貨官庁の財産の免除への逆推論を許してはいない。他方、一九八三年四月一二日決定は、外国企業の口座で裁判国の銀行にあり、外国国家の経費のために使われる口座への振込のためにのみその中央銀行のもとに置かれている預金に基づく債権は主権的な目的に奉仕しない財産であると述べている（S. 89-92)。この点については、さらに、*Gramlich*, a. a. O., S. 591 f. をも参照。

(21)　法制度の標記と法比較について、より一般的には、*Mincke, Wolfgang*, Eine vergleichende Rechtswissenschaft, in: 83 Zeitschrift für Vergleichende Rechtswissenschaft (1984), S. 315 ff. 参照。

(22)　*Schreuer*, a. a. O., S. 524 ff.

(23)　とくにスイス判例の立場については、*Schreuer*, a. a. O., S. 524, 注(11)に詳しい。またこの点はフランス破毀院（Cour de cassation）の一九八四年二月二〇日決定（Clunet 111 (1984), S. 598; Int. Leg. Mat. 23 (1984), S. 1062）によっても支持されている。

(24)　Alcom Ltd. v. Republic of Colombia/Santos, [1984] 2 W. L. R. 750 ff.　なおこの判決は、この国の一九七八年国家免除法施行後の最初の裁判例である。その評釈として *van Houtte*, Die Vollstreckungsimmunität der Bankguthaben einer Botschaft, IPRax 1986, S. 50, 52 がある。

(25)　[1983]　3 W. L. R. 906; Int. Leg. Mat. 22 (1983), S. 1307.

(26)　この意味で、かかる判決は実体的構成ではなく、手続的構成に拠ったものと見られよう。挙証責任を負わされた債権者が大使館所有の金銭についてその使用の事実またはその意図を証明することが困難であるという点は、*van Houtte*, a. a. O., S. 52 においても指摘されているところである。

(27)　右貴族院判決によれば、大使館の銀行預金は「不可分の全体」として考えられたうえで、当該預金の使途が経済的目的に使われるか否かが検討されている。これに対して、連邦憲法裁判所の一九七七年一二月一三日決定、シュトゥットガルト地方裁判所の一九七一年九月二一日決定（IPRspr. 1971, Nr. 129）他によれば、大使館の預金はつねに非経済的な財産と仮定され、当該預金の利用が公的か私的かの調査は外国国家の内部事項に対する介入と考えられている（*van Houtte*, a. a. O., S. 52)。

(28)　この点は、すでに太寿堂教授により指摘されている（前掲①一七一頁注(11)、②五六頁）点ではあるが、実務上かかる同意が与えられた先例はないとされている（*Schreuer*, a. a. O., S. 525)。

(29)　Österr. BGBl. 1976, 1809 ff., 1824; Int. Leg. Mat. 11 (1976), S. 470 ff.　この協定は、一九七六年六月一一日に発効した。邦

語文献として、曽我英雄「I・M・シンクレア「国家免除に関するヨーロッパ条約」」立命館法学一一一・一一二号一一三頁以下、樅木貞雄「国家免除に関するヨーロッパ条約について」大憲論叢一七巻一号二三頁以下他がある。

(30)　オーストリア、ベルギー、スイス、イギリスおよびキプロスがそうである。

(31)　*Gramlich*, a. a. O., S. 593.

(32)　OLGZ 1981, 370 ff.; NJW 1981, 2650 ff.; RIW 1981, 484 ff.　この決定に対する部分的論及として、*Gramlich*, Staatliche Immunität und Zugriff auf iranische Konten in der Bundesrepublik, NJW 1981, 2618 ff.　他がある。

(33)　BVerfGE 64, 1 ff.; WM 1983, 722 ff.; IPRax (1984), 196 ff.; RIW 1983, 613 ff.　本決定に対する評釈として、*Stein*, Zur Immunität fremder Staaten und ihrer im Ausland unterhaltenen Bankkonten, IPRax (1984), 179. ff. 他がある（右決定を全面的に支持するのは、*Seidl-Hohenveldern*, RIW 1983, 613 ff. である）。

(34)　BVerfGE 64, 45.　この点から推測すれば、この連邦憲法裁判所決定に対する次のような論述（澤木教授・石黒教授・三井銀行海外管理部著『国際金融取引２　法務編』有斐閣（一九八六年）六五頁）には、若干の疑問が表明されなければならないであろう。すなわち、石黒教授によれば、本件の執行目的物が「免除特権享有主体の財産である」ことを前提として、そのうえで「執行対象財産は商業的活動のためのものである」とされているが、連邦憲法裁判所の態度はそうではなく、そもそも人的な免除特権享有の主体ではないから執行してよいという点にウェイトがあり、物的な免除特権享有の問題には重点はないのではなかろうか。

(35)　BVerfGE 46, 342; NJW 1978, 485; IPRspr. 1977, 337; Clunet 111 (1984), 174 f.　この決定に対する邦語文献として、レス（栗田睦雄教授訳）「外国国家の免除特権に関する発展の傾向・補遺」法学研究五三巻一〇号六三頁以下がある。

(36)　かくして、ここでも、本件決定に関する前掲『国際金融取引２　法務編』六五頁における論述には、疑念を禁じ得ないのではなかろうか。すなわち、そこでは、「在西ドイツのフィリピン大使館が西ベルリンに有していた銀行口座につき」「外交目的で使用される財産だ」として執行免除が認められた旨の記述がなされているが、BVerfGE 46, 394, 397 ff. における記述からすれば、商業目的か外交目的かについて、つまり私法的行為か公法的行為の判定上、外交目的だとしている（物的主権免除の享有）との誤解を生ぜしめる恐れもあるのではなかろうか。なお、*Krauskopf*, a. a. O., S. 91 f. 参照。

(37)　*Gramlich*, a. a. O., S. 586.

(38) より一般的には、*Gramlich*, a. a. O., S. 583 ff.

(39) たとえば、フランクフルト地方裁判所の一九七五年一二月二日判決により否定された（*Mertens*, AG 1976, 47, 49 ff.）カナーリスの見解がそうである。

(40) たとえば、連邦憲法裁判所の一九六三年四月三〇日決定参照。

(41) *Gramlich*, a. a. O., S. 586.

(42) Y. M. N. Establishment, c/o Asat Trust in Vaduz, Liechtenstein g. Central Bank of Nigeria, NJW 1976, S. 1044 ff.; AG 1976, S. 47 ff. この事件を取り扱うものとして、*Gramlich*, a. a. O., S. 546 f.; *Nwogugu*, Immunity of State Property — The Central Bank of Nigeria in Foreign Courts, in: Netherlands Yearbook of International Law 10 (1979), S. 179 ff. 他がある。外国中央銀行に対する執行事件の先例として著名なこのナイジェリア・セメント事件をめぐっては、西ドイツのほか英米でも若干の裁判例がある。たとえば、トレンドテックス判決として知られるイギリスの Court of Appeal の裁判（[1977] 2 W. L. R. 356＝これについては、本浪章市教授『国際私法序論』関西大学出版部（一九八六年）四七七頁以下、レス（栗田教授訳）「外国国家の免除特権に関する発展の傾向」法学研究五二巻八号七五頁以下、太寿堂教授・前掲②六〇頁注(6)他参照）は、ナイジェリア中央銀行の裁判権免除を否定しただけではなく、ロンドンにあるその預金の差押えをも確認した。そこでは、差押えは裁判権免除の自明の結果とされ、この点は当該中央銀行の独立法人格で支えられていた。

(43) Banque Centrale de la République de Turquie g. Weston Compagnie de Finance et d' Investissement, BGE 104 Ia, S. 367 ff.; SchwJIR 37 (1981), S. 206 ff.

(44) BGE 104 Ia, S. 371.

(45) この主題については、*Schreuer*, a. a. O., S. 531 ff. にとくに詳しい。

(46) パリ控訴院判決（Clunet 110 (1983), S. 145）。

(47) アムステルダム地方裁判所判決（NYIL 10 (1979), S. 445）。

(48) このような、口座に入金されている資金を分割するという構成は、Englander c/ Statni Banka Ceskoslovenska 事件（一九六九年）におけるフランスの Cour de cassation の判決（Clunet 96 (1969), S. 923; ILR 52 (1979) S. 335）や Neustein g. Republik Indonesien 事件（一九五八年）におけるオーストリア最高裁判所判決（ILR 65 (1984) S. 3）でもみられたところで

ある。そのことは、これらの判決において、銀行口座の利用の種類について詳細な調査が命じられていたことからも知られよう。この立場をさらに徹底したのが国際法協会の一九八二年草案である。そこでは、免除付与の範囲を、口座中のしかるべき部分について非商業的な利用が確定され得る場合に限定している。

(49)　分割の基準が客観化され得ない場合、残された方法として有用なのは、証明責任の分配に着目する構成である。けだし、当該訴訟において被告とされている国側は関連する資料への接近可能性という点において、原告側よりは優位に立っているからである。ただその具体化にあたっては、解決の方法も一様ではない。たとえば、アメリカ合衆国法はかかる証明責任の分配を行っていない。これに対して、イギリス法は、当該財産が商業的目的には使用されていない旨の報告を当該外交施設の長に求めている。しかし、それでも、前述の貴族院一九八四年四月一二日判決が示すように、そうした報告に対して、それとは逆のことが原告により証明され得ない限り、免除が認められるとする点において、より国家保護に傾斜したものとされよう。この点において、国際法協会の一九八二年草案にみられる証明責任の分配には特に注目されるのである。なお、この点については、さらに、*Schreuer*, a. a. O., S. 531 ff. をも参照。

(50)　すでに言及したように、近時のアメリカ合衆国外国主権免除法第一六一〇条第d項第一号、イギリスの国家免除法第一三条第三項などの立法例においても、外国中央銀行に対する執行を許容する枠組みとして、免除特権の書面による明示的な放棄がたしかに規定されている。しかしながら、これらの規定が例外条項であることのみならず、いずれの当事国もみずからに不利な免除特権の放棄に至ることが考えられないところからすれば、かかる放棄の規定も現実的意義はないに等しいのではなかろうか。この点にこそ、新たな法理が求められる意義があるように思われる。

(51)　*Meessen*, Kollisionsrecht als Bestandteil des allgemeinen Völkerrechts: Völkerrechtliches Minimum und kollisionsrechtliches Optium, in: Festschrift für F. A. Mann (1977), S. 227 ff.

(52)　*Gramlich*, a. a. O., S. 593.

(53)　西川元彦氏『中央銀行』東洋経済新報社（一九八四年）一頁以下他参照。

(54)　沖中恒幸氏「中央銀行」『世界大百科事典』第二〇巻、平凡社（一九七二年）二二七頁、呉文二氏「中央銀行」『ブリタニカ国際大百科事典』第一二巻（一九七四年）八六〇頁。

(55)　西川氏・前掲書一一頁以下他参照。

(56) 島村高嘉氏『わが国の金融体制―確立と変貌―』東洋経済新報社（一九八七年）二一七頁以下。
(57) 高垣寅次郎氏監修『世界各国の金融制度』第一巻～第一三巻、大蔵財務協会刊の各該当部分他参照。
(58) 新庄博氏他「南米諸国の金融政策の特徴」高垣氏・前掲書第九巻（一九七四年）三頁以下、特に二三頁以下参照。
(59) 藤田正寛氏他「ブラジルの金融制度」高垣氏・前掲書第九巻（一九七四年）七九頁以下。
(60) 藤田氏他「アルゼンチンの金融制度」高垣氏・前掲書第九巻（一九七四年）三一一頁以下他参照。
(61) 中川和彦氏「メキシコの金融制度」高垣氏・前掲書第九巻（一九七四年）四一四頁以下他参照。
(62) 藤田氏他「ペルーの金融制度」高垣氏・前掲書第九巻（一九七四年）三四二頁以下他参照。
(63) 西川氏・前掲書、はしがき(viii)頁参照。
(64) 一九五二年一〇月四日の勅令（一〇四六／一／四／三〇号）によりジェッダに創設されたこの機関は、政府に対する信用供与業務を行っていない（石野典氏「サウディアラビア王国の金融制度」（高垣氏・前掲書第一三巻（一九七八年）一二一頁以下、特に一五七、一八〇頁）。
(65) 伊藤六夫氏他「中華人民共和国の金融制度」高垣氏・前掲書第七巻（一九七二年）一頁以下、とくに二〇四頁以下他参照。
(66) 吉田啓一氏他「フランスの金融制度」高垣氏・前掲書（新版）第一巻（一九七九年）一頁以下、とくに一五頁他参照。
(67) 窪田弘氏編著『世界の金融制度』金融財政事情研究会（一九七三年）六八頁以下他参照。
(68) 和田敏雄氏他「ソビエト社会主義共和国連邦の金融制度」高垣氏・前掲書第六巻（一九七〇年）一八三頁以下他参照。
(69) 国有化形式における中央銀行の例としては、このほか一九三八年法により国有化されたカナダ中央銀行（窪田氏・前掲書一四六頁他）、一九四九年一月一日の国有移管法により国有化されたインド準備銀行（金原賢之助氏他「インドの金融制度」高垣氏・前掲書第八巻（一九七三年）三〇九頁以下）、一九六二年四月一四日の信用および銀行の規律の原則に関する法律により国有化されたスペイン銀行（Banco de España）（中川氏「スペインの金融制度」（高垣氏・前掲書第九巻（一九七四年）四六九、四八四頁以下））があるほか、社会主義諸国における例として、一九四八年五月二一日設立のドイツ民主共和国発券銀行、一九五〇年のチェッコスロヴァキア国立銀行、一九四五年一月設立のポーランド国立銀行、一九四七年一二月に国有化されたブルガリア国立銀行（安平哲二氏「東欧諸国の金融制度」（高垣氏・前掲書第六巻（一九七〇年）五二一頁、六六頁、八五頁、九七頁など）がある。

(70)　石野氏「クウェート国の金融制度」（高垣氏・前掲書第一三巻（一九七八年）二三九頁以下）によれば、一九六八年六月三〇日の勅令第一三二号により創設されたクウェート中央銀行は全額政府出資とされている（二四一頁）。

(71)　柴沼武氏他「西ドイツの金融制度」（高垣氏・前掲書第一巻（新版）（一九七九年））二七六頁以下によれば、一九五七年八月一日に政府の全額出資で設立されたこの国の中央銀行は、通貨政策決定の自主性、人事の独立性、経理の独立性、地位の特殊性などからみて世界の中央銀行の中でもっとも独立性・中立性を持った機関とされている（二七八頁以下）。

(72)　一九五〇年五月五日の韓国銀行法により設立されたこの機関についても金融の政治的中立性がとくに強調されている（李炳淳氏「韓国の金融制度」（高垣氏・前掲書第五巻（一九六九年）一九頁）。

(73)　日本銀行法第一条第二項による。なお、政府出資分は五五％である。詳しくは、日本銀行考査局『わが国の金融制度』日本銀行（一九七一年改訂版）一三一頁以下他参照。

(74)　この形式における中央銀行の例としては、このほか、一九三一年法によるペルー中央準備銀行（藤田氏他「ペルーの金融制度」高垣氏・前掲書第九巻（一九七四年）三四二頁以下）、一九六三年八月一日法によるレバノン銀行（石野氏「レバノンの金融制度」高垣氏・前掲書第八巻（一九七三年）一六五頁以下）、一九四八年五月一二日の国立銀行令によるパキスタン国立銀行（大宮俠一氏「パキスタンの金融制度」高垣氏・前掲書第五巻（一九六九年）三五九頁以下）などがある。

(75)　政府全額出資の例としては、クウェート、ペルー、レバノン、西ドイツなどがあり、またそうでない例として、日本（五五％）、パキスタン（五一％）などが挙げられよう。

(76)　一九三〇年六月一一日法により設立されたこの機関は、中央銀行法第一条により、法律上株式会社の形式をとるものとされている（中村英雄氏「トルコ共和国の金融制度」（高垣氏・前掲書第九巻（一九七四年）五五二頁）。その免許期間は当初三〇年であったが、一九五五年四月二七日法により免許の期間も一九九九年まで延長されることとなった。もっとも、その株式の五一％は大蔵省により保有されている（前掲書、五五三頁）。

(77)　オーストリア国民銀行（Österreichische Nationalbank）も、その独立性を確保するため、国民銀行法第一条第一項により、株式会社の形態をとる（中村氏「オーストリア共和国の金融制度」（高垣氏・前掲書第一三巻（一九七八年）一四頁）、但し、株式総数の半分は連邦政府に保有され、残余は国内に本拠を有する法人などの保有になる（一五頁）。

(78)　大宮氏「南アフリカ共和国の金融制度」（高垣氏・前掲書第八巻（一九七三年）四八頁）によれば、一九二〇年の通貨銀行法により設立された南アフリカ準備銀行も現在では数少ない民間所有型中央銀行の一例とされている。

(79)　たとえば、一九〇五年一〇月六日の連邦法によるスイス中央銀行がそうであって、この銀行も各カントンおよび民間の出資による株式会社として組織されている（中村氏「スイスの金融制度」高垣氏・前掲書第二巻（一九六五年）二九五頁以下他参照）。

(80)　前注(42)参照。

(81)　前述二2二（二二一頁）参照。

(82)　*Krauskopf*, a. a. O., S. 92.

(83)　*Esser*, RIW 1984, S. 578.

(84)　連邦憲法裁判所の一九七七年一二月一三日決定（BVerfGE 46, 342, 399 f.）によれば、口座の資料を調査すること自体、外交代表の国内的職務範囲への不適法な侵入を意味するものと考えられていた。それゆえ口座の性格が不明確な場合には、安全のために、口座全体について免除を認めるという解決策が選ばれることとなる。かくして、このフィリピン大使館事件では、そうした限界付けが困難であり、しかもその濫用の可能性があるところから、免除の保護範囲は、当該国にとってより有利に、きわめて広く引かれるべきであろうとされている。それゆえ、この立場に立つ限り、免除特権付与のためには、主権的活動に対する侵害について抽象的な危険性があることだけで足りるとされている（BVerfGE 46, 342, 395, 402）。この判決に依拠して、これとまったく同一の結論に到達しているのが、前注(24)で引用したイギリス貴族院の判決であり、フランス（Clerget 事件）およびカナダ（Re Royal Bank of Canada）の裁判例の立場でもあった。

(85)　このような立場を主張するのは、*Schreuer*, a. a. O., S. 534 である。彼が考える挙証責任の対象は、当該預金内部での限界付けではなく、むしろ被告国家にとって当該の具体的な執行措置がその口座で予定されている公的な職務執行に対してどの程度に侵害することになるかについての具体的な危険性の程度である。その前提に置かれているのは、国家は決して絶対的な存在ではなく、自己の行動の自由に対して責任を負わなければならないとする視点である。そこでは、アメリカの参考判例として、Birch Shipping Corporation v. The Embassy of the United Republic of Tanzania 事件（一九八〇年）（507 F. Supp. 311; ILR 63 (1982) S. 524）にも言及されている。もっとも、*van Houtte*, a. a. O., S. 52 他のように、預金の使用目的の開示を求めること自体、国際法上禁止されているとするならば、ここでの構成もその限りで意味を失うことになろう。しかしながら、そうしたルールが国際法上存在しているということ自体、いまだ立証されていないのではなかろうか。

(86) *Schreuer*, a. a. O., S. 532.

(87) *The International Law Association*, Report of the Sixtieth Conference held at Montreal, 1983, S. 336. No. 45.

(88) Österr. BGBl. 1976, 1825 f.; Int. Leg. Mat. 11 (1976), S. 480.

(89) 広瀬善男教授「国際法上の国家の裁判権免除に関する研究」国際法外交雑誌六三巻三号二四頁以下、特に五〇頁。むろん、そこでの指摘は、あくまでも裁判権について触れられているものである。

(90) *Coing*, Aufgaben der Rechtsvergleichung in unserer Zeit, NJW 1981, 2601, 2604.

(91) Foreign state immunity in Australia, International Financial Law Review, May 1986, S. 9 ff.

# 第四章　「国際租税法」という概念の理解の仕方について

## ――木村教授の研究に接して――

〝どのような言葉もただ現実を写し取るだけで終わるものではない。言葉はいつも期待や不安、そして希望といったものを表現しているのである。(*)〟

## 一　はじめに

一　どのような学問領域においても、言葉の定義がその言葉自体を媒介として分析・検討されるべき対象範囲の画定基準の内容と深く関わるところから、ある言葉をどのように定義すべきかという点についての判断をめぐっては、必然的に多くの争点が生み出されることとなる。そうした争点のひとつとして、言葉の定義をめぐる諸見解の対立をそもそも解消することができるか否かという点がある。各主張の内容を論理的に分析し、整理することによって、それらの主張の間に存在し得る差異の間で序列を決定し、そこにみられる理解の相違を解消することができるような共通の前提条件ないし判断基準を発見することができる場合には、むろん右の問題は解決されることであろう。けれども、そうした対立の根底に、結果的に個人差を生み出す可能性を内包する主観的価値基準に基づく政策的な評価の違いが存在することによって、論者の間にそのような共通の前提条件ないし判断基準を見出すことができない場合には、結局のところ、このような対立を解消することはできないであろう。というのは、思想の自由が憲法第一九条によって認められている以上、価値的に同等とされる複数の政策的な評価の間で優先順位を決定することはできないと考えられるからである。これを前提とすれば、どの領域においても言葉の定義をめぐる争いを避けることはできないということになろう。

しかしながら、この著者にとって、対立する複数の見解の間で優先順位を付けることのできる共通基準を発見することよりももっとずっと重要だと思われるのは、そのように対立するとされる複数の見解の間に果たして真の相違があるか否かを確認する認識過程の当否についての判断を先行させなければならないという点である。それは、この点について確認する過程が優先順位決定基準の探求という作業の論理的な前提をなしているものと思われるからである。このように考えるのは、一見するとあたかも対立しているかのようにみえる複数の見解の間にも、実際には、時としてそれらの主張の内容自体が誰にとっても誤解の余地がないほどの明確さを伴っては述べられていないために、提唱者の主張を必ずしもその意に沿う形で正確に把握することができず、したがって、対立といえるほどの真の差異ないし相違点を発見することができない場合もあるように思われるからである。このような場合には、確たる根拠もないままに提唱者の主張を一方的に固定する操作を通じていわば仮装された「差異」を強調することによって諸見解の対立を煽るよりも、むしろ静かに沈潜してそれぞれの提唱者の主張をより正確に把握するための事実確認的な試みが先行しなければならないように思われる。この点を強調するのは、分析の対象が明確に特定されていない以上、そのような不確かな内容を有する事象に対して評価を試みることには余り学問的な意味がないのではないかと考えるからである。そこでは、論者の意図の確認作業を進める上での認識基準自体をどのように定立すべきかという点もまた一つの重要な前提的争点となろう。

二　右に指摘した事柄の具体的な実践として、「国際租税法」という言葉の定義に関する小松教授(1)の主張に向けられた宮武弁護士(2)の所説を素材として、この著者もまたかねてひとつの分析的な検討を試みたことがあった(3)。というのは、小松教授の見解に対する宮武弁護士の批判的検討の是非を論じる以前に、国際租税法という言葉の使い方に関しても、宮武弁護士によりそこで検討の対象とされた複数の見解の間で異論の余地なく優先順位を付けることができるような状況はいまだ確保されていないのではないかという基本的な認識が著者の前提にあったからである。著者によるこの疑問の表明に関しては、その後、租税法学者として知られる木村教授により批判的言及が行われている(4)。著者のささやかな疑念の表明が高名な専門家により批判的検討の素材として取り上げられたことは、この問題提起者にとって何よりの幸いであったといわなければならないであろう。けだし、そうした批判的論及を受けて初めて、著者の疑問の表明にそもそも問題提起としての意味があるか否かという点を著者自身再確認することができるものと考えられるからである。けれども、木村教授によるそうした好意的な論及によっても、著者の念頭にあった当初の疑念は、遺憾ながら、いまだ氷解するには至っていない。というのは、著者の当初の疑問を解決するための判断材料として用いられるべき木村教授による説明の内容自体についても、著者の視点からはさらに以下に示すようないくつかの疑問が感じられたからである。これらの疑問を解決することができないとすれば、著者が提起した当初の問題も最終的な解決を見ることはできないといわなければならない。

このような理由から、以下では、木村教授の論述内容に即して、同教授により取り上げられている各種の争点とそれに対する解答とを逐一確認しながら、木村教授の分析手法に関連して、著者の立場からはなお看過することのできない諸点を順次明らかにし、重ねて木村教授の御教示を得ることとしたい。こうした順序を辿るには、木村教授の立論を正確に理解しようとすれば、木村教授の構成[5]に従いながら、同教授の文脈を正しく跡付けることが必要になるものと考えられるからである。このような地道な作業を通じて、著者が提起した当初の疑問が解明されるならば、木村教授による批判的言及を得て、「国際租税法」という言葉の定義に関するわが国の論議もひとまずは解決されることとなるのではなかろうか。

## 二　木村教授の理解に対する若干の疑問

### 1　「はじめに」について

一　木村教授によれば、「国際租税法の概念をめぐって論争が日本で起きている」旨がまず指摘されている。[6]そこでは、表現上、そうした論争の存在が一般的に示されるにとどまり、「国際租税法の概念をめぐって」生じ得る論争の①主題、②当事者、③対立する主張の内容などについての直接的かつ具体的な説明は明示的な形では行われていないように見受けられる。[7]そのような明示の言及が行われていない理由は、木村教授の場合、どのような内容の論争が想定されるかという点がすでに自明のものとして考えられているということに求められているのかもしれない。

それならば、木村教授がそこで念頭に置かれる「論争」の内容はどのようなものか。この点について具体的に検討するための直接の手掛かりは、木村教授の叙述中、同教授がこの主題に関するわが国の問題状況に明示的に言及されている箇所に求めることができよう。そうした明示的な言及は、以下に示すように、全部で三つの箇所で行われている。そこでの記述内容から推測すると、木村教授により想定されていると考えられる争点は、結局、次の二点に集約することができるように思われる。

第一の争点は木村教授が小松教授の所説について言及している部分から引き出すことができよう。すなわち、木村教授の論説中の四頁四行目以下の記述および六頁注(13)の記述がそうである。①どのような争点をめぐる論争かという論争の主題をみると、国際租税法という言葉の定義ないし意味内容は何かというような疑問詞型の争点が取り上げられているように思われる。次に、②誰と誰との間での論争かという論争の当事者をみると、木村教授は、小松教授と宮武弁護士を挙げられ、また著者の指摘をも小松教授の側からの反論として位置付けられている。(8) さらに、③右の主題に関してどのような内容の意見が存在するのかという対立的見解の内容をみると、国際租税法を「課税権の競合状態が生じる国際課税の分野において競合する課税権を調整する一定のルールを指す」ものと捉える見解が小松教授の主張として掲げられるのみであり、(9) これと内容を異にして併存する見解は、木村教授の場合、明確には掲げられていない。そして、これに代えて、小松教授の見解を要約的表現でいいかえた上で国際租税法をこのような「複数の課税権ないしその行使の『調整』に係る租税制度とみるのは極めて狭い定義である」と批判される宮武弁護士の見解が六頁の注(13)で対置されている。木村教授のこうした指摘の仕方から考えれば、小松教授の定義が「狭い」か否かが国際租税法の概念をめぐって日本で起きている「論争」であると認識されているのかもしれない。

第二の争点は、一三頁注(47)から明らかになる。①論争の主題をみると、先の小稿で著者が引用したクルーゲ(Kluge)が「牴触規範(Kollisionnormen)を国際租税法の中に認識している」か否かという二者択一型の争点が取り上げられていることが分かる。②論争の当事者として挙げられているのは著者のみであり、その他の当事者は挙げられていない。(10) ③対立する主張の内容としては、二者択一型のこの争点の場合、論理上、肯定説と否定説しか存在し得ない。木村教授は著者の小稿に言及された後、「Kluge……は牴触規範……を国際租税法の中に認識している」と述べられている。[11]

もっとも、これら二つの争点のうち、木村教授の関心が向けられているのは、主として、第一の争点であるように思われる。というのは、木村教授のその後の叙述は圧倒的に前者についてのみ展開され、後者については右の注の中で言及されるにとどまっているからである。

二　それならば、木村教授が前提とされる右のような理解はどのように評価されるか。著者の立場からは特に次の三点について触れる必要があるように思われる。というのは、そのいずれについても、木村教授が前提とされた部分について異論の余地があるからである。

まず、第一の争点の当事者についてである。すなわち、木村教授が「論争」の一方の当事者として著者をも想定されているように見受けられる点についてである。木村教授がこのように考えられるのは、六頁注(12)の中で著者の指摘を小松教授の主張と「類旨」と表現されているところからも知られるように、小松教授の主張と著者の立場とが同一の争点に関して示されたものであり、両者が内容上類似するという前提的認識があることに起因するものと推測される。けれども、著者の視点からは、木村教授によるそうした構成の前提が成り立つか否かがまず問われなければならないように思われる。というのは、著者自身は、小松教授が取り上げられているような国際租税法とは何かという定義に関わる争点について意見を明らかにしているつもりはないからである。[12]

次に、第一の争点に関して対立するとされる主張の内容把握についてである。木村教授が小松教授の説示として引用された「小松芳明教授は、国際租税法を課税権の競合状態が生じる国際課税の分野において競合する課税権を調整する一定のルールを指すと説かれる」[13]という部分は宮武弁護士が小松教授の主張を要約して述べられた部分であり、[14]小松教授が書かれた文章ではない。この点に関する小松教授自身の表現は、次のように述べられている。

〃各国はその主権に基づく固有の管轄権を持ち、その課税権を普遍的に行使することができる。しかし、最近のように、国際間における資本、技術、人の交流がいちじるしく進展している状況のもとで、各国がそれぞれその持つ固有の課税権を普遍的に行使しようとすると、国際課税面に課税権の競合状態が生じ、国際二重課税の問題が頻発して一種の無秩序状態となる。また、そのような状態のもとでは、ともすれば租税回避や租税逋脱が行われる風潮を生じ易い。そこで国際課税の分野に一定のルールをつくり、競合する課税権を調整する要請が出てくる。国際租税法とは、このような情勢に対処することを目指した国際課税の分野におけるルールを指し、一般に二つの分野から構成されている。

その第一は、国際課税面を規定した国内租税法の部分である。……その第二は、国際二重課税や国際間の租税逋脱を防止するために締結された二国間の租税条約である[15]。〃

小松教授により書かれた右の表現を、宮武弁護士や木村教授が考えられるように、国際租税法を「課税権の競合状態が生じる国際課税の分野において競合する課税権を調整する一定のルールを指す」ものと捉える見解が小松教授の主張であると理解することが小松教授の真意に叶うか否かという点については、小松教授以外、その適否を判断することはできないであろう。というのは、この点が小松教授の意思解釈の問題に他ならないからである。この小松教授の見解を宮武弁護士が「複数の課税権ないしはその行使の『調整』に係る租税制度とみるのは極めて狭い定義である[16]」と批判される点を木村教授はそのまま引用され、「この批判は……後に論証するように、正鵠を射ている[17]」と肯定的に評価されている。

しかしながら、なぜに宮武弁護士が小松教授の見解を「極めて狭い定義である」と指摘されるのかは著者にとって容易に理解しがたいところであるといわなければならない。というのは、宮武弁護士が理由とされる点は、小松教授の見解にあてはまらないように思われるからである。すなわち、小松教授の「立場に対しては、各国家の課税権は、租税条約のないところでは、外国税額控除制度又は国外所得非課税制度以外には、相互に調整するメカニズムが存在しないという現実を看過するものであるといわざるを得ない」[18]とか、「この定義の欠陥はいくつかの重要な租税制度をその範囲の外に置く結果になる。例えば、移転価格税制は、各国課税権を調整することを目的とするものではなく、自国の課税権に取り込むことを目的とする制度である。その調整は租税条約の相互協議を通じてなすことが予定されている。したがって、この定義の下では、相互協議手続は国際租税法の範囲に含まれるが、移転価格税制は、国際的な対応的調整……の部分を除き、国際租税法の範囲外であるということになる」[19]と宮武弁護士は指摘されている。そのうち、「租税条約のないところでは……相互に調整するメカニズムが存在しないという現実を看過するものであるといわざるを得ない」という指摘については、右の引用部分から知られるように、小松教授の見解でも、決してそうした「現実を看過するものである」と断言することのできるような決定的根拠は叙述の上で見出されないように思われる。また「この定義の下では……移転価格税制は、国際的な対応的調整……の部分を除き、国際租税法の範囲外であるということになる」という部分についても、小松教授の別著の記述から知られる[20]ように、小松教授は対応調整以外の事項についても国際租税法の範囲内のものとして検討されている点が想起されなければならないように思われる。これらが成り立つとすれば、右のように、宮武弁護士の批判的評価の成否それ自体について疑義が生じる余地があるのではなかろうか。もっとも、小松教授の真意については、ここでも、小松教授自身により宮武弁護士の指摘の当否が確認されなければならない。ここでは、さらに、木村教授が「後に論証するように[21]」と述べられている点についても一言しておかなければならないように思われる。それは、宮武弁護士の批判を「正鵠を射ている」と木村教授が肯定的に評価される基準ないし根拠を示すことになるはずの説明について「後に論証するように」とされているにもかかわらず、この点についての明示的な論及は木村教授のこの論説中には見出されないように思われるからである。これを前提とすれば、木村教授が想定されるような「論争」が果たしてわが国に存在しているのか否かという点について疑義が生じよう。

第三に、第二の争点の存在についても疑問が生じよう。というのは、木村教授が指摘されるこの部分は著者の指摘を素材として、木村教授が異なる意見を初めて表明されたものであり、決して従来から存在する「論争」にはあたらないものと思われるからである。しかも、著者はクルーゲがその著書の冒頭に掲げられた「国際租税法の概念」という章の中でこの概念を説明するにあたって「牴触、重複的適用、課税権の調整などの表現は格別に考慮されていない」ことを指摘したにとどまり、クルーゲが「牴触規範……を国際租税法の中に認識してい」ないということまで述べたものではないからである。クルーゲが牴触規範の存在を認識していたか否かということと、国際租税法の定義に際してこの種の表現を採用するか否かということとは明らかに争点が異なる。それゆえ、この点についてあたかも著者が否定説を採るかのように考えられるのは、著者の真意とは異なるものといわなければならない。

三　木村教授は、教授自身がここでの研究の契機として取り上げられた右の「論争」に関心を寄せられる理由を「国際租税法の研究対象がその定義によって左右される」こと「は日本の租税法学者にとって無関心でいられるわけではない」という点に求められている。その前提には、「研究対象として取り扱う国際租税法のテーマが、共通または同一であるとすれば、その論争は実りがないか、一方または双方の論者の定立した概念が、有効に機能していないのであろう」という認識があるように思われる。この点から推測すれば、木村教授の問題意識は、右の論争に意味があるか否かの確認にあるのかもしれない。右のような「論争」に意味があるか否かの判断基準として、木村教授は、結果の共通性とか同一性の有無を考えられているように見受けられる。それは、右の引用部分では「共通または同一」という表現が採用されているからである。けれども、この種の基準を掲げようとすれば、論者が採用する共通性や同一性の有無の判定基準の提示も併せて行われなければならないであろう。というのは、どのような事象の中に共通性や同一性を発見するかの判断基準は論者により異なり得る可能性もあるからである。ある論者にとって「同一」と認識される事象が別の論者には「相違」と感じられるとすれば、両者の間には共通性はないこととなる。それゆえ、この場合には、国際租税法の研究対象の確定という結論部分からその必然的な前提をなす確定方法の決定基準の探求へと論議の主題が必然的に移行することとなるのではなかろうか。

もしかして、右に掲げたような問題意識が木村教授の念頭にあったとすれば、木村教授の論説においても、各論者が国際租税法という言葉でどのような意味内容を想定していたかという点についてわが国でこれまでに展開されている複数の見解を素材として分析し、検討する事実確認的な作業を欠くことはできないように思われる。というのは、この点に関する複数の見解の論者が国際租税法という言葉でどのような内容を考えていたかを明らかにすることができなければ、それらが共通であるとか、同一であるとかという判断を実際に下すことはできず、したがって、右の問題意識に対して直接に答えることもできないように思われるからである。

以上の諸点を前提とすれば、木村教授の研究においてもそのような分析がまず求められるところとなろう。けれども、右の「論争」への関心を起点に置きつつも、木村教授はこの点に対して直接に分析を行うことを慎重にも差し控えられ、教授自身の立場を主体的・積極的に明らかにされることなく、右の国際租税法の概念をめぐる論争からは意識的に距離を置こうとされているように見受けられる。これに代えて、そうした分析を行う場合の判断基準を入手するためか、右の争点に関連して「国際租税法学の領域における業績に蓄積のあるヨーロッパ諸国における議論を紹介すること」[22]が当面の検討課題とされている。木村教授がこのような研究目的を掲げられる背景には、教授自身が言及されているように、そこで検討対象とされたヨーロッパ諸国には「国際租税法学の領域における業績に蓄積」があるという認識とそのことに対する肯定的評価があろう。こうした文脈から考えれば、木村教授は、将来的プランとして、そうした「ヨーロッパ諸国における議論」を参考にして、右の日本での論争に対して発言しようとされているようにも見受けられる。そこでは、ヨーロッパ諸国における議論とわが国の議論との関係について両者には共通性があるとする理解ないしはそうした共通性の有無を確認しなければならないという認識がその前提に置かれているからかもしれない。けれども、このような意味で共通性があるとか、共通性の有無を確認しなければならないとかという認識を正当とするためには、そのような認識に根拠があるということを明らかにするためのさらなる論拠が探求されなければならないであろう。というのは、そうした前提が満たされていなければ、右の作業の意味も承認され難いように思われるからである。

これらの疑問を残しながらも、次の「2「I　概説」について」以下の節では、木村教授の外国法研究中で実践されている分析評価作業の過程を、国際租税法という言葉の定義に関わる各争点と当該争点に関して表明されている複数の解答とを具体的に示すことによって整理することとしたい。論争とは「論じ争うこと」[23]であり、そこにいう「争う」とは「互いに自分の気持ちを通そうとはり合う」[24]こととされている。一般に通用していると推測されるこの定義を前提とすれば、論争の前提には互いに相対立する主張が併存していなければならないであろう。「国際租税法学の領域における業績に蓄積のあるヨーロッパ諸国における議論を紹介」されるにあたり、木村教授がどのような方法を採用されたかという点についてこの著者が検討しようとするのは、木村教授による積極的かつ分析的な外国法紹介作業を通じて、国際租税法の概念に関する既存の争点について木村教授と著者との間で一致した解決策を見出し、また新たな争点を発見することができるかもしれないと考えるからである。

## 2 「I 概説」について

一　木村教授は「国際法と国際租税法はまったく異なる概念レベルにある」[25]という文章をもってこの項目を書き始められている。この表現の内容が一つの主張に相当するという事実を前提として、木村教授が考えられるところを推測すると、木村教授は、国際法と国際租税法という二つの概念は同じものか否かという二者択一型の争点をまず掲げられ、次に、この争点について否定説を採る場合に生じる派生的争点として、これらの概念相互の関係はどのようなものかといった疑問詞型の争点をも紹介されていることが分かる。木村教授によれば、第一の争点については否定説が採用されている旨が紹介されている。このことは、これら二つの概念、つまり「国際法と国際租税法はまったく異なる概念レベルにある」という見解が紹介されていることから明らかとなる。次に、どのように異なるかという第二の争点について、木村教授は、「国際法は、形式的法律、法規命令、自治条例法、習慣法および超国家法……とならぶひとつの法源であ」るのに対して、「国際租税法は……ひとつの法領域である」とする理解を紹介されている。[26]

右の二つの争点に関する木村教授の紹介に対しては、直ちにいくつかの疑問が生じよう。まず第一の争点に対して、「概念レベル」を異にするから同じではないという否定説のみが取り上げられ、概念上同一であるとする肯定説が紹介されていないのはなぜかという疑問である。このように考えるのは、二者択一型の解答を要求する第一の争点については、肯定説も論理上存在し得るはずであり、肯定説と否定説という意見の対立がなければ、これが争点とされることはあり得ないと考えるからである。肯定説の存在が形式的には考えられるとしても、実際には存在しないのだとすれば、この点は「ヨーロッパ諸国における議論」としては存在しないこととなり、この争点を敢えて取り上げられた点について、その事情の解明も求められよう（もっとも、木村教授は右の記述をたんなる事実の紹介として把握され、格別の争点として取り上げてはいないと主張されるかもしれない)。この点について検討しようとすれば、否定説がどのような根拠で主張されているのか、すなわち、一方を法源とし、他方を法領域とするというように二つに分けるのはなぜかというその根拠についての探求も不可欠となろう。このような点についての説明が行われていないことから考えれば、木村教授の場合、両者が「まったく異なる概念レベルにある」のは自明のことと考えられているのかもしれない。けれども、なぜにその点が自明のこととされなければならないのかは著者には明らかではない。各主張の内容に関して評価を行おうとすれば、必然的に理由への言及も行われなければならないであろう。というのは、理由が当該主張の適否を判断するための基準ないし根拠を提示しているはずだからである。

右の第二の争点、すなわち、国際法と国際租税法との関係を問う場合には、木村教授も実践されているように、この作業の論理必然的な前提として、これら二つの表現の内容が明らかにされていなければならない。というのは、各概念の内容を明らかにすることができなければ、両者の関係いかんについて判断するための素材を得ることができないからである。しかしながら、この著者には、木村教授により紹介された右の相違点の指摘のみで両者の関係が明らかになったものと速断することはできないように思われる。けだし、国際法と国際租税法という二つの概念相互の関係が問われるのは、「法源としての国際法」に代えて「法領域としての国際法」と国際租税法との関係をどのように理解すべきか、すなわち、国際租税法は国際法の一部かといった別の争点も存在する余地があるからである。というのは、国際法であれ、国際租税法であれ、そうした名称が用いられるにあたっては、それらが体系書として刊行される場合も、講義科目として開設される場合も、これらの名称によって、ともに法源ではなく法領域が考えられているという現状があるからである。このようにみなすのは、国際法という名称を有する体系書や講義が法源のみを扱い、国際租税法という名称を有する体系書や講義が法領域のみを扱うという状況を想定することができないと考えられるからである。この点についての検討が行われないとすれば、果たして今この時点において、この争点を最初に取り上げるのはなぜかという点についてもなお立ち入った説明が求められることとなろう。

二　次に、木村教授は「国際租税法の下において本来何が理解されねばならないか、いかなる概念構成が標準的なものであるべきか、そしてそもそも国際租税法の概念が存在するのか(27)」という表現で、相互に関連した右の三つの争点を掲げられている。三つの争点のうち、論理的には、まず「国際租税法の概念が存在するのか」否かという二者択一型の争点が先行すべきであろう。というのは、他の二つの争点はいずれも国際租税法という概念が存在していなければ意味を持たないものだからである。この国際租税法概念の存否という争点に対して肯定説を採る場合に初めて、「国際租税法の下において本来何が理解されねばならないか」という疑問詞型の第二の争点が生じよう。そして、この第二の争点に対する複数の解答の存在を前提として、数ある概念構成の中で「いかなる概念構成が標準的なものであるべきか」という選択肢の探求に関する疑問詞型の第三の争点が挙げられている。これら三つの争点のいずれについても、解答にあたっては、それぞれの判断基準となり得る尺度が求められるところである。

(1)　まず「そもそも国際租税法の概念が存在するのか」という第一の争点に対して解答する場合の判断基準は何か。そこでは、国際租税法という言葉を用いて論者が表現したいと考える何らかの実体があるか否かという点がひとつの判断基準となろう。それは、そうした実体の存在を肯定しようとする者にとってのみ国際租税法という概念の存在を肯定する意味があるのに対して、そうした実体を発見していない者にとってはこの概念の存在を肯定する意味がないように思われるからである。それならば、国際租税法という言葉を用いて論者が表現したいと考える何らかの実体とは何か。この問いに対しても、それが法源であるとか、法領域であるとかといった解答が各論者の前提になければならないであろう。というのは、この点が明らかになっていなければ、右の問いに対して答えることができないからである。このように考えられるとすれば、木村教授により紹介された「法領域」としての国際租税法を考える立場でも、部分的にではあれ、第一の争点に対する解答がすでに先取りされているといわなければならないように思われる。というのは、国際租税法を一つの「法領域」として理解したいとする確信（信仰表明）が論者の認識の前提に存在しているのでなければ、国際租税法という概念をひとつの独立した概念として把握し、この概念の存在を肯定するという結論には至らないと考えられるからである。このような理解を前提とすれば、すでにして解答が用意されているはずの第一の争点を改めてここに掲げる意味が果たしてどこにあるのかという点が問われなければならないこととなろう。

この第一の争点に関する木村教授の紹介についても、すぐにいくつかの疑問が生じる。というのは、木村教授は「そもそも国際租税法の概念が存在するのか」という争点よりも、この争点について肯定説を採る場合にのみ成り立つはずの別の争点に対する解答、すなわち、「国際法と国際租税法はまったく異なる概念レベルにある」という説明を先行させておられるからである。このような先行的説明からすれば、木村教授の立論にあっては、すでに国際租税法という概念の存在が肯定されるという立場が前提になければならないように思われる。というのは、ある概念の存在が認められていなければ、その概念と他の概念とが「異なるレベルにある」か否かを判定することはできないように思われるからである。しかも、木村教授はこの第一の争点について、論争の当事者や相対立する主張内容を具体的に明示して、どのように争われているのかを説明されておらず、たんに「争われている」とされるのみである。この点から判断すれば、木村教授はここでは「ヨーロッパ諸国における議論の紹介」を行われていないようにも見受けられる。この第一の争点が国際租税法という概念が存在するか否かという二者択一型の争点であるところから、この争点の存在を肯定する場合、第一の争点に対する解答は必然的に肯定説と否定説の二つのみとなろう。しかし、第一の争点に関する議論を紹介しようとすれば、これら二つの解答があることを指摘するだけでは足りないといわなければならない。というのは、これら二つの選択肢があるということは論理上すぐに想定し得ることだからである。むしろ、読者の関心事を反映した紹介の中心は、それぞれの主張を誰がどのような根拠の下にどの文献中で展開しているのか、端的に言えば、各主張がどのような根拠によって正当化されるのか、という点の解明であろう。というのは、それぞれの主張がどのような文脈の下にどのような根拠で提唱されているかが明らかにされることによって、一見すると相対立しているようにみえる主張の間にもなお対立を解消し、整合性を探求し得る余地があるかもしれないからである。

(2)　「国際租税法」という概念「の下において本来何が理解されねばならないか」という疑問詞型の第二の争点について、木村教授は次の三つの見解を取り上げつつ、「ヨーロッパ諸国における議論の紹介」を行われている。(28)

第一の見解は、国際租税法は「国際法の源泉たる正確を有する規範だけを包含するという見解」である。これは、法の淵源にのみ関係を有するものとして把握され、狭義の国際租税法と呼ばれている。第二の見解は、「租税高権を相互に限界づける法規範、したがって抵触規範だけ」を考えるものである。この見解は、広義の国際租税法と呼ばれている。第三の見解は、「外国と関連のある租税事実関係を捕捉するすべての規範」を想定するものである。この見解は、最広義の国際租税法と呼ばれている。しかしながら、著者のみるところでは、これら三つの見解は互いに排斥し合う関係に立つものとも思われない。というのは、これら三つの見解はそれぞれに異なる争点を予定したものと考えられるからである。すなわち、第一の見解の前提にある争点は、「国際法の源泉たる性格を有する規範」のみに限定すべきか否かという二者択一型の争点である。これに対して、第二の見解の前提にある争点は、「租税高権を相互に限界づける法規範、したがって抵触規範」のみに限定すべきか否かという二者択一型の争点である。さらに、第三の見解も「外国と関連のある租税事実関係を捕捉するすべての規範」を含むか否かという二者択一型の争点を前提とする。それゆえ、ここでは、これら三つの見解が「国際租税法という概念の下において本来何が理解されねばならないか」という右の疑問詞型の第二の争点について真に対立的ないし排斥的な関係にあるものか否かという点があらかじめ確認されなければならないであろう。このように、これら三つの見解が内容上相異なる争点に対して述べられた別々の解答であるとすれば、これら三つの見解は互いに排他的な関係ではなく、相互に補完的な関係に立つものとなり、これらの間にみられる見かけの対立も解消されることとなるように思われる。

それならば、これら三つの見解がそれぞれに前提とする三つの争点相互の関係はどのように理解されるべきか。第一の見解の前提に置かれた争点は、法源に着目する見解と考えられよう。というのは、「国際法の源泉たる性格」という表現がみられるからである。第二の見解の前提にある争点は、法源ではなく、法源とされた規範の性質に注目する立場と考えられる。それは、実質法規の適用関係を規律するという意味での牴触規範の性質が強調されているように思われるからである。この段階においてすでに、第一の争点と第二の争点とは、相互に排他的な関係に立つものではないことが明らかになるように思われる。というのは、たとえば、日米租税条約第二条第二項がそうであるように[29]、「国際法の源泉たる性格を有する」と同時に、「租税高権を相互に限界づける法規範、したがって抵触規範」が存在する可能性を考えることもできるように思われるからである。これに対して、第三の見解の前提に置かれた争点は、法源および法規範の性質についてまったく触れていない。それゆえ、第三の見解が前提とする争点は、前二者の見解で取り上げられている争点とは直接的な関係を持たないまったく別個の争点として位置付けられることとなるように思われる。もっとも、これら三つの争点を前提とした右の三つの見解のいずれにおいても、「国際法の源泉たる性格を有する」とか、「租税高権を相互に限界づける」とか、「外国と関連のある租税事実関係を捕捉する」とかというように白地概念が用いられており、各表現の内容把握の段階で主観的な解釈の余地が残されていることは否定し得ないであろう。けだし、第一の見解では「国際法の源泉たる性格を有する」か否かの判断基準について、第二の見解では「租税高権を相互に限界づける」か否かの判断基準について、第三の見解では「外国と関連のある租税事実関係を捕捉する」か否かの判断基準の内容決定についても各判断者の間で判定基準がそれぞれに異なる可能性が残されているからである。このような理解が成り立つとすれば、疑問詞型の右の第二の争点についてこれら三者が互いに排他的な関係に立つものとして同一の平面に位置付けられるか否かはすべてそうした判断基準の内容いかんという問題に還元されるのかもしれない。

第二の争点に関して木村教授により紹介されたこれら三つの見解が援用する区別の基準はみられたようにそれぞれ互いに異なっている可能性がある。そしてこのように概念構成が相互に異なる理由は、「当初から当該概念に相異なる要求がなされていることに帰着する」旨が木村教授により指摘されている。けれども、木村教授の場合、それ以上に立ち入って、そこで示されている「相異なる要求」の内容が何か、それぞれ誰がどのような意見を述べているのかという点についての詳細な解明までは行われていないように思われる。その理由は、あるいは、根拠を明らかにする上で、入手された判断資料に質的および量的な制約があるためかもしれない。しかしながら、それぞれの要求の内容は何か、それらの要求は相互にどのように違うのか、それらの内容は相互にどのような関係にあるのかといった諸点が明らかにされるのでなければ、そもそもそうした要求が「相異なる」か否かという結論部分についての判定も不可能な作業であるといわなければならないであろう。逆にいえば、「相異なる要求がなされている」と明言される以上、木村教授には、その内容を明示するための分析資料の提供も求められるのではなかろうか。というのは、その明示によって初めて、右の三つの見解が同時に成り立つものか否かという先の問いに対する解答を入手することができ、これら三者の関係を明らかにすることができるものと考えられるからである。

これに加えて、木村教授の積極的な解明によってこれら三つの見解の並立状況が肯定され、「当該概念に相異なる要求がなされている」ことが是認されたものと仮定しても、そこにはなお新たな疑問が生じ得るように思われる。すなわち、「国際租税法」という概念「の下において本来何が理解されねばならないか」という疑問詞型の第二の争点のような形式で、国際租税法の概念内容の正否を問うことには意味がないのではないかと考えられるからである。この点を指摘するのは、「本来何が理解されねばならないか」とされる以上、その判定基準も明らかにされなければならないと考えるからである。より普遍性のあるそうした判定基準を見出すことができず、他方で、思想表現の自由が認められるとすれば、そうした複数の要求の間で優劣を付けることができるような客観的基準が存在しないこととなろう。この場合には、異なる要求の併存を是認しつつ、むしろ、各見解の内容的な当否を判断する基準に関連して、各見解における国際租税法の定義それ自体の内容と各論で展開されるはずのそれぞれの説明の内容との間に整合性があるか否かという二者択一型の派生的な争点が提示されることになるのかもしれない。

(3)　このように内容的な説明が行われている疑問詞型の第二の争点の場合とは異なり、「いかなる概念構成が標準的なものであるべきか」という第三の争点に関して、木村教授は格別には言及されていないように見受けられる。それは、この点についての記述が木村教授の外国法研究中にはどこにも見当たらないように思われるからである。木村教授が「ヨーロッパ諸国における議論を紹介する」とされているにもかかわらず、この点についての直接的な記述が行われていないのではないかと考えるのは、「国際租税法の下において本来何が理解されねばならないか」という第二の争点と「いかなる概念構成が標準的であるべきか」という第三の争点とが著者にとってまったく異なる争点と考えられるからである。というのは、前者が採用すべき概念構成の内容を一般的に問う争点であるのに対して、後者の争点は、そこで考えられる複数の可能性の中から、概念構成として標準的なものは何かをひとつだけ選択する過程を取り上げており、標準的な概念構成の内容は何かを問うものだからである。前者が採用するか否かの判断基準を何にするかという前提問題に対する解答を含み込んだ問いであるのに対して、後者には標準的であるか否かの判断基準は何かという前提問題に対する解答が含まれている。標準的であることとしかるべき内容の標準を採用することとは内容上まったく別の観点である。これら二つの争点に対する解答はいずれの場合にも複数生じる余地があろう。最も単純な二者択一形式の解答を前提とすれば、これら二つの問いに対する解答の結合としては、四つの組合せが成り立つ可能性がある。このような理解が成り立つとすれば、ここで取り上げられた第三の争点についても、木村教授によりこの争点に対応した議論の内容が紹介されることが望ましいといえよう。それは、具体的な説明の内容によっては、この第三の争点の存否についてもなお検討の余地が生じ得るようにも思われるからである。

右にみたように、木村教授の研究において、それぞれ掲げられた争点について一方の見解のみが紹介されるにとどまっていたり、また当該争点に関して複数の見解が紹介される場合でも、それぞれの見解の列挙のみにとどまり、そこで示された見解のそれぞれの根拠の説明が行われていなかったり、さらには、そうした論議の分析と論議の過程に対する疑問の表明も明示的には行われていないようにみえるとすれば、木村教授自身がすでに「ヨーロッパ諸国における議論を紹介することとしたい」と明確に強調されているそこでの研究目的と叙述内容との間の整合性いかんという点も改めて問われることとなるのではなかろうか。

### 3　「Ⅱ　純抵触法としての国際租税法」について

一　木村教授は「ヨーロッパ諸国における議論を紹介」されるにあたり、この項目では、イザイ（Isay）、シュピターラー（Spitaler）およびビューラー（Bühler）、これら三人の見解を取り上げられる。各論者の見解を紹介されるにあたっては、まず個々の争点が示され、次いで当該争点に対する各論者の主張が明らかにされている。先の「I　概説」で触れられた争点との関連をみると、「国際法と国際租税法とがまったく異なる概念レベルにある」か否かという最初の争点は、木村教授にとっては、すでに解決済みのこととされているようである。というのは、この点についての記述はまったく行われていないように見受けられるからである。これに対して、二番目に取り上げられた三つの争点、すなわち、国際租税法という概念の存否という二者択一型の争点、この争点に対して肯定説を採る場合に登場する、「国際租税法の下において本来何が理解されねばならないか」という疑問詞型の第二の争点、「いかなる概念構成が標準的なものであるべきか」という疑問詞型の第三の争点のうち、第二の争点のみがこの項目で取り上げられているようである。というのは、第一の争点と第三の争点とについては直接的な記述が行われていないように見受けられるからである。第二の争点に対する解答としては、木村教授により、狭義の国際租税法、広義の国際租税法、最広義の国際租税法の三者が紹介されていた。これら三つの選択肢とイザイ、シュピタ一ラーおよびビューラーの見解とはどのように関連するのか。以下では、この点について、順次見て行くこととしたい。

二　「国際租税法の下において本来何が理解されねばならないか」という疑問詞型の争点、いいかえれば、国際租税法という表現で理解されるものは何か、それゆえ、より簡潔にいえば、国際租税法とは何かという争点に対して、イザイは「国際レベルの租税法における抵触規定の総体」[30]という解答を用意する。この表現から判断すると、この定義は規範の性質に注目したものである。この点から考えれば、イザイの見解は先の定義に関する争点について示された第二の見解、すなわち、「租税高権を相互に限界づける法規範、したがって抵触規範だけ」という見解に対応するものとなろう。けれども、木村教授の紹介はこの点の確認にとどまり、なぜにイザイがこの見解を主張しようとしたのかというその理論的根拠や政策的背景についての説明にまでは及んでいない。その理由は、イザイの主張の根拠を確認するための資料に限界があるためかもしれない。

イザイの見解に関して、木村教授が紹介される第二の争点は、「国際租税法」という概念それ自体をさらに細分化するか否かという二者択一型の争点である。この第二の争点についてイザイが肯定説を採ることが紹介される。この争点に関しては、否定説への論及は行われていない。またイザイがこの見解を採用する理由についての明示的な説明も行われていないように思われる。そして肯定説を採る場合、国際租税法という概念をどのように細分化すべきかという疑問詞型の第三の争点が示される。この第三の争点について、「実定」国際租税法と「純粋」国際租税法とを区別する立場がイザイの主張である旨が紹介される。(31) それでは、これら二つの概念の内容はどのようなものか。そのうち、まず「実定国際租税法」については、「その都度国家レベルで作り出される国際租税法」である旨が述べられ、この種の国際租税法により「各国が自己の課税権をみずから限界づける」こととなる点が紹介される。他方、「純粋国際租税法」は「国家課税権者が踏み越えてはならないそうした限界を示す法規をその対象」とする旨が紹介されている。

木村教授のこうした整理によれば、イザイの見解では、「実定」国際租税法と「純粋」国際租税法とは相対立する概念として捉えられているように見受けられる。それは、「かれは「実定」国際租税法と「純粋」国際租税法とを区別している」とする木村教授の指摘では、対等の資格にある物事を列挙するときに用いられる格助詞「と」で両者が接続されているからである。しかしながら、これらが真に対立概念であるとするならば、一方に含まれていながら、他方には含まれていないものが何かそこに存在していなければならないであろう。それは、互いに排斥的な関係に立つものでなければ、それらは対立状態には至らないと考えられるからである。けれども、木村教授により紹介された右の表現から判断すれば、「各国が自己の課税権をみずから限界づける」という表現中の「みずから限界づける」という主体的自己抑制の表現と「国家課税権者が踏み越えてはならないそうした限界を示す」という表現中の「踏み越えてはならない」という禁止的表現との間には、この著者の理解では、必ずしも互いに排斥し合う関係は見あたらないように思われる。というのは、前者が主体を強調するのに対し、後者は行為を強調しているというように、互いに相異なる局面を説明するにすぎないとも考えられるからである。あるいは、木村教授の説明によれば、イザイは「その都度国家レベルで作り出される」か否かという点を「実定」国際租税法と「純粋」国際租税法とを分かつ基準として考えていたのかもしれない。というのは、後者について、「国家課税権者が踏み越えてはならないそうした限界」が二重課税防止協定の形式で実定法的に形成される場合でも、その存在形式は国内法ではなく国際法となるからである。このように考えるならば、「国家レベルで作り出される」か否かが「実定」国際租税法と「純粋」国際租税法とを分かつ基準と考えられることとなろう。しかしながら、この点を指摘するだけならば、敢えて「実定」国際租税法と「純粋」国際租税法という表現を用いる必要もないといわなければならない。というのは、法源の存在形式に関しても、国家法か国際法かという伝統的な表現が既に存在しているはずだからである。それゆえ、敢えて右の表現を用いようとする場合には、そこに右の伝統的な表現によって示される理解とは異なる何らかの区別の基準が考えられているものと推測されるのではなかろうか。このような理解が成り立つとすれば、これら二つの概念を区別する上での識別基準は何かという点が探求されなければならないこととなろう。けれども、木村教授の場合、この点について、格別の説明は行われていないように思われる。その理由は果たしてどの点に求められるのであろうか。

木村教授はこのような整理を紹介された後、イザイにおける国際租税法の概念を要約され、「国際租税法の概念が、国家課税権を限界づけるような法規範すなわち［課税権］抵触規定に限定される(32)」と結ばれている。しかしながら、このような整理は、木村教授自身により紹介されているイザイの見解と必ずしも整合してはいないように見受けられる。というのは、「国際レベルの租税法」という表現から想定されるのは通常は国際法だけであり、国内法は「国際レベル」の法にはならないと考えられるからである。このように考えるのは、「実定」国際租税法が、(条約法を除いて) 通例は国家法として存在するのに対して、「純粋」国際租税法が国家課税権者を拘束するところから国際法に求められるとする理解は、「国際レベルの租税法」という表現からも比較的容易に推測することができるという前提に基づく。このような推測が許されるならば、なぜに「国際レベルの租税法における抵触規定」が「その都度国家レベルで作り出される」のかという疑問もうまれることとなろう。この疑問を解消しようとすれば、「国際レベルの租税法」には国家法も含まれるというように理解することが必要となるのかもしれない。けれども、「国家課税権者が踏み越えてはならない」限界を示す抵触規定が国家法として存在するとすれば、それは「実定」国際租税法に吸収されることとなり、この点でも「実定」国際租税法と「純粋」国際租税法を区別する意味が問われかねないようにも見受けられる。このように考えれば、木村教授による右の整理そのものと、国際租税法の概念を「実定」国際租税法と「純粋」国際租税法とに二分することとの間にどのような関連性があるのかという点のイザイによる理解の内容について木村教授によるさらに立ち入った検討が求められることとなろう。

木村教授のこの研究が基本的に外国法研究であるという点については、おそらく異論の余地がないであろう。というのは、木村教授の論説の「はじめに」からも知られるように、木村教授自身がこの研究の目的を「ヨーロッパ諸国における議論を紹介する」ことに置かれる旨を特に明言されているからである。しかるに、イザイの見解を紹介される文脈の中で、木村教授はなぜか突然に小松教授の見解を取り上げられている。「突然に」とこの著者に感じられるのは、イザイの見解と小松教授の見解との関連性についての説明が木村教授により明示的には行われていないからである。そこでの叙述の仕方から推測すると、木村教授の場合、小松教授の所説とイザイのそれとが概念的に同じ範疇に入るものと考えられているのかもしれない[33]。けれども、この点については、何よりも小松教授の主張が重視されなければならないであろう。というのは、小松教授の見解を正統に敷衍して説明し得る者は小松教授を置いては他にいないからである。

三　次に木村教授は、シュピターラーの見解を取り上げられている。イザイの見解を紹介される場合と同様に、シュピターラーの見解の紹介にあたっても、最初に取り上げられているのは、「国際租税法の下において本来何が理解されねばならないか」という疑問詞型の争点、それゆえ、簡潔にいえば、国際租税法とは何かという疑問詞型の争点である。この問いに対する解答として、「すべての又はほとんどすべての国によって受容された法規定で、かつこれらの国を義務づける法令であるであろうものだけ」という表現が紹介される[34]。それでいて、木村教授は、なぜにシュピターラーがこのような内容を考えていたのかというその背景ないし根拠については明らかにされていない。けれども、国際租税法という概念の内容をどのように理解すべきかということが問題とされるのだとすれば、この点についての解明も不可欠の事柄であるように思われる。というのは、右のシュピターラーによる定義もごく一般的な表現で述べられたものであり、その内容の解明に際しては、いかなる根拠に基づいてそのような判断が行われたのかという点で、右に示されているものとは別個の内容の判断基準を必要とするように思われるからである。木村教授の説明によれば、そこで基準として明示的に触れられているのは、どのような主体によって受容されたかという疑問詞型の争点と、これらの国を義務付けるか否かという二者択一型の争点との二つのみである。従って、一般的ないし抽象的に表現された右の定義からみる限り、そこにいう「法規定」の中に実体法上の牴触規定を含めて考える可能性は何ら排除されていないとみることもできるのではなかろうか。このような推測の当否を判定するためにも、シュピターラーの主張の判定根拠をその根本に遡って明らかにする必要があろう。そこでは、シュピタータラーの説明の中でなぜにそうした内容が取り上げられているのか、またそうした説明によってどのような問題が派生的に生じるのかといった諸点についても検討する必要が生じるかもしれない。

シュピタータラーの右の定義の前半部分に示された「すべての又はほとんどすべての国によって受容された法規定」が実際に「存在しない」ということは、これまでの歴史をみる限り、明らかである。それは、地球上のすべての国を当事国とする租税条約も、またほとんどすべての国を当事国とする租税条約もまだ存在していないからである。しかし、「さしあたり実際には存在しないであろう」というシュピタータラーの認識(35)をこの文脈において指摘することに、果たしてどのような意味があるのかという点もまた著者にとってはひとつの実践的な争点とされなければならないように思われる。というのは、実際には「存在しない」国際租税法を想定することに対する評価の内容も論者の評価基準いかんによって異なり得るところだからである。これを前提とすれば、今日もなお「存在しない」という歴史的な事実を指摘した後に、新たな問題の提起が考えられる余地もあるのではなかろうか。というのは、これに続く現実的な問題の提起がなければ、そうした指摘には格別の意義がないという主張も考えられるからである。

**四**　第三に、ビューラーに代表される見解についてである。イザイおよびシュピタータラーの見解の紹介に際して取り上げられた争点がひとつだけであったのに対して、ビューラーに代表される見解を紹介されるにあたり、木村教授が掲げられる争点は多様である。

（1）　そのうちまず取り上げられるのが、イザイおよびシュピタータラーの見解についての紹介の場合と同様に、「国際租税法の下において本来何が理解されねばならないか」という疑問詞型の争点、それゆえ、簡潔にいえば、国際租税法とは何かという争点である。この疑問詞型の争点に対する解答として、木村教授は「抵触規定」、「各国の租税高権を相互に正確に画するそうした法規範の総体」、「課税権を限界づける法規範の総体」というビューラーの見解を紹介されている[36]。これと関連して、ビューラーが「国際租税法」の概念を狭義のそれと広義のそれとに区別する立場を採用することも示される。それでは、狭義の国際租税法および広義の国際租税法の内容はそれぞれ何か。木村教授によれば、「[課税権]抵触規範」の法源性が両者を区別する基準として考えられているようである。すなわち、狭義の国際租税法は「国際法から取り出される」抵触規範のみを意味し、広義の国際租税法はこのほか国内抵触規範をも包含するという理解である。木村教授が本文四頁で示された叙述に付された注の該当部分（七頁注(20)および(21)）をみると、ビューラーおよびクネヒトル（Knechtle）の文献が参照されている。この記述は、先の「I　概説」の二頁で触れられた国際租税法の定義とは必ずしも対応するものではないようにも見受けられる。というのは、二頁の記述では、法の淵源（法源性）に着目する立場から、狭義の国際租税法とは「国際法の源泉たる性格を有する規範だけを包含する」ことと理解されており、そこでは抵触規範であるか否かという法規範の性質は考慮されていないようにも見受けられるからである。また広義の国際租税法についても、そこでは、「租税高権を相互に限界づける法規範、したがって抵触規範だけ」と述べられているように、実質法か抵触法かという法規範の性質ないし法規範の種類は考慮されているものの、当該牴触規範が国際法であるか国内法であるかという規範の国家性については何も述べられていないからである。このようにみてくると、狭義の国際租税法であるか広義のそれであるかを区別する基準を法源か法の性質かという点に求めているように見受けられる「I　概説」二頁の叙述とここでの記述との整合性についても疑問が生じる余地があろう。それとも、これらはまったく異なる争点に対する解答であるという意味において、ここではもともと整合性は不要のものと考えられているのであろうか。

（2）　ところで、木村教授は、ここでの説明を進められるにあたり、「[課税権]抵触規範が国際法から取り出される場合、狭義の国際租税法が問題である」[37]とする追加的な限定を加えられている。しかし、ビューラーがこのように「狭義の国際租税法が問題である」とする立場を採用する理由いかん、つまり、狭義の国際租税法と広義のそれとを分かつことがビューラーにとってなぜにどのような意味で問題となるのかという点について、木村教授はそれ以上に触れられていない。けれども、このような区別を採用することの是非を論じるためには、そうした区別を採用する理由とか、その目的とかの内容についての説明が付加的に明らかにされなければならないのではなかろうか。というのは、そこにおける区別の目的自体が区別の基準の適否を判定するための評価基準となるように思われるからである。たんにビューラーの見解の事実的確認にとどまらず、ビューラーの見解をも素材として「ヨーロッパ諸国における議論を紹介」しようとすれば、こうした派生的論点についても木村教授による説明が求められるのではあるまいか。というのは、この点が明らかにならなければ、ビューラーの右の見解に対する評価のための判定基準を得ることもできないように思われるからである。

(3)　木村教授は、右の「[課税権]抵触規範が国際法から取り出される場合、狭義の国際租税法が問題である」とする文章の後に次の三つの文章を続けられている。「しかし、広義では、国際租税法は、国内抵触規範をも含んでいる」という第一の文章と、「国際租税法の課題は、衝突する国内租税法の適用範囲を限定することに限られており、そしてこのようにして事実上、各国の課税権（Taxing Power）を限定することに限られている」という第二の文章と、「この見解の場合にも、国際租税法の概念は、抵触規範のみが把握されるというようにして、その対象に限定を加えている」という第三の文章がそうである。[38]「[課税権]抵触規範……」で始まる前の文章と「しかし」で始まる右の第一の文章とが逆説の接続詞で結ばれている理由は、先にも触れたように、狭義の国際租税法と広義のそれとが国内抵触規範を含むか否かという点で対立関係にあるという点に求められているのかもしれない。

これに対して、「しかし」以下の第一の文章と「国際租税法の課題」以下の第二の文章との間には、内容上、必ずしも直接的な関係は存在していないようにも見受けられる。というのは、「国内抵触規範を含む」か否かという争点に対する解答としての第一の文章と異なり、第二の文章では、国際租税法の課題とは何かという別個の争点が掲げられていると考えることもできるからである。国際租税法の課題をどのように考えるべきかという政策的な争点に対する解答を前提としなければ国際租税法とは何かという争点に対する解答を用意することはできないと考えるのであれば、第二の文章は第一の文章の前提としての意味を持つこととなろう。しかし、国際租税法の内容が決まらなければ国際租税法の課題を明らかにすることもできないというのであれば、第二の文章は第一の文章に対する解答を前提としなければならないこととなろう。この点から考えれば、第一の文章と第二の文章との間の関係を明らかにすることは、木村教授の主張を理解するにあたり不可欠の作業とされなければならないのではなかろうか。しかしながら、木村教授は、この点について明示的な説明を行われていないように思われる。

右の第一の文章において、木村教授は「広義では、国際租税法は、国内抵触規範をも含んでいる」と述べられている。この指摘に着目すれば、その反対解釈として、狭義の国際租税法には国内牴触規範は含まれていないというように考えることができよう。すなわち、国内牴触規範を含むか否かが両者を識別する基準であるとする理解である。国内牴触規範以外の牴触規定として考えられるのは、むろん国際法上の牴触規範のみである。これを前提とすれば、「「課税権」抵触規範が国際法から取り出される場合、狭義の国際租税法が問題である」とする先の指摘は、国際法から取り出されるのは国際法上の牴触規範のみから構成される国際租税法であるというようにいいかえられるのかもしれない。けれども、このような理解は果たしてどのような意味を持つのであろうか。国際法から国際法上の牴触規範が取り出されるという指摘は、法源からみれば当然のことを反復するにとどまり、何も新しいことを述べてはいないといわなければならない。また、内容に着目しても、牴触規定が取り出されるということが述べられているだけである。先の定義の中で「国際租税法に該当するのは、抵触規定だけである」と述べられているところから判断すれば、この点についての指摘も殊更に改めて強調する必要がないもののように思われる。このようにみてくると、木村教授の論述では、「I　概説」における分類基準とここでの説示における分類基準との間に必ずしも対応関係がみられないのではないかという疑問が生じよう。しかしながら、そのような構成が採られた理由については何ら明らかにされていないように思われる。

それでは、第二の文章が置かれていることにどのような意味があるか。この点について考えるためには、第二の文章で取り上げられている国際租税法の課題は何かという疑問詞型の争点に対する解答を用意しなければならないであろう。というのは、この問いに対する解答の内容如何により、第二の文章が持つ意味も異なり得るからである。木村教授は、ビューラーの解答を「衝突する国内租税法の適用範囲を各国の課税権を限定すること」と説明されている。ここで注目されるのは、「衝突する国内租税法の適用範囲を限定すること」、および、「このようにして事実上、各国の課税権を限定すること」という表現である。「課題」とは、「課せられた問題(39)」の意味であり、課題の内容を明らかにしようとすれば、どのような問題が課されているかを明らかにすることが必要となる。木村教授がどのような問題を課題として認識していたかを推測しようとすれば、木村教授により用意された右の解答を手がかりとすることが有用であろう。けだし、解答は、通例、そこで課されている問題に対応したものだからである。これを前提とすれば、国内租税法の適用範囲を限定するか否かという二者択一型の争点、あるいは、何を限定するかという疑問詞型の争点が課題の前提をなす問題として認識されていたと考えられるかもしれない。けれども、そうした理解を前提とする場合には、「国際租税法の課題は」という文章を置くことによって、今改めてこのような課題を掲げ、この問題に対して解答することにどのような意味があったのかという点もまた、ひとつの争点となるように思われる。それは、通常の理解によれば、このようにまずは各国実質法の適用範囲を限定する役割が牴触規範に対して最初から与えられているからである。換言すれば、牴触規範である以上、通例、各国実質法の適用範囲を限定しないということはないのではなかろうか。それゆえ、「国際租税法に該当するのは、抵触規定だけである」とする理解が前提にある以上、ここで改めて「国際租税法の課題は、衝突する国内租税法の適用範囲を限定することに限られて」いるといわなくても、十分にその趣旨を忖度することはできるのではなかろうか。(40)

これに対して、第二の文章と第三の文章との関係は明確である。というのは、各国の課税権を限定するのは牴触規定であるという理解の下に、国際租税法とは何かという争点に対する解答が反復されているだけだからである。

**五**　次の段落で木村教授は「この学説のなかでふたつの見解が区別される」旨を指摘される。(41)「この学説」がビューラー自身の見解ではなく、ビューラーに代表される見解であることは容易に推測されよう。というのは、ビューラー自身の見解はどのように複雑な内容のものであってもひとつであり、二つの見解に分けることはできないと思われるからである。

(1)　木村教授はこれら「ふたつの見解」を次のように説明される。そのひとつは、「国際租税法の概念は、なお国内租税法から引き出され得るけれども、しかし、国際租税法は、その法源が国際公法の性格を有するという点で、明らかに国内租税法とは区別される」(42)という見解である。これと対立するものとして掲げられる第二の見解は、「〝相異なる類似のものを比較する場合における共通点（tertium comparationis)〟は、法源の類型ではなく、その規範が指示する対象、すなわちその客体である」(43)とするものである。ここでは、これら二つの見解がどのような争点に関する対立であるかの解明がまず必要となろう。というのは、そうした争点が明らかにならなければ、これらの見解がそもそも二つの見解として相互に併存し、かつ対立し得るものであるか否かという点が明らかにはならないからである。

第一の見解には以下の二つの内容が含まれている。第一は、「国際租税法の概念は、なお国際租税法から引き出され得る」という点である。この記述は、国際租税法の出所をどこに求めるかという疑問詞型の争点に関するものである。第二の内容は、「国際租税法は、その法源が国際公法の性格を有するという点で、明らかに国内租税法とは区別される」という点である。この内容は、国際租税法の法的性格が国際法か国内法かという二者択一型の争点に対応したものである。これに対して、第二の見解は比較の基準は何かという争点に対するものである。すなわち、比較の基準は何かという争点につき、「法源の類型」ではなく、「その規範が指示する対象、すなわちその客体である」という解答を主張するものと解することができよう。このような理解からすれば、国際租税法の出所をどこに求めるかという疑問詞型の争点と比較の基準は何かという疑問詞型の争点とはその内容においてまったく別個の争点であることが明らかになろう。また、国際租税法の法的性格が国際法であるか国内法であるかという二者択一型の争点と比較の基準は何かという疑問詞型の争点もそれぞれ別個の争点であるということになるのではなかろうか。そうであるとすれば、ここで「ふたつの見解が区別される」とする記述は果たしてどのような意味を持つ指摘と考えるべきであろうか。

(2)　第一の見解について詳論しよう。第一の見解の第一の内容は、「国際租税法の概念は、なお国内租税法から引き出され得る」という点である。この記述は、右に触れたように、国際租税法の出所をどこに求めるかという争点に関するものである。国際租税法の概念をなぜに国内租税法から引き出すことができるのかというこの争点に関しては、同じ四頁で示されているそこでの説明、すなわち、「課税権を限界づける法規範の総体を国際租税法と呼んでいる」こととと、「「課税権」抵触規範が国際法から取り出される場合、狭義の国際租税法が問題である」とされていることとの関係が改めて問題とされなければならないように思われる。というのは、国際租税法、課税権を限界づける法規の総体、あるいは［課税権］牴触規範が一方では国際法から取り出されるのに、他方では国際法とは異なる法源としての国内租税法から引き出され得るとされているからである。国際租税法の概念が国内租税法から引き出されるという以上、国内租税法のどの部分からどのような方法で国際租税法の概念を抽出することができるのかという問いに対する解答も求められることとなろう。というのは、そのような出所の特定と抽出方法の特定が明らかにされるのでなければ、「国内租税法から引き出され得る」か否かを判定することはできないはずだからである。それならば、国際租税法の「概念」が引き出されることと「［課税権］抵触規範」が取り出されることとは果たしてどのような関係に立つのか。また、両者の内容はどのように異なるものとして理解されるべきか。そこで用いられている表現が「概念」と「抵触規範」というように異なっているところから、理解の仕方によっては、右の指摘が両立し得るようにも考えられないわけではない。しかし、その場合でも、右の二つの説明がどのような意味で両立し得るのかについて、なお補充的な説明が求められるように思われる。

この第一の見解における第二の内容、すなわち、「国際租税法は、その法源が国際公法の性格を有するという点で、明らかに国内租税法とは区別される」という点から明らかになるように、国際租税法の法源が国際公法の性格を有するとされる点については、狭義の国際租税法を考える場合、それが国際法であるところから、必然的に国際租税法の「法源が国際公法の性格を有する」という帰結が引き出されよう。これに対して、国内牴触規範をも含んでいる広義の国際租税法を考える場合には、「法源が国際公法の性格を有するという点で、明らかに国内租税法とは区別される」という結論を引き出すことはできないように思われる。というのは、通常の理解によれば、国内牴触規範は国際法ではないからである。それゆえ、ここにいう国際租税法の概念を広義のそれとして理解しようとすれば、さらに補充的な説明が必要となろう。これに対して、そこにいう国際租税法を前記の説示と矛盾なく理解しようとすれば、ここにいう国際租税法とは狭義の国際租税法であるとして限定的に理解するほかはないであろう。しかし、そうであるとすれば、ここでなぜに広義の国際租税法に言及することが必要なのかが問われなければならないのではなかろうか。(44)

他方で、第二の見解、すなわち、「〝相異なる類似のものを比較する場合における共通点（tertium comparationis)〟は、法源の類型ではなく、その規範が指示する対象、すなわちその客体である」とする見解に関する木村教授の叙述に対してもいくつかの疑問が生じよう。まず「〝相異なる類似のものを比較する場合における共通点（tertium comparatio-nis)〟」という表現に関してそこで考えられているのは、国際租税法と国内租税法とを「比較する場合における共通点」が「法源の類型ではなく、その規範が指示する対象、すなわちその客体である」とする理解であろうか。しかし、ここでは、そこで前提とされた「課税権を限界づける法規範の総体」、「［課税権］抵触規範」が指示する対象・客体としての課税権の限界付けと国内租税法における何とを比較しようとされているのか、また比較の目的が何であるかが明らかにされなければならないように思われる。というのは、そうした前提が明らかにされなければ、判断基準を欠くという理由から、ここで「〝相異なる類似のものを比較する場合における共通点（tertium comparationis)〟」は、法源の類型ではなく、その規範が指示する対象、すなわちその客体である」とする点についてどのような意味があるのかという争点について結論を出すことができないように考えられるからである。

(3)　以上の指摘を前提として、右の二つの見解を区別する意味について改めて考えることとしたい。というのは、木村教授が「ふたつの見解が区別される」と述べられているところから、そこにどのような意味があるかを検討することが必要となるように思われるからである。しかしながら、右のような理解を前提とする限り、これら二つの見解を区別する共通の基準が何かという疑問点はまだ残されているように思われる。というのは、第一の見解では国際租税法という概念の出所と国際租税法の法源とが明らかにされているのに対して、第二の見解では比較する場合における共通点は規範が指示する対象であること、すなわち、その客体であるということが述べられているだけだからである。このように、概念の出所とか、法源、共通点といった表現の内容はまったく異なるものであり、したがって、これらは互いに異なる争点を示す表現ということになり、相互に排斥し合う関係にはないこととなる。それゆえ、ここでも分類のための分類といったたんなる整理以上に、このような「ふたつの見解が区別される」必要性が明らかにされるのでなければ、特にこの点に言及する意味はないように思われる。これを前提とすれば、そうした指摘を行われることにどのような意味があるのかという点についての説明があらかじめ木村教授により与えられなければならないのではなかろうか。

これら二つの見解を整理されるにあたり、木村教授は慎重にも「相異なる定義は、これらの強調されている判断基準のうちいずれ（法源の類型か又は客体）が採用されるかによって帰結する」と述べられている。[45]こうした叙述からみると、木村教授の場合、第一の見解は「法源の類型」を基準として国際租税法の概念を定義する見解と理解されているのに対して、第二の見解は「客体」が何であるかという点を基準として国際租税法の概念を定義する見解と理解されているようにも見受けられる。[46]この点から考えれば、木村教授は、たとえば国際租税法の定義について、あるいは国際租税法と国内租税法との区別について右の二つの見解があるとされているのかもしれない。けれども、第一の見解は国際租税法の定義について直接に述べているわけではない。また、第二の見解も国際租税法の定義について直接に述べているものとも思われない。というのは、これら二つの見解はともにそのことを明言してはいないからである。他方で、第一の見解では、国際租税法と国内租税法との区別の基準として法源の性格が挙げられている。これに対して、第二の見解では法源の性格に代えて「法源の類型」に触れた後に規範が指示する対象ないし客体が基準とされている。この点からみると二つの見解とか、国際租税法の概念のうち、国際経済法や国際企業法などの他の分野を示し得る表現との限界付けではなく、国内租税法との区別について述べられているようにも理解されよう。

木村教授は、右の指摘に続けて、これらの定義「が共通のベースから出発している」とされている。(47)しかし、この表現によって木村教授がそこで考えられている「共通のベース」の内容については、この論説中には何も明示されていないように思われる。「共通のベース」という表現にどのような内容を盛り込むかについては、より具体的に、どの点で共通なのかという疑問詞型の争点に対する解答がまず与えられていなければならないであろう。というのは、どの点で共通なのかという争点に対する解答を一義的に決定することができなければ、この点に対する一致した解答を見出すことは不可能だからである。また、判断基準としての法源の類型と客体とが相互に排他的ではないという点は論理的に首肯し得るにしても、なぜに「これらの定義は相互に排他的ではなく、むしろ後者は前者の拡張である」(48)という結論が導かれるのか、すなわち、そこにいう客体がどのような意味において法源の類型の拡張とされるのかという点についても、この著者には、容易には理解しがたいように思われる。というのは、そうした評価を成立せしめるための判断基準としての「共通のベース」の内容が木村教授により明らかにされていない以上、両者の内容が果たして「拡張」という表現で把握され得るか否かという点についても判断することができないからである。

六　こうした説明を承けて、木村教授は、狭義の国際租税法と広義の国際租税法についてさらに立ち入った説明を行おうとされる。

(1)　そのうち、まず「狭義の国際租税法」の項(49)で取り上げられているのが右の二つの見解のうちの「法源説」である。「法源説」は国際租税法と国内租税法とを区別する基準をその淵源に求めるものである。すなわち、「国内租税法とは、国家の立法または地方自治体の立法によって国内で効力を有している租税法の総体である」が、「国際租税法の定義は、国際公法として性格づけられるそうした法規範だけからなる」とする理解である。狭義の国際租税法となるものは国際法を法源とするものであると定義されているところから、個々の法源が国内法であるか国際法であるかにより、狭義の国際租税法となるか否かが一義的に決められることとなるのかもしれない。そこに残るのは、国際法の定義いかんという疑問詞型の争点であろう。

このような狭義の国際租税法に対して、木村教授は「広義の国際租税法」の項[50]で「客体説」を紹介する。四頁で指摘されているように、「国際租税法は、国内抵触規範をも含んでいる」とする理解を前提とすると、「国際租税法は、国内租税法が抵触する国内課税権の限界づけをその目的としている限り、国内租税法をもその構成要素とする」という定義も、一応は首肯し得るところといえよう。しかしながら、より立ち入って検討しようとすれば、このような定義にもなお若干の疑問が生じることとなる。例えば、「国際租税法は、国際法の法源から出てくる抵触法からなるだけではない」とする説明は法源についての説明である。これに対して、「国際租税法は、国内租税法が抵触する国内課税権の限界づけをその目的としている限り、国内租税法をもその構成要素とする」という説明は法源に代えて客体について説明したものである。このような説明を前提とすれば、「客体説」は「法源説」の「拡張」であるという表現が出てくるのかもしれない（六頁）。木村教授は、客体説の説明に続けて、「疑いもなく用語のこのような拡大は理論の点ではまったく満足のゆくものではないことは、論証されうるであろう」と述べられている。けれども、理論の点で満足のゆくものであるか否かの判断基準が多くの者により共有されていることが明らかに示されているのでなければ、木村教授のこうした指摘の当否についても疑義が生じるのではなかろうか。というのは、どのような理論がそこでの前提とされているかという点が明らかにされるのでなければ、この点について木村教授が明言されるような結論には必ずしも帰着しないと思われるからである。それゆえ、このような状況の下でそうした判断基準が明示されていない以上、木村教授のこうした評価についても直ちには賛同しがたいように思われる。「理論の点で」と表現される内容をどのようなものと考えるべきかが明らかにされていない以上、「論証されうる」という点も「疑いもなく」という点も、ともにその意味を理解することはできないであろう。

木村教授は、それにもかかわらず、「しかし、片務的（国内）抵触法を国際租税法の定義の中に含めることは、次第に多数の者によって受け容れられてきている」旨を指摘される。[51] ここではまず、木村教授のいう「片務的」という言葉の意味があらかじめ明らかにされなければならないであろう。それは、その意味が明らかにならなければ、その趣旨を理解することはできないからである。けれども、この点に関する木村教授の説明は、明示的には行われていないように見受けられる。それゆえ、ここでは、他の手段を借りて、この点を補充しなければならないこととなろう。もしかして、この点は、国際私法上みられる「一方的（einseitig）」という表現に対応するものであろうか。[52] しかしながら、この点の判断材料はこの前後の文章中には見出されないように思われる。というのは、これに先行する部分、すなわち、「国際租税法は、国内租税法が抵触する国内課税権の限界づけをその目的としている限り、国内租税法をもその構成要素とする」という部分で述べられている内容は、右の争点とはそれぞれ異なった争点に関するものであり、「片務的」という表現の補充説明とはなっていないからである。

さらに検討を要するのは、なぜにこうした「客体説」が「次第に多数の者によって受け容れられてきている」と木村教授が判断されたのかという根拠の探求であろう。というのは、この点についての説明も木村教授によっては行われていないように見受けられるからである。木村教授による指摘を正当とする根拠を問おうとするのは、この点についてのしかるべき根拠がなければ、客体説が積極的に「受け容れられる」はずがないと考えられるからである。この点について何も書かれていないということは、もしかすると、この点が木村教授にあっては自明のことと考えられているのかもしれないし、またこの点が木村教授の問題関心を喚起しなかったということになるのかもしれない。

(2)　木村教授は、「広義の国際租税法」は「課税権の限界づけを扱っている国際法規範と国内法規範が結びついて」できあがったものと理解されている。(53) すなわち、課税権の限界付けを扱っている国際法規範（国際牴触規範）と課税権の限界付けを扱っている国内法規範（片務的（国内）牴触規範）とが結び付いているという理解がそうであり、これに続けて、広義の国際租税法が有する「国際性は……その対象に起因する」とも説明されている。こうした説明から明らかになるのは、課税権の限界付けを扱うというその対象に着目する客体説の前提の再確認であり、ここでの説明も規律の客体に着眼するという右の前提を反復したものにすぎないともいえよう。それゆえ、この点では、格別に新しい指摘は行われていないように思われる。

木村教授は、これに続けて、この「広義の国際租税法」という表現中の「国際的」という修飾語は「やや誤解を招きがちである」という旨を指摘される。そして、誤解を招きがちな理由として、「なぜなら、これは「国際私法」という用語の中にもあるからである」と指摘されている。(54) こうした指摘によって、木村教授が考えられるのは、国際私法における「国際」という表現が「法源を指示しておらず、むしろ規範の客体を示している」という点かもしれない。この表現が規律の対象、客体を示しているという点は確かに木村教授が指摘されるとおりである。というのは、私法領域での法の国家性と生活関係の国際性とをどのように調整すべきかという点に関わる多種多様な基準をどのように体系的に把握すべきかを課題とする国際私法において「国際」という言葉が用いられる場合、国境を越えて展開するいわゆる渉外的関係を示すという点である程度までは共通の理解があるように思われるからである。(55) 国際私法学上、たとえば、国際的私法関係という言葉でどのような事象を把握すべきかという問題点をめぐって争われているのは、もっぱらそうした「国際的」という言葉の内容を決める基準を何に求めるかという点についてであり、それ以上に、

「国際的」という言葉を用いることの是非という点についての争いまでは考えられていないように思われる。この点については、国際私法の体系書のこの点に関する記述の部分に格別の差異がみられないところから十分に確認することができよう。

しかしながら、この「国際」という表現が国際租税法の領域で実際にどのような「誤解を招きがちである」のかという争点について、木村教授は何も触れられていない。けれども、どのような誤解がそこに生じるのかという点についての事情が明らかにされていなければ、この「国際的」という修飾語をまったく許容することのできない表現とみるか否かという点について判断を下すこともできないものといわなければならないであろう。しかも、「国際私法」における「国際」という語句がどのように理解されているかという点と、「国際租税法」における「国際」という語句がどのように理解されているかという点とを対比させようとする木村教授の理解の前提には、もしかして両者が共に「国際」という表現を用いている以上、その内容は統一的に理解されなければならないとする認識があるのかもしれない。けれども、そうした理解がひとつの主張として成り立つ可能性はむろん否定され得ないが、そうでなければならないとする必然性もないものといわなければならない。というのは、国際私法と国際租税法がともにそれぞれに独立した分野としての存在意義を主張する場合には、たとえ形式的には同一の表現が用いられていても、「国際的」ということの表現に対してどのような意味を与えるかという点で異なる可能性を追求する途も依然として残されているはずだからである。それゆえ、統一的理解の方が是とされる決定的基準が木村教授によって明確に示されていない以上、右の指摘をそのままに受け容れることもできないのではなかろうか。

**七**　木村教授は「広義の国際租税法」に関する右の叙述を整理されるにあたり、「純粋な抵触法としての国際租税法」の定義は何かという争点について「要するに、純粋な抵触法としての国際租税法は、各国の課税権を限界づける法規範の総体と定義され得る」と表現されている。(56) こうした国際租税法の定義に続けて、国際租税法の「対象」は何かという別個の争点についての解答として、「その対象は、課税権の抵触するケース、すなわち競合する租税実体法規範である」という説明を挙げられている。(57) この第二の争点に関する説明において、木村教授の場合、「課税権の競合するケース」と「競合する租税実体法規範」とが、なぜに「すなわち」という言葉で表現されるような、等号で示される関係に立つのかという点も明らかではない。というのは、そこにおける表現に着目すれば、一方は「ケース」であるのに、他方は「規範」であるところから、規律の対象としての「ケース」と規律の基準としての「規範」とが同義のものとは考えられないからである。

さらに「このような租税実体法規範の競合は、二以上の国がひとつの課税客体に対して課税権を有することによって生じる」という文章で、課税権の競合が生じる原因は何かという争点とこれに対するひとつの解答として、「二以上の国がひとつの課税客体に対して課税権を有することによって生じる」という指摘も、木村教授によって行われている。(58) これに続けて、そのような法源はどこから生じてくるかという争点とそれに対する解答として、「そのような法源は、国際公法からも国内法からも生じてくる」(59) 旨が述べられている。(60) ここでは、純粋な抵触法としての国際租税法の定義は何かという争点、国際租税法の対象は何かという争点、課税権が生じる原因は何かという争点、そして最後に、そのような法源はどこから生じてくるかという争点、これら四つの争点間の関係がどのようなものであるかということが明らかにされなければならない。けだし、「要するに」という言葉を用いる以上、右に述べられた各争点についての要約が行われていなければならないからである。しかし、木村教授の場合、この点についての言及は行われていないのではなかろうか。

木村教授はこのように狭義の国際租税法と広義の国際租税法については述べられているが、先に二頁で挙げられた最広義の国際租税法について、格別の説明を加えられてはいないように見受けられる。それゆえ、二頁でこれら三つが区別されていたこととここでの説明とは内容的に必ずしも対応していないように見受けられる。その理由は、あるいは資料的な制約に基づくものかもしれない。けれども、説明が行われないのであれば、先の整理の段階でなぜに最広義の国際租税法が紹介されたのかという点についても改めてその意味が問われなければならないのではなかろうか。

## 4　「Ⅲ　抵触規範および国際的租税事実関係に適用しうる実体規範の総体としての国際租税法」について

一　木村教授は、このⅢの項において、牴触規範と国際的租税事実関係に適用しうる実体規範との総体としての「国際租税法」というテーマを取り扱われている。けれども、このようなテーマがなぜにこの段階で出てくるのかという点がまず解明されなければならないように思われる。というのは、木村教授による整理[61]では、「国際租税法」について「純粋な抵触法としての国際租税法」が考えられており、したがって、牴触規範の部分のみが考えられているようにも思われるからである。それゆえ、ここで右の表現が見出し語として使用される場合、特にその理由が明らかにされなければならないのではなかろうか。その検討にあたっては、牴触規範と国際的租税事実関係に適用しうる実体規範という二つの規範がそれぞれどのような概念であるかの解明が先行しなければならないであろう。というのは、これら両者の内容が明らかにされなければ両者が併存し得るか否かについて判断することができないからである。むろん、国際租税法の法源として何を考えようとするかにより、この問いに対する解答も当然に異なり得るところであろう。

この点に関しては、木村教授も指摘されているように、「国際租税法の概念が実体規範ならびに国際牴触規範および国内抵触規範を含んでいるかどうか」[62]という二者択一型の争点もまた分析の対象とされなければならない。というのは、この表現にも、「実体規範」、「国際抵触規範」および「国内抵触規範」という名称が使用されているからである。先の「抵触規範」および「国際的租税事実関係に適用しうる実体規範」の内容を明らかにする上で、これらの概念を相互に関連付けることにより、木村教授により用いられている各用語間での統一的な理解も可能となろう。

この点を検討するにあたってまず問題となるのは、そこにいう「実体規範」という表現の内容である。この点をまず取り上げようとするのは、木村教授の説明では、「実体規範」という表現によって示されるべき内容が必ずしも明らかにされてはいないように見受けられるからである。このように考えるのは、実体規範に対応する概念として普通に用いられているのは手続規範であるという認識があることによる。実体的権利義務関係を明らかにする規範という意味で「実体規範」という表現が用いられるのであれば、むろん実体規範という表現の使用に違和感はない。けれども、牴触規範に対応する概念として用いられる場合には、実体規範に代えて「実質規範」という表現が用いられなければならないのではないか。というのは、牴触規範の中にも実体関係について規定する規範があるところから、実体規範と牴触規範という二つの概念は、著者の理解によれば、両立し得るものと考えられるからである[63]。

次いで、木村教授は「この段階において、国際租税法の概念が実体規範ならびに国際抵触規範および国内抵触規範を含んでいるかどうかについて、疑問が生じる」と指摘される。けれども、そこで触れられているのは、何についての疑問かということの説明のみであり、どのような疑問が生じるのかという疑問の内容についても、またなぜに「この段階」でなのかという状況についても、それ以上の説明は行われていない。それゆえ、ここでも木村教授による疑問の内容は何かという点について考えることが必要となろう。あるいは「疑問が生じる」というのは、木村教授にとっての疑問なのであろうか。しかも、このⅢの部分も、「はじめに」の記述によれば、もともと「ヨーロッパ諸国における議論を紹介する」作業の一部として構成されているように思われるのであるが、その表現中には、時として、木村教授の所説かと思わせるような記述も見受けられる。この点でも、「ヨーロッパ諸国における議論」の紹介に関する部分と自説の展開に関する部分とをどのように区別されているのかについて、木村教授の立ち入った説明が求められるのではなかろうか。

二　木村教授は「我々は国際的租税事実関係を規制するそうした実体規範にのみかかわっている」と述べられている[64]。そしてこのことを「本章の概説Ⅰで叙述したように」既知の事項とみている。

(1)　けれども、「概説Ⅰ」に該当する二頁をみる限り、木村教授の論説には、「国際租税法の下において本来何が理解されねばならないか」といった疑問詞型の争点について狭義の国際租税法、広義の国際租税法および最広義の国際租税法という三つの主張が紹介されているにとどまり、右に指摘された「我々は国際的租税事実関係を規制するそうした実体規範にのみかかわっている」という主張を正当化するいかなる記述もそこに見出すことはできないように思われる。それゆえ、「本章の概説Ⅰで叙述したように」とされる場合、どこで、どのような記述が行われている部分を指して木村教授がこのように述べられているのかという点について、改めて確認しなければならないこととなろう。

次いで、この文章とこれに続く次の「ある特別の局面では、我々は(a)無制限納税義務者の課税、(b)制限納税義務者の課税に関する片務的(国内)実体規範とをいずれのカテゴリーにいれるかを決定しなければならない」という文章[65]との関連性も明らかではない。ここでは「片務的(国内)実体規範」の内容の解明も必要ではあるが、それとともに、この規範を入れる受け皿としての「いずれかのカテゴリー」が何を指すのかという点についての説明も明らかにされなければならないであろう。というのは、実体規範は文字どおり実体規範であって、牴触規範（国際抵触規範および国内抵触規範」を含む）と同義ではないところから、これを牴触規範のカテゴリーにそのまま入れることはあり得ないと考えられるからである。そうであるとすれば、木村教授の場合、ここでどのような「カテゴリー」がそうした分類の受け皿として予定されているのかという点についての解明が不可欠のこととなるのではなかろうか。確かに、これに続く文章をみてみると、「居住者たる無制限納税義務者が……無制限納税義務を負う」ことと、「非居住者たる制限納税義務者が……制限納税義務を負う」こととが明らかにされている。(66) その場合、これらは、「片務的（国内）実体規範」が何に関する規範であるかという対象に関わる説明と解することができるのかもしれない。このようにみてくると、右の受け皿に相当する内容の説明は与えられていないように思われる。

(2)　これに続く段落で、木村教授は「ひとがこのような実体規範を国際租税法の一部とみなすことを選択するかどうかは、実に、裁量の問題である」と述べられている。(67) この表現からすれば、実体規範を国際租税法の一部とするか否かという点で二つのカテゴリーがあるというようにも読めないわけではない。この場合、国際租税法というカテゴリーとそれ以外のカテゴリーとが存在することとなる。そのいずれのカテゴリーに入れるかという問題は、結局、国際租税法をどのように定義するかという問いに対する解答の内容に還元されるということになるのであろう。しかしながら、論理的に考えれば、国際租税法についてどのような定義が採用されるかという点に対する解答があらかじめ与えられていない限り、この点について判断することはできない。それゆえ、国際租税法の概念について「国際租税法学の領域における業績に蓄積のあるヨーロッパ諸国における議論を紹介すること」を目的とした木村教授の研究でも、この定義に関する木村教授の検討が終了しない限り、この問いに対する解答を用意することはできないこととなろう。しかしながら、それでいて、木村教授は「ひとがこのような実体規範を国際租税法の一部とみなすことを選択するかどうかは、実に、裁量の問題である」と述べられている。この点は「ヨーロッパ諸国における議論」の紹介というよりも、木村教授自身の意見に該当する部分であるように見受けられる。というのは、この部分についての出典が挙げられていない上に、断定的な語調も感じられるからである。この意見をひとつの解答であるとみると、その前提に置かれた争点は、論理的には、「ひとがこのような実体規範を国際租税法の一部とみなすことを選択するかどうか」という点は裁量の問題であるか否かというものでなければならないであろう。それは、右の解答がこの争点について肯定説を採ったものと考えることができるからである。この前提的争点と「国際租税法の概念が実体規範ならびに国際抵触規範および国内抵触規範を含んでいるかどうか」という争点とは果たしてどのような関係に立つのであろうか。両者は同一の内容を意味する実質的にはまったく同じ争点と考えられるべきか。もしこのように理解することができるとすれば、先の「我々は国際的租税事実関係を規制するそうした実体規範にのみかかわっている」という文章はこの文脈でどのような意味を持つのであろうか。

しかも甚だ奇異なことに、木村教授は「ひとがこのような実体規範を国際租税法の一部とみなす」ことを「裁量の問題である」とされながら、その一方の立場のみを優先され、「これを含めることの方が正当である」と述べられている。(68) それでいて、なぜに「これを含めることの方が正当である」と断定することができるのかという点についての特別の根拠は何も示されていない。右の指摘からすれば、木村教授の「裁量」によるとそのような判断が行われるということになるのかもしれない。けれども、木村教授と同様に、他の論者が自己の「裁量」に基づいてこれとは逆の結果を導くことも正当とされなければならないのではあるまいか。というのは、そうした主観的な「裁量」同士の間には優先順位を付けるべき客観的な基準が与えられていないと思われるからである。このように考えられるとすれば、木村教授の右の指摘も格別の意味を持たないたんなる信仰表明に過ぎないともいえよう。これに対して、木村教授が右の主張の正当性にしかるべき根拠があるとされる場合には、むろんその根拠が明らかにされなければならない。けれども、もしかして「これを含めることの方が正当である」か否かを判断するための客観的な基準が存在するとすれば、もはや先の争点は「裁量の問題である」とは言い得ないこととなるのではあるまいか。こうした指摘はその後の「抵触法によって規制される事実関係および『広義の対外取引税法』によって規制される事実関係を統一的に把握することは、概念上全体として取り扱われる点で、より好ましい」と木村教授が指摘される点[69]についてもそのままあてはまるように思われる。というのは、「好ましい」か否かという判定も価値判断に基づく主観的評価の問題であって、到底、客観的な判断基準に基づいて「正当」か否かが決定されたことにはならないと、この著者には、考えられるからである。

三　これに続く説明文についても、同様の疑念が生じ得る。

(1)　「抵触法によって規制される事実関係および『広義の対外取引税法』によって規制される事実関係を統一的に把握することは、概念上全体として取り扱われる点で、より好ましい」とする文章に続けて、木村教授は「このようにして、実体法規範における結節要素と抵触法における結節要素とを識別することは、危険が少ない」と述べられている[70]。けれども、この指摘についても疑問を抑えることはできない。というのは、「このようにして」という部分がそもそも成り立つか否かという点で右の疑念がまだ解明されてはいないからである。しかも、そもそも「実体法規範における結節要素」とは何を意味するのかという点も明らかではない。それは、通常の表現方法に従う限り、実体法規範における結節要素という言い方はみられないように思われるからである。これに対して、「抵触法における結節要素」という表現については、この「結節要素」が「Connecting Factors」の訳語である旨が注記されているところ

（注(31)）から、国際私法におけるいわゆる「連結点」[71]を指すものという推測も可能かもしれない。けれども、規律対象を抽象的且つ包括的に表現した単位法律関係と規律の法源としての準拠実質法とを結び付ける機能を果たす連結点がそこでどのように表現されるのかという点についてはなお理解しがたい点があるように思われる。というのは、伝統的な理解に従えば、国際租税法のような公法の領域では、属地性を理由として、この点は実質法的に理解され、牴触法的には表現されてきていないように見受けられるからである。それゆえ、ここでは、どのような牴触規範が考えられるのかが明らかにされるのでなければ、推測によるにしても、そこにいう「連結時」の内容を明らかにすることもできないものといわなければならないのではなかろうか。そして、たとえこうした前提が満たされたものと仮定するとしても、それでも、両者を「識別することは、危険が少ない」とされる趣旨については、その内容を解明する手がかりが与えられていないところから、これもまた理解し難い表現にとどまるものといわなければならないように思われる。

(2)　さらに、「『広義の対外取引税法』の実体法規範が同時に無制限納税義務および制限納税義務ならびに国内租税法の適用範囲を規制している」という指摘[72]についても、そこで表現されている内容は必ずしも容易には理解しがたいのではないかと思われる。というのは、「『広義の対外取引税法』の実体法規範」の内容がまだ明らかにされていないからである。これに加えて、「無制限納税義務および制限納税義務」と「国際租税法の適用範囲」とがなぜに「ならびに」という接続詞で結ばれることになるのかという点も明らかではない。というのは、これらが互いに相容れないまったく別個の概念であるという認識がなければ、「および」とか「ならびに」という並列を示す接続詞をそこに用いることはできないように思われるからである。このような疑念が生じる理由としては、また、Ⅲの九頁三行目以下において「（a）無制限納税義務者の課税、（b）制限納税義務者の課税に関する片務的（国内）実体規範」という表現がみられるという点もある。こうした表現が成り立つとすれば、右の「『広義の対外取引税法』の実体法規範が同時に無制限納税義務および制限納税義務ならびに国内租税法の適用範囲を規制している」という文書の内容的成否がまずもって問われなければならないこととなろう。あるいは、一〇頁二行目の「広義の」という表現がこの疑問を解く鍵となるのであろうか。しかしながら、「広義の」という言葉の対概念としての「狭義の」対外取引税法についての説明が行われていない以上、そこにいう「広義」という限定的表現の内容を明らかにすることもできないであろう。もっとも、先に二頁の「I概説」で指摘された狭義の国際租税法とか、広義の国際租税法とかという表現の内容がここでも木村教授の念頭に置かれているのかもしれない。けれども、そうであるとすれば、次には、そうした先の定義の内容とここでの表現との整合性いかんという点が新たな争点となろう(73)。

木村教授は「このように『広義の対外取引税法』の実体法規範は、外界から課税権の限界を画している」と述べ(74)、続けて「それ故、『広義の対外取引税法』の実体法規範は実体規範であるにもかかわらず、牴触法の要素をア・プリオリに含んでいる(75)」とする。ここでの「実体法規範」の原語は明らかにされていないが、右に触れたように、これは、あるいは「実質規範（Sachnorm）」という原語に対応する表現であるのかもしれない。けれども、その原語が分かったところで、右の二つの文章の内容に対する疑問が解明されるわけではない。それは、この点について解明するための内容的な説明が与えられていないからである。

まず「『広義の対外取引税法』の実体規範は、外界から課税権の限界を画している」という第一の文章に関して、九頁Ⅲの本文八行目の「このような実体規範」が同三行目以下の「（a）無制限納税義務者の課税、（b）制限納税義務者の課税に関する片務的（国内）実体規範」を指すのだとすれば、木村教授により一一頁注(30)で、これが「広義の『対外取引税法』」と称されているところから、国内の実体規範が課税権の限界を画することとなるのかもしれない。国際法により許容される範囲内で、一国の主権行使の空間的限界を各国が自由に設けることができるとする点に異論の余地はないが、それを国際租税法の概念に関する説明の文脈で用いるのであれば、国際租税法との関連性が示されなければならないであろう。この点については、果たしてどのような推測が可能であろうか。ここでは「外界から」という言葉がどのような意味で用いられているかについてもなお検討を要しよう。

他方、「『広義の対外取引税法』の実体法規範は実体規範であるにもかかわらず、抵触法の要素をア・プリオリに含んでいる」とする第二の文章に関しても疑問がある。というのは、木村教授が両者をどのように区別されるのかという点は明らかではないが、実体法規範と抵触規範とを概念上区別するとすれば、実体規範の中にどのような存在形式で抵触法の要素が含まれることになるのかという点についての説明が必要となるように思われるからである。このことから考えれば、第二の文章の表現内容についてさらに補足的な説明が求められることとなろう。もしかしてその説明が与えられないのだとすれば、両者を概念上区別する意味自体についても、さらに説明が求められるのではなかろうか。

(3)　このように内容的に疑問がある第一の文章と第二の文章とを「それ故」という順接の接続詞で木村教授が結び付けられることについても理解しがたい点がある。というのは、第一の文書は「課税権の限界を画している」か否かという二者択一型の争点に対する解答であるのに対して、第二の文章は「抵触法の要素を含んでいる」か否かという二者択一型の争点に対する解答であると考えられるからである。木村教授によれば、「抵触法の要素を含んでいる」ということは当然に「課税権の限界を画している」ということになるのかもしれない。けれども、実体的法律関係の規律に関すると思われる実体法規範と実体的法律関係を規律する法規の適用関係を規律する抵触規範とを概念上区別する著者の立場からは、なぜに「抵触法の要素を含んでいる」ということが「課税権の限界を画している」ということになるのかという点についての補足的な説明がなお求められるように思われる。それゆえ、そうした説明が行われていない以上、これら二つの文章がそれぞれ別個の争点に対する記述であり、そこで前提とされた争点間の関係を明らかにし得る補足的説明のためのつなぎの文書が与えられていない以上、これらの間には「それ故」という接続詞が用いられるような因果関係はいまだ解明されていないものといわなければならない。

**四**　さらに、「二重課税条約は典型的に抵触法の道具である」とされる点についても異論があるのではなかろうか。というのは、二重課税防止条約は、たとえば「二国間で互いに課税権を制限することを約するもの」[76]であると定義されるにとどまり、それ以上に法規の性質についての限定までは行われていないからである。このように考えるのは、二重課税防止条約を締結するにあたり、実質法と牴触法のうちで、どのような規定の仕方を採用するかという点は二国間の協議によるところであって、「抵触法の道具である」とか「典型的」であるとかと断言され得る性質のものではないように思われるからである。たとえば、日米租税条約第八条第一項や第一一条第一項などの規定は実質法的に規定した先例であると考えることはできないものであろうか。というのは、これらの規定は実体的法律関係を直接に規律している実質規定であり、実体法規範の適用関係について触れている牴触規定であるとは考えられないからである。こうした実質法的規律の例が木村教授によっても肯定されるとすれば、「二重課税防止条約は典型的に抵触法の道具である」と断定することはできないように思われる。それゆえ、木村教授による右の指摘が意味を持つためには、ここでは、グローバルな規模で締結されてきた二重課税防止条約の過去および現在の状況を対象とした個別の検討を踏まえて、歴史的事実としてそのことが証明され得るか否かが確認されなければならないのではなかろうか。

その後に続けられる「最後に、一般的に法的に思考するとき、実体規範と抵触規範の識別は、論争の絶えない目的であって、少なくとも国際租税法に関する限り、いまだ解明されていない」という表現[77]についても理解しがたい点がある。そもそも「一般的に法的に思考する」とはいったいどのような意味で用いられているのであろうか。この表現が意味を持つためには、「一般的」であるか否かをどのような基準で判断すべきかという点があらかじめ明らかにされていなければならないであろう。また「実体規範と抵触規範の識別は、論争の絶えない目的であって、少なくとも国際租税法に関する限り、いまだ解明されていない」とされる部分についてもいくつかの疑念が生じる。このうち、「実体規範」が「実質規範」の意味ではないかという疑問については、煩雑さを避けるためにも、繰り返さないこととしよう。また「目的」がおそらくは「Gegenstand」の訳語であると推測されるところから、「目的」というよりは「論争の対象物ないしテーマ」の意味で理解され得るものではないかという点についても異論はないものとしよう。もしそうでないとすれば、なぜに「識別」が「目的」と同義なのかという疑問も生じるからである。しかし、実質規範と抵触規範との区別は当該法律関係に対して直接的な規律を行うか否かというように規律の直接性か間接性かに求められるとするのが、今日、国際私法研究者に共通の理解であるように思われる。[78] また、国際租税法の領域では右の定義が採用されないとしても、これら二つの概念についてそれぞれの定義が明らかにされるのであれば、右の点についての問題は解決されることとなろう。それゆえ、解決基準が統一されていなくても、どのような解決基準が採用されているかが明らかになればそれで十分であるといえるのかもしれない。

**五**　本文の活字よりもやや小さめのポイントの活字を用いて収録されている次の六行の説明、[79] すなわち「体系上の要請が……すぎない」とされる部分は、木村教授自身の主張ではなく、いずれかの文献に依拠されているところかもしれない。「ヨーロッパ諸国における議論を紹介する」ことがこの研究で意図されている以上、そのこと自体について疑念が生じる余地はまったくない。しかし、このような表現が木村教授自身の表現により纏められた要約的整理なのか、それとも各著者の主張を原典に依拠して木村教授がそのまま訳出された部分なのか、それとも木村教授自身の主張なのかという点は何ら明らかではない。というのは、そこには、出典を示すようないかなる記述もみられないからである。

(1)　まず「体系上の要請が国際租税法の概念を左右することがあるが、この概念はこれまで一度も体系上の要請を満たすことはできなかった」とされる部分についてである。そもそも「体系上の要請」の意味内容が何かという点が明らかにされていない以上、「体系上の要請」によって、「国際租税法の概念」がどのように左右されるのかということも明らかにすることはできない。というのは、概念の内容はそれだけで単独に決められるものではなく、その前提にある判断基準の内容に依存し得るものだからである。「この概念」、すなわち、「国際租税法の概念」が「これまで一度も体系上の要請を満たすことはできなかった」という記述がどのような内容を表すのかという点を解明する上でも、「体系上の要請」の内容が明らかにされなければならないであろう。

(2)　次の「租税法は、国際関係に関する限り、統一的に法典編纂されておらず、体系的に構成されているかどうか疑わしい」という表現についても考えるべき前提がいくつかあるように思われる。たとえば、ここにいう「租税法」という言葉によって意味される内容に関しては、「租税法」とは国内租税法、国際租税法、これらのいずれを指すのか、また両者を含むのか、それとも、いずれでもない別の内容を指しているのかといった疑問が生じよう。この疑問に対する解答としてまず考えられるのは、国際租税法であろう。というのは、他の可能性のうち、国内租税法は、それが国家法として存在しているところから、法形式上国際的に統一されていないことは明らかだからである。けれども、「国際租税法の概念は、なお国内租税法から引き出され得る」(四頁一八行目)とか、「国際租税法は……国内租税法をもその構成要素とする」(八頁二行目)とかといった指摘からも知られるように、木村教授による国際租税法の概念の理解に関して、国内租税法が重視されているとすれば、そこにいう「租税法」の内容がどのようなものになっているのかという点についても木村教授による説明がまず求められるのではなかろうか。これに続けて、「統一的に法典編纂されておらず」というとき、その意味するのは、同一の法典内部で統一されていないということなのか、法典は異なっていても、法典間の相互関係が統一されていないということなのかという点も明らかではない。さらに、「体系的に構成されているかどうか疑わしい」というとき、そこで「体系的」であるか否かの判断基準とされているのは何かという点も明示的には説明されていない。これらの点について明らかにされていない以上、木村教授によるここでの指摘がどのような趣旨で述べられているのかという点を正確に把握することはできないであろう。それゆえ、これらの諸点についても同教授による補足説明が必要とされるように思われる。

(3)　こうした木村教授による補足的説明が必要と思われる記述は他にもある。「したがって、国際租税法は、秩序づけ概念として理解されうるとしても、体系概念として理解しうるかどうかは、さらに熟慮しなければならないであろう」とされる場合、国際租税法を「秩序づけ概念として理解する」ことができるという表現は果たしてどのような意味を持つものとして理解されるべきであろうか。「秩序づけ概念」という表現の原語は木村教授の注記によれば「Ordnungsbegriffe」とされているが、その意味内容が明らかにされていない限り、この文章の言わんとするところを理解することもできないであろう。このことは「体系概念」の意味内容についても同様である[80]。「体系概念」はおそらく「Systembegriffe」の訳語かと推測される。しかし、「個個別別のものを統一した組織」とか「一定の考え方で矛盾のないように組織された、理論や思想の全体[81]」として「体系」を理解しても、「体系概念」の内容は明らかにはならないであろう。というのは、そこにいう「一定の考え方」とはどのような考え方なのかといった前提的疑問がまだ解決されてはいないからである。このように考えるのは、そうした説明によっても、木村教授がこの言葉で何を考えられていたかという点が明らかになってはいないように思われるからである。それゆえ、「国際租税法は、秩序づけ概念として理解されうるとしても、体系概念として理解しうるかどうかは、さらに熟慮しなければならないであろう」と木村教授が指摘されても、著者として、本当にこの点について「熟慮しなければならない」か否かの判断を下すことはできないように思われる。

(4) さらに「概念の多用《(ママ)》性をそれ故これ以上詳しく叙述する必要はない」と木村教授が指摘される場合でも、なぜにその必要がないのかは明らかではない。「それ故」という表現からは、そうした指摘の理由をなす部分がその前に述べられていることが示されているはずであるというように理解されるのではあるまいか。しかるに、その前の部分で触れられているところを子細に検討してみても、格別にそれらしい理由にあたる部分を発見することはできないように思われる。というのは、この点について直接に言及した部分がないからである。「概念の多用性をそれ故これ以上詳しく叙述する必要はない」と木村教授により考えられているのは、そのすぐ後に述べられている「国際租税法の『正しい』概念をめぐる論争は結局のところ実のないものである」という主張がその前提に置かれているからであるのかもしれない。そしてこのような主張が行われる理由として、木村教授にあっては、これに続く「当該概念そのものは原則を有していないし、また問題の規範の適用にとって指針となる基準もない」という判断基準が考えられているからであろう。

けれども、そうした指摘は果たしてそのまま是認されるべきものといえるのであろうか。こうした関連性の当否について検討する前に、個々の文章の内容について言及しなければならないであろう。というのは、個々の文章自体がそれぞれに意味のあるものとして存在している場合でなければ、それらの関連性を考える必要性もないように思われるからである。まず、「国際租税法の『正しい』概念をめぐる論争は結局のところ実のないものである」という記述が行われているのは、二頁の「I、概説」一一行目の「『正しい』概念を捜し求める」という部分とどのように関連するのであろうか。また、「当該概念そのものは原則を有していないし、また問題の規範の適用にとって指針となる基準もない」という指摘はどのような意味を持つ指摘なのであろうか。「国際租税法の『正しい』概念をめぐる論争は結局のところ実のないものである」という指摘から考えれば、国際租税法の概念について改めて考える意味はないということになるのかもしれない。「国際租税法の『正しい』概念をめぐる論争は結局のところ実のないものである」か否かというこの争点について肯定説が採用され得る場合に初めて、「したがって、国際租税法の概念は、法素材の対象についての理解にとってのみ意議《ママ》を有するにすぎない」という文章が解答として意味を持つこととなろう。

しかも、「したがって、国際租税法の概念は、法素材の対象についての理解にとってのみ意議《ママ》を有するすぎない」という文章中の「法素材の対象」とはどのような意味で用いられているのであろうか。ここでは、国際租税法の概念はどのような内容を持つものとして理解されるべきかという点について考えることが不可避のことであるように思われる。というのは、概念の内容が決まらなければ、当該概念について検討を行う範囲がどこまでかという点を決めることもできないからである。それでは、そうした概念の内容を決める基準は何か。また、決定主体は誰か。まず考えられるのは、当該概念の使用者であろう。それは、表現の自由が認められているところでは、どのような表現をどのような文脈において用いるかがすべて表現者に委ねられているはずだからである。これを前提とすれば、国際租税法の概念が「正しい」か否かを判断する客観的な判断基準を考えることができなければ、「正しい」か否かという争点について結論を下すことはできないであろう。このようにみてくると、右の二つの文章を結ぶ次の三つの組合せのいずれについてもその関連性についてはなお疑問が残るように思われる。すなわち、第一に、「租税法は、国際関係に関する限り、統一的に法典編纂されておらず、体系的に構成されているかどうか疑わしい」という文章と「国際租税法は、秩序づけ概念として理解されうるとしても、体系概念として理解しうるかどうかは、さらに熟慮しなければならないであろう」という文章とがいったいなぜに「したがって」という順接の接続詞で結ばれなければならないのかという点についてである。第二に、「国際租税法は、秩序づけ概念として理解されうるとしても、体系概念として理解しうるかどうかは、さらに熟慮しなければならないであろう」という文章と「概念の多用性をそれ故これ以上詳しく叙述する必要はない」という文章とがなぜに「それ故」という順接の接続詞で結ばれなければならないのかという点についてである。そして第三に、「当該概念そのものは原則を有していないし、また問題の規範の適用にとって指針となる基準もない」という文章と「したがって、国際租税法の概念は、法素材の対象についての理解にとってのみ意議を有するにすぎない」という文章とがなぜに「したがって」という順接の接続詞で結ばれなければならないかという点についてである。これらの点について補足説明が行われるのでなければ、右の疑問に解答することもできないであろう。

六　木村教授はこのⅢの部分を纏められるにあたり、「最後に、一般に、法的に考えると、実体規範と抵触規範のあいだの区別は、少なくとも国際租法規《(ママ)》に関する限り、争点であり、これは今日なお解明されなければならない」旨を指摘されている(82)。けれども、ここでもいくつかの疑問が指摘されなければならない。

たとえば、これまでの叙述においても触れたように、「実体規範と抵触規範のあいだの区別」といわれる場合、その意味するところは明らかではない。というのは、問題は区別の要否なのか、可否なのか、また当否なのか、それとも区別の基準を何に求めるのかといった諸点のうちで、真の争点が何であるかという点について、木村教授は何も述べられていないからである。実体規範と牴触規範との区別の基準がこのようなものであり、この基準によるとどの規範はどちらに分類されるといった具体的な例が示されていない以上、ここでの叙述の内容を正確に理解することはできないであろう。木村教授の論説のⅢ、特に九―一〇頁で述べられている内容をみる限り、「実体規範と抵触規範のあいだの区別」それ自体について直接に触れられた叙述は見当たらず、また両者の区別について何らかの意味で関連するとみられる叙述も、たとえば、「実体法規範における結節要素と抵触法における結節要素とを識別する」（一〇頁一行目）、「実体法規範は実体規範であるにもかかわらず、抵触法の要素をア・プリオリに含んでいる」（一〇頁四行目）といった部分などに限られているように思われる。このような状況を考えれば、なぜにどのような意味で右の区別が「争点」とされ、「今日なお解明されなければならない」のかという点についての説明はまだ行われていないということになるのではなかろうか。

「したがって、国際租税法の概念は余り狭く定義しすぎるべきではないことが、明らかになろう(83)」とされる部についても、なお先の記述が想起されなければならない。すなわち、Ⅲの九頁八行目で「実体規範を国際租税法の一部とみなすことを選択するかどうかは、実に、裁量の問題である」とされている部分である。このように、国際租税法の範囲の画定について裁量の余地を認める立場を前提とすると、国際租税法の概念をどのように定義するかという争点についても、同様に、裁量の余地を認めることになるのではなかろうか。というのは、木村教授も、一〇頁一二行目以下において、「国際租税法の『正しい』概念をめぐる論争は結局のところ実のないものである」と指摘されているからである。このように考えるのは、両者が論者の世界観を反映するという意味で共通性を持つものと思われるからである。しかし、ここでの問題は、なぜにこのような指摘が前の文章を承けた形で「したがって」という順接の接続詞によって結ばれなければならないのかという点である。この「国際租税法の概念は余り狭く定義しすぎるべきではないことが、明らかになろう」という指摘が出てくるのは、むしろその前提に「『広義の対外取引税法』の実体規範は、国際的および国内的抵触法と同様に、国際租税法の概念のなかに含められるべきであろう」とする態度表明があるからではなかろうか。けれども、そうした前提が設けられなければならない理由が明らかにされていない以上、そうした前提を無条件に認めることはできないこととなろう。

この『広義の対外取引税法』の実体規範は、国際的および国内的抵触法と同様に、国際租税法の概念のなかに含められるべきであろう」という文章[84]を始めるにあたって挿入された「したがって」という接続詞の使い方も、右のような前提に立たない限り容易には理解しがたいものといわなければならない。というのは、「余り狭く定義しすぎるべきではないことが、明らかになろう」という、木村教授の主観的判断と思われる評価をなぜにこのような形で引き出すことができるのかというその理由についての説明がその前には何も示されていないように思われるからである。このように考えるのは、「一般に、法的に考えると、実体規範と抵触規範のあいだの区別は、少なくとも国際租法《ママ》規に関する限り、争点であり、これは今日なお解明されなければならない」という文章と「余り狭く定義しすぎるべきではないことが、明らかになろう」という文章とを「したがって」という順接の接続詞で結ばなければならないほどの関連性を両者の間に何も見つけることができないように思われるからである。このようにみてくると、「かくして、国際租税法の定義に関する問題に対する解答は、次の通りである」以下の文章[85]についても、なおその趣旨を理解することは難しいのではなかろうか。たとえば、「国際租税法とは、国際租税事実関係に適用されるそうした実体規範並びに国際的および国内的抵触規範の総体をいう」という指摘については、その理由が結局は示されていないということになるのではなかろうか。しかも、このような結論を述べようとするのであれば、先にみられたように、Ⅲの九頁一行目「国際租税法の概念が実体規範ならびに国際抵触規範および国内抵触規範を含んでいるかどうかについて疑問が生じる」という指摘が出てくるのはなぜかという点も問われるのではなかろうか。というのは、そうした根拠が明らかにならない以上、この点について結論を出すことはできないように思われるからである。また「そうした実体規範」は、法源からみると国内法か国際法かという点も争点となるのではなかろうか。また「国際的および国内的抵触規範」という表現についてもそれぞれ国際法および国内法のことなのかどうかが明らかにされなければならないであろう。もっとも、これらの疑問に対する解答は、木村教授により、このすぐ後において一通り用意されているとも考えられるかもしれない。すなわち、「ここでは、国際法の源泉のみならず国内法の源泉である規範もすべて問題となりうる」という指摘(86)がそうである。けれども、それがひとつの解答になるとしても、それだけで右のすべての疑問が解決されたことにはならないように思われる。それは、このようにすべての規範が国際租税法の概念に含まれるとすれば、これを他の概念と区別する必要性の有無が改めて問われることとなり、そうした包括的な内容を含む概念を新たに定立する意味の有無が問われることとなるからである。

**七**　一一頁二行目以下の「したがって、以下において国際租税法について叙述するときには、外国と関連のある租税事実関係を捕捉する規範すべてを取り扱うこととする」という文章は前の段落末尾の「総体をいう」という文章表現を承けている。それゆえ、「したがって」という順接の接続詞をここで使用することについて違和感はない。三行目の「ここでは、国際法の源泉のみならず国内法の源泉である規範もすべて問題となりうる」という文章は一〇頁最終行から一一頁三行目にかけて述べられている前の二つの文章に関して表明された右の疑問に対する解答を提供している。

「国際租税法の概念は、以下において二重課税の回避に資するすべての規範を二重課税法と呼び、その他のすべての実体規範を対外取引税法と呼称するというふうに、二つの秩序づけ概念に区分される」という文章(87)から推測すると、秩序づけ概念の例として「二重課税法」および「対外取引税法」の二つが挙げられているように見受けられる。これを前提とすると、一〇頁一一行目注(33)が付された文章「国際租税法は、秩序づけ概念として理解されうる」という部分の内容として「二重課税法」および「対外取引税法」の二つを含む上位概念として、この「国際租税法」という表現が考えられているようである。このことは、これら三つの概念が秩序づけ概念として考えられていることを意味するのであろう。右の理解を前提とすれば、二重課税法とは「二重課税の回避に資するすべての規範」を意味し、実体規範、国際的牴触規範および国内的牴触規範の三つを含むものとして理解されることとなるのかもしれない。これに対して、対外取引税法とは「その他のすべての規範」を指すものとして考えられているのかもしれない。このようにみてくると、二重課税法と対外取引税法との関係は「A対非A」という関係に立つものであり、両者は相互補完的な関係に立つこととなろう。

「国際租税法が外国と関連のある租税事実関係とくに国境を越える租税事実関係にかかわるそうした法規定の総体をその対象とするということを考慮すると、ひとつの特定の法秩序との関係がつねに必要であるので、各国は自国の固有の国際租税法を有するのである」という文章(88)は以下の三つの部分から構成されている。第一は「国際租税法が外国と関連のある租税事実関係とくに国境を越える租税事実関係にかかわるそうした法規定の総体をその対象とする」という部分であり、第二は「ひとつの特定の法秩序との関係がつねに必要である」という部分であり、第三は「各国は自国の固有の国際租税法を有するのである」という部分である。最初の部分の「法規定の総体」のうち、「国内法」の部分について、第二の部分に示された「ひとつの特定の法秩序との関係」が必要であるという指摘は確かに了解できるかもしれない。しかし、「国際法」の部分については、なぜに「ひとつの特定の法秩序との関係」が必要であるといえるのかという点はまだ解明されていないように見受けられる。また第二の部分についても、何と「ひとつの特定の法秩序との関係」なのかの説明が不足しているように思われる。この関係がどのような内容のものなのかが明らかにされなければ、右の問いに対して答えることもできないのではなかろうか。さらに、何にとって「ひとつの特定の法秩序との関係」が必要なのかという点についても疑問が生じよう。このような疑問を解決するために必要と思われる第一の部分を「考慮する」ことと第二の結論部分との間にどのような意味で因果関係があるのかという点についての説明も、行われていないように思われる。

この節を結ぶにあたって、木村教授は「本書では、日本国の国際租税法が前面にある」という表現を用いられている(89)。けれども、右の文章がなぜにここに突如として出てくるのかという点も容易には理解しがたいように思われる。というのは、二頁二行目以下で明言されているように、「ヨーロッパ諸国における議論を紹介すること」のみが意図されていると思われるこの外国法研究では、日本の問題状況もむろん木村教授の問題意識の中にはあるにせよ、叙述に際しては、そうした「日本の国際租税法」への批判的論及はもともと記述の対象外に置かれているように見受けられるからである。木村教授がここでの外国法研究を積極的に行われた前提にわが国における「論争」があったことは、木村教授が指摘されるとおりであろう。しかしながら、そうした問題意識を持つことと、その点について批判的記述を行われることとはまったく異なる作業であるといわなければならない。右のような疑問が生じた理由は、あるいは、このような理解が生じ得る前提とされた「本書」という表現を木村教授のこの論文それ自体と著者が考えたことにそもそも誤りがあったことになるのであろうか。

## 5　「Ⅳ　結　語」について

一　木村教授はⅣにおいて著者の表現をそのまま引用されている。「ドイツの最近の文献では、国際租税法は、例えば、外国と牽連性を有する事実に関する租税問題を規律する法と定義され」、「抵触、重複的適用、課税権の調整などの表現は格別に考慮されていない」という部分がそうである(90)。この第二の文章を書いた当時、著者が意図していた真意は、先にも触れたように(91)、クルーゲが国際租税法の「定義に際して」この概念をどのように表現するかという段階では「抵触、重複的適用、課税権の調整などの表現」が用いられていないということの指摘にとどまるものであり、紙数の制約からそのような限定を付する説明文が省略されたものである。それゆえ、この点では木村教授の認識と著者のそれとの間に理解の対立はないように思われる。それゆえ、このような理解を妨げたことについては著者の表現力の不足を木村教授にお詫びしなければならない。

二　これに続けて、木村教授が述べられている「国際租税法の定義そのものはさておくとして、この概念は、主としてドイツ語圏において形成発達してきており、そうした国際租税法に関する研究業績の文化を背負っている」という文章[92]は、次の三つの部分に分けることができよう。すなわち、「国際租税法の定義そのものはさておくとして」という部分と、「この概念は、主としてドイツ語圏において形成発達してきており」という部分と、「そうした国際租税法に関する研究業績の文化を背負っている」という部分とがそうである。

このうち、木村教授が第一の部分で表現されているように認識されるのは、二頁「I　概説」一二行目「概念構成が異なる理由は、結局のところ、当初から当該概念に相異なる要求がなされていることに帰着する」とか、一〇頁一二行目「国際租税法の『正しい』概念をめぐる論争は結局のところ実のないものである」とか、一〇頁一四行目「国際租税法の概念は、法素材の対象についての理解にとってのみ意議《ママ》を有するにすぎない」とかといった叙述から推測して、どのように定義するかということが論議を解決することの最終的な基準ではないということが前提に置かれているからではないかと思われる。しかし、右の第二の部分についてなぜにこの概念が「主としてドイツ語圏において形成発達してきて」いるとされるかという点はなお疑問の余地があるように思われる。というのは、木村教授が主としてドイツ語圏の文献に依拠して国際租税法の概念についての検討を行われたということでの状況を前提とすれば、教授が説明されたように、「主としてドイツ語圏において形成発達してきて」いることはいわば教授の研究から引き出され得る当然の結果であって、格別に特筆されるべきことではないように思われるからである。またこの文章表現が右のような趣旨を超えて、国際的な視野からみても「国際租税法」という概念が「主としてドイツ語圏において形成発達してきて」いるとされるならば、そうした評価についてはなおひとつの飛躍があるようにも思われる。というのは、木村教授自身によっても将来の研究課題として「将来、さらにアメリカ合衆国、フランス、連合王国（イギリス）、オランダをはじめとする世界各国で通用している『国際租税法』概念が、紹介・考察されてしかるべきであろう」とされているからである。このような指摘が行われているということ自体、これらの国における議論の内容を明らかにすることを目的とした木村教授の研究がまだ完了してはいないということが木村教授自身により認められていることとなろう。それゆえ、未研究の分野が一部に残されている以上、その部分を含む全体について「主としてドイツ語圏において形成発達してきて」いるといった総括的ないし終局的な評価を下すことは、論理上不可能なことといわなければならないのではなかろうか。第三の部分について「国際租税法に関する研究業績の文化」という表現が何を意味しているのかという点もすぐに理解できることではない。というのは、そこで用いられている「文化」という表現はきわめて多義的な概念だからである。この点を除けば、第二の部分も第三の部分も同じ事柄を別個の視点から表現したものと考えることができるかもしれない。すなわち、「どこで形成発達してき」たかという場所の特定についての説明と、概念と文化とは不即不離の関係にあるという認識とがそうである。

こうした状況把握を前提としつつ述べられるのが、「したがって、国際租税法の定義が文献中からつまみ出されるならば、えてして外国法に精通された法律家でさえもその定義の置かれているパラダイムを看過するおそれも、ありえよう」という文章[93]である。けれども、「したがって」という順接の接続詞で結ばれるこの文章の内容に関してもなお理解しがたい点がある。それは、たとえば、「その定義の置かれているパラダイム」といった表現が何を指すのかかの判定を行うこともできないであろう。

という点が明らかにされていないからである。この表現が木村教授のここでの研究のどの部分で明らかにされたどのような内容を指し示しているのかが明らかにならない以上、そうした「パラダイム」を「看過」したことになるか否かの判定を行うこともできないであろう。

三　木村教授はこの研究を結ばれるに先立ち、「将来、さらにアメリカ合衆国、フランス、連合王国（イギリス）、オランダをはじめとする世界各国で通用している『国際租税法』概念が、紹介・考察されてしかるべきであろう」という課題について述べられ[94]、木村教授自身によるここでの研究の意義について、「本稿はドイツ・スイスにおける当該概念の定義およびパラダイムを明らかにしたにとどまる」とされている[95]。けれども、この著者の立場においておよそ理解しがたいのは、二頁二行目では「国際租税法学の領域における業績に蓄積のあるヨーロッパ諸国における議論を紹介すること」を意図して開始されたこの研究がいつの間にか「ヨーロッパ諸国」から「ドイツ・スイス」に縮小され、「議論を紹介する」際の対象がこれまたいつの間にか「当該概念の定義およびパラダイム」に移行しているという点である。「パラダイム」とは何かということ自体ひとつの哲学的問いかけとなろうが[96]、この表現の意味する内容について、少なくとも木村教授がどのような意味で用いられているかという点が明らかにされていなければ、この問いに答えることはできないように思われる。あるいは、国際租税法の定義についての説明の部分が木村教授が考えられる「概念の定義およびパラダイム」という表現で示されている箇所にあたるのかもしれない。けれども、国際租税法の定義に関する説明がなぜにパラダイムについての説明にもなり得るのかという点は容易には理解しがたいであろう。著者の理解によれば、木村教授が想定しているパラダイムの内容を知るための手がかりは明示的には与えられていないように見受けられる。それゆえ、この点についてこれ以上考えることはできないように思われる。「はじめに」と題された序論部分と「結語」と題された結論部分との対応関係の欠如から考えて、木村教授によるここでの結論部分については、なお内容的にも不明確な部分があることを指摘しておかなければならないであろう。

## 三　結びに代えて

一　本章では、国際租税法という基本的概念の理解に関して著者が先年明らかにした疑問に対する木村教授の批判的言及を手がかりとして、改めてこの主題について検討するために、木村教授により積極的に行われた外国法研究をひとつの素材として分析することが試みられた。右の叙述からも明らかなように、ここで検討の対象とされた木村教授による外国法研究によっても著者が抱いた当初の疑問は遺憾ながらなお解決されておらず、むしろ木村教授の研究それ自体に対しても、著者にはさらにいくつかの疑問が残されることとなっている。このような状況に至った理由は、何よりも、木村教授の問題関心が著者の問題意識とは幾分か異なった方向に向けられていたことに起因するのかもしれない。しかし、当初の疑念の継続的な解明を求める著者の立場からは、著者の真の問題意識を改めて掲げておくことにも意味があるように思われる。というのは、これにより著者自身が再考するための新たな契機が得られるかもしれないと思われるからである。

二　著者が真に提起したかった問題は、結局のところ、相対立する複数の主張の間で優先順位を付けるための決定的な基準をそれぞれの主張の内部で利用されている主観的・政策的な評価に求めるのではなく、双方の主張が共通に認める外部的・客観的な基準として発見することができるのか否かという問題であり、またそうした基準を発見することができるとすれば、そのような決定的な判断基準はどのような内容のものとなるのかという問題であった。というのは、そうした決定的基準を発見することができなければ、どちらの主張に分があるかという争点について述べられる個々の意見はいずれも価値的同等性のゆえに併存することとなり、それらの間で優先順位を付けるという形式で最終的な判断を下すことができないように思われるからである。このような疑問が表明されたのは、前稿を執筆する原因となった、小松教授の所説に対する宮武弁護士の叙述の内容的な適否それ自体を改めて問題としたかったからでもある。というのは、小松教授の整理も宮武弁護士の主張も、どちらも価値的に同等な主観的主張として併存しており、宮武弁護士が小松教授の主張を排斥される場合には、両者の主張の枠外にあり、しかも両者について共通に利用することのできる基準（比較の第三項（tertium comparationis））が批判者である宮武弁護士の側でまず挙げられていなければならないと思われたからである。この前提には、二つの対立する主張の間で優先順位を付けようとする場合に、その一方の当事者の主張の枠内から根拠を取り出すことはできないのではないかという認識がある。このように考えるのは、そのようにして取り出された部分は、内容的にそれが属する主張の構成部分に他ならず、当該の主張からは内容上独立してはいないものと判断されるからである。そうしたいずれか一方の主張に属する事柄を「根拠」として、両者間で優先順位を決めようとすることは、文字通り不公平なことといわなければならないであろう。

この点に関して想起されるのは、「国際租税法の『正しい』概念をめぐる論争は結局のところ実のないものである」とする木村教授の明快な指摘である。[97] もっとも、この指摘が木村教授自身の主張なのか、「ヨーロッパ諸国における議論を紹介」されたものなのかは明らかではない。けれども、それでいて、木村教授は他方で「国際租税法の定義に関する問題に対する解答」を与えられている。[98] このような評価が木村教授自身の主張なのか、「ヨーロッパ諸国における議論を紹介」されたものなのかはここでも明らかではない。ただこのような評価が行われるとすれば、当然にそのような判断が下された根拠が問われなければならないこととなろう。というのは、しかるべき根拠を伴わない決断はたんなる思い込みと異ならないように思われるからである。しかしながら、木村教授によって与えられている根拠は、たとえば、「国際租税法の概念は余り狭く定義しすぎるべきでない(99)」という指摘にとどまっており、なぜに「狭く定義しすぎ」てはいけないのかという問いに対する解答は与えられていないように思われる。「しすぎるべきでない」という表現が限度を超えているからいけないのだというのであれば、そのような限度を超えているとする前提がそもそもなぜに成り立つのか、またどのような限度が適切なものと考えられるべきかという別個の疑問が生じ得よう。しかも、この文章の前に付された「したがって」という順接の接続詞も実体規範と抵触規範とがともに国際租税法の概念の中に含まれるとすれば、そうした叙述はおよそ理由にはならないことが明らかである。というのは、「国際租税法」という概念の定義の中で両者の区別を行うことと、この概念の定義の外延部分をどうするかということとはまったく別個の問題であると考えられるからである。

三　このようにみてくると、木村教授のここでの研究が国際租税法の概念についてのわが国の研究に対してどのような寄与をなしたことになるのかという点も改めて問われなければならないように思われる。この項でも再言したように、当初の問題提起に対する解答にも触れられていることを期待して木村教授のこの研究に接した著者の問題関心からみれば、部分的ではあれ、「ヨーロッパ諸国における議論を紹介」している点において、木村教授のこの学問的な研究にはむろん資料的にも大きな価値が認められなければならない。というのは、租税法の専門家として知られる木村教授がどのような問題をどのように取り上げられているかという点の検討を通じて、著者にとっても大いに参考となる新しい視点が得られたからである。しかし、右に詳論したように、どこまでが誰の議論の紹介なのかということがドイツ法上位置付けられている部分を除いて、木村教授自身の分析が必ずしも明確に行われていないように見受けられた点については、若干の物足りなさを感じたことも否定し得ないところである。幸いにして、木村教授による補足的な説明が得られるのであれば、本章で著者が言及した疑問点はすべて解明されることとなろう。

（＊） *Großfeld, B.*, Kernfragen der Rechtsvergleichung, Tübingen 1996, S. 59.

（1） 小松芳明教授「国際租税法の発展と動向」『国際租税法の諸問題／租税法研究第10号』（有斐閣、一九八二年）一頁以下、特に一頁参照。国際租税法に関する小松教授の研究は近年の『国際取引と課税問題』（信山社、一九九四年）や『国際租税法講義』（税務経理協会、一九九五年）を含めて決して少ないものではないが、右の文献がここに掲げられたのは、それが宮武敏夫弁護士により、同氏『国際租税法』（有斐閣、一九九三年）四頁で紹介され、九頁注（2）で引用されていることによるものである。

（2） 宮武弁護士・前掲書（前注（1））三頁以下、特に四頁。

（3） 山内「国際租税法の概念について」国際税務（International Taxation）一三巻八号（一九九三年）七頁（本書第三部第三章）。字数に限りがある本章で著者が取り上げたのは、本文中でも部分的に触れたように、ある概念の内容は何かという争点に対して複数の意見が示されている中で、ある特定の意見が優先されているときは、優先順位の判定基準をそれらの見解に共通する前提的認識の中に求めなければならないのではないかという点であった。このように考えるのは、小松教授の認識と宮武弁護士の認識との間には、両者の見解を同一の基準で測定することができるような共通のものさしがないように見受けられたからである。見解の対立を克服するためには、対立する二つの見解のそれぞれの内部に含まれている内容ではなく、相対立する見解の外部に存在する第三者的な判断基準が必要となるという点は、「比較の第三項（tertium comparationis）」という言葉によって既によく知られているところである。これを前提とすれば、小松教授の主張に対して批判的見解を述べられる宮武弁護士の側でまずそうした共通性のある外部的基準が用意されるべきであるように思われる。

（4） 木村弘之教授「国際租税法の概念」法学研究六九巻三号（一九九六年）一頁以下。

（5） 木村教授の真意をどのように理解することができるかという点について本章で行われた著者の理解はあくまでも仮のものにとどまり、その最終的な判断に際しては、すべて木村教授自身の評価が優先されなければならない。というのは、内心の意思と当該意思の表現方法の選択との双方について正確に認識することができる者は、その表意者たる木村教授をおいて他にはないからである。論述にあたって、誤解や曲解など、木村教授の本意に沿わない部分があるとすれば、それらはすべて、そのような未熟な読み方にとどまった著者の責めに帰せられるべき事柄である。そうした非礼については、あらかじめ木村教授のご海容をお願いしておかなければならない。

(6)　木村教授・前掲論文（前注(4)、以下同じ）一頁本文三行目。

(7)　この点を強調するのは、国際租税法の概念に関する争点が「国際租税法とは何か」という定義の内容に関わるものだけには限られていないように思われるからである。国際租税法の概念に関する争点としては、たとえば、国際租税法の概念内容の把握をどのように行うべきかといった内容形成のための視点や方法の決定に関する争点もあれば、国際租税法の概念決定を論じる意味はどこにあるかという定義の目的に関する争点もあろう。国際租税法の概念をめぐる争点がこのように複数存在する可能性があるとすれば、それらのうち、特にどの争点に関する論争が行われているかという点について特定することが必要となるのではなかろうか。

(8)　木村教授・前掲論文六頁注(13)二行目以下。

(9)　木村教授・前掲論文四頁本文三行目以下。

(10)　この争点に関して木村教授が念頭に置かれているのは著者のみであるように思われる。というのは、著者がそこで念頭に置いていた宮武弁護士・前掲書（前注(1)）の場合、その本文および注の内容から推測すると、著者が引用した文献（*Kluge*, V., Das Internationale Steuerrecht der Bundesrepublik, 2. Aufl., Müunchen 1983）は参照されていないように見受けられるからである。

(11)　木村教授・前掲論文一三頁注(47)参照。

(12)　小松教授・前掲論文（前注(1)）一頁以下参照。

(13)　木村教授・前掲論文四頁本文三行目以下参照。

(14)　宮武弁護士・前掲書四頁二行目以下参照。

(15)　小松教授・前掲論文（前注(1)）一頁以下参照。

(16)　宮武弁護士・前掲書四頁六行目以下参照。

(17)　木村教授・前掲論文六頁注(13)二行目以下。

(18)　宮武弁護士・前掲書四頁七行目以下参照。

(19)　宮武弁護士・前掲書四頁一〇行目以下参照。

(20)　小松教授『国際課税のあり方―国際租税法の発展をめざす―』（有斐閣、一九八七年）五三頁以下参照。

(21) 木村教授・前掲論文六頁注(13)三行目以下。

(22) 木村教授・前掲論文二頁二行目以下。もっとも、木村教授によるこの指摘と本文の叙述との間には、二つの点で必ずしも明確な対応関係がみられないようにも思われる。それは、まず第一に、「……ヨーロッパ諸国における議論を紹介すること」を当初の目的とされているにもかかわらず、本文四頁および六頁注(13)中では、部分的にではあるが、特にここでの争点に関する小松教授の見解に対する木村教授の価値的な評価が行われているからであり、第二に、「はじめに」(二頁)では「ヨーロッパ諸国のおける議論を紹介すること」が意図されているにもかかわらず、その結論部分にあたる「結語」(一三頁)では「ドイツ・スイスにおける当該概念の定義およびパラダイムを明らかにした」と結ばれているからである。このように考えるのは、通例、読者は「ヨーロッパ諸国」という表示でヨーロッパ地域に属するすべての国を想定するものと推測されるからである。紹介作業と主体的な意見表明との混在、そしてヨーロッパ諸国という包括的な表示とドイツ・スイスという地域的限定との不一致、これら二点は、木村教授の場合、果たしてどのように理解されるべきであろうか。

(23) 新村出編『広辞苑（第四版）』（岩波書店、一九九一年）二七四六頁。

(24) 新村出編『広辞苑（第四版）』八三頁。

(25) 木村教授・前掲論文（前注(4)、以下同じ）二頁本文「Ⅰ　概説」一行目。

(26) 木村教授・前掲論文二頁本文「Ⅰ　概説」一行目以下。

(27) 木村教授・前掲論文二頁本文「Ⅰ　概説」五行目以下。

(28) 木村教授・前掲論文二頁本文「Ⅰ　概説」六行目以下。

(29) 所得に対する租税に関する二重課税の回避および脱税の防止のための日本国とアメリカ合衆国との間の条約（一九七一年三月八日署名、一九七二年七月九日発効、一九七二年条約第六号）第二条二項は、「一方の締結国がこの条約を適用する場合には、この条約において用いられる用語で特に定義されていないものは、文脈により別に解釈すべき場合を除くほか、この条約の対象である租税に関する当該一方の締結国の法令上有する意義を有するものとする」旨を規定する（澤田壽夫教授編『解説　国際取引法令集』（三省堂、一九九四年）三七八頁他参照）。右の規定中、「討議一方の締約国の法令上有する意義を有するものとする」と表現されている部分は、規定の表現形態からみると、確かに実質規定のように定められている。けれども、用語の解釈に際していずれの国の実質法が解釈基準とされるかという争点を示し、かつ締約国の法を解釈に際して準拠すべき法令として指定しているというように理解すれば、この規定を牴触規定であると理解することも不可能ではないように思われる。本文中の記述はこうした理解を前提としたものである。なお、これと同旨の規定は、日中租税協定（一九八三年九月六日署名、一九八四年六月二六日発効、一九八四年条約第五号）第三条第二項やＯＥＣＤモデル条約（一九六三年七月三〇日採択）第三条第二項にも見出されよう。

(30) 木村教授・前掲論文（前注(4)、以下同じ）三頁本文「Ⅱ　純抵触法としての国際租税法」一行目。

(31) 木村教授・前掲論文三頁本文「Ⅱ　純抵触法としての国際租税法」二行目。

(32) 木村教授・前掲論文四頁本文一行目。

(33) 木村教授により取り上げられた小松教授の見解がイザイの見解と同義のものであるか否かという点については、ただ一人小松教授のみが正統に判断しうるところであろう。というのは、この点が小松教授の主張の意思解釈に他ならないところから、小松教授以外に、小松教授の真意を正確に把握し得る者は存在し得ないからである。

(34) 木村教授・前掲論文四頁本文五行目。

(35) 木村教授・前掲論文四頁本文七行目以下。

(36) 木村教授・前掲論文四頁本文一一行目以下。

(37) もっとも、そこに「問題である」という訳語が充てられている部分のドイツ語は、あるいは、「es handelt sich um」という表現なのかもしれない。もしそうであるとすれば、それは「sein」と同義と思われ、ここに述べたような問題性は消滅することとなろう。というのは、このような表現の真意は、国際法から取り出される場合にそれを狭義の国際租税法と呼ぶという程度の意味しかないとも考えられるからである。この点を確認し得る資料は著者の手元にはない。

(38) 木村教授・前掲論文四頁本文一四行目以下。

(39) 例えば、新村出編『広辞苑（第四版）』四九〇頁参照。

(40) 木村教授による右の説明は、著者の理解によれば、牴触規範の機能を説明するものであり、特に国際租税法が果たすべき役割は何かという意味で、国際租税法に対して期待されるべき「課題」に対する解答とはなり得ていないように思われる。この定義本文で示したように、通常の理解によれば、牴触規範とは法規の適用関係を規律する法であると定義されている。この定義からは、木村教授が説明されているような内容はすぐに引き出すことができるはずであり、この点の解明を、機能とは別の

「課題」という表現を用いて、特に説明しなければならない必然的な理由があるものとも思われない。このことを前提とすれば、木村教授が国際租税法の課題を特に取り上げられた理由の探求が不可欠のこととなろう。というのは、木村教授が想定されていた事柄の内容が明らかにされることによって、立論の趣旨も明らかになるものと考えられるからである。もっとも、この点は「課題」と「機能」という二つの言葉の意味内容に関する理解の過程で生じた誤差にすぎないとも考えられるのかもしれない。

(41) 木村教授・前掲論文四頁本文一八行目。
(42) 木村教授・前掲論文四頁本文一八行目以下。
(43) 木村教授・前掲論文六頁本文一行目以下。
(44) 木村教授によるここでの説明は、本文七頁以下の説明、つまり、法源の国家性、すなわち、国内法であるか国際法であるかを基準として国際租税法であるか否かを区別する立場を前提とする狭義の国際租税法と、国際法の法源から出てくる牴触法のほかに、国内租税法をもその構成要素とする広義の国際租税法についての補充的な説明に対応するものと考えられる。しかし、そうした同旨の説明をここで反復されることに果たしてどのような意味があるのかという点について、なお新たな疑問が生じる余地もあるのではなかろうか。
(45) 木村教授・前掲論文六頁本文二行目以下。
(46) けれども、この第一の見解は、本文中でみたように、国際租税法の法源に触れるほか、国際租税法という概念の出所にも言及するものである。それゆえ、国際租税法の概念がなぜに国内租税法から引き出されるのかという点についての説明が必要となろう。
(47) 木村教授・前掲論文六頁本文三行目以下。
(48) 木村教授・前掲論文六頁本文四行目以下。
(49) 木村教授・前掲論文七頁。
(50) 木村教授・前掲論文八頁。
(51) 木村教授・前掲論文八頁本文五行目以下。
(52) 遺憾ながら、著者の手元の資料では、「片務的」という表現の原語が「einseitig」であるか否かという点について確認することができない。

(53)　木村教授・前掲論文八頁本文七行目。

(54)　木村教授・前掲論文八頁本文九行目以下。

(55)　たとえば、江川英文博士『国際私法』（有斐閣、一九五七年（一六版））四頁、一五頁、山田鐐一教授『国際私法』（有斐閣、一九九二年）一頁以下、九頁以下、溜池良夫教授『国際私法講義』（有斐閣、一九九五年（補訂版））一〇頁以下、二四頁以下他、各体系書中の該当部分参照。これらの体系書のいずれにおいても、国際統一法が国際私法の法源とされるという点については、異論の余地はないものと考えられる。

(56)　木村教授・前掲論文八頁本文一二行目。

(57)　木村教授・前掲論文八頁本文一二行目以下。

(58)　木村教授・前掲論文八頁本文一三行目以下。

(59)　木村教授・前掲論文八頁本文一四行目以下。

(60)　木村教授・前掲論文二頁本文に示された前提的説明の部分をも参照しながら考えてみると、あるいは、国際法という法源から国際租税法という法領域が取り出されることに問題性があると木村教授は考えられているのかもしれない。しかしながら、法源と法領域とは視点をまったく異にする概念であり、法源には法領域が含まれておらず、また各法領域ごとに単数または複数の法源を考えることができるところから、右のような理解はおよそ意味のないものといわなければならないように思われる。

(61)　木村教授・前掲論文（前注(4)、以下同じ）八頁本文一二行目。これは、広義の国際租税法について記述された部分である。

(62)　木村教授・前掲論文九頁Ⅲの本文一行目。

(63)　「実質法」および「抵触法」という用語の意味については、たとえば、国際法学会編『国際関係法辞典』（三省堂、一九九五年）に収録された各項目参照（小山昇氏「実質法」（三八八頁）、秌場準一教授「抵触規定」（五六二頁）、出口耕自教授「抵触法」（五六二頁以下））他を参照。

(64)　木村教授・前掲論文九頁Ⅲの本文二行目以下。

(65) 木村教授・前掲論文九頁Ⅲの本文三行目。
(66) 木村教授・前掲論文九頁Ⅲの本文四行目以下。
(67) 木村教授・前掲論文九頁Ⅲの本文八行目。
(68) 木村教授・前掲論文九頁Ⅲの本文九行目以下。
(69) 木村教授・前掲論文九頁Ⅲの本文一〇行目以下。
(70) 木村教授・前掲論文九頁Ⅲの本文一一行目以下。
(71) たとえば、出口教授「連結点」(国際法学会編『国際関係法辞典』(前注(63)) 八〇〇頁他参照。
(72) 木村教授・前掲論文一〇頁二行目以下。
(73) ここで両者の間に整合性がないと考えられるのは、二頁に掲げられた狭義の国際租税法、広義の国際租税法および最広義の国際租税法という三つの用語の定義と、一〇頁における記述との間に必ずしも整合性がないように見受けられるからである。
(74) 木村教授・前掲論文一〇頁本文三行目。
(75) 木村教授・前掲論文一〇頁本文三行目以下。
(76) たとえば、中里実教授「二重課税防止協定」および「国際的二重課税」(国際法学会編『国際関係法辞典』(前注(63)) 六一〇頁および二七六頁他参照。
(77) 木村教授・前掲論文一〇頁本文六行目以下。
(78) 前注(63)に引用の文献参照。
(79) 木村教授・前掲論文一〇頁本文九行目ないし一四行目。
(80) ここでは、何よりも、ヘック著(木村教授他訳)『法律学における体系思考と体系概念』(慶応義塾大学出版会、一九九五年)が参照されるべきであるのかもしれない。
(81) 金田一京助『新明解国語辞典(第四版)』(三省堂、一九八九年) 七五六頁他参照。
(82) 木村教授・前掲論文一〇頁本文一五行目以下。
(83) 木村教授・前掲論文一〇頁本文一七行目。

(84) 木村教授・前掲論文一〇頁本文一七行目以下。
(85) 木村教授・前掲論文一〇頁本文一九行目以下。
(86) 木村教授・前掲論文一一頁本文三行目。
(87) 木村教授・前掲論文一一頁本文四行目以下。
(88) 木村教授・前掲論文一一頁本文六行目以下。
(89) 木村教授・前掲論文一一頁本文八行目。
(90) 木村教授・前掲論文（前注(4)、以下同じ）一二頁Ⅳの本文一行目以下。
(91) 本論文二「木村教授の理解に対する若干の疑問」の1「『はじめに』について」の二の部分（二四六頁）参照。
(92) 木村教授・前掲論文一三頁本文一行目以下。
(93) 木村教授・前掲論文一三頁本文三行目以下。
(94) 木村教授・前掲論文一三頁本文六行目以下。
(95) 木村教授・前掲論文一三頁本文七行目以下。
(96) たとえば、パラダイム論の論者として知られたトーマス・クーン（Thomas Kuhn）の理解によれば「『問い方』の枠」とか「『問題の立て方』の枠」として、すなわち、問題の立て方と解き方の手本、取り組むに値する問題が何かを定める価値観としてパラダイムが考えられているようである。これについては、クーン（中山茂教授訳）『科学革命の構造』（みすず書房、一九七一年）一九九頁以下、伊藤笏康教授『科学の哲学』（放送教育協会、一九九六年）一四六頁他参照。
(97) 木村教授・前掲論文（前注(4)、以下同じ）一〇頁一二行目以下。
(98) 木村教授・前掲論文一〇頁一九行目以下。
(99) 木村教授・前掲論文一〇頁一七行目以下。

# 第三部　判例研究等

# 第一章　渉外判例研究

## 一　船舶先取特権の成立の準拠法

〔東京地裁平成三年八月一九日決定——認容（その後取下）
（平成三年(ナ)第一八二二号、債権担保権実行事件）
判時一四〇二号九一頁、判タ七六四号二八六頁、金法一二九九号三〇頁〕

**［判決のポイント］**

船舶の沈没により貨物の損害等を受けたとする定期傭船者が、日本の船主責任制限法第九五条所定の船舶先取特権を根拠に定期傭船契約に基づく損害賠償債権につき弁済を受けるため、船舶に代えて船体保険により被保険者に給付される保険金に物上代位し、日本の裁判所に差押命令の申立をした事件において、船舶先取特権の成立に関しては船舶担保権の実行事件が提起された地の法律（法廷地法）を準拠法とすべきであるとした事例。

**［事実の概要］**

本件船舶（木船）はA（パナマ法人）を船主とする二重船籍（パナマ、フィリピン）船である。本船は、マネージャーであるB（設立準拠法不明）を通じてAからC（フィリピン法人）に裸傭船され、さらにCからY（リベリア法人）に傭船されていた。A、B、CおよびYは同一の企業集団に属し、保険会社D（日本法人）による船体保険者でもあった。他方、日本の海運会社Xはオーストラリアから鉄鉱石を海上輸送するため荷主E（オーストラリア法人）と運送契約を結び、さらにその輸送のためYと本船につき定期傭船契約を締結した。この定期傭船契約では、英国法が準拠法とされていた。本船は傭船期間中にモーリシャス東方のインド洋上（公海）で鉄鉱石を積んだまま沈没した。そこで、Xが右船体保険の被保険者であるA、B、CおよびYに給付される保険金に物上代位し、差押命令を申し立てたのが本件である。右の申立に対しては、「債務者及び被保険者が第三債務者に対して有する別紙差押債権目録記載の債権を差し押さえる」旨の判断が示されている。

**［判　旨］**

「……船舶先取特権の実行事件である本件は、日本の裁判所に提起されており、いわゆる法廷地法は、日本法である。そうすると、本件傭船契約により定期傭船者が有する、本船の沈没による積荷の滅失による損害賠償債権その他の債権について、船舶先取特権が成立するかどうかは、法廷地法である日本法によって、判断されるべきである。

……船舶所有者の責任の制限に関する法律三条及び九五条によれば、債権者は……本船の船体及びその属具に対する先取特権を有する……。本船の沈没による保険金請求権……は、本船の船体及びその属具に代わるものであるから、民法三〇四条により、債権者は、これに対しても先取特権を行使することができる……。」

**［先例・学説］**

一　船舶先取特権の準拠法に関する公表の先例は少なく、しかも法律構成の点でも一様ではない。本決定は船舶先取特権の成立の準拠法を法廷地法とした初めての裁判例である。

表記の主題に関する恐らく最初の裁判例は、日本の港に停泊中の韓国船に関する船舶先取特権の存否につき旗国法（大韓民国法）に依拠した①神戸地裁決定昭三四・九・二（下民集一〇巻九号一八四九頁、西・ジュリ二二九号七二頁〈一九六一年〉）であろう（この決定に対しては「主たる債権の準拠法に基き先取特権が肯定される場合にのみ、船舶先取特権の準拠法の問題が登場する」とする立場から批判が向けられていた、西・前掲七三頁）。これに続くのが、アメリカ籍船の競売に際し、被担保債権準拠法（アメリカ法）により船舶抵当権および船舶先取特権の成立を認定した後、「船舶についての物権関係の準拠法については我が国際私法上明文の規定を欠くが我が国際私法は条理として船舶上の担保物権（先取特権と抵当権の順位を含む）の準拠法については旗国法説を採る」旨判示した②山口地裁柳井支部判決昭四二・六・二六（下民集一八巻五・六合併号七一一頁、平塚・ジュリ四二〇号一二三頁〈一九六九年〉山崎・ジュリ四六六号一〇三頁〉〈一九七〇年〉、田辺・渉外百選（増補版）二二六頁〈一九七六年〉、谷川・渉外百選（第二版）六四頁〈一九八六年〉、川又・海事百選（増補版）二五四頁〈一九七三年〉である。同判決は、準拠法決定に際し法定担保物権と約定担保物権とを区別していない点等で批判されているが（谷川六五頁、山崎一〇五頁、川又二五四頁）、船舶先取特権の成立につき被担保債権準拠法と旗国法を累積適用した点では支持されている（平塚一二四頁、山崎一〇五頁、川又二五五頁）（なお条理に依拠して旗国法を準拠法とした点では基本的にこれを指示する平塚一二六頁、山崎一〇六頁、川又二五五頁と、これに反対する谷川六五頁とで評価が分かれている）。先例中には、渉外事件として明確に意識されなかったものもある（『判例体系・国際私法一巻』六二三頁〈一九六五年〉）。すなわち、韓国法人所有の船舶に関する競売申立につき、直ちに日本法を適用して先取特権の存否を判断した③横浜地裁川崎支部決定昭四三・一二・二七（下民集一九巻一一・一二合併号八五一頁）がそうである。その後、大阪湾岸に擱座したパナマを船籍港とする船舶を救助した港湾管理者の船舶所有者に対する海難救助事件でもこの問題が取り上げられた。海難救助料請求権を被担保債権とする船舶先取特権の成立および効力につき法例第一〇条を適用して「旗国地法たるパナマ共和国海事法による」旨判示した④広島地裁呉支部判決昭四五・四・二七（下民集二一巻三・四合併号六〇七頁、判時六〇八号一五八頁、濱四津・ジュリ五一三号一一一頁〈一九七二年〉、木棚・ジュリ五三五号二一五頁〈一九七三年〉、山崎・ジュリ五四四号一一〇頁〈一九七三年〉、澤木・海事百選（増補版）二五六頁〈一九七三年〉）がそれである。右判決は、法例に欠缺があるとして条理に基づき旗国法に依拠した裁判例②とは異なり、法例第一〇条の解釈から旗国法を導いている。そのため、同条への依拠が、法の欠缺の一場合と解し国際私法上の条理により旗国法を準拠法とする立場から批判されることとなった（濱四津一一二頁、木棚二一七頁、山崎一一二頁）。右の判決では、船舶先取特権の準拠法決定に先行して、海難救助に基づく債権の成否および効力の準拠法（日本法）でも、また船籍国（パナマ）法でも海難救助料請求権につき物権的効力を有する先取特権の成立が認められる旨が確認されていた。そのため、この判決は、論理の逆転の点でも、法定担保物権の成否に関し被担保債権準拠法の適用に明示的に触れていない点でも批判を免れなかった（濱四津一一三頁、木棚二一七頁。なお山崎一一二頁は同判決が被担保債権の準拠法との累積適用説を採ったものとみている）。

二　このように初期の裁判例①が（傍論においてであれ）明示的に旗国法を船舶先取特権の存否の準拠法としていたのに対し、裁判例②は明確に、また④はやや不明確であるが、船舶先取特権の成立につき被担保債権準拠法と物権準拠法との累積適用という構成を採用しているようである。この立場はその後の裁判例にもほぼ共通してみられている。

そのことは、船籍を変更した船舶につき先取特権が主張された事案で被担保債権準拠法と物権準拠法たる旗国法（共に韓国法）とを重畳的に適用した⑤秋田地裁決定昭四六・一・二三（下民集二二巻一・二合併号五二頁、畑口・ジュリ五三八号一一〇頁〈一九七三年〉、木棚・法時五四〇号一七六頁〈一九七三年〉、山崎・ジュリ五六〇号一三六頁〈一九七四年〉）についてもあてはまる（この構成を支持する畑口一一一頁、木棚一七七頁に対し、山崎一三七頁は被担保債権準拠法のみによる立場から疑問を表明する）。これに続くのが、被担保債権準拠法たる日本法上、一旦成立した船舶先取特権も除斥期間経過後は消滅するとして先取特権の存続を否定した⑥東京地裁判決昭五一・一・二九（下民集二七巻一～四合併号二三頁、判時八三七号六九頁、田辺・ジュリ六四三号一六七頁〈一九七七年〉、原茂・金判五三五号二頁〈一九七八年〉）である（本判決に対しては、旗国法を限定的に適用する立場からの批判がある、原茂五頁）。このような構成は、パナマ籍船の定期傭船契約および同船の燃料供給契約の準拠法（日本法）と法例第一〇条による物権準拠法（船籍国法、パナマ法）を累積適用し、船舶先取特権の成立を肯定した⑦高松高裁決定昭六〇・四・三〇（判タ五六一号一五〇頁、金法一一一七号三八頁、金判七三〇号二八頁、谷川・ジュリ八六二号二六〇頁〈一九八六年〉）でも（本決定に対しては、被担保債権準拠法と船舶の現実の所在地法との累積適用を主張する見地からの批判がある、谷川二六二頁）、またパナマ船舶に係る先取特権と抵当権との優劣関係が問題となった事案で、旗国法（パナマ法）上先取特権が抵当権に劣後するとして競売手続取消決定を下した原審の判断を正当とした⑧広島高裁決定昭六二・三・九（判タ六三三号二一九頁、判時一二三三号八三頁、金法一一七二号四二頁、平塚・判タ六七七号六二頁〈一九八八年〉、木棚・海事法研究会誌八二号一頁〈一九八八年〉、長谷川・国際商事法務一六巻二号一四六頁〈一九八八年〉）でも採用されている（なお、木棚二頁が同旨の裁判例として広島高裁決定昭六三・三・一〇を紹介するほか、小川・判タ三四五号七二頁〈一九七七年〉も、イスラエル籍船に関して競売開始決定が下された事案で先取特権の成立につき被担保債権準拠法（日本法）と物権準拠法（旗国法）を累積適用しつつ、その効力につき債権準拠法と船舶の現実の所在地法（法廷地法）とに共通する原則または法廷地法を適用するという主張に従い、日本法を適用した例を紹介する）。

このように、裁判例では法例第一〇条適用の有無、旗国法の連結点としての適否などをめぐり複数の評価が対立していた。初期の旗国法説から累積適用説へと至る変化を見るとき、本決定における法廷地法説の採用が新たな展開を示す契機となるか、注目されよう。

三　こうした裁判例の動揺はむろん学説の動きと無関係ではない。初期には、船舶先取特権の成否をもっぱら物権準拠法（旗国法）によらしめる立場（河辺『国際私法論』二六七頁〈一九二九年〉）も主張されたが、次第に多くの支持を得るようになったのは、被担保債権準拠法と物権準拠法とを累積適用する構成（久保『国際私法論』六一二頁〈一九三五年〉）であった。この見解は、債権担保のため担保物権が成立するというその属性から被担保債権の準拠法上債権の成立・存続が必要であるとし、法定担保物権が一定の債権を保護するために法律上特に認められた権利であり被担保債権のひとつの効力にほかならないことを根拠に累積適用を正当化しようとする。また、船舶が本来一定した場所を持たないため船舶の物権関係を所在地法によらしめると法律関係がきわめて不安定なものとなることから、旗国法によるべき旨をも主張する（詳しくは、石黒「所謂法定担保物権の準拠法について」海法会誌復刊二七号三頁〈一九八三年〉、池原他「わが国における海事国際私法の現況」海法会誌復刊三〇号二三頁〈一九八六年〉、阿部＝峰「船舶先取特権をめぐる問題点」『金融担保法講座Ⅳ巻』二三七頁〈一九八六年〉、林田「外国担保権の実行」澤木＝青山共編『国際民事訴訟法の理論』四三七頁〈一九八七年〉他参照）。

しかし、その後、右の諸裁判例の評釈等を契機として、次第に詳細な論議が行われるようになってきた。主要な争点としては、まず法例第一〇条の直接適用をめぐる肯定説と否定説との対立がある。前者は、船舶を移動中の物とみて、法例第一〇条の解釈上仕向地法の適用と同様、旗国法を適用する（折茂『国際私法（各論）』〔新版〕九二頁以下〈一九七二年〉）。これに対し、後者は、法例第一〇条の所在地が現実的所在地を意味すること、船舶が一定の国に登記・登録される個性的なものであり、移動中の物と同視するのは妥当でないことなどから、条理により準拠法を決定しようとする（木棚『演習ノート国際私法』七〇頁〈一九九二年〉）。次に単位法律関係を船舶先取特権の成立と効力とに分解するか否かにより、統一連結説と分割連結説とが対立する。統一連結説は、単一法秩序の適用のみを考える単一準拠法説と複数の法秩序の累積適用説とに細分される。単一準拠法説には、目的物の所在地法（旗国法、登録地法）説（西・ジュリ五九五号二一二頁〈一九七五年〉）と被担保債権準拠法説（平塚・ジュリ年鑑一九七〇年版二一四頁、山崎・ジュリ五六〇号一三八頁）がある。累積適用説は、被担保債権準拠法と目的物の所在地法（旗国法、登録地法）とを適用する立場である（平塚・ジュリ四二〇号一二五頁）。他方、分割連結説も、成立について被担保債権の準拠法と目的物の所在地法を累積適用しつつ、内容・効力につき目的物の所在地法（旗国法）のみによる立場（山戸『海事国際私法論』四二一頁〈一九四三年〉他）と、成立につき被担保債権の準拠法と現実の所在地法（法廷地法）とを累積適用し、効力については、船舶の現実の所在地法（法廷地法）のみによるとする主張（もっとも、提唱者は被担保債権の準拠法と法廷地法との累積適用の可能性も残してはいる、山田＝澤木『国際私法演習』六四頁〔谷川〕〈一九七三年〉）とに分かれている。さらに、船舶先取特権の成立につき、その種類に応じた類型化を考える個別化説、すなわち、港湾サービス供給に関する船舶先取特権については寄港地法により、公海上の海難救助による債権・船員の賃金債権に関する船舶先取特権については、船舶所在地法によることが不十分であるとして、まず密接関連性テストによって決し、次にそれが困難な場合には債権準拠法によるか旗国法によるかを具体的妥当性によって決するという構成も主張されている（石黒『金融取引と国際訴訟』三四三頁〈一九八三年〉、林田・前掲四五八頁）。これに加えて、旗国法の準拠法としての適格性についても、旗国法を一般的な連結点とすることに無理があるとする主張（原茂「船舶先取特権の準拠法としての旗国法について」青法二〇巻四号〈一九七九年〉、谷川「旗国法の基礎の変化と海事国際私法⑴」成蹊二一号一六頁〈一九八四年〉）と、これに疑問を表明する立場（木棚・海事法研究会誌六頁）とが対立する。このほか、右の構成が便宜置籍船の事例に妥当するかという点も評価が分かれよう。本決定を含む各裁判例の前提には、学説についてのこのように錯綜した状況がある（詳しくは、前記の諸文献参照）。

〔評　論〕

一　本決定に対する各誌の解説は、船舶先取特権の成立につき「担保権実行事件の提起された地（法廷地）である日本法により判断されるべきであるとし、さらに、その効力について日本の船主責任制限法、民法（物上代位の規定）及び民事執行法（船舶の競売の規定）を適用している……ことから……本決定は、船舶先取特権の成立、効力の準拠法を、法廷地法…としたものと考えられる」旨を指摘する（判時九一頁、判タ二八六頁、金法三一頁）。しかしながら、判旨は、船舶先取特権の成立の準拠法に言及するのみで、効力の準拠法の根拠には触れていないのではないか。また本決定は、国際的裁判管轄権（池原「国際的裁判管轄権」『新・実務民事訴訟講座七巻』四〇頁〈一九八二年〉）にも触れていない。けれども、渉外事件の場合まず国際的裁判管轄権の有無が判断されなければならないところである。たとえ、本決定が船舶所在地の管轄を認める従前の実務に沿うとしても、その根拠（民事執行法一八九条・一一三条等）が明らかにされなければならないところであろう。殊に国際民事訴訟法の法源が争われ、さらに船舶の現実の差押地以外に内国牽連性がまったくない場合にわが国の裁判管轄権を否定する余地を残す主張（石黒・前掲三四七頁、林田・前掲四五八頁）もあるだけに、この点にも論及されなければならないのではないか。

しかも、船舶先取特権の成立の準拠法という本決定の中心問題に関わる裁判所の態度表明もまた容易には理解し難いように思われる。日本法が準拠法とされるとしても、そのための連結点が法廷地法でなければならない謂れはない。法廷地法が日本法であるという事実の確認とその後に続く「そうすると……法廷地法である日本法によって、判断されるべきである」とする論述とがいかなる理由から整合性を持つのかという点もおよそ明らかではない。右の論述による限り、法廷地法以外の法が適用される可能性はまったくないことになる。それは、この立場による場合、各連結点の解釈により最も密接な関係に立つ法秩序を具体化し準拠法として適用する国際私法の存立基盤が全面的に否定されるからである。

二　それならば、この点はどのように考えられるべきか。それとしてまず問われるのは、法廷地法説の根拠についてである（詳しくは、裁判例②下民集一八巻五・六号七一八頁、阿部＝峰・前掲二四一頁他参照）。前述のように、本決定中にはこの点に関する論拠は示されていない。「法廷地法が最も適している」と判断する理由として、各誌の解説（判時九二頁他）は次の三点を指摘する。すなわち、(1)「法廷地法を準拠法として、船舶先取特権の成否を判定しても、少なくとも法廷地法が日本法である場合には、利害関係人、特に船舶先取特権の負担を受ける船舶所有者及び船舶抵当権者の予測を越えることはあまり無」く、(2)「一つの権利の成立及び効力について、問題毎に異なる法律によって判定するのは、複雑にすぎる欠点があるから、これをまとめてすべての問題について準拠法を定めるとすれば、法廷地法が適当であ」り、(3)「申立てから執行までに長時間を要するならば、移動性を有する船舶の性質上、債権者に極めて不利になる。また、船舶を運航する側からみても、一旦受けた執行から解放されるための審理に長時間を要するならば、これまた多大の損害を受けることとなる。……船舶先取特権の準拠法に関する原則も単純明快であるべきであり、その点では法廷地法が最も適している」という説明がそうである。

けれども、右の説明から法廷地法説のみが正当化されると言うことはできないように思われる（山内『海事国際私法の研究』二三八頁以下〈一九八八年〉）。それは、(1)の予測可能性についても、(2)の単一の法によるべきであるという点に関しても、さらに(3)の単純明快さにしてもその法がなぜに法廷地法のみでなければならないかという問いにまったく答えていないからである。そのことは、法廷地法という部分をこれとは別の表現（旗国法等）で代用しても、それぞれの文脈上なんらの支障も生じ得ないことから明らかになろう。むしろ、そこには、当初から外国法の適用を拒否すべく、法廷地法の適用以外にはあり得ないとする頑なな姿勢が顕著に現われているのではなかろうか。およそ法による裁判はしかるべき論拠を伴うものでなければならない。そのことは、むろん準拠法決定の場合にもあてはまるところである。非論理的な記述が裁判例にみられること自体、渉外事件の処理におけるわが国実務の問題性を何よりもよく示すものと言わなければならない。

## 二　国家賠償法と相互の保証

〔名古屋高裁昭和五一年九月三〇日判決（昭和五一年(ネ)第七四号、第一三二号損害賠償請求控訴事件）判時八三六号六一頁、判タ三四五号二一五頁〕

〔事実の概要〕

訴外大韓民国人Aは、夜間、普通乗用車を運転中に浜名港内の埋立地にある岸壁道路に進入後、前方の浜名湖中に転落し、死亡した。そこでAの母である大韓民国人Xは右道路の管理者Y（静岡県）に対し、Aの逸失利益、葬儀費用およびX固有の慰謝料を訴求した。第一審の名古屋地裁豊橋支部が国家賠償法第二条に基づくYの損害賠償義務を一部認容した（判時八一二号九〇頁）ため、Yが原判決中Y敗訴部分の取消を求めて控訴したのが本件である。なお、Xも、同様に原判決中X敗訴部分の取消を求め、付帯控訴した。本判決は、控訴および付帯控訴を棄却し、原判決を維持した。

原告……国籍＝大韓民国　住所＝日本

不法行為地……日本

〔判　旨〕

「亡A及びXは……大韓民国の国籍を有する……。従ってXが亡Aの母としてその主張の損害賠償につき国家賠償法の適用を受けるには……大韓民国の法律において、日本人が被害者となった場合に、同国またはその公共団体に対しわが国の国家賠償法と同一または類似の損害賠償責任を問いうるとされていなければならない（同法六条）。……大韓民国の国家賠償法は、道路、河川その他公共の営造物の設置もしくは管理に瑕疵があるため、他人の財産に損害を生ぜしめたとき又は他人の生命もしくは身体を害したときは、国又は地方自治体がその損害を賠償する責任を負い（同法五条一項）、外国人が被害者である場合には、相互の保証があるときに限りこの法律は適用される……（同法七条）。ただ同法三条、九条および同法施行令……によると、同国の国家賠償制度は、審議会前置主義をとり、また賠償額を定額化しており、しかもその賠償額がわが国における現今の賠償額と比較していささか低額であり、わが国の国家賠償制度と右の点において差異がある。しかしながらかかる差異があっても国家賠償法六条の相互の保証があるときに該当するものと解するに何らの妨げとはならないから、Xはわが国の国家賠償法により損害の賠償請求をなしうる……。」

〔解　説〕

一　国家賠償責任は、伝統的に民事法の領域に属する（EC条約第一条の解釈につき、Heß, IPRax 1994, 10）。公務員の職務違反がたとえ国家の公法的または私法的な活動領域内で行われているとしても、そのことに変わりはない。それは、歴史的に公務員関係を「私法的な委任契約」とみる理論が起点にあるからである（Schurig, JZ 1982, S. 385）。この点は、わが国家賠償法が適用される場合も同様である（今村・国家補償法八九頁）。それゆえ、渉外事件における公務員の責任および公務員に代わる国家の責任は、国際私法上不法行為の分野で取り扱われることとなる（Kegel, IPR, 6. Aufl., S. 467 f.; MünchKomm-Kreuzer Art. 38 RdNr. 275 ff.; von Bar, IPR, Bd. 2, S. 496 f.; Kropholler, IPR, 2. Aufl., S. 445 f.）。したがって、わが国家賠償法の適用が問題とされるのも、日本法が不法行為準拠法に指定される場合に限られる。

二　渉外不法行為事件において国家賠償法が適用される場合、とくにその要件とされるのが相互の保証（第六条）である。相互の保証とは、日本の国もしくは公共団体の公務員の公権力行使（私経済作用は含まれない）または営造物の設置・管理の瑕疵によって外国人が被害を受けた場合において、その外国人所属国で日本人が同様の被害を受けたとき、日本人がその国または公共団体に対し賠償請求できることを条件に、日本の国または公共団体が、その外国人に国家賠償法第一条・第二条の損害賠償責任を負うことをいう（古崎・国家賠償法の理論二三八頁）。むろん国家賠償請求権行使の要件は、論理上、相互保証主義と必然的に結び付くものではない（古崎・前掲二三五頁）。そのため、国家賠償法第六条が憲法第一七条に違反するのではないかという疑念も提起されていた（下山・国家補償法三四頁他。外国人に対する責任制限の違憲性〔基本法第三条第一項〕はドイツでも争われたが、合憲説をとったのがBGH NJW 1980, 1567, 1569である）。それならば、実質法上相互保証の有無の判断基準は何か。この点については、被害を受けた外国人の本国法が日本人に対し法律の明文上またはこれに代わる条約、協定、あるいは解釈、判例によりわが国家賠償法と同一かまたはそれより緩やかな要件のもとに賠償責任を負っていれば、相互の保証があるとする指摘がある（古崎・前掲二四二頁）。ただ現実にどの程度の類似性があれば相互の保証があるとされるかは必ずしも明確ではない。この点は法比較の限界という一般問題に帰着する。国家賠償法第六条では衡平の実現が立法趣旨とされ、一九一〇年のReichsbeamtenhaftpflichtgesetz 第七条が母法となる（古崎・前掲二三五頁）ところから、ドイツ法上の判定基準が参照されることもあり得よう（Ritterspach, IPRax 1986, 19; Steindorf, IPRax 1986, 20）。わが国には、本判決や大阪高裁判決昭和五四・五・一五判時九四二号五六頁（韓国法）のほか、東京地裁判決昭和五一・五・三一判時八四三号七二頁（西ドイツ法）、東京地裁判決昭和四七・六・二六判タ二八五号二六六頁（中華民国法）のように外国法の内容に言及した先例もあれば、外国法の内容に触れずに相互の保証を肯定した例（大津地裁判決昭和四九・五・八判時七六八号九四頁）もある。また外国法の内容に触れていても、国家賠償制度の立法上の存在の確認にとどまる例が少なくない。理論的には外交（条約）上、立法上および事実上の保証の三態様がある（桑田・ジュリ五五三号一五三頁）が、わが国では、条約上の保証があることを格別に要せず、当該外国で日本人が国家賠償の請求資格を拒否されないという意味で現実の保証があれば足りるものとされている（古崎・前掲二四五頁）。この点、たんに事実的に行われるものでは足りず（MK-Papier § 839 Nr. 230）、外国の立法またはドイツとの条約により相互の保証が行なわれていることを必要とするのがBGH NJW 1956, 1836, 1837 の場合である（MK-Papier § 839 Nr. 226）。なお、ここでの外国人に法人が含まれることには異論がないであろう（ノルウェーの法人に関する先例として東京地裁判決昭和四四・一〇・二五訟月一〇巻一五号一一八七頁、MK-Papier § 839 Nr. 229）。無国籍者が含まれるか否かについては、被害者保護の立場から日本人と同様の救済を与えてよいとされる（古崎・前掲二三九頁）。ここで注目されるのは、無国籍者、避難民で三年以上オーストリアに居住するものにつき相互の保証の要件をはずしていた例である（OGH EvBl 1967/381）。むろん無国籍者でも、事後の国籍取得は考慮されよう（BGH NJW 1980, 1513）。他方、重国籍者、とくに分裂国家に属する者については、一方の法律制度上相互の保証があれば足りるとした東京地裁判決昭和三二・五・一四下民集八巻五号九三八頁や京都地裁判決昭和四八・七・一二判時七五五号一〇〇頁〔評釈として、江川＝澤木・ジュリ一六一号六七頁、沢木・渉外判例百選〈第一版〉二〇五頁、村瀬・ジュリ五六四号一二二頁〕があり、これを支持する学説もある（古崎・前掲二四二頁）。また属人法の決定と相互保証の有無の決定とは異なるとし、日本が承認する大韓民国との間に相互の保証があることで足りるとの指摘（江川＝澤木・前掲六七頁）もある。さらに、国家賠償請求権の人的範囲をどこまで認めるかという外人法上の問題を外交上の承認の有無とは一応切り離して考え（桑田・前掲一五三頁）、とくに在日朝鮮人については、国籍がすでに実効的な連結素としての資格を失っているところから、永年にわたり日本に居住する朝鮮人については、少なくとも外人法上の私法的問題に関する限り、相互保証の枠からはずして、その権利の保障を図るべきであるとの意見（村瀬・前掲一二二頁）もある。むろん立法論上、在日朝鮮人永住者の権利保障は望ましいが、現行法上、国籍の認定を無視することはできないであろう。その意味では、国家賠償法第六条の適用上も、属人法決定のための国籍の確定と基本的に異なるところはない。ここでも外国法の内容確認のための努力が司法当局に求められるところであろう（外国法照会協定について、山内・ジュリ六五七号八七頁）（その他諸説の対立する相互の保証の主張・立証責任や、相互の保証がない場合の公務員の個人責任等の詳細については、古崎・前掲二四五頁以下参照）。

三　相互の保証という要件は、本来、外人法上内国人との対比において、外国人に法的地位を付与するにあたり「与えられるために与える（do ut des）」とする思想に立脚し、当該外国に自国民の法的地位について特に平等の取扱いを要求する立場である。その根底に自国民保護の思想があることもいうまでもない。それゆえ、相互の保証がない場合に国家の賠償責任が排除される実質的理由も、明らかに在外自国民の保護にある。しかし、そうした思想が今日でも維持されるべきか否かについては、なお検討の余地がある。相互の保証の要件は、開かれた国際社会の一員たることを目指す諸国では、不当かつ時代に合わないものとされている（Schurig, aaO, 386; BGH v. 17. 12. 1981, WM 1982,

241, 242；BGH v. 28. 2. 1980, BGHZ 76, 387)。相互の保証という要件を一般的に撤廃した（MK-Kreuzer § 12 Nr. 249）一九八一年のドイツ国家責任法三五条（BGHl 1981, I 553、なおこの法律は後に無効とされた〔BGHl 1982 I S. 1493〕）はその一例にほかならない。

**四**　国または地方公共団体およびその公務員の職務違反に基づく渉外的な損害賠償請求事件としては、わが国の先例が集中する、内国公務員の国内での職務違反を理由とする外国人による請求のほかにも、内国公務員の国外での職務違反に基づく内外国人による請求などが考えられなければならない。たとえば、アメリカ合衆国の Federal Tort Claims Act〔Title 28 § 2502 USC〕は、合衆国外での職務違反につき国家責任を排除する（Merdith v. US, 330 F 2d 9, 11）が、他方、ドイツ公務員の国外での職務違反は、ドイツ国際不法行為法の一般原則にではなく、つねにドイツ法によるとされている（付従的連結〔akzessorische Anknüpfung〕BGH VersR 1982, 185, 186 f.）。それは、行為者の人的責任が Amtsstatut（職務行為の成否他の準拠法）によるとされるからである。この点は、ドイツ、フランス、イタリアおよびオーストリアの各最高裁の採る立場でもある（なお Schwimann, IPR, S. 173；Binder, 20 RabelsZ (1955), 483）。また、国家賠償請求事件の国際的裁判管轄権（損害を惹起させた官庁が外国にあるときは、その官庁が所属する国家を裁判上代表する官庁の所在地国が管轄権を有するなど）やヨーロッパ法（Basedow, IPRax 1994, 85）にも論及されなければならない。ただ、紙幅の制約のため、これらについては文献の指摘のみにとどまらざるを得ない（Frowein, JZ 1964, 358；Grasmann, JZ 1969, 454；Gramlich, RIW/AWD 1981, 811；Schurig, aaO, usw.)。

# 三　旧日本軍人の国外での行為による国家賠償請求と法例第一一条

〔東京地裁平成一〇年一〇月九日民事第一五部判決
（平成五年(ワ)第五九六六号、同年(ワ)第一七五七五号補償請求事件）
判時一六八三号五七頁〕

**〔事実の概要〕**

フィリピン人女性四六人（X）は日本国（Y）に対し、太平洋戦争当時日本軍占領下のフィリピンで日本兵に拉致されたうえ駐屯地などに監禁され、いわゆる従軍慰安婦として日本兵から強姦等の性的暴行を受け、著しい精神的苦痛を被ったことを理由に、一人二〇〇〇万円ずつ、総額九億二〇〇〇万円の損害賠償を求めた。Xは、請求原因の主張にあたり、陸戦ノ法規慣例ニ関スル条約（ハーグ陸戦条約）第三条に成文化された国際慣習法、人道に対する罪、フィリピン国内法、日本民法に論及した（国際法に関する部分の解説については、別の裁判例に関する森川・ジュリスト一一五七号二七九頁国際法2他参照）。X敗訴（控訴中）。

**〔判　旨〕**

（解説の便宜上、判旨の引用順を一部入れ替えた。）

一　「法例一一条は、渉外的関係について私法規定の抵触がある場合に、その準拠法を定める規定であるところ、後記のとおり……本件各加害行為は、国家の権力的作用に付随するきわめて公法的色彩の強い行為であって、当時のわが国の法制度の下においては、国の権力的作用について一般私法の適用はないとされていたから、私法規定の抵触があるとして法例を適用することには大きな疑問がある。」

「法例一一条二項は……不法行為地法と日本の法律との累積的適用を認めたものであり、両国の法の要件をともに備えなければ不法行為が成立しないとしたもの」であり、「三項は……二項と同様の趣旨から、不法行為に基づく損害賠償の方法及び程度に関しても、不法行為地法と日本の法律の累積的適用を認め……不法行為の効力に関して全面的に日本の法律による制限を認めたもの」である。

**二**　「現行の国家賠償法……附則六項は、『この法律の施行前の行為に基づく損害については、なお従前の例による。』と定めている。……右法律施行前である本件各加害行為があったとされる太平洋戦争当時のわが国においては、いわゆる国家無答責の原則が採用され、国……の権力的作用について、私法たる民法の適用がなく、これに基づく国の損害賠償責任はない」。「右戦争指導等の行為は、明らかに国家の統治権行使ないしはこれに準ずるものであり、国家の権力的作用ないしきわめて公法的色彩の強い行為であるといえる。したがって、……国家賠償法制定前のわが国においては、国家無答責の原則により、民法の規定の適用が排除され、被告は損害賠償責任を負わない」。

**三**　「フィリピン国内法である旧法……がフィリピン国の主権の効力の及ばない外国国家である日本国の不法行為の成立やその損害賠償責任をも規定しているとは到底認め難い。」

**四**　「本件各加害行為が不法行為と認められるとしても、本件訴訟は、右行為時である太平洋戦争の終結から二〇年以上を経過し……提起されたことが明らかであるから、……フィリピン国内法に基づく損害賠償請求権は、民法七二四条後段の除斥期間の経過により消滅した。」「監督義務違反の不法行為が認められて日本の民法が適用され、国家無答責の原則の適用がなかったとしても、……本件各加害行為及び右監督義務違反は太平洋戦争中に行われたもので……民法七二四条後段により……損害賠償請求権は、除斥期間の経過によって消滅した。」

〔解　説〕

**一**　元従軍慰安婦による損害賠償請求事件として、本件は山口地裁下関支部平成一〇年四月二七日判決（判時一六四二号二四頁）に続くものである（その後の事案につき朝日新聞一九九九年二月一八日夕刊他参照）。日本国憲法制定後も国が特別の賠償立法をなすべき憲法上の義務を違法に怠った不作為を理由に請求を認めた同判決に比し、本件ではＹの加害行為自体の違法性が直接問われていた（捕虜虐待などに基づく損害賠償請求事件として東京地裁平成一〇年一一月二六日判決、同年同月三〇日判決〔判タ九九一号二六三頁の他、いずれも各裁判日の各紙夕刊参照〕がある）。

婉曲的表現・段階的構成などのためか、判旨は幾分錯綜しているようであるが、国際法上の請求権の否定に続き、国家法上も不法行為に基づくYの賠償責任を否定した本判決には、否定の根拠に関して以下の五つの構成が含まれている。第一の根拠は、①民法の適用排除および他の法令上の根拠の欠如である。民法の適用排除の理由は国家賠償法（以下、国賠法と略称）附則第六項を介した国家無答責の原則に、さらに同原則の適用根拠は本件加害行為が国家の権力的作用に付随するきわめて公法的色彩の強い行為であるという評価に求められ、法例の適用が排除される（実質法的構成、国賠法直接適用説、判旨一前段）。予備的に言及される第二の立論（牴触法的構成、判旨一後段）では、法例の適用上準拠法の相違に応じて二つの根拠が併存する。日本法が準拠法の場合、②国家無答責の原則に基づく民法の適用排除（判旨二）が①と同様に提示されるが、この構成が否定される場合に備え、③民法上の除斥期間経過による損害賠償請求権の消滅（判旨四）にも触れられる。他方、フィリピン法が準拠法の場合、④フィリピン法上の賠償責任の否定（判旨三）が優先されるが、この構成が退けられる事態に備え、⑤法例第一一条第二項および第三項によるフィリピン法と日本法との累積適用により③と同様に日本法上の除斥期間経過によるフィリピン法上の賠償請求権の消滅が指摘される（判旨一後段、四）。

二　国家賠償責任は国際私法上不法行為に属する（山内・後掲二五六頁、奥田・後掲一三〇頁、MüKo-Kreuzer (Münchener Kommentar zum BGB, 3 Aufl., 1998) Art. 38 RdNr. 277 他）。裁判所も国賠法に基づく損害賠償請求事件を「通常の一般民事事件」（前提α）と位置付ける（後掲・古崎一四七頁、村重・後掲同編三頁、武田・後掲村重編一六頁他）。今日の民事裁判実務上、渉外私法事件では、通例、国際裁判管轄権および準拠法に言及されている。実質的争点でないため判旨は触れていないが、わが国の国際裁判管轄権の肯定に疑義はない。被告の普通裁判籍が国内にあるからである（民事訴訟法第四条第六項（旧第四条第二項））。

実体関係につき関係国（日比）間に統一法がないところから、法廷地の牴触法たる法例の法源性が肯定される。判旨一は法例の適用に疑問を示すが、準拠法決定は当該事項につき関係諸国の実質法が内容を異にし併存する事態を想定して行われるのであり、私法規定の現実の牴触を要件とするわけではない。各国実質法上の分類基準と牴触法上のそれとの不一致は十分に予測されている。判旨一は行為の公法性を根拠に法例の適用に疑問を示すが、前提 α の下では国賠法を国の不法行為責任に関する一般法と解しても、同法を民法の特別法とみても、また公法と解しても（古崎・後掲一四七頁、乾・後掲三八八頁、遠藤・後掲一〇九頁他）、法例が国賠法適用の根拠となるのであって、その逆ではない。独立牴触規定中の単位法律関係概念の表現方法を想起すれば、国内実質法上の評価が牴触法適用の有無を左右することはあり得ない。判旨一（①説）を承認すれば、むしろ「公法の属地性（前提 β）」が根拠となろう。それゆえ、判旨一前段では、前提 α と β の両立可能性が説明されなければならない。

前提 α を承認する場合、準拠法の決定に関しては法例第一一条第一項にいう「其原因たる事実の発生したる地」の解釈が不可欠となる。要件解釈がなければ効果としての準拠法も決まらないはずだからである。本件加害行為が実際に行われた地に着目すれば準拠法はフィリピン法となり、加害行為のもともとの原因たる指示命令の出所に着眼すれば準拠法は日本法となろう。もっとも、国家責任につき法例第一一条の適用を回避しようとすれば、同条所定の「不法行為」を限定し、単位法律関係および連結点を異にする別個の独立牴触規定を解釈上新たに構想する余地もあろう。たとえば、公務員の任用地（日本）と不法行為地（フィリピン）が異なるときは公務員を任用しかつ派遣している本務国法（日本法）によるという構成である（LG Rostock, NJ 1995, 489；Mansel, IPRax 1987, 210；MüKo-Kreuzer Art. 38 RdNr. 277

他）。

Yの本件加害行為を「国家の権力的作用ないしきわめて公法的色彩の強い行為」とみる判旨二（②説）には裁判実務および学理の成果からみてなお触れるべき点がある。法務省関係者でさえ「旧憲法下でも……国の私経済活動（作用）あるいは非権力作用に伴う不法行為については、私人と同様の損害賠償責任が認められており、国家無答責の原則が貫徹されていたわけではない」と述べているからである（国賠訴訟実務研究会・後掲一頁）。明治憲法下でも権力的作用の内容を限定し、国の私経済作用（私人と同様の立場でする取引行為等）として鉄道工事の瑕疵に基づく民法上の不法行為責任を認めた著名な先例（大判明治三一・五・二七民録四輯五巻九一頁）がある（田中舘・後掲一六六頁、今村・後掲四六頁、国賠訴訟実務研究会・後掲六頁他）。本件加害行為に含まれる慰安行為を「行政主体としての国……が優越的な意思の主体として私人に対する関係で行う行政活動」（国賠訴訟実務研究会・後掲二頁）とみる明確な根拠があれば、国の賠償責任を全面否定した先例に従う判旨二に賛同する余地もある。しかるに、「料金は現金先払とす」る旨の軍慰安所利用規程の存在や慰安行為に報酬が払われていたという実態も歴史家により夙に広く紹介されている（吉見・後掲一三八、一四五頁他）。慰安行為を権力的作用にあたらないのではないかと考えるのは、権力的作用ならば料金や報酬という経済活動上の対価を想定した表現はみられないはずだからである。職権を濫用し故意に他人の私権を侵害する場合、官吏としての行為でなく私人の行為であることを理由に、官吏の賠償責任が肯定された例もある（今村・後掲四六頁）。集団的職権濫用行為ともみられ得る本件加害行為を権力的作用と意図的に解する根拠を含めて、判旨二にはなお補充的説明が求められよう。

他方、フィリピン法が準拠法となる場合、同国の時際法を含め、旧法第一九〇二条、第一九〇三条第四文等の解釈も不可欠である。準拠実質規定が決まらなければ、当該実質規定の要件事実は考えられず、賠償請求権の有無を判定し得ないはずだからである。国家主権の存在を想起すれば、フィリピン国内法が日本国の不法行為の成立や損害賠償責任をも想定していると認め難いという判旨三は、外国実質法の解釈としてむろん正しい。しかし、この趣旨を貫けば、国内で外国法を適用する余地はない。けだし、主権の尊重という視点から、外国国家の損害賠償責任についてわが国の法が直接定めることがないのと同様に外国法もわが国の国家賠償責任を直接法定することなどあり得ない以上、適用可能な外国法は存在し得ないからである。渉外事件で外国法に適用の余地を与えるのは、主権概念を放棄し、国際礼譲に依拠するからに他ならない。法例が外国法の適用を認めている以上、判旨三がフィリピン法の適用を否定する根拠たり得ないことは容易に理解されよう。

判旨四に異論を唱えることは、従前の実務を重視する限り、難しいかもしれない。けれども、法規適用基準の内容如何がひとつの実践的争点となり得ることを想えば、民法第七二四条所定の不法行為を通常の国内事件におけるそれに限定するなどの工夫はまったく不可能であろうか（奥田・後掲一三四頁）。数世代前の同国民の行いに対して国家の責任が国際的にも厳しく問われ人道的配慮も強く求められている本件のような歴史的事件では同条を制限的に解釈しXの請求につき実体審理の途を残す余地もあり得るように思われる。けだし、例外のない原則はなく（Kein Regel ohne Ausnahme）、「世界は滅ぶとも正義は成し遂げよ（Fiat justitia, ruat coelem）」という諺もある（カント『永久平和論』他）ほど、この点は一般法理ともいい得ることだからである（国際公序論他）。

三　判旨の法律構成に目立つのは、立論の根拠付けに関する同語反復の問題性である。けだし、表現上理由とされていても、実質的根拠はまったくみられないからである。たとえば、判旨一は、本件加害行為がきわめて公法的色彩の強いものであることを理由に、法例の適用に疑問を表明する。判旨二は国家無答責の原則を理由に民法の適用を否定する。判旨は、このように、公法的色彩の強調と法例の適用排除、国家無答責の原則と民法の適用排除、公法的色彩の強調と国家無答責の原則という対語に言及するが、これらはいずれもコインの裏表の関係にある。公法的色彩が強いという認識の出所、国家無答責の原則に依拠する根拠などがそこでの前提として明らかにされていなければ、一方が他方の真の根拠たり得ないのではないかと考えるのは、判旨の評価も決して論理必然的な前提から得られるものではなく、むしろ、法例の適用排除という結果を正当化するためにこそ公法的色彩が強いという点に言及し、民法の適用を否定するためにこそ国家無答責の原則に依拠しているという説明も可能だからである。このように順序を入れ替えても文脈上矛盾なく意味が通る可能性が認められるとすれば、判旨の叙述も真の理由とはなり得ず、結局は同語反復に過ぎないという右の指摘の趣旨も十分に了解されよう。

留意されなければならないのは、裁判官に判断権限があるということ（憲法第七六条第三項）は、本件加害行為が権力的作用と私経済作用のいずれに当たるかという争点につき、誰が決定権限を持つかの理由とはなり得ても、権力的作用とみる判旨の正当性のみを根拠付けることはできないという点である。それは、判断権限があるという理由で本件加害行為を私経済作用と解釈する余地も十分に残されているはずだからである。同一の説明でいずれの選択肢を採ることも文脈上可能だとすれば、いずれを優先すべきかの外部的基準を示す実質的根拠（比較の第三項）がなお探求されなければならない。判旨一および二にはこの点の補充説明が不可欠であろう。

**四**　もとより裁判所においても思想の自由は尊重されなければならないが、しかるべき実質的根拠を欠いた判断はおよそ先例の名に値しないといわなければならない。法治主義のもとで実質的根拠の明示が期待されるのは、法的安定性・予見可能性への配慮が国際的規模での司法の空洞化を避ける上でも不可欠だからである。本件も人道への配慮という点で、格段に政治的色彩を帯び、マスコミの注目を浴びている。たとえ請求認容判決が出ても、エンゲル係数などの統計数値や女性のためのアジア平和国民基金の活動が示すように、敗戦直後と異なり、わが国における国民経済の実情は税負担の増加を含めて関係者への経済的補償に十分に堪えられる状況にあるといってよい。裁判所にも時代状況と人間性に配慮した解釈の工夫が求められている。この点では前掲山口地裁下関支部判決の重みが改めて強調されなければならない。歴史の歯車を逆転させない配慮は、立法府・行政府のみならず、司法府を含めたすべての関係者に均等に求められているはずだからである。この点は「今若行政官カ職務執行ニ際シ法ニ反シ権利ヲ侵害シ一個人ニ損害ヲ加フルコトアラハ之ニ対スル救済ノ途ナカルヘカラサルナリ然ラサレハ何ソ立憲法治ノ實アラン」と述べた穂積八束の言にも通じるものがあろう（穂積・後掲八頁）。

〈参考文献〉


山内惟介「国家賠償と相互の保証」渉外判例百選〈第三版〉（有斐閣、一九九五年）（本書三二六頁以下）
奥田安弘「国家賠償責任の準拠法に関する覚書」北大法学論集四九巻四号（一九九八年）
古崎慶長・国家賠償法の諸問題（有斐閣、一九九一年）
村重慶一編・裁判実務大系第18巻・国家賠償訴訟法（青林書院、一九八七年）
乾昭三「国家賠償法」注釈民法⑲三八七頁
遠藤博也・国家補償法上巻（青林書院新社、一九八一年）
法務省訟務局内国賠訴訟実務研究会編・国家賠償訴訟の理論と実際（三協法規出版、一九九六年）
田中舘照橘「各国の国家補償法の歴史的展開と動向―日本」西村宏一他編・国家補償法大系１（日本評論社、一九八七年）
今村成和・国家補償法（有斐閣、一九五七年）
吉見義明・従軍慰安婦（岩波書店、一九九五年）
穂積八束「官吏ノ職務上ノ過失ニ因ル賠償責任」法学新報七三号（一八九七年）

# 第二章　書評および文献紹介

## 一　丸岡松雄著『国際私法著作集』（全三巻）（一九九七年、木鐸社）

一　重厚な学風で知られた国際私法学者、故丸岡松雄博士の遺稿集三巻（以下、「本書」と略記）が刊行された。「法学」誌上に公表された東北大学在職中の研究、外国法の適用に関わる晩年の「フレッスナーの任意的抵触法」などを除き、博士の主な御業績が本書にはほぼ網羅されている。全三巻を通じて、これらが既存の研究成果の単なる寄せ集めではなく、相互に必然的な補完関係にあり、全体がひとつの完成された作品であることが十分に読み取れるものとなっている。

論文集刊行の意義は、著者の構想と研究成果を示す素材の学界への提供にある。それは、採用された研究手法と到達した研究成果の具体的提示を通じて次代へと学問的課題が引き継がれる点において、同学の後進に対する何よりの贈り物となるからである。病により著者自身の手でそのことをなし得なかった不幸は惜しみても余りあるが、博士の身近で過ごされた佐野寛教授ほか多くの関係者の献身的な御努力によりこの遺稿集が刊行されたことを心から喜びたい。各巻には博士とゆかりの深い諸教授による解題が収められ、各研究の概要および博士の研究態度をそれぞれの視点から伝えている。各研究はこれまでも『法律時報』誌の学界回顧欄などでそのつど取り上げられている。それゆえ、その内容を事細かに紹介し、個別的な評価を改めて行う必要性もないであろう（なお、博士が在籍された岡山大学の法学会雑誌四五巻一号が博士の追悼号に充てられ、博士の人柄や学風が関係者により紹介されている）。

二　全三巻のうち第一巻『アメリカ抵触法革命』（全文五二七頁）には、本誌（「国際法外交雑誌」）および岡山大学の機関誌に掲載の三点、「エーレンツヴァイクの法廷地法主義理論」、「ケイヴァースの法選択手続理論」および「カリーの政府利益の理論」が再録されている。冒頭に山田鐐一教授の「『丸岡松雄　国際私法著作集』刊行に寄せて」が掲げられ、末尾に山本敬三教授の解題が付されている。

国際私法史上サヴィニィの法律関係本拠説に代表される伝統的国際私法は、ヨーロッパのキリスト教文化圏を母胎として、国際主義の理想を掲げるものである。この思想はわが国の現行法例および学説等にも色濃く反映している。判例法を中心的法源とする等、わが国とは法的伝統を異にするアメリカ合衆国では、今世紀前半、法の属地性の原則に基づくビールの既得権説とこれに範をとった第一次リステイトメントによりひとつの方向性が示されていたものの、個別事案における具体的妥当性を重視する立場からは、適用される法の内容、目的、機能がなお十分に考慮されていないという批判が寄せられていた。ローレンゼン、クックらによる多様な構成が提案される前提にはこうした認識があったのである。博士が研究対象とされた諸学説、すなわち、ケイヴァースの自由法論的な「法選択手続理論」、エーレンツヴァイクの「法廷地法主義理論」、そしてカリーの「政府利益の理論」はいずれもこの系譜に属するものである。これら諸学説の登場は伝統的な国際私法観からはまさしく「国際私法の危機」をもたらす革命的な主張と考えられた。普遍的な人類世界観を基調とする伝統的国際私法学に依拠する立場からは、右の諸学説の問題性を明らかにすることが焦眉の課題とならざるを得ない。著名な先駆的研究、Kegel, The crisis of conflict of laws, Recueil des Cours (1964 II) 95-263を丹念に読み込んだ博士がこれらの学説研究に正面から取り組まれたのには、時代状況に起因する必然的な動機があった。博士は右の諸学説を克明に紹介した後、これらの主張に対して批判的検討を加えられる。それは、博士の場合、新たな主張に向かうよりもまず伝統的牴触規定の精緻化という内在的な分析を続ける作業の可能性と必要性がまずは優先的に考慮されていたからである。

第二巻『国際私法における夫婦財産制』（全文四五六頁）は各論的主題を取り扱うものであるが、個別主題の研究にとどまらず、牴触規定の精緻化という右の問題意識の具体化にも十分に配慮されている。この巻には本誌掲載の「国際私法における夫婦財産制の準拠法」および「フランス国際私法における夫婦財産制の準拠法」に続けて、「イギリス国際私法における夫婦財産制の準拠法」と「アメリカ合衆国における夫婦財産制の準拠法」が収録され、佐野教授の解題と「著者略歴・主要業績目録」が末尾に付されている。

夫婦財産制の準拠法決定基準の探求が身分法と財産法との交錯領域に位置する難問とされるのは準拠法決定基準それ自体が属人法と属地法との間で揺れ動き、いずれか一方を優先する明確な根拠を見出しがたいことによる。ヨーロッパ諸国のほか、ラテン・アメリカやアジアの諸国をも含む立法例・裁判例・学説および国際条約を素材として住所地法主義に焦点を合わせた第一論文に続けて、フランス、イギリスおよびアメリカ合衆国の裁判例が比較の対象とされたのは、それらがわが国の立法例とは明らかに異なっていたからである。すなわち、フランス法では契約債権の場合と同様に意思自治主義が採用されていたし、イギリス法およびアメリカ法では、夫婦財産契約が締結されている場合には意思自治の原則によるものの、夫婦財産契約がないときは不動産につき所在地法が、動産については夫婦の住所地法が適用されていた。一九五六年に公表された最初期の研究から足掛け四〇年に亘り網羅的に収集された厖大な資料に対する緻密な検証と批判的研究を通じて博士が到達されたのは、財産法的側面を重視する属地法の立場への親近感である。

第三巻『スペイン人事件』（全文五四七頁）には岡山大学の機関誌に連載された長大な論文がすべて採録され、末尾に多喜寛教授の解題が掲げられている。

ドイツ連邦憲法裁判所は著名な一九七一年五月四日決定により、ドイツ牴触規定により指定されたスペイン実質法の適用もボン基本法に照らして審査されるべきであり、ドイツ婚姻法上の婚姻能力証明書提出免除申立の拒否は基本法上の婚姻締結の自由に反する旨、判示した。その前提には、離婚経験者たるドイツ人女性との婚姻を望む在独スペイン人男性が右証明書の提出免除を求めたところ、婚姻の成立に関するドイツ牴触法により指定されるスペイン実質法が重婚という双方的婚姻障碍の存在を理由にドイツ人女性の離婚を承認しないため、右の申立が退けられたという判断があった。いわゆるスペイン人事件とは、同決定により提起された諸問題を包括的に意味するものであるが、この裁判例を批判的に検討された博士の何よりの問題意識は、外国立法者により制定された外国実質法の適用結果についても国内憲法との適合性の有無を審査することによりドイツ基本法上の価値観を国際的規模で強制することは基本法の濫用であり、国際法上の義務に違反する法廷地法主義そのものであるという点にあった。博士は、さらにその前提として、ドイツ独立牴触規定それ自体の合憲性如何について問うことをも問題視されている。というのは、実定法上憲法の下位規範として定立されているにも拘わらず、国際私法はその本質において世界人類社会の法であるという認識に博士は立たれるからである。

これら三巻は表題からみて国際私法の原論、各論、総論をそれぞれ示すように思われるかもしれないが、実態は必ずしもそのように明確に区分されるものではない。けだし、方法論を取り扱う第一巻でも検討の素材は不法行為や契約等の個別的主題に求められ、総論に関わる第三巻でも婚姻法などが中心的な素材とされ、各論的主題を掲げた第二巻においてさえ、特にアメリカ法に関する論述を中心に第一巻への頻繁な言及がみられるからである。

三　右のような内容を有する本書をわが学界としていかに受け止めることができるか。各主題の討究を通じてわが国における研究領域を実り豊かに開拓された博士の学問的御功績はいうまでもない。各研究に対する評価にはむろん視点の取り方により多様なものがあろうが、著者の視点からは特に以下の三点を強調しておきたい。

まず、全著作を貫く哲学的基礎としての普遍人類的世界観ともいうべき基本理念がある。これは江川英文博士からその高弟で博士の師でもあられた折茂豊博士を経て受け継がれたひとつの強い精神的支柱ともいうべきものである。こうした世界観は今日の国際情勢を想えば時として牧歌的とも思われかねないが、理想主義が法統一を実現する際の推進力となってきたことはハーグ国際私法会議や国連国際商取引法委員会（UNCITRAL）、私法統一国際協会（UNIDROIT）などにおける各種の成果にも十分にみられよう。国際私法、とりわけ狭義の牴触法の理論的深化に向けられた博士の類い稀な学問的情熱と深い愛着が看取されるところである。この点において改めて実感されるのは、学統という言葉の持つ重みである。研究活動はむろんまずもって研究者個人の力量と主体的努力によるところが少なくないが、学問研究という文化的営為が本質的に先学の業績を批判的に継承してさらに発展させようとする個人の努力によって営々と受け継がれていることに鑑みれば、博士が修業時代を通じて師から受け継いだ学風の継承発展を実績としてよく示されたという点も看過することができない。けだし、博士の学風に関して誰もが言及するように、この点で博士には折茂博士から受け継いだまっすぐに本質に迫ろうとする姿勢が容易に看取されるからである。

研究対象の選定に関する博士の視点も有益なものである。研究者もまた時代の制約を受けており、それぞれの時期における現代的課題との対決を避けて通ることはできない。また継続的な研究のためには永続性のある主題が選ばれなければならず、多面的な研究を行い得るような広がりのある問題意識を持っていなければならない。実定国際私法の研究に携わる者には、最先端における実務の動きに対する感覚を磨くと共に、具体性のある解決策の提示も求められている。事案の渉外性の内容に応じて、調査されるべき外国法（牴触法・実質法）の範囲も多岐に亘るが、とりわけ普遍人類的世界観に立脚される博士の場合、その研究の範囲は必然的に拡大せざるを得なかったことであろう。夫婦財産制の準拠法に関する第二巻には、そのよいモデルを見出すことができる。さらに、個別的に選ばれたテーマのそれぞれが相互に補完的な関係に立っていることも無視し得ない点である。同一の主題が異なる角度から検討されることによって、全体として稠密で深みのある研究が可能になっている。博士の奥行きのある思索の跡を追体験しようとする者にとって汲めども尽きせぬ思考の契機が全巻に満ち溢れている。

長い学説史を振り返ると、個人や時代により表現方法に違いがあるにせよ、相互の影響を通じて形成されてきたひとつの様式ともいえるものがある。基本的要諦としての原典の重視という研究手法である。博士の場合にも、言語的に原典に即した内容の確認作業が行われるだけでなく、英独仏三カ国語に亘って資料が網羅的に渉猟され、スペイン人事件というドイツ憲法裁判所決定に関する研究においても英語および仏語の文献が多く利用されている。外国語資料による紹介がしばしば文化的に屈折している状況を想起すれば、外国の状況をより正確に把握するためには当該国の言語による説明を聞く以外にはない。また内容的にみても、対象とされた素材に即した把握が行われている。長大な引用が頻繁にみられるのも、主観による評価の提示を可能な限り回避し、個々の主張をできるだけ生に近い形で読者に提供しようとする慎重な姿勢の現れともいえよう。こうした基本的手法は、第一巻で試みられた学説研究においても、第二巻や第三巻における裁判例を素材とする研究でも貫かれている。原典に即した理解が起点に据えられ、他者の整理を借用した受け売りではない自らの目で事実を確認しようとする姿勢の重要性は、改めて指摘されるまでもない。

四　学術研究の成果はあたかも時間と共に蒸発して行く香水のようなものである。博士により提供された最先端の専門的知識も時の経過とともに学界の共通財産となり、次第にその新規性も失われている。資料的価値を得て、博士には先駆者としての名誉が与えられる場合も少なくないことであろう。理想に燃える新たな世代には時代の最先端を行く課題が引きも切らず待ち受けている。そうした課題に挑み続ける後進にとっても、新たなモティーフに出会うたびに、細部をいささかも疎かにせずじっくりと時間を掛けながら思考を熟成させて行く、あたかも職人芸とも呼ぶことのできる博士の丹念な思索の姿勢は、その研究成果に対する高い信頼性とともに、少なからず共感を呼ぶものと思われる。このような視点からは、過去の成果を収録する本書に現行法を反映していない部分があるとしても、その点は決して本書の本質的な欠陥とは言い得ない。

博士が研究生活を送られた岡山から遠く離れた地にあってその成果を通じてのみ学問的刺激を享受していた著者にとって博士との対話の機会はごくわずかなものでしかないが、国際主義の基調のもとに普遍的な同一性に到達しようとして人間性を重視された博士の学者としてのひたむきな生涯には、前世紀の著名なフランスの農民画家ミレーの真摯な生き方を想起させるものがある。「人間にとって必要なのは、自らの仕事を進歩させるべく努力することであり、自らの才能と仕事への良心によって優れた職業人になるよう不断の研鑽を積むことにほかならない」と述べたこの画家と同様に自然を愛された博士の著作から得られるのは、折茂博士も追求された理想の実現に向けて不屈の精神をもって取り組まれたその誠実な生き方そのものに他ならない。改めて博士の御冥福を祈ると共に、後進に残された課題の大きさを思わずにはいられない。

## 二　多喜　寛著『国際私法の基本的課題』（①）および『国際仲裁と国際取引法』（②）
（中央大学出版部、一九九九年）

一　どの科目でも担当者が講義で提供するのは、各自の研究成果に基づく当該分野の先端的知識とそれを得る思索の方法である。学修の意義はこれらを批判的に受け止め、得られた知識を素材として、受講者自身、固有の方法の確立を目指すという創造的な作業にある。専門分野における知識の正確な修得は確かに大切な過程であるが、重要度は方法論の修得に遠く及ばない。方法論を持たない者は陳腐化する知識を常に他者の研究成果に依存して補充し続けなければならないが、知識獲得の方法を知る者は独力で新たな知識を生み出し得るからである。基礎知識を概括的かつ体系的に提供する教科書で一通り学修した受講者がさらに高いレヴェルを目指すには、緻密な思索過程の展開に定評のある研究者の研究成果である分厚い専門書の読破が有用である。わが国有数の国際私法学者、多喜寛教授の二冊の新著の紹介がここに企図されるのもこの意味においてである。以下では、初心者にも配慮し、読書の要点を略述した後に、本書①および②の概要を紹介したい。これら二著に対する評価はむろん全面的に読者の主体的価値基準に委ねられよう。

二　本書を読む際にも、学修の基本的要諦が想起されなければならない（山内「法律論文の書き方について」『Libellus 2』八六頁参照）。国際私法の学修上有益であるという視点から本書の内容に興味を抱くことは、知的欲求という目的意識からみて不可避の前提を成す。読解術からみた最初の作業は、原著者の問題意識およびその背景に着目しつつ、本書で取り上げられた争点は何か、各争点ごとの解答は何か、争点間の関係の理解の仕方、各選択肢間での優先根拠などを著者の表現を用いて整理することである。原著者の問題意識に賛同できるときは当該争点の存在意義を肯定できよう。論旨に飛躍があると考えられるときは行間補充のために複数の争点を解決策と共に補充しなければならない。論理と政策を区別しつつ争点関連性を整理し、原著者の立場からその思考過程を可能な限り正確に再構成できなければ、評価の前提を欠きかねないからである。原著者の思索に対する評価に際しても、客観性のある評価基準（比較の第三項）を用いるのでなければ、真の批判とはなり得ない。こうした方法により新たな知識が得られれば、読書により蓄えた知識を日常の新聞記事等から得られる種々の社会事象に応用する段階へと進む契機が生まれ、学修の満足度もさらに一層高まることとなろう。

三　本書①および②では、広義の国際私法に関わる多くの争点が扱われている。二著共に種々の機会に公表された諸論文の集成であるが、各論的素材が取り上げられる場合でも、その目指す方向性は等しく国際私法の原理的研究にある。

本書①（全文四一五頁）では国際私法の原論および総論の主要な争点が取り上げられ、分析されている。巻頭論文の中心的争点は、どのようにすれば渉外私法事件における外国法の適用を正確に記述できるかである。その前提には、外国法そのものが適用されるという通説的理解には説明上不正確な部分があるという問題意識がある。原著者は「内国裁判官が渉外事件につき内国抵触法に従い適用する外国法は、内国国際私法によって創設された、裁判基準の点でのみ外国法そのものと同一内容の法規範であり、その最終的妥当根拠を内国憲法に有するのみならず、その各宛人を内国裁判官とする点においても、外国法そのものとは異なる特殊な内国法である」と主張する（三二頁以下）。この結論を導く上で、原著者は、外国法変質説の代表的主張、外国法変質説に対する従来の批判等を再確認し、各主張がその前提に置かれた争点に対応するか否かという点からその内容的成否を逐一検討し、対応性を欠く批判的主張の問題性を詳細に指摘される。

第二論文の主たる争点は、学理および実務で主張されている法欠缺補充の方法の適否である。その前提には、この適否を論じる必要性があるのにそのことが十分には行われていないという原著者の問題意識がある。原著者の認識自体が学界で肯定されている点も先行文献で確認されている。原著者は、従来の欠缺の認識の仕方および欠缺補充の方法は不適切であるとする。原著者によれば、裁判上導出可能な既存の法規があるにも拘わらず、比較的簡単に欠缺が認められ、しかも欠缺補充の際に比較的容易に条理に訴える傾向が看取される（七三頁以下）からである。

第二部の主題は国際私法総論に関わる。主要な争点は、法律関係の性質決定の際の比較実質法的考察がいかなる意義と限界を有し得るか（第三章）であり、また、反致条項の適用過程（第四章）、公序条項の適用過程（第五章）、国家ないし政府の承認という国際法上の問題と国際私法における外国法の適用との関係（第六章）、これらに関する従来の説明がどこまで成功しているかである。各章では多くの、さらに細かな派生的争点にも論及されている。

本書②（全文五一五頁）は、国際財産法および国際手続法の中、特に国際仲裁に関するフランス法の展開をカヴァーする優れた研究である。本書②の主題は、国際取引紛争の原則的解決方法とされてきた国際仲裁という視角から国際取引法がどのようにみえるかである。原著者が取り上げられる主な争点は、国際仲裁ではいかなる実体法的判断基準に基づいて国際取引紛争が処理されているか、国際仲裁に対する国家ないし国家裁判所のスタンスはどうあるべきか、の二点である。原著者は多くのフランス語文献を素材に判例（仲裁判断を含む）・学説・立法例を紹介・検討されている。本書②により、読者は一つのテーマについてどれほど多くの派生的争点を見出せるか、争点の関連性を体系的に整理するにはどうすればよいかの好例をみることができよう。

本書①②は著者（山内）の教科書『国際私法』の補充・発展にはともに不可欠の貴重な文献である。右の教科書は本書①が言及する諸争点にほとんど触れていない（六、七七、九一頁等）か、ごく簡単にしか触れていない（三二、四九、八七、四一頁等）からであり、本書②の主題も右の教科書では大きく欠落し、早期の補充が必要な部分だからである。

**四**　原著者の学風は、これら二著の構成および記述からも明らかなように、学術研究の正統な手法に基づくものである。原著者の研究成果はわが国の学界でも高く評価されている。読者は本書の一部に触れる場合でさえも十分に原著者の学風に接することができ、従って、レポート課題、試験問題、卒業論文のいずれであれ、自信を持って自立した研究を具体化するヒントと詳細な参考資料を知識のレヴェルでも容易に手にすることができよう。『国際私法の統一性』他の原理的研究で著名な折茂豊博士のもとで学修され、『近代国際私法の形成と展開』など、豊かな研究実績を有する原著者の正統派の講義から、読者は、著者（山内）の手法とは異なる新たな学修の契機を得ることができよう。

## 三　桑田三郎著『工業所有権法における比較法』

（中央大学学術図書（10）（中央大学出版部、一九八四年））

浩瀚な本書は、中央大学で国際私法、工業所有権法、ドイツ法、ＥＣ法などの講座を担当される著者が、工業所有権法領域での多年の研究を集大成された二冊目の論文集である。本書収録の諸論文は、巻頭部分を除き学会誌などに既に掲載されたものであり、そのいずれもが発表当時から学界の注目を浴びていた。今ここに改めて体系的に排列された本書をみると、そこには前著『国際商標法の研究』の場合と同様、国際工業所有権法という未開拓の領域に対する原著者の旺盛な知的探求心が溢れており、この点は原著者の深い洞察と真摯な研究態度と相俟って、読者をこの分野へ誘う格好の入門書ともなっている。手軽な案内書よりも第一級の学術書が初心者にとってその分野を理解するのにかえって有用であるという意味において、本書は、数少ない成功例といえよう。殊に、内外の判例が多く引用され、また鑑定書も収録されているところから、読者はより具体的な事案の展開を通してそれぞれの問題点と解決の方向を容易に把握することができるものと思われる。

むろん、本書で扱われる問題は一様ではない。本書は、特許法における等価理論、失効原則の適用等特許権の効力を種々の角度から論じた第一部、並行輸入問題を扱った前著の続編として並行特許・属地主義への論及を含む第二部および判例評釈、資料（外国判例の翻訳など）、文献紹介を集めた第三部から成る。中でも並行特許の例にみられるように、実務上提起された新しい問題に対して多数の文献の批判的検討のもとに説得力のある新たな構成を提唱されるなど本書は文字通りこの分野での画期的な労作となっている。しかも五割引商法で知られたメガネドラッグ事件など身近な事例も素材として取り上げられており、本書は決して近づき難いものではない。しかし、本書の学問的価値は、この専門領域での貢献に尽きるものではない。総論に秀でた者が各論にも通じるという点は周知のことであるが、このことは法律学の諸分野にわたって、ひいては社会科学の諸領域についても妥当しよう。この点で、本書は工業所有権法の研究という形で具体化された原著者なりの「法学入門」とも言えよう。読者は、詳細な注を通して、本書から、経済法、著作権法、国際法などの関連分野における問題解決のための指針をも読み取ることができるが、それは、ひとつの法現象の背後にある経済的事象に連続性があるからであり、逆に言えば、各実定法分野の法概念を縦横に駆使することによりかかる経済的問題を解決しうるからである。このように広範な内容を含む本書は博識な原著者にして初めてなし得たものと思われる。

ところで、本書を読む場合とくに魅力的なのが、本書を貫く「方法としての比較判例法的解釈方法」である。それは「現行法の解釈・その持続的形成の際に指導的役割を果たすものは、もはや法学ではなく、判例である」とする原著者の確信に基づくものである。読者はこの方法を本書の随所で追体験することであろう。その意味で本書は、純然たる理論書という以上に、実務家にも大きな示唆を与え得るものである。そこには単なる解説書には見られない「生きた法律学」が感じられよう。多くの学員がぜひ本書を手にされ、有益な示唆を得られるよう願っている。

## 四　桑田三郎著『国際商標法の諸問題』

（中央大学出版部、一九九二年）

一　本書は、国際私法および国際工業所有権法の領域でわが国の学界および実務界の指導的地位にあり、工業所有権法に関するドイツの国際的専門雑誌「ＧＲＵＲ」にもしばしば寄稿されている桑田三郎本学名誉教授の六冊目の論文集にあたる。その包括的な表題にもかかわらず、本書における論述の中心は、大阪地裁のパーカー判決（一九七〇年二月二七日）によりわが国でも顕在化した、いわゆる「真正商品の並行輸入」問題の継続的研究に置かれている。

真正商品の並行輸入をめぐる中心問題は、「国内の商標所有者、その同意を得た者又は商標所有者に法的若しくは経済的に従属する者により外国で当該商標を付して適法に拡布された商品が、国内商標所有者の許諾がないまま第三者により国内に輸入される場合、国内商標権の侵害となるか否か」という点にある。旧西ドイツ、オーストリア、アメリカ、ＥＣなどの諸判例によれば国内商標権の侵害とはならないとするのがより一般的な立場であり、そのために依拠されたのが、商標所有者の排他的権利は商品の最初の拡布とともに消耗し、以後の利用行為は保護されないとする構成（権利消耗の原則）であった。原著者によれば、この原則は各国判例の相互浸透を経て、今日では国際判例法上、工業所有権法および著作権法を通じた一般的法原則にまで高められている。

二　その学位取得論文『国際商標法の研究』（中央大学出版部、一九七三年）以来この問題を継続的に研究されてきた原著者の関心は、本書の場合にも貫かれている。そのことは、全文四二三頁、四部からなる本書の約半分の分量を占める第二部が「並行輸入をめぐる特殊問題」に充てられていることからも明らかであろう。それゆえ、ここでも、この中心的論述の内容がまず概括的に紹介されなければならない。

この第二部においてまず触れられるのが、国際的権利消耗の理論的基礎に関する諸学説の検討である（第三章）。そこでは、報償説および商標機能説よりも、特に取引保護説の観点が強調されている。これに続けて、特に商標法につき、多様化する新しい問題を取り扱った鑑定書や外国判例研究などが収録されている。たとえば、並行輸入業者が商品販売のための宣伝又は営業用文書中に標章を印刷しこれを使用したことが商標権侵害となるという並行輸入品をめぐる広告法について消耗説の立場からする鑑定意見（第四章）、並行輸入品を製造業者による保証から除外することがヨーロッパ経済共同体条約上の競争制限禁止規定（第八五条第一項）に違反するとした西ドイツ連邦裁判所判決の検討、並行輸入された真正商品に付されていた管理番号が除去されていた場合にその国内における転売の違法性を否定した西ドイツ連邦裁判所判決の検討等がそうである。

三　右の中心的課題と並んで、本書では、工業所有権法研究における原著者の学問的成果の著作権法領域への拡大も示されている。すなわち第一部第二章がそうであって、そこで素材とされているのは、右の権利消耗原則に依拠したドイツ連邦裁判所における最近の三つの判決である。さらに第三部「ＥＣ法制及び関連部門への論及」では、共同体特許に関する条約（一九八五年仮調印）、欧州共同体第一審裁判所等の諸制度への論及、そして海賊商品についての商標権による保護の可能性を取り扱うオーストリア最高裁判所判決ならびに安物時計の売れ行きを促進するために高級時計の名声が盗用された事案を不正競争防止法の観点から扱った西ドイツ連邦裁判所判決などの紹介が収録されている。このほか、「総論」的叙述として、諸外国裁判例の比較研究を重視する原著者の学問的方法論に言及する第一部第一章「「課題」としての比較法」や、日独間における国際交流の経緯に触れた第四部の「回想」第一七章もまた、本書の内容にアクセントを付けている。

**四**　ここでの主題に関する外国の法理および実務の動向について、原著者はその起点的研究「商標権の属地性とその限界」（法学新報七四巻四・五号）以来、右の学位論文の成果を踏まえつつ、研究対象を特許法や不正競争防止法等の領域にも拡大するとともに、アメリカやＥＣの裁判例をも検討した『工業所有権法における比較法』（中央大学出版部、一九八四年）を経て、その後の補完的研究を収録した『国際私法の諸相』（同、一九八七年）に至るまで、一貫してこの主題を取り上げてきた。右の諸論文集が示すように、とりわけ諸外国の裁判例の比較を通じて導き出される共通性をわが国の解釈論としても提唱しようとする比較判例法的解釈方法は先例の乏しい裁判実務に対して特に大きな影響を及ぼしてきている。この意味において、その後の諸外国の動きを継続的に追求した本書は、学理においてのみならず、実務にとっても有用な視座を提供するものと思われる。本書もまた、特許法、実用新案法、意匠法などとの対比において、商標法の不正競争防止法的性質を強調するものであり、原著者による並行輸入問題研究の一つの到達点を示すものとされよう。原著者の継続的研究はいよいよ進展を見せている。喜ばしい限りである。

## 五　桑田三郎著『工業所有権法における国際的消耗論』

（中央大学出版部、一九九九年）

一　原著者は一九八八年度まで中央大学で国際私法を講じられ、現在は名誉教授の地位にある。Savigny や Mancini の学説、先決問題、強行的債務法の特別連結など、国際私法の各分野に亘り多くの業績を上げられた原著者がその研究生活を通じて最も意欲的に取り組まれたのが工業所有権についてであった。日本工業所有権法学会の創設に参画され、理事長職をも務められた原著者はわが国での国際工業所有権法の代表的開拓者といってよい（原著者については山内「桑田三郎先生の思い出」白門四三巻一〇号の他、法学新報九八巻一・二号（原著者退職記念号）巻末記事参照）。

原著者の国際工業所有権法に関する研究の出発点は企業の商標権帰属という戦後処理問題にある（その典型として Carl Zeiss）。爾来、企業の国有化と商標の帰属、日独工業所有権協定と平和条約による優先権との効力関係などの時事的テーマを経て、一九六〇年代後半から原著者の関心は次第に「真正商品の並行輸入」へと収斂する。原著者の学位論文『国際商標法の研究』はその成果をまとめたわが国で最初の論文集であった。『工業所有権法における比較法』（学員時報二一二号）、『国際私法の諸相』、『国際商標法の諸問題』（中央評論二〇三号一八六頁）と続く著作はどれも原著者の継続的研究の成果であり、本書はその「完結編」に当たる。本書紹介の意図は工業所有権（知的財産権）の国際的規律に関わる主題を卒業論文の対象とされる読者に参考資料を提示することにある。

二　全文四五〇頁に及ぶ本書は序章の他、四部から成る。世界貿易機関設立のためのマラケシュ協定付属諸一c（ＴＲＩＰＳ協定）第六条そのものの存在に疑義を呈する序章は諸国の判例法上形成されてきた国際的消耗論の視点からその問題性を指摘しようと試みたものであるが、惜しまれることに、健康上の理由から未完に終わっている。

第一部「特許権をめぐる国際的消耗論」は海外でも大きな反響を呼んだ著名なBBS事件の三審に亘る判決に対する評価を軸に構成されている。本件の争点は、ドイツおよび日本での自動車用アルミホイール特許権者がドイツ製特許製品を無許可で日本に輸入し販売した日本法人に対して提起した特許権侵害に基づく差止等の請求を認めるべきか否かにあった。真正商品の並行輸入を是認する原著者は、伝統的属地主義のもとに並行輸入を否定した東京地裁判決に理解を示しつつも、国際的消耗論を適用して並行輸入を肯定した東京高裁判決を高く評価し、同じ結論に至りながら法律構成上国際判例法からなお隔たる最高裁第三小法廷判決には疑念を呈している。

第二部「商標権をめぐる国際的消耗論」では、国際判例法としての国際的消耗論の立法と裁判におけるその後の動きが多面的に紹介されている。通商政策上の理由から国際的消耗論の適用に限界を設けたドイツ改正商標法第二四条、共同体内的消耗論を採る共同体商標規則と商標法指針、国際的消耗論の適用範囲に関するオーストリア最高裁判決、EU法院判決などがそうである。これらは国際的消耗論のさらなる精緻化に向けられた補完的研究といえよう。

第三部「特殊問題と基礎理念」では、まず特許法九二条三項所定の強制的実施許諾に関する比較判例法的研究がまとめられている。高価値の製品を生み出す上で他人の特許発明が頻繁に利用されるが、他人の特許発明を利用した発明につき特許権を取得してもその利用発明の実施が他人の特許侵害になるとすれば、その制度趣旨も失われる。その解決策として設けられた協議が不調に終わる場合の補完的措置がなければ、この制度も実際には機能し得ない。特許庁長官の裁定請求権を法定した同項の適用についての鑑定意見と、そこでの評価の前提をなす詳細なドイツ判例研究はわが国における研究の真空地帯を埋めるものである。これに続くのが、本書では異色とも言うべき国際経済法概念の理解に関するBehrensの学説研究である。わが国ではもっぱら独占禁止法の渉外的適用を中心に論じられてきた国際経済法を、現代経済学の成果にも依拠してより広範囲に把握しようとする問題提起は国際経済法の方法論的課題を示すものである。

第四部「その他」は、国際工業所有権法研究の過程で原著者と特に密接な交流のあった Friedrich Karl Beier 教授への追悼文を含む四編の小論が収められている。

**三**　本書は読者にどのような意義を提供し得るか。その第一は、本書の持つ専門性にある。およそ三〇年余に亘り国際的消耗論について原著者ほど意欲的に諸国の裁判例を継続的に研究し頻繁に論じてきた者はいないと言ってよい。これまでに公表された成果とともに本書もまた専門知識の提供という意味において最も信頼し得る研究書となっている。第二は、本書における叙述を克明に辿ることによって、原著者の研究手法をわがものとする契機が与えられている点である。外国判例研究でも学説研究でも本書の随所に見られる原典に忠実たらんとする克明な記述から、読者は分析に際して必要な思考過程を容易に追体験し得ることと思われる。第三に、安易な道を敢えて避け、齢八〇歳に至るまで自分自身に鞭打って続けられた原著者の研究姿勢の崇高さについてである。そこには真理を求めて止まない飽くなき探求心があろう。真の研究はもともと他者の評価を当てにしない孤独な営為であるだけに、原著者の真剣な学問的営為は読者の共感を呼ぶものではなかろうか。原著者が比較判例法的解釈方法の重要性を頻りに強調されるのは、真正商品の並行輸入問題のような国際取引に絡む法律問題を国際的規模で協調して解決しなければならないと考えるからであり、その前提には、世界経済の一体性という現実と、保護貿易主義も自由貿易主義も究極的な解決策ではなく真理は中道にあるという著者の確固たる信念がある。

**四**　以上の諸点はあくまでも著者（山内）の立場から看取された本書の特徴である。本書にいかなる意義を見出すべきかはもとより全面的に各自の主体的評価に委ねられなければならない。原著者の問題意識、研究手法、研究成果に触発された読者が本書を契機として著者の関心を受け継いでこの主題のさらなる発展に積極的に参加しようとする意欲を持たれるならば、やむを得ないこととはいえ、本書の刊行をもって病により研究の第一線からの離脱を決断された原著者に対する何よりの朗報となろう。中央大学を舞台として活動された原著者の学統が真に引き継がれることを心から希望したい。

六　①今村嗣夫・鈴木五十三・高木喜孝編『戦後補償法』（明石書店、一九九九年）
②藤田久一・鈴木五十三・永野貫太郎編『戦争と個人の権利』（日本評論社、一九九九年）
③奥田安弘・川島真 他編『共同研究　中国戦後補償』（明石書店、二〇〇〇年）

一　戦後補償とは第二次大戦当時わが国の軍人等が行った様々な非人道的行為に対する補償請求や平和条約によりわが国が損害賠償請求権を放棄したことによる損失補償請求等にかかわる諸問題を包括的に意味する。補償の範囲は右大戦の定義等に左右され、依拠する法源により補償請求訴訟の法律構成も異なる。原爆訴訟以後、シベリア抑留者、サハリン残留者、従軍慰安婦、韓国朝鮮人戦犯受刑者等による損失補償請求訴訟、援護法による障害年金支給拒否決定取消訴訟、香港軍票訴訟、民間企業に対する未払賃金請求訴訟等、これまでの裁判例を概観すれば、戦後補償問題の多様性が明らかになろう。補償請求を否定する政府や企業関係者にはすでに解決済みの争点とされようが、この点を未解決と考える者がいる限り、戦後処理問題に終わりはない。何よりもこの二十年余に約四〇件の訴訟が係属したという事実こそが法律問題としての戦後補償の現代的重要性を物語る。

二　①は戦後補償問題の解決に腐心する「戦後補償問題を考える弁護士連絡協議会（弁連協）」参加の実務家諸氏が

立法的解決のため一九九五年三月にたたき台として公表した「外国人戦後補償法（試案）」の内容とこれに関する社会的活動の経緯を紹介するものである。同試案提示の前提には超党派議員立法として成立した台湾住民である戦没者の遺族等に対する弔慰金等に関する法律（昭和六二年法律一〇五号）に関与された関係者の成功体験があるが、同時に、行政および司法的解決に対する関係者の深い失望感が窺われる。「Ⅰ謝罪のしるしとしての象徴的補償（今村）」は戦後補償請求の起点を明らかにする。「Ⅱ外国人戦後補償法試案の逐条解説（鈴木）」は作成者自身による起草趣旨の説明である。「Ⅲヒヤリング『外国人戦後補償法』（試案）」では憲法・国際法の研究者を含む有識者、市民活動家等の右試案に対する評価と課題が示される。「Ⅳ戦後補償請求訴訟の現状（高木）」では関連する諸訴訟の動きを追いながら右弁連協結成までの歩みと現状、各訴訟における主要な争点と裁判所の判断が要領よく整理され、末尾には右外国人戦後補償法（試案）全文と関連記事が資料として収録されている。

②は陸戦の法規慣例に関する一九〇七年一〇月一八日ハーグ条約（ハーグ陸戦条約）三条により個人の損害賠償請求権が認められるか否かに関する国際法学者四人の見解を日英両国語で収録する資料集である。その中心はオランダ人元捕虜抑留者訴訟（東京地裁平成一〇年一一月三〇日判決）で両当事者から提出された専門意見書四編（原告側三編、被告側一編）と原告側主張を裏付ける国際人道法学者カルスホーベン教授の論文であり、問題状況を俯瞰する藤田教授および鈴木弁護士の解説が巻頭に置かれている。

右の二書がいずれも戦後補償請求訴訟に直接関与される実務家諸氏による問題提起であるのに対し、③は学会関係者による中国関係の戦後補償を主な対象とした共同研究の成果である。「第一章　歴史学からみた戦後補償（川島）」は中華民国行政文書を素材に一九四〇年代から五〇年代の中華民国の対日賠償政策の概観を通じて、当時の中国側から見た戦後賠償の実態を紹介し、日本での歴史認識がどのように形成されてきたかを解明しようとする。「第二章行政法からみた戦後補償（秋山）」は大戦中の違法行為を理由とするわが国の賠償責任肯定の可能性とその限界を検討する。「第三章　国際法からみた戦後補償（申）」は右②に収録された原告側の主張を支持するが、その前提にあるのは、被告の主張や諸判決が国際法の性格や国際法上の個人の地位についての基本的な理解において妥当性を欠き、国際法上の論点の検討を尽くしていないという理解である。「第四章　国際私法からみた戦後補償（奥田）」は法例第一一条の解釈上中華民国法が準拠法となる旨を指摘する。中華民国法の解釈を取り上げる「第五章　中国法からみた戦後補償（鈴木）」は同法上一般的不法行為の成立および使用者責任が肯定され、短期消滅時効が完成していないという解釈の可能性、中華人民共和国国家賠償法第三三条に対する被告側主張における問題点を指摘する。「第六章　裁判実務からみた戦後補償（山田）」は中国人戦争被害者による訴訟の経緯と主要な争点を整理する。最後に「第七章　南京判決の概要と評価（尾山）」では南京虐殺等損害賠償請求事件における東京地裁平成一一年九月二二日棄却判決の概要とその問題点が掲げられる。

**四**　書籍の価値は全面的に読者の問題関心に左右される。日本国民に対し歴史認識の再検討を迫る本書①②③はむろんこの主題に関心を抱く者に有益な情報を提供しよう。しかし、本書にもなお法律構成の主観性に伴う限界があることは否定され得ない。原告側主張が被告側主張に優先する絶対的な根拠を提示し得ていないという点においてである。けれども、この点は被告の主張にも言えることであり、決して本書の著者の責任に帰するものではない。この点はむしろ法解釈に関心を寄せるすべての者が等しく担い合うべき課題といえよう。上記弁連協試案の実現可能性を否定する者を含め、批判的読者には実現可能な具体的対策の提示が求められよう。

現代の多文化社会に生きるわれわれには異文化理解と異文化間コミュニケーションへの配慮が強く求められている。ドイツやアメリカ合衆国との対比においてわが国の戦争責任を問う声はなお続いている（マコーマック『空虚な楽園』等）。『今昔物語』、『忠臣蔵』、『恩讐の彼方に』等にみられるわが国の恨みと崔吉城著『恨の人類学』等外国文献におけるそれらとは決して概念上同一ではない。平和で安定した国際社会の形成に向けて社会的責任を果たそうとすれば、異文化理解に向けた積極的な姿勢を示すことが必要となろう。歴史は現代に生きる者に思索の契機を与え得るものである。とはいえ、歴史の持つ意味は、過去に学ぼうとする読者自身の意欲の有無と程度により大きく異なり得る。ここでの戦後補償問題もその一例にほかならない。本書の原著者はいずれもこの点において高い人倫の道を志し、より強い規範意識を共有することが窺われる。筆者もまたこの点に共感を禁じ得ない。

## 七

Horst Eidenmüller, *Effizienz als Rechtsprinzip, Möglichkeiten und Grenzen der ökonomischen Analyse des Rechts* (Tübingen : J. C. B. Mohr (Paul Siebeck), 1995/1998, 522 S.)

本書『効率性という法原理—法の経済的分析の可能性と限界—』はヘルトリッヒ教授の指導下にミュンヒェン大学に提出され、学際的研究に関する叢書 Die Einheit der Gesellschaftswissenschaften の一冊として刊行されたアイデンミュラー教授の法学博士号取得論文である（この論文には同大学法学部から一九九四年度優秀賞が与えられている）。一九六三年生まれの著者は一九九九年冬学期からミュンスター大学教授（経済法研究所長）として民法、民事訴訟法、ヨーロッパ法、国際経済法等を講じており、一〇〇〇頁を優に超える大学教授資格取得論文 Unternehmenssanierung zwischen Markt und Gesetz, Köln 1999 の他、Prognoseentscheidung im Insolvenzverfahren, NJW 1999, 1837 ; Rechtswissenschaft als Realwissenschaft, JZ 1999, 53 等の研究がある。

法の経済的分析（法と経済学）については、ポリンスキー（原田他訳）『入門　法と経済学』（ＣＢＳ出版、一九八六）、小林・神田『「法と経済学」入門』（弘文堂、一九八六）、林田『《法と経済学》の法理論』（北海道大学図書刊行会、一九九六）、ミセリ（細江他訳）『法と経済学』（九州大学出版会、一九九九）他の研究がわが国でも既に知られている。

著者によれば、①経済人（homines oeconomici）のごとく、人は法規範や裁判に対して合理的かつ最大の利益を求めて反応する、②法的制裁についても行動様式を左右する価格のような作用が考えられる、③結果的に社会的富を高めることを経済的意味での効率性と呼び、法規範や裁判から生じる結果に対する評価も厚生経済学に基づいて行われる、④立法者にも、裁判所にも、社会的富を高めるという意味で望ましい結果をもたらす活動が求められる、これらがその主張の要点とされている。

こうした考え方は、社会的諸制度にも配慮した新制度派経済学（New Institutional Economics）、経済学のフレームワークの中に政治や法規制をも取り込む公共選択論（Public Choice）、この考え方を憲法上定めることを主張する立憲経済学（Constitutional Economics）といった諸派の成果を批判的に取り入れながら発展してきたものである。本書の主題も先に本誌（日本国際経済法学会年報）で桑田博士により取り上げられたベーレンス他の研究に連なるものである（創刊号五頁）。本書はアメリカ合衆国を中心に行われてきた法の経済的分析という手法をドイツでどのように受け止めるかという課題に答えようとしたものであり、本書によってドイツでの研究もさらに一歩進んだものとなっている。

本書執筆にあたり、著者はまず立法論の正当性を検討する上で法の経済的分析がいかに法政策的に利用可能なものかを明らかにしようとする。それは、経済的効率性の観点から、法がなぜ、どの範囲で形成されるべきかを問うからである。次に、著者は法の経済的分析のドイツ法に占める位置を明らかにすべく、法の経済的分析が解釈論上いかなる意味を持つかを検討する。著者はさらに法政策理論としての法の経済的分析が科学としての法律学を考える上でいかなる役割を果たすかを尋ね、判例法学から立法学へという方向性を考えようとする。こうした認識の前提には、ドイツでも法の経済的分析に関する一層の基礎研究がなお必要であるという著者の基本的な理解がある。本書の編別に沿った概観は以下のとおりである。

まず「序論」（SS. 1-15）では、法的帰結を事前に予測する立法過程と事後に把握する裁判過程とに着目して法の経済的分析に関する従前の研究成果が確認され、本書の目標と基本的思考の枠組みが述べられる。序論を補充する第一部「法の経済的分析」（SS. 17-76）では、最初に法の経済的分析の淵源を成す功利主義、経済人という言葉で表される経済的行動モデルの概要、パレート最適基準、カルドア／ヒックス基準、富の最大化原理等を含む厚生経済学の概念的基礎知識が要領よく整理され、次に、これらを法的なプログラムとして構成する際に用いられるコースの理論や、その構成を法の領域に展開したポズナーの考え方等が紹介される。第二部「効率性という判断基準」（SS. 77-168）は上記の基準が市場メカニズムにおいて、いつ、どのように介入されるべきかがアメリカの多くの文献に依拠して明らかにされる。第三部「効率性という規範的プログラム」（SS. 169-321）では、法の経済的分析の哲学的基礎とされる功利主義、プラグマティズム等が検討され、功利主義に由来する厚生経済学が掲げる対人的な利益の同一性という前提に潜む問題性が確認される。また効率性と配分における正義の内容の検討にあたっても、配分政策上の手段である経済的効率性という目標が自明のものではないという視点が強調される。第四部「効率性思考の限界」（SS. 323-391）では、経済的社会選択理論の根底を成す優先性という自治原理を基盤に据えながらも、弱者保護等、保護主義的視点からの制限を考慮せざるを得ないことが明らかにされる。これら第二部から第四部までは、法の経済的分析の政策的な利用可能性の解明に関する研究である。

これに対して、法の経済的分析がドイツ法上でどのような位置を占めるかを明らかにするのが第五部「効率性と法体系」（SS. 393-448）である。そこでは、法の経済的分析の意味での法適用を結果選択主義の観点から再検討するとともに、立法理論としての法の経済的分析が立法過程でどのように展開されるかが特に民事法における解釈と継続形成を素材として解明される。法の経済的分析という考え方が生まれたアメリカ合衆国では立法者ではなく裁判所がその主たる名宛人とされていたのに対し、法の経済的分析が一九七〇年代に取り入れられたドイツではむしろ第一次的に立法理論としてこのような構成を位置づけるべきであると著者は主張する。というのは、民主主義的正当化の根拠およびそのための権限を欠く立法者に対してこの構成によりしかるべき根拠を付与することができると著者は考えるからである。著者が、法の経済的分析という立法理論の枠組みがこの国の憲法に述べられていると捉えながらも、法の経済的分析は立法者の義務であるということを憲法から取り出し得ない旨を主張するのはこうした考えが起点にあるからであろう。著者は立法者がこの義務を果たさないときにのみ裁判所がこの課題を果たさなければならないと述べ、効率性という思考の裁判所における役割を否定はしないものの、裁判所の役割には補充的位置しか与えていない。

「最終的考察」(SS. 489-490) としてまとめられた本書の結論は次の三点である。すなわち、①法の経済的分析という法政策理論から一貫した結果志向型の思考を学ぶことにより法律学が実学であることを再認識できる。これにより、法の経済的分析が、自然科学であれ社会科学であれすべての理論科学は同一の方法論を用いなければならないというポパーのテーゼを再確認できる。法の経済的分析も価値評価を伴う規範的陳述であるだけに、それが濫用されないよう、効率性追求という思考についてもその限界が考えられなければならない。②ドイツ法体系では、経済的効率性を目標として現行法を体系的に再検討する権限を有する立法者こそが法の経済的分析を取り入れるべきであり、裁判所は効率性という思考を実践する中心的推進者たり得ない。③法律学の中心となっている実定法解釈学の側で法規範のもたらす結果が重要であることがもっと強く認識されなければならないところから、法律学は判例法学にとどまっていてはならず、また法の経済的分析を強調する論者も経済的効率性が結果に対する評価の一つの基準ではあっても唯一の基準ではあり得ないことを受け入れなければならない。

以上が本書の概要である。それならば、本書はどのように評価されるか。本書中、法の経済的分析（法と経済学）のアメリカ合衆国における展開を示した部分はかねてより先行文献で取り上げられており、われわれにとっても既知のものである点は否めない。しかしながら、本書には、ドイツ民法典等、この国の実定法に即した展開がみられる点において素材としての新規性がみられよう。また、結論それ自体よりも学術研究の過程における問題提起の仕方とそこでの解答の抽出方法に対してより高い関心を抱く読者には、ベーレンスによる研究以後の一〇年余に公表された研究成果をも取り入れた本書は、ドイツ法の視点からする新たな発展的研究を意味しよう。さらに、本書はこの主題に関するわが国での展開との間で行われる法比較の好個の素材ともなるものである。けだし、アメリカで行われた研究がドイツにどのように取り入れられたかという点を本書によってよりよく知ることができるからである。これに加えて、ドイツにおける研究成果を今度はアメリカおよびわが国の側でどのように批判的に取り入れることになるのかという課題も新たに考えられなければならないであろう。この点を問うのは、経済的分析の対象とされる法概念の諸国間での相違等に着目すれば、等しく効率性といいながらも、アメリカやドイツにおける分析の手法がどの程度わが国においても利用可能なのかがなお確認されなければならないはずだからである。国際経済法に関心を寄せるわが国の研究者の場合、こうした原理的研究に対する関心は必ずしも高くはないようにも見受けられる。これらは次の世代に残された課題となろう。

## 八　Stefan Habermeier, *Neue Wege zum Wirtschaftskollisionsrecht : Eine Bestandsaufnahme prävalenter wirtschaftskollisionsrechtlicher Methodologie unter dem Blickwinkel des kritischen Rationalismus* (Baden-Baden : Nomos, 1997. 357 S.)

『経済牴触法への新たな道程―批判的合理主義の視点からみた支配的経済牴触法方法論の現況―』と題する本書は、一九九六年、ドイツ連邦共和国ザールラント大学に提出された大学教授資格取得論文である。Saarbrücker Studien zum Internationalen Recht に収録された本書は本文二九三頁の他、目次、文献リスト、索引等から成る。著者には、法学博士号取得論文 Die Zwangshypotheken der Zivilprozeßordnung, Köln 1989 (Saarbrücken) の他、FS-Günther Jahr, 1993, 281 ; AcP 193 (1993), 364 ; ZHR 158 (1994), 107 ; AcP 195 (1995), 283 などに民法、ヨーロッパ法に関する研究がある。

本書は全六部から成る。①「序論」では、経済規制の進展に伴って分裂した二つの連結方法（サヴィニー型の古典的国際私法と政策的思考に依拠した特別連結等国際経済法）を共存させ得る道程の探求という本書の課題が明示される。今世紀後半の牴触法革命とこれを国際私法の危機と受け止めた先学の業績を踏まえつつも、著者はこれまでの成果に満足せず、哲学者カール・ポパーの批判的合理主義に依拠してこの課題を追求しようとする。②第一部「経済牴触法における理性の役割」では、経済牴触法という理性概念が取り上げられ、この概念を批判的合理主義的思考方法の意味に置換する多様な可能性が検討される。Machttheorie, Datumtheorie, Functional Approach, Rule of Reason 等の国際経済法的方法論が素材とされるのは、これらの方法論には批判的合理主義の中に定着している批判的法発見という思考がみられないと著者が考えているからである。③第二部「経済牴触法における理解の役割」では、支配的学説における経済牴触法理論の牴触法的形成という主張が牴触法的現実とどこまで合致するかが研究される。介入規定、準拠法の分割（dépeçage）、トピク等の素材の検討を通じて著者が強調するのは、従来の経済牴触法的構成では、合理的法発見が伝統的な方法論的・規範的記述からの転向と同一視されがちで、体系的思考も軽視されているという点である。④第三部「経済牴触法における正義の諸観念」で重視されているのは、国際経済法的論議で好意的に取り上げられてきた正議論の、そして経済牴触法上好まれてきた実質化傾向の解明である。そこでは、現代の経済牴触法的理論形成が有する法倫理的・民主主義論的・経済政策的な論理的帰結に対する批判も考慮されている。⑤第四部「方法論的に修正された国際経済法の理論的基礎としての仮説の実証」では、批判的合理主義にとってよりふさわしい牴触法的連結方法の本質的メルクマールの探求が試みられる。⑥「要約と結論」では、以上の分析作業の概略が述べられ、上記二つの連結方法間での再統合を実現する一般的な枠組みが示される。

本書は批判的合理主義という一つの思考モデルを国際経済法における規律方法としての牴触法に応用したものといえよう。それだけに、ポパーの思考や用語に必ずしも慣れ親しんでいない読者には、本書は時に難解な印象を与えるかもしれない。けれども、牴触法方法論に関心を抱く者に新たな思索の契機を提供するという意味で、本書の持つ価値も決して小さなものではない。著者の試みの成否に対する評価は全面的に読者の問題関心に掛かっているといえよう。

## 九

Klaus Peter Berger, *Formalisierte oder "schleichende" Kodifizierung des transnationalen Wirtschaftsrechts : Zu den methodischen und praktischen Grundlagen der lex mercatoria* (Berlin・New York, 1996, 294 S.)

『超国家的経済法の公式及び〝非公式〟の法典化—lex mercatoriaの方法的・実務的基盤について—』と題する本書は、ドイツ連邦共和国のヘルティ公益財団の資金を得て一九九五年にケルン大学に設置された「欧州及び国際的な規模での協力に関する法センター」の叢書 Schriften des Rechtszentrums für Europäische und Internationale Zusammenarbeit (R.I.Z.) の第一巻で、本文二一三頁の他、目次、略語表、文献リスト、添付資料、索引から成る。一九六一年生まれの著者はビーレフェルト、ヴァージニアの両大学に学び、ケルン大学の Norbert Horn 教授の下で「Internationale Wirtschaftsschiedsgerichtsbarkeit」（Berlin/New York 1992）により法学博士号を、また「Der Aufrechnungsvertrag」（Tübingen 1996）により大学教授資格を取得した。著者は、一九九六年以降、ザンドロック教授の後継者としてミュンスター大学法学部教授、国際経済法研究所所長の地位にある。著者には他に Zur Wirksamkeit von Lösungsklauseln für den Konkursfall, ZIP 1994, 173 ; Die neuen UNIDROIT-Grundregeln für Internationale Handelsverträge, Indiz für ein autonomes Weltwirtschaftsrecht ?, ZVglRWiss 1995, 217 等の研究がある。

本書は、自治的に形成された超国家的経済法たる lex mercatoria の進展を跡付けるとともに、この主題に関する学理と実務とを架橋しようと試みたものである。まず序論では、lex mercatoria と国際契約法の法典化をめぐる最近の動向として、自治的に形成された世界取引法という考え方の他、UNIDROIT（私法統一国際協会）（一九九四年）およびヨーロッパ契約法委員会（一九九五年）が公表した国際取引契約のための諸原則の現況が簡潔に述べられ、本書の構成も略述される。

第一部「lex mercatoria 理論の方法的及び実務的基盤」は、第一章「国際経済取引における法適用の問題」および第二章「lex mercatoria 理論の解釈学的基盤」から成る。これらの章で述べられているのは、最も密接な関係などの一般的法原理に依拠する牴触法および地域ごとに異なる利益を重視した各国実質法にともに存在する実務上の難点、その打開策として主張された better law approach や comitas 理論、国際私法上の実質規定等の概要とこれらに対する限定的評価、lex mercatoria 登場の歩みとこれに対する評価である。本書の中心をなす第二部「実務にとっての収穫：超国家的経済法の法典化」は、第三章「超国家的契約法法典化のためのこれまでの試み」と第四章「超国家的経済法法典化のための動き」から構成されている。これらの章では、lex mercatoria 理論による実務上の収穫として、契約法の統一に関するこれまでの各種の試みが紹介される。そこでは、法統一に向けられた努力にも拘わらず、「信義則（Treu und Glauben）」とか、「合意は拘束する（pacta sunt servanda）」とかといった、幾つかの原則をのぞいて、自治的な世界取引法理論がこれまでそれほど関心を呼ばなかった理由として、個別具体的事案で実務上利用できかつ法規の調査に際してさほど大きな負担をせずに済むような手法が欠けていた点が挙げられている。「最終的考察」の部分では、国際私法を含む私法と経済国際法を含む公法を内包する大きな枠組みとして、lex mercatoria はもはや夢物語（Zukunftsmusik）ではないという点が強調される。UNIDROITによる国際契約法リステイトメントとヨーロッパ的規模でのランド委員会の活動を著者が高く評価するのも、lex mercatoria に対する実務の閉塞的状況を打破する役割をこれらに期待するからに他ならない。末尾（二一五頁以下）に付された lex mercatoria に関する諸原則等のリストもその具体例として有意義な手掛かりを提供するものといえよう。

国際的規模での法統一や法形成の努力は決してたんなる流行ではなく、経済的実態を反映したものである。ここから、自治的な超国家的経済法と国家私法との間の関係を新たに規定することが国際私法にとっても将来の課題となっている。著者の意図がどの程度達成されたかはむろん読者の評価に待つ他はない。「国際経済法」という表現は論者の問題意識に応じて多義的にならざるを得ないが、それでも、私法の側からする国際経済法への接近の一例として本書の持つ意義も少なくないのではなかろうか。

## 一〇　Bernhard Großfeld, *Internationales und Europäisches Unternehmensrecht, Das Organisationsrecht transnationaler Unternehmen, 2., neubearbeitete und erweiterte Auflage*（C. F. Müller Verlag, Heidelberg 1995, 347 S.）

本書は一九八六年に刊行された前著（『Internationales Unternehmensrecht—Das Organisationsrecht transnationaler Unternehmen』（山内訳『国際企業法—多国籍企業組織法』中央大学出版部、一九八九年；その紹介として、木棚教授・国際法外交雑誌九一巻五号一二二頁以下、丸山教授・中央評論一九〇号一三九頁））の全面的な改訂版に当たる。ドイツ連邦共和国ミュンスター大学教授であり、民法・商法・経済法・租税法・国際私法・国際経済法・比較法など、広範囲に亘り多くの研究業績を挙げ続けている国際的にも高名な原著者については、もはや格別の紹介を要しないであろう。一九六〇年代末期からの久保教授との深い親交、これを契機として発展してきた多くの日本人研究者との交流により、同教授の人柄と業績についてはわが国でも広く知られていると思われるからである。グロスフェルト教授が初めて来日された一九八四年には、北海道大学から鹿児島大学まで各地域で実質的討議のための講演会が異例に多く開催されている。

原著者がこの主題に関する概説書を初めて出版されたのは、既に一九七五年のことであった。『Praxis des Internationalen Privat- und Wirtschaftsrecht』（同書の書評として、桑田教授・比較法雑誌一〇巻一号八九頁；山内訳『多国籍企業の法律問題―実務国際私法・国際経済法』（中央大学出版部、一九八二年）は、その改訂用原稿に基づく）がそうである。（訳書の紹介として、木内教授・学員時報一八六号八頁、石黒教授・中央評論一六二号一七七頁）。以後、前著を含めて原著者はほぼ一〇年ごとに意欲的に改訂を行い、そのつど「国際企業法」というこの新しい領域の体系的把握に挑戦してきた。前著と異なり、本書は『国際企業法および欧州企業法』と題されている。ヨーロッパ連合の発展過程が示すように、ドイツ国内でもヨーロッパ法の比重はますます高まってきている。この点を考慮すれば、上記のような表題の変更も十分に首肯されよう。原著者の継続的努力によって、幸運なことに、我々は、三度、国際企業法の現況をより包括的に把握できるようになっている。

本書の読者として想定されているのは、むろんまず第一にドイツの研究者、実務家および学生である。法源としてドイツの国内法、ドイツでも適用されるヨーロッパ法および国際法が多く掲げられているのはこのためである。叙述にあたっては、前著と同様に、比較法研究の成果に依拠して、内外諸国の多くの立法例や裁判例、学術文献にもしばしば言及されている。これらの資料の部分的引用も少なくない。それは、立法実務や裁判実務の動向をありのままの事実として示し、かつそれらに影響を与えた先駆的学説や実務に影響された学説を国際的視野の下に総合的に考慮することによって、変動しつつあるこの新しい領域の実像を最も効果的に伝えることができるとする原著者の意図があるからである。原著者の固有の思想はこの分野の体系構成に関する意欲的な試みとこれら第一次資料の適切な選択およびそれらの巧みな整理・排列に反映されているものといえよう。

国際企業法の概説書という本書の基本的性格は、そのまま維持されいている。本文が二九四頁に圧縮されていた前著に対して、本書の本文は三三七頁に増量されている。総論的記述が若干簡略化されたのに対して、各論の説明はより詳細になっている。前著の巻末で三三頁に亘りアルファベット順に約九五〇点を収録していた網羅的な文献目録に代えて、本書では九一点から成る精選された主要文献目録が収められている。また八頁に亘り五三〇項目を越えた事項索引も、五頁分約一六〇項目に圧縮されている。本文の増加に対応したやむを得ない工夫かと思われる。

本書の構成に関しては、若干の組み替えがみられる。本書は、「諸基礎」、「ヨーロッパの枠組み」、「国際的枠組み」、「国際会社法」、「企業結合」、「対外規制」、「労働者の権利」、「争訟」、「介入法」、「市場規制」、「競争制限」、「通貨法」、「租税法」、「事情解明」、「倒産法」、「収用法」、「基本権」、「海外投資」、「超国家的会社」、「国際基準」、「結び」の順に全二一章から構成されている。三〇章から構成されていた前著よりも章の数が減少した理由は、主として章編成に際しての組み替えによるものであり、内容についての大幅な変更はない。前著の「序論」および「多国籍企業」（一―一二頁）が本書では「諸基礎」（一―七頁）に圧縮され、前著で独立の項目として扱われていなかった「ヨーロッパの枠組み」が本書では新設されている（八―二八頁）。前著で分割されていた「国際法的枠組み」と「新国際経済秩序」（一三―二〇頁）が本書では「国際法的枠組み」に統合されている（二九―三七頁）。「会社法―諸基礎」、「会社法―個別問題」（二〇―六二頁）および「管理説」（一一三―一二二頁）が「国際会社法」（三八―九〇頁）に纏められ、「コンツェルン法」（七一―八〇頁）がコンツェルン法のほかに資本会社と Co. KG を含む「企業統合」（九一―一〇二頁）に、「資本市場法（投資者保護法）」、「収支勘定（企業会計法）」および「刑法」（六三―七一／八〇―九四頁）が企業評価を含めた「対外規制」（一〇三―一二八頁）に、「共同決定」および「労働法」（九四―一一二頁）が「労働者の権利」（一二九―一四八頁）に、「裁判所管轄権」と「仲裁」（一三四―一四九頁）が両者を含む「争訟」（一四九―一七二頁）に、「介入法（一二一―一三四頁）が同一名称の章（一七三―一八六頁）に、「外国法人の営業活動」、「投資規制」、「通商停止」（一五二

―一六九頁）がこれらを含む「市場規制」（一八七―一九九頁）に、「競争制限禁止法」（一六九―一九〇頁）が同一名称の章（二〇〇―二二〇頁）に、「通貨法」（二二〇―二二四頁）が同一名称の章（二二一―二二五頁）に、「租税法」（一九一―二二〇頁）が同一名称の章（二二六―二六〇頁）に、「外国における事情解明」（二二四―二四四頁）が同一名称の章（二六一―二八〇頁）に、「倒産法」（二四四―二五一頁）が同一名称の章（二八一―二九〇頁）に、「収用法」（二五二―二七三頁）が同一名称の章（二九一―三一五頁）に、「憲法」（一四九―一五一頁）が「基本権」（三一六―三一八頁）に、「外国投資の保護」（二七三―二七八頁）が同一名称の章（三一九―三二五頁）に、「国際会社」（二七八―二八六頁）が「超国家的会社」（三二六―三三〇頁）に、「国際的標準」（二八六―二九三頁）が同一名称の章（三三一―三三五頁）に、「結び」（二九三―二九四頁）が同一名称の章（三三六―三三七頁）にそれぞれ置き換えられている。むろん本書で初めて取り上げられた項目も少なくない。例えば、便宜船員対策を盛り込んだドイツの国際船舶登録簿法に基づく船舶の第二次登録制度や原著者により開拓された企業評価制度への言及がそうである。

このように新しい項目をも積極的に取り入れて刊行された本書はこの領域における文字どおり野心的な試みである。実務および学理の進展がめざましいだけに、一旦立ち止まってその全体像を「中間報告書」として整理しようとする試みは、それがまとめられた時点においてさえ現状を反映していないという理由から、時代遅れの批判を甘受せざるを得ないのが常例だからである。前著の「訳者あとがき」でも触れたように、国際金融法など重要な項目への言及がごく一部に限定されているのもそうしたリスクを減少させるためかもしれない。しかし、本書刊行の価値について特に強調しておかなければならないのは、わが国の場合、まだまだ単独の著者によりこれだけ豊富な内容を持つ概説書の刊行が行われる状況にはないのではないかという点である。むろん原著者の大胆な試みの前提には、周知のように、ドイツのみならずヨーロッパ的規模で長期間に亘り積み重ねられてきた豊かな学問的蓄積と実務の積極的な努力があった。原著者が本書の改訂版を将来に向けて用意する上で、我々がどの程度の学問的寄与を成し得るかが問われているように思われる。

## 一一　Bernhard Hautkappe, *Unternehmereinsatzformen im Industrieanlagenbau* (Abhandlungen zum Recht der Internationalen Wirtschaft, Band 1)〔Verlag Recht und Wirtschaft, Heidelberg 1986, 178 S.〕

### 一　はじめに

ここに紹介するのは、ドイツ連邦共和国ミュンスター市にあるヴェストフェーリッシェ・ヴィルヘルム大学外国・国際私法経済法研究所で一九八六年から新たに刊行され、そして本研究所（日本比較法研究所）に寄贈されることとなった「国際経済法叢書（Abhandlungen zum Recht der Internationalen Wirtschaft）」の第一巻である。この叢書は、同研究所所長のオットー・ザンドロック教授が共同所長であるベルンハルト・グロスフェルト教授および著名な国際経済法雑誌、ＲＩＷ（Recht der Internationalen Wirtschaft）の編集主任ラインホルト・トゥリンクナー氏の協力を得て刊行したものであり、これまでに刊行された第四巻まではいずれも本叢書の編者、ザンドロック、グロスフェルト両教授の門下生の手に成る学位論文（Dissertation）であることが知られる。ここに取り上げる第一巻は、ハゥトカッペ氏の学位論文であるが、著者について格別のことは知られていない。

編者の前書きによれば、「産業プラント建設における事業者の投資形態」を取り扱う本書は、一九八二／八三年冬学期に同大学で開催されたザンドロック教授の国際私法ゼミナールでの統一テーマ「国際投資契約」の一部を成すものである。かかる統一テーマが選ばれた理由は、この国の輸出において、産業プラント建設の占める比率が年ごとに急速に伸びている点にあるとされている。本書は、そのような状況の中で、産業投資契約の枠内で債務者に実質的給付を行わせるために、事業者に用立てられている可能性はどのようなものかという問題をもっぱら法的視点から検討しようとするものである（一八頁）。

## 二　本書の内容

それならば、本書の内容はどのようなものか。簡単な前書きに続けて展開される本論は、二つの部分から構成されている。

第一部は、産業プラントの概念と産業投資契約の態様に関するものである。原材料および第一次エネルギィ（石炭、石油、ガス、水力、原子力）、各種の発電所形態（水力、火力、原子力）、加工産業（製鉄所・製鋼所、セメント業、化学工場、機械工場、繊維工場、鋳物業、紙パルプ業、食品業）、運輸交通業（道路橋梁建設、自動車・鉄道・船舶・航空機製造、飛行場・港湾施設建設）といった多様な産業プラント概念が含められるように、この著者の場合、産業投資契約は、「当事者の一方（受託者）が、プラントを計画し、供給し、組み立て、営業し、そしてプラント全体の建設につき誤りがなく、成果を挙げられるよう責任をとる義務を負い、相手方当事者（委託者）が必要とされる協力行為を行い、約定価格を支払い、そしてプラントを買い取らなければならない契約」と定義されている（二四頁）。かかる定義からすれば、この種の契約の法的性質が混合契約とされる（二五頁）のも当然のこととされよう。そこでは、更に続けて、かかる契約の実際の発現形態が取り上げられることとなる。すなわち、注文者が個々の給付をそれぞれ異なった事業者に分配する絶対的個別契約（二六頁以下）、注文者が同種の給付をいくつかのグループに束ねる収束的個別契約（三〇頁以下）、注文者が企画立案の段階から専門家の知恵を利用するためのコンサルタント契約（三二頁以下）、注文者がすべての段階を包括して事業者に委ねるターン・キィ契約（三四頁以下）等の区別がそうである。

しかしながら、本書の中心を成すのは、その分量（三七―一六〇頁）からも明らかなように、産業投資契約における事業者の投資形態を取り扱う第二部である。ここでは、投資の主体が注文者に対して個別的に責任を負う事業者であるか否かによって、さらに二つの部分に分けられている。

はじめに、注文者に対して個別的責任を負う事業者が登場する場合である。ここでは、すべての業務を単独で引き受ける単独事業者契約（Alleinunternehmervertrag）（三七頁以下）と業務の各構成部分を他の事業者に配分する包括事業者契約（Generalunternehmervertrag）（三九頁以下）の二つが取り上げられ、後者について、その概念、包括事業者・注文者間の関係、包括事業者・下位事業者間の関係、注文者・下位事業者間の関係などに関して特に詳しい説明が付されている。他方、注文者に対して責任を負う主体が提供者の連合体である場合についても、特にそれがコンソーシァム形態で営まれる場合について、その定義、法形式、共同契約（Konsortialvertrag）などに関して、より立ち入った説明が加えられている（九八頁以下）。

以上が本書の概要である。

三　本研究所にとっての本書の意義

ここに見られたように、本書は、わが国でも実務上特に多く利用されている（澤田寿夫編『国際取引ハンドブック』有斐閣、一九八四年他）産業プラント建設に関わる法律問題について、その経済的リスク等にも言及しながら、法的な分析を加えた最新の研究書である。近年わが国においても、国際取引法の重要性が次第に自覚されてきてはいるが、専門書の数が物語るように、法的分析の立ち遅れが指摘されることも稀ではない。この主題については、類書もないではない（たとえば、Inge Dünnweber, Vertrag zur Erstellung einer schlüsselfertigen Industrieanlage im Internationalen

Wirtschaftsverkehr, Berlin/New York 1984, 317 S. 他）が、資料としての新しさおよび法的な整理という点において本書の持つ価値も少なくないように思われる。ただ、本書の評価にあたっては、その主題の持つ特殊性がとくに顧慮されるべきであろう。すなわち、本書が、先にも触れられたように、ザンドロック教授のゼミナールの一部を構成しているという点からして、本書それ自体もまた、必然的に、「国際投資契約におけるリスクとその評価」を扱う本叢書第二巻（Flocke, Risiken beim Internationalen Anlagenvertrag und Hinweise zu ihrer Bewertung, Band 2, 1986）等、右叢書中の他の諸論文によって補充されるべきものと言えるのではなかろうか。同大学と本研究所との交流が、たんなる資料交換のみならず、スタッフ間の相互派遣の段階にまで進んでいるときだけに、今後の両大学間での共同研究を発展させる上でも、右の叢書が本研究所にとって果たす役割も大きなものと思われるのである。

## 一二　Daniel Zimmer, *Internationales Gesellschaftsrecht: Das Kollisionsrecht der Gesellschaften und sein Verhältnis zum Internationalen Kapitalmarktrecht und zum Internationalen Unternehmensrecht*

（Heidelberg: Verlag Recht und Wirtschaft, 1996. 487 S.）

『国際会社法―会社牴触法及び会社牴触法の国際資本市場法・国際企業法に対する関係―』と題する本書は、ドイツ連邦共和国ルール大学（ボーフム）のツィンマー教授が一九九五年にゲッティンゲン大学に提出した大学教授資格取得論文である。Schriftenreihe Recht der Internationalen Wirtschaft に収録された本書は本文四一二頁の他、目次、文献リスト、索引等から成る。本書に先行する経済法・国際私法・国際経済法関連の研究として、著者には、法学博士号取得論文 Zulässigkeit und Grenzen schiedsrichterlicher Entscheidungen von Kartellrechtsstreitigkeiten: Eine vergleichende Untersuchung auf der Grundlage US-amerikanischen und deutschen Rechts, Baden-Baden 1991 (Göttingen) の他、NJW 1991, 3057；ZHR 157 (1993), 400；JZ 1993, 396；IPRax 1993, 65；NJW 1997, 2345 等がある。

本書は四部から成る。①序論では、会社法的諸関係に対しどの国の法が適用されるべきかを取り扱う分野を国際会社法と解する立場からこの主題研究の必要性が強調される。その前提には、一九八六年改正後の民法典施行法でも国際会社法が空白のまま残され、設立準拠法説や本拠地法説によっても十分な解決が得られていないという認識がある。それは、会社法（実質法）の対象領域の拡大に伴い国際会社法上も会社準拠法の決定につき新たな理論を探求する必要性があると考えられているからである。次に、②第一部では、国際会社法の国際資本市場法に対する関係が取り上げられる。資本市場法とは個人投資家保護および市場機能保護を同時に追求する分野とされ、国際資本市場法では資本市場を規律する牴触法的原理として効果主義への連結や市場地法への連結が論じられる。資本市場組織法と資本取引行為法を含む資本市場法と会社法との限界領域で牴触法的規律の対象とされるのが、インサイダー取引、企業買収、新株引受権、融資証書の質入等である。さらに、③第二部では、国際会社法の国際企業法に対する関係が論じられる。国際企業法では、会社法上の三利益主体（社員・管理機関・債権者）間の関係外の諸利益が考慮され、共同決定、貸借対照表、開示義務等が検討される。最後に、④第三部では、会社属人法の決定基準に関する検討結果として、設立準拠法説と本拠地法説との併用（結合説）が提案され、この構成の下で、取引保護、債権者保護、社員（特に少数社員）保護が十分に達成される旨、詳論される。

本書に対する評価はむろん全面的に読者に委ねられなければならない。Staudinger-Großfeld, Internationales Gesellschaftsrecht, 1993 や Behrens (Hrsg.), Die Gesellschaft mit beschränkter Haftung im internationalen und europäischen Recht, 2. Aufl., 1997 等、同じ主題に関する近年の文献と対比すると、インサイダー取引、企業買収、貸

借対照表等の諸点は確かにStaudinger-Großfeldでも言及されているが、包括的かつ詳細な記述が行われている点で本書の価値も軽視し得ないであろう。規律対象をより後半に捉える立場から国際会社法の再構成を意図した本書は、実質法への詳細な言及をも含む点で、今後この主題に関心を抱くものにとってひとつの基盤的研究といえるのではなかろうか。

## 〔三〕 Werner, F. Ebke, *Internationales Devisenrecht* (Verlag Recht und Wirschaft 1991, 410 S.)

「国際外国為替法」と題する本書は、現在コンスタンツ大学正教授として民法、経済法、租税法、国際私法等、幅広い領域で活躍する著者の大学教授資格取得論文である。いくつかの書評が指摘するように、本書は、ドイツ語で出版された国際外国為替法に関する最初の本格的体系書であって、ドイツの学界でも高い評価を受けている（NJW 1991, 2198他）。グロスフェルト教授に師事した著者は、サザン・メソディスト大学準教授としてアメリカ合衆国でも長い研究歴を有し、近年、『The International Lawyer』誌の編集にも携わっている。

国際外国為替法とは、原著者によれば、日常的に行なわれる国際的支払流通・資本取引に対して外国の司法・行政が諸国の外国為替法上設けられている種々の制限をどのように顧慮すべきかを決定する抵触規定の体系を言う。この課題に答えるにあたり、著者は、通貨の他国通貨への換算可能性を特に法律問題として取り上げ、この問題がＩＭＦ、ＯＣＥＤおよびＥＣにおいてそれぞれどのように規律されているかをまず明らかにする（第一部）。次に、この換算可能性に関する外国為替法上の諸制限の効果が領域外にも及ぶ点につき、伝統的な連結方法を分析し、国際外国為替法とＩＭＦ協定との関係を論じ、さらにドイツ国際外国為替法の構造を明らかにする（第二部）。本書における論議の中心は、ＩＭＦ協定と合致する他の加盟国の為替管理規定に対し一定の要件のもとに効力を付与することを義務付ける同協定八条二項(b)号の解釈に置かれている。著者は、従来、実務や学理で分裂していた同号の解釈に関するドイツ判例を詳細に取り上げ、英米仏等主要なＩＭＦ加盟国の判例と比較している。

国際外国為替法の重要性は、近年いよいよ高まっている。それは、国内経済の安定性を確保し、国際法上違法な行為（湾岸危機等）から自国を守るため、諸国の外国為替管理規定が頻繁に利用されているからである。さらに、国際外国為替法には、債務危機の増大から生じる諸問題の民事法的解決や、資本輸出国・輸入国間での利益対立の法的解消という課題も与えられている。時期的な制約から、ドイツの再統合（一九九〇年）や進行しつつあるＥＣ統合等についての記述は欠けているが、本書は、国際外国為替法という重要な主題について研究するうえで、貴重な資料を提供し、西、土井両教授の先駆的研究を補完するものとなろう。

## 四　Matthias Herdegen, *Internationales Wirtschaftsrecht* (Verlag, C. H. Beck, München 1993, 215 S.)

本書は、ドイツ連邦共和国コンスタンツ大学法学部正教授マティアス・ヘァデゲン氏の手になる国際経済法の入門書である。法律書の出版で世界的に知られるドイツのＣ・Ｈ・ベック社から刊行されている著名な叢書「Juristische Kurz-Lehrbücher」に収録された本書は、ドイツ諸大学の法学部および経済学部で開講されている「国際経済法」講座の受講生によっても手軽な基本書ないし参考書として盛んに利用されている。

全二二章から成る本書の冒頭では、国際経済法の概念および意義がまず明らかにされている（第一章）。国際的な経済取引を規制する手段として国家法および国際法上の諸規定間の関連性がますます緊密になってきているという事実認識の下に、これらの規定の複合体として全法学的視点から国際経済法を構想しようとするのが著者の基本的な立場である。その前提には、相互に関連して生起する各種の法律関係を国際法と国内法とに分けたり、公法と私法とに分けたりすることから生じる分断的思考に対する消極的な評価がある。このため、本書では、国際法、対外経済法という伝統的な分野の他、国内経済法における民事法的諸要素も特に重視されている。

このような問題意識の下に構想された本書の第二章以下で展開される本論は、基礎、商品取引・役務、国際企業法、国際収用法・国際投資法、通貨制度と国際金融サーヴィスの五編から構成されている。各章の冒頭には、主要な参考文献のリストが掲げられている。

第一編「基礎」は、国際経済法の法源、国際経済秩序、国家の基本的権利義務、ヨーロッパ共同体、紛争解決と国際手続法の五章に細分される。「国際経済法の法源」の章で、国際法、ヨーロッパ共同体法の他、私的経済交流に関する国際協定、商人法、牴触法等が挙げられる理由は先の前提から導かれよう。「国際経済秩序」の章では、市場経済秩序の国際的実現ないし経済取引の国際的自由という世界経済秩序の目的がまず明らかにされる。主権国家間の対等性という前提の下でも経済的効率性の追求と経済的弱者の保護が共に必要とされているという点は、国内法秩序の場合となんら変わらない。国際経済法上の法主体として国家、国営企業、国際組織の他、私企業に言及される理由も上述のところと一致する。「国家の基本的権利義務」の章で言及される内容は国際法の概説書で触れられているところと大差がない。また「ヨーロッパ共同体」に関して、共同体の構成、政策、法システムが概説される点も同様である。「紛争解決と国際手続法」の章では、国際法上の枠組みの他、国際商事仲裁、国内裁判所の国際的裁判管轄権、外国裁判の承認・執行等に触れられるが、これらも、近時、国際私法の概説書で触れられている説明と異なるところはない。

第二編「商品取引・役務」は、ガット、原料協定、商品・役務取引自由化のための経済的統合、国際売買法とその他の契約法、個々の役務領域、工業所有権の六章から成る。「ガット」の章では、その成立からウルグアイ・ラウンドまでの展開が、「原料協定」の章では各種の国際協定の概要が、そして、「商品・役務取引自由化のための経済的統合」の章では、NAFTAを初め各地域統合の概要が紹介されている。「国際売買法とその他の契約法」の章では、ヨーロッパ債務準拠法条約と国連統一売買法が、「個々の役務領域」の章では、特に輸送、保険、銀行、郵便・通信の各制度についての法的枠組みが、「工業所有権」の章では、パリ同盟条約から共同体特許協定までの動きがそれぞれ簡潔に示されている。

第三編「国際企業法」を構成するのは、国際会社法、国際競争法、国際破産法、国際租税法の四章である。「国際会社法」の章では、会社属人法の決定問題、外国会社の認許、コンツェルン牴触法、ヨーロッパ株式会社について、「国際競争法」の章は、ドイツおよびヨーロッパのカルテル法の概要（不正競争防止法を除く）について、「国際破産法」の章では、属地主義と普遍（普及）主義の展開について、「国際租税法」の章では、世界所得主義、二重課税、租税オアシス等についての説明が簡潔に行われている。

第四編「国際収用法・国際投資法」は、国際法における収用、国家と外国企業との間での投資契約、投資法における保護メカニズムの三章から構成されている。「国際法における収用」の章では、収用の概念および若干の問題事例が、「国家と外国企業との間での投資契約」、「投資法における保護メカニズム」の二つの章では、制度的枠組みと仲裁例を含む実務の展開がそれぞれ明らかにされている。

第五編「通貨制度と国際金融サーヴィス」は、国際通貨法、ヨーロッパ通貨制度および国際金融の三章から構成されている。「国際通貨法」の章では、国際通貨基金協定の成立および発展、IMF協定八条二項b号の解釈、ユーロ外国為替について、「ヨーロッパ通貨制度」の章では、ＥＭＳからマーストリヒト条約までの動きについての概観がそれぞれ示されている。「国際金融」の章では、国際通貨基金、世界銀行、国際債務危機に関する問題状況が簡潔にまとめられている。こうした本文に続けて、末尾に一五頁から成る事項索引が付されている。以上が本書の概要である。

本書に対する評価はむろん各読者の側で主体的に行わなければならないであろう。本書に先行するこの国の文献との対比でいえば、経済取引に関する民事法についての記述が本書に収録されている点は、グロスフェルト教授により構想された「国際企業法」との類似性を思わせるものがある（山内訳『国際企業法』（一九八九年））。これに対して、国際競争法の扱い方がやや軽くなっている点については、わが国の国際経済法に関する先学の業績等から判断すれば、もとより異論の余地がないわけではない。ヨーロッパ連合や世界貿易機関（ＷＨＯ）に言及されていないことは本書の刊行を考えればやむを得ないところである（これらについては、現に第二版が準備されている）。また叙述に関して、ドイツ法およびヨーロッパ法に関する記述が多く、他の諸国の国内法に記述が比較的少ない点や、資料的ないし記述的部分が多いという点もドイツ語圏の読者を想定した入門書という本書の目的および基本的性格からして、十分に首肯されるところといえよう。

このようにいくつかの留意点はあるものの、国際経済に関する主要な立法例、豊富な裁判例を素材として構想された本書は、この分野に関心を抱くすべての者にとってより包括的な検討素材を提供するという意味においてなお有用なものといえよう。注で触れられている多くの貴重な問題提起も、研究者および実務家にとって特に関心を呼ぶことになるものと思われる。

## 一五　Albert Bleckmann, *Die völkerrechtlichen Grundlagen des internationalen Kollisionsrechts*

（Carl Heymanns Verlag, 1992, 71 S.）

『国際牴触法の国際法的諸基礎』と題する本書は、国際法・ＥＣ法の研究者として高名な著者（ドイツ・ミュンスター大学正教授）が、国際法、ヨーロッパ法および諸国の国内法、三者間にある相互依存関係をこれまで以上に強く意識する立場から新たに編集した叢書「Völkerrecht——Europarecht——Staatsrecht」の第一巻として刊行したものである。

本書の目的は、表題が示すように、国際私法の国際法的基礎を解明することにある。その前提にあるのは、Makarov, Zitelmann 等の見解によってもこの点が明らかにされていないという認識である。

上の課題を検討するため、原著者は、まず法秩序の二元論と一元論という見出しのもとに、国際法と国内法という二つの法秩序の相互関係を取り上げる。ここに一元論とは、Dugit や Schell らに代表されるような、統一的世界法秩序しか存在しないという見解であり、これと対立するのが Anzilotti や Triepel による二元論、すなわち、国際法と国内法とが並行して存在するという理解である。原著者は各見解における国際法と国内法との関係を明らかにした後、一国の法が他国の法領域に及ぼす効力をいかに説明すべきかという点に論及する。本書の中心部分を成すこの節では、等しく二元論に立ちながら、国内的効力の基盤が国内立法者の積極的行為にあるというドイツ型の構成と、議会の同意があるときに限って国内的効力が消極的に発生するにすぎないとするフランス・ベルギー型の構成との対立等にも言及される。さらに、権利濫用に対する国際法的禁止の項でも、一元論と二元論のそれぞれの帰結が明らかにされている。それに続けて言及されるのが、諸国の国際的管轄権の問題である。そこでは、国家による裁量の自由が比較的広く認められていながら、諸国が自国法および外国法の適用を命じる場面が国際法上当該国が管轄権を有するときに限られていること、自国国際私法適用の前提に、領域主権、対人主権等から引き出される連結点があること等に触れられている。さらに論じられるのが、国際的管轄権理論を国際行政法について展開したときに生じる帰結についてであり、また、公法における利益状況と管轄権の関係、そして国内公法の適用命令の根拠についてである。最後に、国際法としての国際抵触法の構成が示されている。

原著者の主張は、要約すれば、国際的事実を規律するにあたり当該主題が条約に代えて国内法により規律される場合、国際私法は法源上純粋に国内的な法であるという今日ほぼ一致した見解を拒否する点にある。その理由は、国際抵触法では、原則として、国際的法共同体の代弁者として行動する諸国を通じて行われる国際法上の管轄権規定の具体化だけしか問題にならないこと、形式および実質の両面からみても、国際抵触法、特に国際私法が内容および法源上も広義の国際法であるという点にある。むろん原著者の主張自体に対する評価は多様であろう。しかし、国際経済法における法源論の研究上無視し得ない論点を含む点に、本書の存在意義もあるのではなかろうか。

# 一六　Fritz von Schwind (hrsg.), *Probleme des Europäischen Gemeinschaftsrechts* (Veröffentlichungen der Kommission für Europarecht, Nr. 1)〔Verlag der Österreichischen Akademie der Wissenschaften, Wien 1976, 411 S.〕Österreichische Akademie der Wissenschaften, Philosophisch-Historische Klasse, Sitzungsberichte, 302. Band

## 一　はじめに

ここに紹介するのは、オーストリア科学アカデミーの哲学・歴史学部門叢書中に新たに設けられ、そして本研究所（日本比較法研究所）に寄贈されることとなった、「ヨーロッパ法、国際私法・外国私法叢書（Veröffentlichungen der Kommission für Europarecht, Internationales und Ausländisches Privatrecht）」の第一巻である。この叢書は、ヴィーンの旧市街に本拠を置くオーストリア科学アカデミー／ヨーロッパ法委員会の代表を務める、ヴィーン大学のフリッツ・フォン・シュヴィント名誉教授を編者として刊行されたものであり、これまでのところ第五巻までが刊行されている。オーストリア法学界の長老である編者シュヴィント教授の前書きからも知られるように、オーストリアのＥＣへの加盟から生じる諸問題がこれまで十分な法的検討の対象とされていなかったところから、その間隙を埋めるために企画された本書には、全部で一四本の論文が収められている。

## 二　本書の内容

それならば、本書はどのような内容を有しているか。

まず、①ヴィースミュラー「ヨーロッパ統合の発展」（七—一九頁）で取り上げられているのは、第二次世界大戦後におけるヨーロッパの統合とオーストリアのそれへの参加の過程である。次に、②ペヒ「支配的地位の濫用的利用」（二一—三六頁）では、ヨーロッパ経済共同体（以下、ＥＷＧと略称）条約第八六条のオーストリアにとっての意義が論じられる。更に、③ケヒト「カルテル禁止法における例外規定について」（三七—六七頁）は、米独両国法を参照しながら、ＥＷＧ条約第八五条第三項の法律要件および同項適用上の手続問題に言及する。そして④プライジンガー「ＥＷＧにおける信用機関の居住の自由」（六九—七八頁）は、ローマ条約における居住の自由の法的基礎とその実現に関する諸問題を取り上げ、特にオーストリアにおける展開に及ぶものである。また、⑤バョンス「民事・商事事件における裁判管轄権および裁判の執行に関するＥＷＧ協定」（七九—九九頁）は、同協定の適用範囲、直接管轄、承認執行などの問題を国際手続法から超国家的手続法への流れの中でとらえようとする。⑥ヘラー「契約および契約外債務関係の準拠法に関するＥＷＧ協定予備草案」（一〇一—一三四頁）は、右草案の成立史から始めて、特にオーストリアにとって同草案が持つ意義を各条項ごとに検討する。更に、⑦シェッファー「ＥＷＧにおける資本・支払の自由流通」（一三五—一五七頁）は、商品、労働者、居住、サーヴィスに続く第五の自由としての決済手段の自由移動につき論じるものである。そして、⑧ノヴォトニィ「ＥＷＧにおける会社法の発展、第一部　ＥＷＧにおける諸国国内会社法の調整」（一五九—二〇三頁）は、同条約第五四条第三項第ｇ号による調整と同条約第二二〇条によるそれとについて述べたものであり、また、⑨ツァヴィッシャ「ＥＷＧにおける会社法の発展、第二部　ヨーロッパ株式会社とヨーロッパ企業統合のその他の方法」（二〇五—二四五頁）は、ヨーロッパ株式会社および特にルッター教授により第四八回ドイツ法曹会議に提案された国際的企業合同のモデルを素材として共同企業を論じるものである。⑩ハンライヒ「オーストリア・ＥＷＧ間の自由貿易協定上の混合委員会の法的性質」（二四七—二六四頁）は、オーストリアとＥＷＧおよびＥＧＫＳ（ヨーロッパ石炭鉄鋼共同体）間で締結された協定中に規定されている混合委員会が有する、締約国を拘束する決定を下す権能につき、オーストリアの側から検討を加えている。⑪バゥマン「EWG条約第一六九条に基づく右条約違反を理由とする同委員会の加盟国に対する訴え」（二六五―二八四頁）は、EC裁判所の管轄権に関する同条約第一六九条を取り扱うものである。⑫ペヒ「EWG条約第一七三条第二項による私人の訴権」（二八五―二九四頁）は、EC裁判所の一九七〇年四月一六日判決等を素材としつつ、表記の問題を取り扱う。⑬ウルレスベルガー「オーストリア・EWG間の通商協定における支払流通の規制」（二九五―三八〇頁）は、一九七二年七月二二日にオーストリアとEWGおよびEGKSとの間で署名された右協定第一九条における支払流通の自由化および同第二八条における支払決算の困難を解消するための保護条項に論及する。そして最後に、⑭イェリネック「破産、調停およびこれに類する手続に関する協定予備草案」（三八一―四一一頁）は、一九七〇年二月一六日の右予備草案について、その成立の経緯とその内容に触れ、オーストリア側からの評価に及んだものである。

以上が、本書の概要である。ここで特に留意されるのは、本書の各論文がいずれもオーストリアの側からする問題性の把握という観点にウェイトを置いて執筆されているという点である。そこにまた、条約法を含めた外国法研究のひとつの姿勢が読み取れることであろう。

三　本研究所にとっての本書の意義

それならば、本書は当研究所にとってどのような意義を有するか。周知のように、今年三月二五日に創設三〇周年を迎えたECは、伝統的主権国家とECの執行機関との間での権限配分や、企業活動の自由の保障と諸国の法的障害物（保護主義）との調整といった法的課題を今なお解決し得ていない。そのことは、国際取引法上、日欧の貿易摩擦を取り上げるだけでも明らかになろう。創設後三〇年というECの歴史的実績が重んじられる時代だけに、わが国においても、EC法研究は無縁の存在ではあり得ない。会社法、経済法等の個別領域における外国法研究の素材としてのみならず、国内法の他国への適用の可否等、わが国においても未解決の諸問題について、広義における法統一、法調整のモデルを我々に提示するという意味においても、その刊行後すでに一〇年を経たものとはいえ、本書は、ひとつの貴重な過渡的資料を提供するものといえるのではなかろうか。

## 一七

① *Lausanner Kolloquium über den deutschen und schweizerischen Gesetzentwurf zur Neuregelung des Internationalen Privatrechts* (Publications de l'Institut suisse de droit comparé, 1)(Schulthess Polygraphischer Verlag Zürich, 1984, 340 S.)

② *Premières journées juridiques yougoslavo-suisses*(Publications de l'Institut suisse de droit comparé, 2)(Schulthess Polygraphischer Verlag Zürich, 1984, 267 S.)

### 一　はじめに

ここに紹介するのは、スイスのローザンヌ大学キャンパス内に設置されているスイス連邦唯一の国立比較法研究所(Institut suisse de droit comparé) から一九八四年に相次いで刊行され、そして本研究所（日本比較法研究所）に寄贈された表記の二冊である。風光明媚なレマン湖畔、ドリニィにこぢんまりとした正方形の建物を持つこの研究所は、長い伝統を持つローザンヌ大学法学部の比較法センターとは別に、西ドイツ、ハンブルクのマックス・ブランク外国私法・国際私法研究所をモデルとして、一九七八年一〇月六日のスイス比較法研究所に関する連邦法（一九七九年二月一日発効）によって新たに創立された独立の機関であって、立法・司法機関等に対して必要な資料を提供し、また、法の調整ないし統一のための国際的作業への協力を行うほか、固有の研究活動をも行っている。創立以来、同研究所所長の地位にあるA・E・フォン・オーヴァベック教授の説明によれば、各研究員による個別研究のほかに、近隣諸国の研究者との間で法比較に関する一連の共同研究が予定されているという。同研究所と本研究所との間にはこれまで格別の交流協定も締結されていないが、一九八四年秋から、まず資料交換の形式で事実上の交流が開始されることとなった。ここに取り上げる二冊の書物は同研究所が一九八四年から刊行を開始したその新しい双書（Publications de l'Institut suisse de droit comparé）の第一巻および第二巻にあたる。同研究所には日本、中国を含むアジア地区の法制度を研究し、また資料の収集をも担当するスタッフ（チューリッヒ大学講師、センガー氏）が在籍しており、このことからも、ヨーロッパでは稀な例として日本語文献にもかなりの関心が払われていることが知られよう。研究所員の相互交流を含めて、両研究所間の交流がいよいよ盛んになることを期待したい。

二　本書の内容

それならば、本書①および②は、それぞれどのような内容を有しているか。

そのうち①は、一九八三年一〇月一四、一五の両日、ローザンヌの同研究所において開催された、西ドイツおよびスイス両国の国際私法改正草案に関する国際シンポジゥムの各報告および討議を収めた記録集である。フォン・バール教授が「第二のうねり」と強調するように[1]、一九七〇年代から、とくにヨーロッパ諸国では、時代の要請をうけて、それぞれに国際私法の改正が試みられ、オーストリアやオランダでは、全面改正か部分改正かの違いはあるにしても、すでに改正法が実施され、またここに取り上げられた両国のほか、イタリアでもヴィッタ教授の手になる第一次草案が作成されている[2]。これらの諸国の中でも、とくに西ドイツ、スイスの両国は、いずれもたんにヨーロッパにおいてのみならず、国際的にも世界の国際私法学会において、理論および実務の双方にわたって指導的な役割を果たしている国であり、これら両国は国際私法改正の歩みにおいてもほぼ同一歩調をとっている。ヨーロッパの場合、このような会合は、当初から外国の研究者にも開放されているが、ここでは一九八二年に公表されたスイス第二草案と一九八三年に公表された西ドイツ政府草案[3]とを直接の素材として、両国の立法担当者のほか、ヨーロッパ諸国の国際私法学者が参加して、全般的・個別的な意見交流の機会が持たれることとなった。そうしたシンポジゥムの内容をそのまま収録した本書は、国際私法総論（一—五八頁）、人事法・婚姻法（五九—一〇〇頁）、夫婦財産法・相続法（一〇一—一五八頁）、親子法（一五九—二一六頁）、国際手続法（二一七—二六二頁）、総括（二六三—二八四頁）の六編から構成されており、各項目について、西ドイツ側から、クロィツァー、キューネ、ヘンリッヒ、ジーア、ピルンク、ケーゲルの、またスイス側からは、フォン・オーヴァベック、シュヴァンダー、ブーハー、デュトワ、フォルケン、フィッシャーの報告がそれぞれ収録され、さらに各部の末尾には、討論の経過も付加されている。そして本書の末尾には資料として、両国の草案(抄)、参考文献、参加者リスト等も収められている。各報告は、いずれも、右のテーマに関してこれまでに公表されている文献が少なくないだけに、多様な観点からさまざまな問題点を取り上げており、また介入規定の適用問題等、わが国の文献上本格的に触れられるべくして触れられていない諸点についても立ち入った論及が行われている。

他方、②は、一九八三年一一月、ローザンヌおよびフリブールで開催された第一回ユーゴスラヴィア・スイス法学会の記録である。目次から知られるところによれば、ここでも基本的に各テーマについて、両国からの報告が収録されている。第一編　家族法の領域における新国際私法（五—五〇頁）では、スイスのデュトワが、婚姻法、親子法等について、スイス、ユーゴスラヴィア両国の国際私法的規律の内容を紹介し、これに続けて、ユーゴスラヴィアのパクが、この国の最近の国際私法立法[4]について、その基本的特徴を述べ、さらに婚姻、親子に関する新法の内容を紹介する。第二編　無体財産権法の最近の展開（五一—八二頁）では、スイスのデスモンテが著作権、意匠、特許、商標等について現在の立法作業を含めて解説を行い、ユーゴスラヴィアのヤニッチが一九八一年以降のこの国における法状況について説明する。また、第三編ではこれら両国がいずれも連邦国家であるところから、特に連邦制度（八三―一九四頁）が取り上げられている。この部分の記述が全体に占める割合から見て、連邦制度の法比較研究が今回の学会での中心的なテーマであったことは容易に知られるところであろう。ここでは、さらに次の三つの項目、すなわち、「第一章　連邦制度における連邦国家の地位」（八五―一二〇頁）、「第二章　連邦制度における連邦構成地域の地位」（一二一―一五四頁）、「第三章　立法および財政に関する連邦国家・連邦構成地域間の関係」（一五五―一九四頁）のそれぞれについて、スイス側から、クナップ、フライナ・ゲルスター、ヴェルテンシュラーの、またユーゴスラヴィア側からパスタ、ニコリッチ、シモヴィッチの報告が収録されている。そのうち第一章で扱われているのは、両国における連邦制度の起源とその内容・特徴についての歴史的言及であり、第二章では、カントン、共和国とその名称を異にする両国の連邦構成地域について、その地位と機能が述べられる。さらに第三章では、右の両者の関係がとくに立法、財政、行政の三者に焦点を合わせて論じられる。そして、第四編　契約の締結（一九五―二五六頁）でも、第一章　申込と受領（一九七―二二四頁）、第二章　契約締結上の過失（二二五―二五六頁）のそれぞれにつき、スイス側からギナン、テルシェが、またユーゴスラヴィア側からはヨヴァノヴィッチ、オルリッチが、定義をも含めて、それぞれの国におけるこれら二つの法制度の特質を概説し、若干の参考文献にも言及している。

以上が、右の二書の概要である。

三　本研究所にとっての本書の意義

もとよりここでも、本来ならば本書①、②に対する内容的な評価に言及されるべきであろう。ただ、この点については、そうした評価の前提作業として、従来の学問的成果の認識とそれに対する態度表明が先行しなければならないところである。しかしながら、紙幅の限られたこの場では、これ以上その点に詳しく立ち入る余裕もない。しかし、①、②ともにこの種の会議の記録として、ヨーロッパにおける最先端の議論をいながらにして把握することができる格好の素材となっているという意味において、両書は貴重な価値を持つだけでなく、とくに本研究所にとっては、法比較研究のためにも有用な資料とされるのではないか。とりわけ①は、このテーマに関するまとまった資料として最新のものであり、また②はユーゴスラヴィアについてわれわれのアクセスできる研究資料が数量的に限られているだけに、この点においても右の両書の持つ文献的価値は少なくない。本書の有効な利用が期待されるところである。

（1）　Von Bar, Zur Reform des Deutschen Internationalen Eherechts als Teil der Reform des Deutschen Internationalen Privatrechts, 19 Comparative Law Review [1986], Nr. 4,〔比較法雑誌一九巻四号〕pp. 55-84.

（2）　なお、Problemi di riforma del diritto internazionale privato italiano, 1986, p. 701 ff. 参照。

（3）　その後、この草案は若干の変更を伴い、一九八六年七月二五日の「国際私法を新たに規律するための法律」として成立し、同年九月一日から施行されている（BGBl. 1986 I 1142)。

（4）　邦語文献として、井之上宜信「ユーゴスラヴィアの国際私法典（一九八三年）について」法学新報九二巻三・四号二一一頁以下がある。

# 一八　*Recht und Wirtschaft—Ringvorlesung im Fachbereich Rechtswissenschaften der Universität Osnabrück 1984/1985—*

(Osnabrücker Rechtswissenschaftliche Abhandlungen, Band 1) (Carl Heymanns Verlag KG, Köln u. a. 1985)

## 一　はじめに

ここに紹介するのは、ドイツ連邦共和国ニーダーザクセン州のオスナブリュック大学法学部において、一九八五年から創刊され、そして本研究所（日本比較法研究所）に寄贈された新しい叢書（Osnabrücker Rechtswissenschaftliche Abhandlungen）の第一巻である。『法と経済』と題された本書は、その「はしがき」からも知られるように、同大学法学部のスタッフがそれぞれの専攻分野から、「法と経済」という統一テーマのもとに一九八四年以降、継続的に行った一連の講演を集めたもので、本書には、一一編が収められている。オスナブリュック大学法学部と本研究所との間にはこれまで格別の交流協定も締結されていないが、一九八五年九月、機会を得て中央大学を訪問された同大学のクリスティアン・フォン・バール教授を通じて、本研究所の機関誌および欧文書と右の叢書との交換の形式で、事実上の交流が開始されることとなった。オスナブリュック大学は、一九七四年に創立された比較的新しい大学であって、長い歴史を有するこの国の他の諸大学に比して、いまだ必ずしもその特徴を明らかにし得る段階にはない。しかしながら、今回のこの叢書の刊行からも知られるように、この学部には、比較的若いスタッフが集められているところから、このような形式で行われる同大学との交流を通じて、この国における法学研究につき新しい動きの一端を知ることもできるのではなかろうか。

## 二　本書の内容

それならば、本書は、どのような内容を有しているか。

まず、①シャル「刑法上の環境保護における職場の重要性」（一―一七頁）で取り上げられているのは、マンハイム運河に見られるような生態系の維持と、開発という経済的要請との相克から生じている環境財産の侵害が、職場の維持を定めた西ドイツ刑法典第三二四条以下による規律の対象とされるべきか否かという問題である。そこでは、各種の見解が紹介されるとともに、解決の方向が模索される。次に、②フォン・バール「国際統一法の諸類型と国際私法」（二一―三六頁）は、渉外的事実を規律する諸法秩序が内容上統一されるならば国際私法は不要とされるという、これまで国際私法上一般に認められてきた命題について、かかる命題を立てることが適切か否か、またそうした命題が妥当するのはいかなる範囲でかを、ハーグ国際動産売買法条約等、多くの条約を素材として検討する。さらに③メスナー「科料の租税法上の控除可能性」（三七―五二頁）は、一九八三年一一月二一日の連邦財務裁判所大法廷の二つの裁判を手がかりとして、表記の課題を検討し、最近の所得税法改正草案の紹介、評価にまで及ぶ。そして④ヴェーバー「国境を越えた大気汚染の法律問題」（五五―七二頁）は、いわゆる「酸性雨」や自動車の排気ガス等を通じて特に陸続きのこの国において提起されている表記の問題について、アメリカ／カナダ仲裁裁判所のトゥレイル・スメルター事件（一九四一年）等の先例に言及しつつ、国内行政行為の外国での承認等の問題を取り上げ、国際法および国際私法の両面からここでの主題に検討を加えている。また、⑤レンゲリンク「環境保護と経済との間の緊張関係領域における大気汚染の克服」（七三―九八頁）は、一九七九年の「国境を越える大気汚染に関するジュネーブ協定」（一九八三年発効）等を素材としつつ、大気汚染を克服するために、国家法秩序はどのような法規を持つべきか、また行政機関および裁判所は、特に環境保護と経済開発との関係に留意しつつ、どのような解決を行うべきか、の二点について論及する。さらにまた⑥シルケン「普通取引約款法における手続法上の諸問題」（九九―一二七頁）は、同法第一三条、第一九条および第二一条について、そこで定められている訴えの法的性質や当事者適格の問題を訴訟法上の一般原則と対比しつつ、消費者保護立法を準備する際の民事訴訟法学の役割に言及する。⑦イプセン「所有権概念解釈の最近の展開」（一二九―一四五頁）は、ボン基本法第一四条を素材として公法上の所有権や収用の概念を取り上げ、憲法上の所有権概念定立の必要性を説く。⑧アヒェンバッハ「経済逸脱の社会的統制における刑法典の役割」（一四七―一六八頁）は、経済犯罪の克服という観点から、いわゆる「内部者取引」の処罰例や、不正競争防止法、競争制限禁止法上の事例等をも取り上げつつ、刑法典の役割およびその必要性という一般的な問題にまで触れている。そして⑨アーレンス「『消費者』保護立法を準備する際の民事法学の役割」（一六九―一八四頁）は、「消費者保護」が法概念であるか否かの検討から始め、契約における実体的正義、特別法における消費者保護、消費者保護立法と西ドイツ民法典との体系的関連等を論じ、結びでは特に契約法と不法行為法との限界領域についても触れている。⑩マイン「期限付き労務契約と憲法」（一八五―二二〇頁）は、民間放送企業における放送の自由と労働者の保護という問題について、民法典第六二〇条所定の期間満了による雇用契約の終了、解約告知保護法によるその修正、連邦労働裁判所の判例、連邦憲法裁判所の判例を順次取り上げて検討を加え、そしてヘッセンその他のラントにおける放送法の動きにも言及する。最後に、⑪ヒレンカンプ「経済刑法における証明問題」（二二一―二四八頁）は、まず経済刑法以外の領域における証明の問題を、次いで経済刑法におけるそれをティーデマンやシューネマンらの学説の紹介・検討という形で取り上げ、そして立法者の姿勢にまで論及する。

以上が、本書の概要である。ここで特に注目されるのは、環境保護や消費者保護についてもわが国における論議とは幾分か異なる角度からの検討が行われていることであろう。その前提にこれらの領域における裁判所の積極的な活動があることは言うまでもない。

### 三　本研究所にとっての本書の意義

それならば、本書は当研究所にとってどのような意義を有するか。もとよりここでも、本来ならば本書の各論文に対する内容的な評価にも言及されるべきであろう。ただ、この点については、そうした評価の前提作業として、従来の学問的成果の確認とそれに対する態度表明が先行しなければならないところである。しかしながら、紙幅の限られたこの場では、これ以上その点に詳しく立ち入る余裕もない。しかし、「法と経済」というわれわれにとっても関心の深い素材に関して、ヨーロッパにおける最先端の議論をいながらにして把握することができる格好の素材となっているという意味において、本書は貴重な価値を持つだけでなく、とくに本研究所にとっては、法比較研究のための有用な資料としても、その文献的価値は少なくないのではないか。本書の有効な利用が期待されるところである。

## 一九　Norton (ed.), *Public International Law and the Future World Order*

— *Liber Amicorum in honor of A. J. Thomas. Jr.* —

(Fred B. Bothman & Co., Colorado　1987, 606 p.)

### 一　はじめに

ここに取り上げようとするのは、編者のノートン教授から本研究所（比較法雑誌）に寄贈され、特に本誌（日本比較法研究所）上での紹介を依頼された表記の書物である。本書の被献呈者であるA・J・トーマス・ジュニア教授は、その夫人アン・ファン・ワイネン・トーマス教授とともに、おしどり国際法学者としてよく知られた人であって――実際、同教授の刊行物の多くは、夫人との共著の体裁をとっている――、一九四八年以降、アメリカ合衆国テキサス州ダラスのサザン・メソディスト大学（以下、ＳＭＵと略称する）で国際法、憲法などの講座を担当されていたが、一九八二年一二月に六四歳で死去された。本書は、この被献呈者の死を悼んで、同氏と親交の深かったＳＭＵの同僚諸教授を中心として編まれたものであって、執筆者の範囲は、合衆国内ばかりでなく、ＳＭＵの客員教授歴を有する西ドイツやオランダ等の国際法・国際経済法研究者にも及んでいる。このような人的交流に基づいて本書が刊行された――編者ノートン教授を含めて、本書への寄稿者二一名中の五名がこの著者（山内）にとってもすでに親交のある方々であるところから、特にこの著者に本書の紹介が依頼されることとなった――というその特殊な出版事情を反映してか、本書の体裁も通常の商業出版物とは異なり、私的なタイプ版で作成されている。全六〇六頁中、五九六頁を占める本文もまた、各論文ごとに通しページが付されるにとどまり、全体を通してのページは付されていない。その刊行にあたっては、ＳＭＵロー・スクールのほか、アメリカ国際法学会、西ドイツのミュンスター大学法学部およびロンドンのクイーン・メリィ・カレッジからも出版のための金銭的補助が提供されたことが知られるのである。

## 二　本書の構成

本書の巻頭には、慣例に従い、被献呈者、トーマス教授の遺影が飾られている。それに続けて、同教授の経歴書、諸作目録、執筆者一覧表、謝辞、編者によるまえがきが掲載され、そして、アメリカ国際法学会（American Society of International Law）の元会長、オリヴァー教授による序文が六頁にわたり付されている。これら三二頁にわたる前加編に続くのが全四部から構成された本文であり、最後にＳＭＵに滞在した経験を有する台北のチャン教授による後書きが付加されている。

本文中まず「序論的概観」と題された第一部には、本書の表題に関して概括的な叙述を提供する四編が収録されている。すなわち、ビショップ（ミシガン大学）「世界平和における国際法の役割」は、表記の主題への論及に際して、国際法が現在どのような役割を果たしているか、どのような役割をどの程度に果たすことを期待されているかという視点からトーマス教授夫妻ほかの所説を取り上げて論評し、そして最後に、現実主義的楽観主義の観点から、世界の平和秩序の形成にあたって国際法が大きな役割を果たすであろうという予測を行なうものである。第二論文、グロスフェルト（ミュンスター大学）「多国籍企業と国際経済法の新たな方向付け」は、先年の中央大学法学部における講演と基本的に同一内容のものであって、国際法と今後の世界秩序という本書の表題に最も良く叶う行為主体としての多国籍企業を取り上げ、国内法としての視点から伝統的な意味での国際私法のほかに、国際会社法、国際租税法、国際競争制限法を、また国際法としての視点からは国連やＯＥＣＤ等に見られる規制の動きを紹介しつつ、多国籍企業に対する法的規制の方法と限界に触れたものである（なお、これについては、法学新報九一巻一一・一二合併号八一頁以下の拙訳参照）。第三論文、ムー（北京大学）「国際法の将来の可能性に関する中国の見方と国際経済秩序」は、法と国家に関するこの国の一般的な捉え方を前提として、一九八二年の新憲法施行前後の中国における条約批准のための努力の跡を辿り、新国際経済秩序に論及したものである。そして第四論文、ボルガー（ミシガン大学）「比較法と国際私法の相関関係」は、イエーリンク以降の法選択手続に関する初期の諸学説のほか、この国のリステイトメント、利益分析理論等について概観したのち、ヨーロッパのいくつかの国の国際私法が法比較の手法を用いて共通した方向に歩みつつあることを示したものである。

次いで、「国際法と国際紛争処理」と題された第二部には、かかる主題に関する以下の六編が収められている。すなわち、フランク（ニュー・ヨーク大学）「事務総長の特権」は、国際紛争処理にあたって国連事務総長が果たす役割の大きさに鑑みて、リー以下、現在のデ・クエヤルに至るまでの、五人の事務総長の活動を素材として分析したものである。第二論文、エプケ（当時、SMU、現コンスタンツ大学）「ヨーロッパ共同体内における執行の技法」は、ECの維持か発展かに関する論議を紹介しつつ、執行政策についてのEC委員会の新しい見解、EC裁判所の役割、執行に伴う法的および政治的限界をも考慮し、今後の世界秩序の中でのヨーロッパ共同体の将来を論じたものである。第三論文、アマドーア（マイアミ大学）「紛争の根底に在るもの—収用に関する意見の衝突」は、国有化、特に収用措置の場合の補償を規律する伝統的な国際法上の諸原則に対する批判の基盤に向けられたものであって、そうした批判が実際にも正当なものであるか否かという視点から、伝統的見解に対する批判を検討し、逆に新しい見解の問題点を指摘したものである。第四論文、ザンドロック（ミュンスター大学）「国際通商取引における紛争解決」は、原著者が永年関心を寄せている国際商事仲裁に関するものであり——一九七七年から一九八二年までの六年間の平均をとると国際取引紛争は年間約二五〇件に及ぶとされている——、国際仲裁の重要性を強調する立場から仲裁の手続および執行に伴ういくつかの問題点に言及したものである。第五論文、ブンゲ（弁護士）「カルヴォ条項と多国籍企業のための行動綱領」は、アルゼンティンの法律家としての立場から、多国籍企業に対する国内的規律（カルヴォ条項を含む）および国連の行動綱領に論及したものである。第六論文、オリヴァー（アメリカ国際法協会）「世界裁判所と世界秩序—現状と将来」では、国際司法裁判所の手続的弱点を改善するための諸条件が検討されている。

さらに、「国際法、人権および自然環境」と題された第三部は、次の四編から構成されている。すなわち、ヴァン・ボーベン（リンブルフ大学）「人権と世界秩序—現状と今後の見通し」は、人権宣言、人権規約等を素材として、国際人権法上の諸問題を検討したものである。第二論文、シモンズ（ロンドン大学）「海洋法——国連準備委員会と深海底鉱物の将来」は、この主題に関する最近の動きをフォローしつつ、アメリカ合衆国の政治的立場に言及したものである。第三論文、トレホス（国際情報センター）「海洋法―ラテン・アメリカの見解」は、ラテン・アメリカ諸国の国際法、特に海洋法に対する基本的立場を紹介したのちに、領海問題に及んだものである。第四論文、アン・ファン・ワイネン・トーマス（SMU）「化学・生物兵器に対する規制の試み―再見」は、故トーマス教授との共著『化学・生物兵器の使用に関する国際法的限界』（一九七〇年）で取り扱われた諸問題について、最近のバイオ・テクノロジィ兵器等にも言及しながら、再言したものである。

そして、「国際法と国際通貨・通商秩序」と題された第四部には、以下の六編が掲載されている。すなわち、ゴールド（IMF）「国際通貨制度における国際公法」は、IMFの上席コンサルタントというその経験を踏まえて、その性格付けに関する著名なホワイト・ケインズ論争をも紹介しながら、IMFの諸活動と変動相場制の問題点に言及して、幾人かの見解を紹介しつつそれに対するコメントを付したものである。第二論文、バックスバウム（カリフォルニア大学バークレイ校）「国際通商取引における国際法の役割」は、まず国際法が国際通商に対して及ぼす影響および逆に国際通商が国際法に対して及ぼす影響、そしてこの両者の相関関係を取り上げ、次いで、最近の裁判例（西ドイツ連邦憲法裁判所のナショナル・イラニアン・オイル・カンパニィ事件（一九八三年）や合衆国のアライド事件（一九八五年）等）にも触れながら、国際法の現代的役割を論じ、伝統的な国際法理論に論及したものである。第三論文、サラキューズ（タフツ大学）「直接外国投資のための協定による新たな枠組へ向けて」は、まず多国籍企業、発展途上国および直接外国投資相互の間に存在する共存的関係を取り上げ、次いで、輸入規制等の直接外国投資に対する国内での障壁に言及し、さらに二国間協定および多国間協定による解決の方法を紹介しながら、直接国際投資に関する一般協定締結の方向を提案したものである。第四論文、ノートン（SMU）「国際法と西ヨーロッパの再改造―ヨーロッパ経済共同体設立条約の寄与」は、ヨーロッパ経済共同体設立条約というECの基本法が国際取引の発展に対して果たした役割をいくつかの素材に即して紹介し、さらに世界秩序形成の可能性にも一言したものである。第五論文、カール（SMU）「ラテン・アメリカ統合連合」は、一九六〇年に設立されたラテン・アメリカ自由貿易連合（LAFTA）および一九八〇年にこれを再編成したラテン・アメリカ統合連合（LATA）の二つの国際組織を素材として地域的統合過程の現状と問題点に触れたものである。そして第六論文、アラン（モナシュ大学）／ヒズコック（メルボルン大学）「太平洋地域の投資制度における経済協力」は、太平洋地域およびASEANに題材をとって、技術移転、資金援助等の具体的な問題にも触れつつ、経済協力の背景を探ろうとしたものである。

そして、最後に、チャン（ソーホー大学）による五頁の小文が付されている。これは「発展途上国にとってのアングロ・アメリカ法の価値」と題され、本書の執筆者中ただ一人、国際法ではなく、アメリカ憲法・不法行為法を専攻する同氏が、第二次世界大戦後発展途上国に対してアングロ・アメリカ法が及ぼした影響の大きさ——それは合衆国の政治的・経済的・社会的重要性がいかに大きなものであったかを意味する——に鑑みて、特に台湾におけるアメリカ法研究の有用性を示しつつ、トーマス教授夫妻の寄与を回想したものである。

以上が本書の概要である。

三　本書刊行の意義

見られたように、本書は多様な主題に関する論稿を集めた追悼論文集である。それだけに個々の論文の各個別テーマに即した学説史的評価それ自体を行なうことは、紙面に制約のあるこの場では必ずしも適切ではないであろう。むしろ、ここでは何よりもそれらの統合体としての本書全体について一言されるべきであろう。

それならば、この論文集は本研究所にとってどのような意義を有するか。この点については、本書の執筆者自身がその限定された読者層を意識していたように、本書の中心的内容が国際法・国際取引法領域にあるところから、本書が参照される範囲も限られたものにすぎないかも知れない――そうした限られた意味においても、本書が他の書物と同様に、最近の国際的な動向をフォローする上での資料的意義を有することに疑いはない――。しかしながら、本書の意義は、そうした専門領域での貢献に留まるというよりもむしろ、国際的な学問的交流、ひいては人間的交流を通じての一つの文化的発展のための営為ないし契機をより良く示すものと思われるのである。すでに永年にわたって、交換教授を相互に派遣し合っているＳＭＵとミュンスターとは、今後もそのパイプをさらに強化していくことであろう。そのことは、成文の協定こそないが、現に生成・発展しつつあるミュンスター大学法学部と本学法学部および本研究所との間の良好な関係をさらに発展させる上で、間接的な一つのよい刺激ともなろう。この著者もまた、本研究所の研究叢書(10)の刊行にあたって、ＳＭＵおよびミュンスターの好意的な協力に助けられた経験を有するだけに、そのことが特に強く感じられるのである。

# 第三章　小　　品

## 一　「聖母」事件と国際私法における文化財保護

一　ここでの表題は、日本加除出版株式会社の方々となじみのあるドイツの国際私法学者シーア氏のツューリッヒ大学私講師就任講演（Siehr, Kunstraub und das internationale Recht, 77 SJZ〔1981〕, 189 ff.）を想起させるものであるが、最近の「聖母」事件が伝えるように、文化財の国際的な不法持出しは、わが国でも決して無関係のテーマではない。ここに「聖母」事件とは、パリのルーヴル美術館に展示されているレオナルド・ダ・ヴィンチ作の名画「岩窟の聖母」に描かれた聖母マリアの顔部分の下絵をめぐって生じた事件であって、右下絵がイタリア文化財省により重要美術品に指定され、売買等による国外持出しが厳重に禁止されていたにもかかわらず、それが日本のある美術商によって不法に日本に持ち出されたところから、イタリア側によりその返還が求められることとなった（日本経済新聞一九八六年七月一五日）。数年前の「モナ・リザ」事件や昨秋の「マルモッタン美術館」事件を含め、このような美術品の不法持出しはヨーロッパではかなり頻発しており（Siehr, a.a.O. 190 によれば、第二次大戦後イタリア一国のみで約四万件の美術品が盗まれていた）、バロック芸術の至宝としてＵＮＥＳＣＯの第一級文化財にも登録されている聖ウォイチエフの棺の墓像彫刻がポーランドのカトリック聖堂から盗まれたこともいまだ記憶に新しい（朝日新聞一九八六年四月一八日）。

二　それならば、この種の国際的事件に対する法的な取扱いはどうか。わが国にはこの主題に関する先例がないが、ここでは法比較研究の素材としてヨーロッパ諸国の若干の判例が参照されよう。その場合、参考になるのがヴィーン大学講師のライヒェルト女史による最近の整理である（Reichelt, Kulturgüterschutz und internationales Privatrecht, 6 IPRax〔1986〕, S. 73 ff.）。今、同女史によれば、それとして挙げられているのは、①所有者が知らないか又はその意思に反して文化財が外国へ持ち出され、第三者が善意取得する場合、②輸出禁止措置が執られているのに、文化財が外国へ持ち出されている場合、③右の①・②が組み合わされている場合の三類型である。

そのうち、まず①の例とされているのは、ウィンクワース対クリスティ他事件として知られるイングランド高等法院の一九七九年一一月五日判決（1 All E R〔1980〕1121）である。本件では、ロンドンで盗まれたある美術品のコレクションがイタリアへ持ち込まれ、同地で善意取得したイタリア人が競売のため逆にそれをロンドンへ持ち込んだところから、原所有者がイギリスの競売業者クリスティとイタリア人委託者とに対して美術品の返還を、予備的に競売上代金の引渡を訴求した。裁判所は本件請求を認容したが、そのために採用されたのが売買当時の所在地法を準拠法とする立場である。イタリア民法典一一五三条以下によれば確かに盗品についても所有権の取得が認められるが、そうした国際物権法上古典的な所在地法（lex rei sitae）主義が維持されることによって、悪意の輸出者が不法に入手した美術品を自己に有利な法制度を持つ国に持ち出すことがかえって助長されるのではないかと懸念するのが、ライヒェルト女史の場合である。そのことを「最も密接な関係」という準拠法決定の基本原則に照らして指摘する同女史の考えによれば、むしろここでは、盗難にあった地の法（lex furti）への連結が優先されることとなる。

次いで②の例とされるのは、ドイツ連邦通常裁判所の一九七二年六月二二日判決（BGHZ 59, 82）である（グロスフェルト〔山内訳〕『多国籍企業の法律問題』〔中央大学出版部〕一二五頁以下参照）。ナイジェリアのある会社がアフリカの美術品を詰めた木箱三個の海上輸送のために海上運送保険契約を締結していたところ、輸送中にその一部が紛失したため、その補償を求めた本件において、ハンブルク高裁は、ナイジェリアの禁輸措置はドイツ公序に反しないとして、請求を認容した。これに対し、連邦通常裁判所は、請求を棄却するにあたり、本件ではナイジェリアの文化財輸出禁止法に違反して美術品が持ち出されているところから、公序良俗違反のため、被保険利益がないとした（ブレックマン教授（Bleckmann, Sittenwidrigkeit wegen Verstoßes gegen ordre public international, 34 ZaöVR〔1974〕, S. 112 ff., 117）も、外国の禁止措置がすべての文化国家に共通する法的・道徳的考慮に基づくときは、例外的に、外国の禁止法違反もドイツ公序に反するとしたドイツ・ライヒ裁判所の立場に言及する）。そこにあるのは、文化財保護の視点であろう。ただ、外国の輸出禁止法の法廷地における適用の可否とそのための構成が問題となることはいうまでもない。

そして最後に、③の例として挙げられるのが、フランスのモンペリェ控訴院による一九八四年一二月一八日の裁判（D. 1985, 208）である。一九五四年にフランスで盗まれたフレスコ画を購入していたジュネーヴの美術館に対してフランス人所有者がその引渡を求めていた本件では、フランス裁判所の国際的裁判管轄権の有無が争われたが、裁判所は本件フレスコ画を「不動産」と解し、一八六九年のフランス・スイス条約四条に基づいて管轄権を肯定した。

これらの裁判例をみると、各裁判所が、必ずしも自国のものに限ることなく、広く文化財を保護するため、それぞれの法律構成を採用したことが明らかである。そこでは、国際私法もまた一国の文化政策の担い手としての地位を与えられている。けれども、逆にそこに問題性をみるライヒェルト女史自身は、こうした問題の発生が主として各国で国内法たる国際私法規定により規律されるためであるとして、諸国の牴触法の統一が必要である旨を強調する（これに対して、そうした条約の存在が必ずしも実効性を伴うものでないことを指摘するのが Siehr, S. 210 の場合である）。それならば、そこで考慮されるべき統一法の内容はいかなるものか。ここで参考になるのが一九七〇年一一月一一日の文化財の違法な輸出入および所有権移転に関するUNESCO条約である。特にその七条は、善意取得された物品についても無制限の原状回復を認めている。この条約は、一九八六年現在、五四か国により批准されているが、イタリアを除き、ヨーロッパ諸国は加入していない。さらに最近では、私法統一国際協会（UNIDROIT）でも動産の善意取得についての条約案作成のための努力が払われている。今後大いに注目されるところであろう。

**三**　ところで、右の分類は、取り上げられた素材による制約を受けたものである。しかし、そこに列挙された本国での禁輸措置等は今回の「聖母」事件にも共通するところである。事件そのものは、わが国の美術商が自発的に本件下絵をイタリアへ返還したとされるにとどまり、その後の進展は知られていないが、わが国ではどのように取り扱われるべきか、関心が持たれるところである（これに関連して、さらにわが国でも近時目につくのが、ブラジルの珍獣タマリンの例（朝日新聞一九八六年七月二六日）にみられるように、ワシントン条約に違反して行われる野性動植物の国際取引である。むろんマスコミに登場する事例は極端なものが少なくないであろうが、これもまたなお論議に値する課題といえよう）。

## 二　競争法の域外適用とその調整

### 一　はじめに

通常の理解によれば、「競争法の域外適用」という表現は、国境を越えて展開する事象に対して国内の競争法を適用することを意味する。この表現から読み取られる法律問題は、どのような要件が満たされたときに、国内のどの競争法規が、どのような事象に対し、どのような法律効果を伴って適用されるべきかというように言い換えることができよう。他方、「調整」という表現の意味するところは、そうした国家法の適用をめぐって生じる諸国の地域（ＥＵ）における規制の重複や規制の欠落をどのように一元的に処理すべきかという問題意識を前提とする。そこから、どのような事項についての規律を、どのような方法で、またどのような手順で調整すべきかという論点が生じることとなる。

今次の会議では、多くの報告により、競争法の域外適用とその調整に関する諸問題が多面的に取り上げられることとなった。競争法の域外適用とその調整、ＯＥＣＤの調整手続、二国間独占禁止法運用協定などがそうである。この報告は、先行する諸報告との内容的重視を避ける意味において、特に著者の専攻領域（国際私法および比較法文化論）の側から若干の問題点を取り上げようとするものである。

## 二　競争法の域外適用とその調整

### 1　競争法の域外適用

それでも、競争法を専門としない参加者に向けて、若干の予備知識を提供することにも意味があろう。そのひとつは、なぜに独占禁止法の域外適用という問題事象が生じるのかという点である。著名な先例として挙げられるのは、一九四五年のアルコア事件である。

アルコア事件については、松下満雄教授著『国際経済法〔改訂版〕』（有斐閣、一九九六年）三四七頁他が参照されるべきであろう。この事件の処理上重要な意味を持っていたのがアメリカ合衆国の裁判制度である。この国の制度は事物管轄権（対物管轄権）と対人管轄権という二重の管轄権によって構成されている。そのうち問題になったのが対物管轄権であった。当該の物に対してアメリカ合衆国の裁判所がそもそも管轄権を有するかどうかという点の判定にあたってこの国の裁判所により採用されたのが、効果主義とか効果理論（effect theory）とかといわれる考え方であった。effect theory というのは、アメリカ合衆国の市場に対して効果ないし影響が及ぶ場合には合衆国の管轄権は肯定されるという考え方である。対人管轄権については送達の問題にも触れるべきであろう。送達を行うにあたってどのような根拠があれば、送達を行うことができるか。たとえば、居住（residence）という要件、あるいは現存ないし存在（presence）、さらに、事業の執行（doing business）、これらの概念をかなり弾力的に解釈して、アメリカ合衆国はこのような国際的なカルテル違反に関して積極的に管轄権を肯定するという態度をとってきた。効果主義に基づく対物管轄権の肯定、文書送達にあたってこれら管轄原因の弾力的解釈に基づく積極的肯定、これによってアメリカ合衆国の域外適用が正当化され、そして理論付けられてきたというのがこの国のひとつの流れであるといえるのではないか。

他方、ヨーロッパ側でも、有名なローマ条約、ヨーロッパ経済共同体条約第八五条などがある。国際染料カルテル事件や木材パルプ事件の処理を通じて、ヨーロッパ共同体裁判所によって管轄権が肯定されてきた。その理由は次のようなものであった。すなわち、一般的な表現でいえば、客観的属地主義である。客観的属地主義という言葉で意図されていたのは、該当する競争違反行為がヨーロッパ共同体域内の子会社を通じて域内で部分的に行われたときは、自国内で生じた行為について当該国が規律するという伝統的な属地主義の中に含まれるという説明を付加することにより、ヨーロッパのレヴェルでも管轄権を肯定することができるという点であった。

このようにアメリカ合衆国でもヨーロッパ地域でも域外適用という方法が積極的に採用されてきたために、送達、審決などそれぞれの段階でフリクションが生じてきた。これが現在までの問題状況である。比較的新しい事例を一件だけ紹介すると、日本経済新聞一九九五年七月二七日夕刊に載った記事がある。味の素と協和発酵がアメリカ合衆国の独占禁止法に違反したという嫌疑を受けて、両社の米国子会社に対して、ＦＢＩ連邦捜査局が捜査を開始したというニュースである。

われわれの課題は、このようなフリクションを回避するための調整の方法の探求である。これまでに提案された主要な調整方法に関しては、後掲の資料に収録されている。

まず歴史的に先行するのがＡＢＡの決議である。二番目の調整方法は、本日の会議にも参加されているフィーケンチャー、イメンガ、それから正田、各氏が共に作成された資料である。第三に、シャーラー氏のものがある。このProposal（提言）の一から一一までに具体的な提案が示されている。それから第四に、今回の会議には欠席された、フォックス氏の資料がある。その概要はconclusionというところから三四頁にかけて極めて要領よくまとめられている。それから、今年七月一三日の、The Financial Timesの五頁に掲載されたヨーロッパ、ドイツ、フランス、スイスなどの専門家グループによる提案もある。これらの提案を通じて現実に域外適用に関する調整がどのように行われているかという点の大枠を理解することができよう。

次に、調整方法をめぐる問題は一体どこにあるのかという点について触れることとしたい。まず、これらの資料を通読しておそらく共通にみられるのは、どこでも、事前の通報制度、独占禁止官庁相互間での通報制度、情報交換制度、それから執行活動における協力調整制度といったような形で、必要な事項について、協議も含めて、いろいろな制度が用意されているという点である。これらの制度に採用されている歯止めとしては、たとえば、アメリカ合衆国とＥＣの一九九一年九月二三日協定の第二条に、通報というテーマに関する規定がある。そこでは、各当事国は競争当局の執行活動が相手方当事国の重要な利益に影響を及ぼす恐れがあることを競争当局が知ったときは相手方当事国に通報しなければならないと定められている。この規定には、二つのキー・ワードが隠されている。第一は「相手方当事国の重要な利益に影響を及ぼす恐れ」という表現である。この恐れの有無や程度については誰がどのような基準で判断するのか。その答えは当事国であろう。そこに裁量の余地が生じる。それから、「競争当局が知ったとき」という表現もそうである。いつ知ったのかという基準時の理解の仕方についても争われる余地がある。このような白地条項、解釈の余地を残した表現は他にも随所にみられている。解釈の余地を残した表現が随所にみられているということは、一応、条約という形で表現上の調整は行っていても、実はその執行段階での調整までは解決できていないということを意味することとなろう。

次に出てくる問題は、先ほどガーバー氏が触れられた言葉のリスクである。まったく同じ表現を用いていながら、実はその根底にある発想や考え方が違うという点をどう調整したらいいかという点である。

2　視点の変更

著者の専攻領域である国際私法および比較法文化論の視点からみると、どのような問題提起が可能か。国際私法研究者は基本的に普遍主義者である。普遍主義者ということの意味は、相手方から要求される前に自ら一歩前へ出るという態度をとることを意味する。

この点に関連して重要な視点は、アンリ・ベルクソン、ジル・ドゥルーズら、フランスの哲学者が強調する、差異概念の存在である。difference という概念、differenciation、差異と差異化、差異とみなすということ、これらの概念の違いはどのように理解されるべきか。結局、比較法文化論のテーマと関連するが、差異として認識する基準は何か。つまり、域外適用、不当であるというように感じられる基準は何かという問題である。この問題を解決するための基準を national な側面に求めていたのでは、調整についても、最終的な解決は得られないといわなければならない。というのは、諸国は自国の国益を重視するという自己のスタンスを変更しようとはしていないからである。それゆえ、このようなfrictionを解決するための基準はやはりglobalな観点に求めざるを得ないであろう。internationalという言葉によって示される国家間の調整という視点ではなく、国家主権を乗り越えたグローバルな視点から、supranationalな観点から行わなければならないということになろう。そのことが実際に可能か否かという現実的な問いはむろん残存する。しかし、そのような膠着状態にある場合にこそ、最初の一歩を踏み出すことに大きな意味があるのであり、この貴重な一歩を踏み出さない者は求められる結果を自ら放棄していることになろう。

### 3 結び

具体的な提案は以下のとおりである。

第一に、国際租税法の領域における事前の確認制度が参考になるかもしれない。このような事前確認制度があれば、双方の通報、協議などの先行段階でどのような行為をすれば、それぞれの国の、独占禁止法によって規制されるのかという点について事前に合意を形成することができよう。これについては、行政指導が強化されるので、規制緩和に逆行するという批判があることも十分に予測される。しかし、これもひとつの選択肢ではあろう。

第二に、人的組織の点で、異文化間の対話を成り立たせるためにはまず草の根からの交流が必要であると考える。草の根からの交流ということの意味は、たとえば、公正取引委員会の委員レヴェルはすぐには無理かもしれないが、実際の行政の運用の窓口で外国の専門家を長期間招きお互いに意見を交換するという形で、実際の現場の経験と判断を一部でも共有するという点にある。それによってそもそも行政指導の段階、あるいはその後の審決手続に入る前の段階、これらにおいて異文化間の摩擦を少しでも軽減することができるのではないか。このような考え方はもちろん夢物語だと言われるかもしれないが、それでもひとつの選択肢となり得よう。

さらに付言されるのは、私法の経済法化の逆を想定することである。私法の経済法化とは、民事法の領域をなるべく制限し、そして政策決定を反映させるために経済法化するという行き方をいう。これに対して、逆も考えられるのではないか。経済法の民事法化である。国際私法の領域では、民事法に関して、相互に牴触規定、Kollisionsrecht, conflict of laws を用意して、内外国私法の適用の互換性を考え、相互乗り入れを図っている。その前提にあるのは、内外国実質法の等価性という考え方である。また相互主義というのはもともと「与えられるために与える」という制度であった。相手方に求めようとする行為を自ら実行することを通じて、相手方にも同じ行為を求めるものである。このような相互主義を negative な意味ではなくて、もっと positive に考える可能性も考えられてよいのではあるまいか。

先の諸提案にはそれぞれ一長一短があるとされている。一番詳しいのは、ミュンヒェンのグループによるものであり、それに続いてシャーラー提案がある。このように複数の提案が出され、優劣をつけ難い場合の解決法としては、実験を積み重ねるという方法もある。半年、一年というように時間を区切り、またそれぞれのプロジェクトを各産業分野に配分して部分的に実行することは考えられないか。その他の限定方法も考えられよう。社会科学の領域でも、実験により部分的に効果があるプランを確認する作業を通じて、将来的に、これらの提案の適用範囲を拡大することも考えられるのではないか。

## 三　国際租税法の概念について

宮武敏夫著『国際租税法』の刊行は、わが国でもようやく本格的体系書が出版されるようになったという意味で意義深いことと思われる。ここでは、国際租税法学の一層の深化を願う立場から、同書中、国際租税法の定義に関する叙述に限って若干の感想を記し、検討の素材を提供したい。けだし、著者の体系はその定義に凝縮されているからである。

定義の意味は当該概念の内容を限定することにある。類似概念と区別するため当該概念の内包を構成する本質的属性を明らかにする場合でも、検討内容の画定はむろん各論者の政策的価値判断にかかっており、各主観的評価の間に優劣の関係はない。従って、学説に対する評価の中心は、定義の内容とその他の叙述との論理的整合性の有無に置かれよう。

宮武氏はまず国際租税法を「各国租税法の抵触に関する法である」という「見解は、あまりにも国際租税の実態を知らない観念論」であるとし、「各国租税法は互いに抵触するのではなく、重複的に適用される」旨を指摘する。けれども、抵触することと重複的に適用されることとの内容的相違が著者により明確にされていない以上、直ちにその主張に与することはできないであろう。それは、各国租税法が互いにその適用を主張し合う状況が抵触と表現されることと、関係諸国による自国法適用の主張がともに認められる結果、同一所得に対し両国租税法が重複的に適用されることとは、異なる場面を説明するにとどまり、二者択一の関係にはないからである。次に、宮武氏は、国際租税法を「課税権の競合状態が生じる国際課税の分野において競合する課税権を調整する一定のルールを指すもの」と把握する立場を「複数の課税権ないしその行使の「調整」に係る租税制度とみるのは極めて狭い定義である」と批判する。しかし、その根拠にも十分な説得力があるとは言いがたいであろう。それは、こうした理解が「いくつかの重要な税制度をその範囲の外に置く結果になる。例えば、移転価格税制は、各国課税権を調整することを目的とするものではなく、自国の課税権に取り組みことを目的とする制度である」とする著者の指摘にもかかわらず、批判された小松教授の別著『国際課税のあり方』（一九八七年）でもこの問題が価格操作の規制の項で意識的に取り上げられ、決して国際租税法の範囲外に置かれてはいないからである。この点では、調整対象としての移転価格税制と調整過程としての相互協議手続とを分離し、課税権の調整という表現を後者についてのみ考えようとする著者の理解自体にも疑念が向けられよう。さらに、同書の外国語引用文献は主に英語文献であり、Cartou, Droit fiscal international et européen, 1981や、Vogel, Grundfragen des Internationalen Steuerrechts, 1985 等、国際的に著名な文献に触れられていない。しかも Bhler に言及される場合でも、Bhler がそのように定義した時代背景や国情を抜きにしてそうした学説を一般化し、その適否を論じること自体、意味のあることとは言えないであろう。ドイツの最近の文献では、国際租税法は、例えば、外国と牽連性を有する事実に関する租税問題を規律とする法と定義され、牴触、重複的適用、課税権の調整等の表現は格別に考量されていない（Kluge, Das Internationale Steuerrecht der Bundesrepublik, 2. Aufl., 1983, S. 1 f.: Wilke, Lehrbuch des Internationalen Steuerrechts, 1981, S. 15 f.）。この点では、著者の批判的叙述の意味が問われなければならないようにも思われる。

むろん体系書は改訂を経てその価値を増すものである。日米法の比較研究に立脚した宮武弁護士による今回の積極的試みは大いに評価されなければならない。著者が外国法に関する研究を補完され、世界の国際租税法学の発展に一層寄与されることを望みたい。

## 四　ヨーロッパ国際租税法研究の必要性
### ――差別的課税の禁止を例に――

わが国でも国際課税について何冊かのテキストや解説書が公刊されてきている。しかしながら、たとえばヨーロッパにおける差別的課税の禁止問題などの情勢についてはほとんど触れるところがない。このような記述の仕方は、もともと概説書として刊行された書物の基本的性格に由来するものかもしれない。けれども、特に動きの激しいこの領域では、近年の動向が不可避的に補充されなければならないであろう。

**Bachmann**（RIW 1994, 849）は、法人たる制限的納税義務者をめぐる差別的課税の禁止に言及した基盤的裁判としてＥＣ委員会対フランス共和国事件におけるＥＣ裁判所の一九八六年一月二八日判決を挙げている。この事件で問題となったのは、フランス国内に法人住所を有する事業者に対しては配当金の支払につき税額控除請求権（avoir fiscal）が認められるのに、他のＥＣ加盟国に法人住所を有する事業者のフランス国内における支店および代理店については拒否されるとする同国租税一般法（Code général des impôts）の諸規定が共同体条約第五二条および第五八条に抵触するか否かという点であった。ＥＣ裁判所はフランス共和国の条約義務違反を明言している（Sammlung/Reports, 1986, 273）。

この判決は、コメルツ銀行の申立てによる女王対内国歳入庁事件におけるＥＣ裁判所の一九九三年七月一三日判決でも確認されている。イギリスの所得税・法人税法（Income and Corporation Taxes Act 1988）に基づき、連合王国内に居住する会社に対する租税還付金については利子が支払われるのに、他の加盟国に居住する会社に対しては利子の支払いを拒絶していた同国税務当局の従前の実務はこの判決によって明確に否定されることとなった（EuZW 1993, 525, 740；NJW 1994, 35）。さらに、ＥＣ裁判所は、不動産取得税の免除を、オランダ法上株式会社又は有限責任会社の形式で設立されている会社間で行われた取引行為のみに限定していたオランダの取引税法（Wet op belastingen van rechtsverkeer）についても共同体条約に違反する旨を判示している（一九九四年四月一二日判決、EuZW 1994, 347）。このようなＥＣ裁判所の実務を前提として、他人資本についてのみなし配当（隠された利益処分（verdeckte Gewinnausschüttung））の取扱いに関し、外国の持分所有者と内国のそれとを区別するドイツ法人税法（KStG）のヨーロッパ法との適合性いかんという問題も現に検討されている（RIW 1994, 852）。

差別的課税の禁止はむろん自然人についても無視されてはならない。ＥＣ裁判所は、ルクセンブルクに居住し、就業していたドイツ人がルクセンブルク国民よりも高額の税金を納付していたという理由で超過支払分の返還を求めたビール対ルクセンブルク大公国事件の一九九〇年五月八日判決（NJW 1991, 1406）において、ルクセンブルク所得税法上の関係規定を労働者の自由移動を定めた共同体条約四八条に違反すると述べた。他方、バッハマン対ベルギー王国事件の一九九二年一月二八日判決（RIW 1993, 955）で、同裁判所は、ベルギーで支払われた保険料についてのみ所得からの控除を認めていた同国の規定はヨーロッパ法に違反するものではないと判示している。

このように、国際租税法はヨーロッパにおいても変動し続けている。国際租税法の内容をより豊かなものとするためには、この領域に関心をよせるすべての関係者の協力の下に、条約法やアメリカ合衆国法だけでなく、ＥＣ裁判所判例の分析を中心としたヨーロッパ国際租税法の研究も欠くことはできないであろう。補完的研究の充実がより一層望まれるところである。

# 初出一覧

## 第一部　国際私法

第一章　国際私法の準拠法適格性に関する構成の適否
　　――ブーイセン教授の所説を手がかりとして――
（法学新報一〇四巻一〇・一一合併号（経塚作太郎先生古稀記念論文集（一九九八年））

第二章　西ドイツ国際私法における雇用契約の準拠法について
　　――〝便宜置籍船〟の場合――
（『Conflict and Integration：Comparative Law in the World Today』（日本比較法研究所創立四〇周年記念論文集（一九八九年））

第三章　ヨーロッパ国際私法における「便宜船員」の問題
　　――〝ネプテューン判決〟を手がかりとして――
（法学新報一〇一巻九・一〇合併号（横井芳弘先生古稀記念論文集（一九九五年））

第四章　ドイツ国際私法における〝フラッギング・アウト〟について
　　――便宜置籍船をめぐる近年の動向――
（国際法外交雑誌九九巻二号（二〇〇〇年））

第五章　ドイツ国際私法における〝戦後補償〟問題について

——元強制労働者補償請求事件を素材として——
（法学新報一〇六巻九・一〇合併号（二〇〇〇年））

第二部　国際経済法

第一章　国際経済法の現状
——概説的試み——
（丹宗暁信・厚谷襄児編『新現代経済法入門』（法律文化社（一九九九年））

第二章　国際金融法の諸局面

一　国際銀行取引と「言葉のリスク」
——ドイツ法における展開——
（一九九〇年度国際金融法ゼミナール論文集（一九九一年））

二　ドイツ国際金融法における「貨幣価値の変動」
——貨幣価値保障条項と中央銀行の権限——
（一九九一年度国際金融法ゼミナール論文集（一九九二年））

三　オンライン決済の法律問題
——西ドイツ法における展開——
（一九八七年度国際金融法ゼミナール論文集（一九八八年））

四　利得返還請求訴訟の国際的裁判管轄権

——イタリア最高裁一九九〇年六月二二日判決の場合——
（一九九二年度国際金融法ゼミナール論文集（一九九三年））

第三章　外国中央銀行と執行免除
——西ドイツ法・スイス法を中心として——
（国際法外交雑誌八六巻二号（一九八七年））

第四章　「国際租税法」という概念の理解の仕方について
——木村教授の研究に接して——
（法学新報一〇三巻一一・一二合併号（新井正男先生古稀記念論文集（一九九七年））

第三部　判例研究等

第一章　渉外判例研究

一　船舶先取特権の成立の準拠法
（法律時報別冊『私法判例リマークス』一九九二年(下)五号〔平成三年度判例評論〕（日本評論社（一九九二年））

二　国家賠償法と相互の保証
（『渉外判例百選〔第三版〕』別冊ジュリスト一三三号（一九九五年））

三　旧日本軍人の国外での行為による国家賠償請求と法例第一一条
（『平成一〇年度重要判例解説』ジュリスト一一五七号（臨時増刊号）（一九九九年））

第二章　書評および文献紹介

## 一　邦語文献

(1)　丸岡松雄著『国際私法著作集』（全三巻）
（国際法外交雑誌九八巻一・二合併号（一九九九年））

(2)　多喜寛著『国際私法の基本的課題』および『国際仲裁と国際取引法』
（白門五二巻四号（二〇〇〇年））

(3)　桑田三郎著『工業所有権法における比較法』
（学員時報二一二号（一九八五年））

(4)　桑田三郎著『国際商標法の諸問題』
（中央評論二〇三号（四五巻一号）（一九九三年））

(5)　桑田三郎著『工業所有権法における国際的消耗論』
（白門五一巻一一号（一九九九年））

(6)　今村嗣夫他著『戦後補償法』他
（自由と正義五一巻八号（二〇〇〇年））

## 二　外国語文献

(1)　Horst Eidenmüller, Effizienz als Rechtsprinzip, Möglichkeiten und Grenzen der ökonomischen Analyse des Rechts
（日本国際経済法学会年報第九号（二〇〇〇年））

(2)　Stefan Habermeier, Neue Wege zum Wirtschaftskollisionsrecht
（日本国際経済法学会年報第七号（一九九八年））

(3) Klaus Peter Berger, Formalisierte oder "schleichende" Kodifizierung des transnationalen Wirtschaftsrechts

（日本国際経済法学会年報第八号（一九九九年））

(4) Bernhard Großfeld, Internationales und Europäisches Unternehmensrecht, 2. Aufl.

（日本国際経済法学会年報第五号（一九九六年））

(5) Daniel Zimmer, Internationales Gesellschaftsrecht

（日本国際経済法学会年報第七号（一九九八年））

(6) Bernhard Hautkappe, Unternehmereinsatzformen im Industrieanlagenbau

（比較法雑誌二一巻二号（一九八七年））

(7) Werner F. Ebke, Internationales Devisenrecht

（国際経済法第一号（一九九二年））

(8) Matthias Herdegen, Internationales Wirtschaftsrecht

（日本国際経済法学会年報第四号（一九九五年））

(9) Albert Bleckmann, Die völkerrechtlichen Grundlagen des internationalen Kollisionsrechts

（日本国際経済法学会年報第七号（一九九八年））

(10) Fritz von Schwind (Hrsg.), Probleme des Europäischen Gemeinschaftsrechts

（比較法雑誌二一巻二号（一九八七年））

(11) Lausanner Kolloquium über den deutschen und schweizerischen Gesetzentwurf zur Neuregelung des IPR

Premières journées juridiques yougoslavo-suisses

（比較法雑誌二〇巻二号（一九八六年））

(12) Recht und Wirtschaft—Ringvorlesung im Fachbereich Rechtswissenschaften der Universität Osnabrück 1984/1985

（比較法雑誌二〇巻二号（一九八六年））

(13) Norton(ed.), Public International Law and the Future World Order

（比較法雑誌二二巻二号（一九八八年））

## 第三章　小　品

一　「聖母」事件と国際私法における文化財保護

（『随想（日本加除出版創立四五周年記念）』（日本加除出版株式会社（一九八七年））

二　競争法の域外適用とその調整

（伊従寛・山内・ヘイリー編『競争法の国際的調整と貿易問題』日本比較法研究所叢書(40)（一九九八年））

三　国際租税法の概念について

（国際税務研究会編集「International Taxation（国際税務）」一三巻八号（一九九三年））

四　ヨーロッパ国際租税法研究の必要性

（国際税務研究会編集「International Taxation（国際税務）」一五巻四号（一九九五年））

# 索　　引


## ア　行

アルコア事件　409
一次産品総合計画　167
一般的慣習法　20
一般的言語慣用　126、141
一般的法原則　13、19、20
一般特恵関税制度　167
一方的牴触規定　44、103、104、140
異文化間コミュニケーション　110、361
異文化理解　361
ウルグアイ・ラウンド　383
オンライン決済　194

## カ　行

外国公法　47
外国籍化　88、112
海事労働契約の準拠法　101
外人法　330
回避条項　71、100
価値基準　163、242
貨幣価値保障条項　189
環境を成す法　185
慣習法　19
関税と貿易に関する一般協定　166
管理者説　100
旗国法　40、100
旗国法主義　44
北アメリカ自由貿易協定　168
客観主義　48
旧民法典施行法第30条　57
強行規定　14、31
強行法規の特別連結　60
強制労働　127、142
空間的に最も密接な関係　46
具体的正義　57
経済協力開発機構　173
経済自由主義　164
経済牴触法　367
経済的効率性　163、364、382
経済的社会選択理論　364
経済法の民事法化　414
契約債務関係の準拠法に関する
　ローマ条約　69
契約の国際化　6、13
契約の脱国内化　6
言語準拠法　185
原料協定　168
行為基礎の脱落　192
合意は拘束する　18、21、22、29、32、370
効果主義　170
公共選択論　363
公序条項　47
公序良俗　407
厚生経済学　363
公法的（主権）行為　213
公法の属地性　335
公法の属地的適用　60
後法は前法に優先する　105
功利主義　364
効率性　362

国際外国為替法　380
国際会社法　378
国際開発協会　167
国際慣習法　168
国際企業法　372、383
国際金融公社　167
国際経済秩序　164、382
国際経済法　161、368、371、381
国際契約の準拠法　4
国際契約法リステイトメント　370
国際公序　15、30、337
国際コーヒー機関　168
国際司法裁判所規程　165
国際商業会議所　169
国際商事仲裁に関するモデル法　7
国際すず理事会　168
国際船舶登録制度　77、88
国際租税法　241、243、413、415、417
国際通貨基金　166
国際牴触法　385
国際電気通信連合　173
国際天然ゴム機関　168
国際取引法　389
国際復興開発銀行　166
国際法　4
国際法的牴触規定　222
国際貿易機関憲章　164
国際礼譲　337
国際労働機関　172
国際労働契約の準拠法　56、99
国内公序　14
国連海洋法条約　110
国連憲章　163
国連工業開発機関　173
国連国際商取引法委員会　7、27、172
国連食糧農業機関　172
国連売買法条約　19、26
国連貿易開発会議　167、172
国家と他の国家の国民との間の
　投資紛争の解決に関する条約　167
国家法　3
国家無答責の原則　337
国旗法第21条　62、88、89、101
言葉のリスク　181
雇用関係の法的重心　45
雇用企業の事実上の本拠地　73
雇用契約の準拠法　40、74
雇用契約の法的重心　73

## サ　行

債権契約　3
債権者保護　192
裁判権免除　213
在米イラン資産凍結　214
CIF規則　169
執行免除　215
実質的連結理論　48、58
実質法的規律方法　139
私法的（職務）行為　213
私法的な委任契約　328
私法統一国際協会　369、408
私法の経済法化　414
司法の空洞化　338
従軍慰安婦　333、359
自由貿易主義　358
主観主義　3、185
主権免除　213
ジュネーヴ条約　169
準拠法指定行為の有効性　34
準拠法説　222
渉外化　43

商慣行　20
消極的な一方的牴触規定　104
昭和海運事件　60
諸国家の経済的権利義務憲章　165
諸事情の総体　100、108
信義誠実の原則　191
信義則　169、370
真正商品の並行輸入　353
真正な関係　113
真正な連鎖　60
新制度派経済学　363
人的主権免除　218
推定的指定　40、185
推定的当事者意思　46
制限免除主義　213
性質決定の準拠法　219
政府開発援助　163
「聖母」事件　405
世界銀行　166
世界経済秩序　164
世界知的所有権機関　172
世界取引法　14
世界貿易機関　166、173
責任把握　171
石油輸出国機構　168
積極的な一方的牴触規定　104
絶対免除主義　213
設立準拠法説　379
戦後補償　119、359
船舶先取特権の成立の準拠法　319
船舶領土説　44
戦略物資　163
善隣主義　163
相互主義　187、414
相互の保証　328、329、330
租税回避　163
ソフト・ロー　169


## タ　行


第一次準拠法　8
第二次船舶登録簿制度　79
多角的貿易協定　173
多言語社会　182
多国籍企業　163
多数国間投資保証機関　167
多文化社会　361
中央銀行　192、214
定期船同盟行動規範条約　167
牴触法的指定　5
統一法　4
当事者自治　7、9
当事者自治の原則　3、40、42、60
当事者に共通する不法行為地法　139
当事者の意思　3
投資紛争解決国際センター　167
特別法は一般法に優先する　105
特別連結　185
独立牴触規定　138
トピク　368
取引慣習法　14
取引言語　181
トルコ共和国中央銀行事件　220


## ナ　行


ナイジェリア共和国中央銀行事件　220
ナイジェリア・セメント事件　220、225、235
日米租税条約　168
日米通商航海条約　168
日中投資保護協定　168

日中貿易協定　168
日本トルコ投資保護協定　168
ネガティヴ・コンセンサス　177
ネプテューン判決　61

ハ　行

ハーグ条約　169
ハーグ陸戦条約　360
pacta sunt servanda　18
発展途上国　60、163、165、167
ハヴァナ憲章　164
万国郵便連合　173
反致　33
比較の第三項　105、307、338
比較判例法的解釈方法　353、355、358
比較法　228、372
比較法文化論　412
批判的合理主義　367
フィリピン大使館事件　218、239
付従的連結　331
普通取引約款法　41、185
物的主権免除　219
プラグマティズム　364
フラッギング・アウト　87、76、112
ブリュッセル条約　169、206
フルムーン号事件　39、60
文化財保護　405
紛争処理手続　176
文明諸国に認められた法の一般原則　4
便宜置籍船　39、59、87
便宜船員　60
貿易摩擦　389
法治主義　139、338
法廷地漁り　120
法廷地法説　325
法的安定性　57
法と経済学　362、363
法による裁判　75、326
法の経済的分析　362、363
法比較　88、142、169、170、182、202、212、228、328、406
法文化　49、182
法律回避論　43、53
法例第７条　3、60
法例第32条　34
保護主義　164
保護貿易主義　358
補充的連結　44
本拠　8、10、100
本拠地法説　379

マ　行

マルモッタン美術館事件　405
民法典施行法第30条　71、75、79、99、114
民法典施行法第38条　138
明示の準拠法指定　40、185
名目主義　190
黙示の指定　40、185
最も密接な関係の原則　4、406
モナ・リザ事件　405

ヤ　行

ヨーロッパ議会　168
ヨーロッパ共同体裁判所　168
ヨーロッパ債務準拠法条約第６条　71
ヨーロッパ復興開発銀行　167
ヨーロッパ連合　168
予見可能性　57

## ラ　行

ランド委員会　370
立法者意思　126、141
ルガノ条約　169
lex mercatoria　14、28、369
労務給付地　46、56、100
ローマ条約　169

## ワ　行

ワシントン条約　408

山《やま》 内《うち》 惟《これ》 介《すけ》

1946年　香川県に生れる
1971年　中央大学法学部卒業
現　在　中央大学法学部教授

〈主要著訳書〉

『Beiträge zum japanischen und ausländischen Bank- und Finanzrecht』（編著 中央大学出版部，1987年）
『海事国際私法の研究』（中央大学出版部，1988年）
『国際企業法—多国籍企業組織法—』（訳書 中央大学出版部，1989年）
『国際手続法（上）（中）（下）』（編著 中央大学出版部，1997～1999年）
『国際契約法』（編著 中央大学出版部，2000年）。
『ドイツ・オーストリア国際私法立法資料』（共編著 中央大学出版部，2000年）
『国際公序法の研究—牴触法的考案—』（中央大学出版部，2001年）
『実践 国際取引法』（編著 中央大学出版部，2001年）

国際私法・国際経済法論集

日本比較法研究所研究叢書（56）

平成13年9月10日　初版第1刷発行

著　者　山 内 惟 介

〈検印廃止〉　発行者　辰 川 弘 敬

発行所　中央大学出版部

〒 192-0393
東京都八王子市東中野742-1
電話0426-74-2351・振替00180-6-8154

　ISBN　4-8057-0555-8　大森印刷，法令製本

| | | | |
|---|---|---|---|
| 法律扶助・弁護士保険の比較法的研究 | 小島武司著 | A5判 | 二八〇〇円 |
| CRIME AND DELINQUENCY AMONG THE JAPANESE-AMERICANS | 藤本哲也著 | 菊判 | 一六〇〇円 |
| アメリカ刑事法研究 | 塚本重頼著 | A5判 | 二八〇〇円 |
| オムブズマン制度の比較研究 | 小島武司<br>外間寛 編 | A5判 | 三五〇〇円 |
| 非嫡出子に対する親権の研究 | 田村五郎著 | A5判 | 三二〇〇円 |
| 各国法律扶助制度の比較研究 | 小島武司編 | A5判 | 四五〇〇円 |
| 仲裁・苦情処理の比較法的研究 | 小島武司著 | A5判 | 三八〇〇円 |
| 英米民事法の研究 | 塚本重頼著 | A5判 | 四八〇〇円 |
| 国際私法の諸相 | 桑田三郎著 | A5判 | 五四〇〇円 |
| Beiträge zum japanishen und ausländischen Bank- und Finanzrecht | 山内惟介編 | 菊判 | 三六〇〇円 |
| 日独会社法の展開 | 木内宜彦<br>M・ルッター 編著 | A5判 | 二五〇〇円 |
| 海事国際私法の研究 | 山内惟介著 | A5判 | 二八〇〇円 |
| 米国刑事判例の動向Ⅰ | 渥美東洋編 | A5判 | 四九〇〇円 |

日本比較法研究所研究叢書

①

| | | |
|---|---|---|
| 調停と法 | 小島武司編著 | A5判 四一七五円 |
| 裁判制度の国際比較 | 塚本重頼著 | A5判（品切） |
| 米国刑事判例の動向Ⅱ | 渥美東洋編 | A5判 四八〇〇円 |
| 比較法の方法と今日的課題 | 日本比較法研究所編 | A5判 三〇〇〇円 |
| Perspectives On Civil Justice and ADR : Japan and the U. S. A | 小島武司編 | 菊判 五〇〇〇円 |
| フランスの裁判法制 | 小島・渥美 清水・外間編 | A5判（品切） |
| ロシア革命と良心の自由 | 小杉末吉著 | A5判 四九〇〇円 |
| アメリカの大司法システム(上) | 小島・渥美 清水・外間編 | A5判 二九〇〇円 |
| Système juridique français | 小島・渥美 清水・外間編 | 菊判 四〇〇〇円 |
| アメリカの大司法システム(下) | 小島・渥美 清水・外間編 | A5判 一八〇〇円 |
| 韓国法の現在(上) | 小島武司・韓相範編 | A5判 四四〇〇円 |
| ヨーロッパ裁判制度の源流 | 小島・渥美・川添 清水・外間編 | A5判 二六〇〇円 |
| 労使関係法制の比較法的研究 | 塚本重頼著 | A5判 二二〇〇円 |

日本比較法研究所研究叢書

| | | | |
|---|---|---|---|
| 韓国法の現在(下) | 小島武司・韓相範 編 | A5判 | 五〇〇〇円 |
| 米国刑事判例の動向Ⅲ | 渥美東洋 編 | A5判 | 三四〇〇円 |
| Crime Problems in japan | 藤本哲也 著 | 菊判 | (品切) |
| The Grand Design of America's Justice System | 小島・渥美<br>清水・外間 編 | 菊判 | 四五〇〇円 |
| 個人史としての民法学 | 川村泰啓 著 | A5判 | 四八〇〇円 |
| 民法起草者穂積陳重論 | 白羽祐三 著 | A5判 | 三三〇〇円 |
| 国際社会における法の普遍性と固有性 | 日本比較法研究所 編 | A5判 | 三二〇〇円 |
| ドイツ企業法判例の展開 | 丸山秀平 編著 | A5判 | 二八〇〇円 |
| プロパティと現代的契約自由 | 白羽祐三 著 | A5判 | 一三〇〇〇円 |
| 諸外国の刑事政策 | 藤本哲也 著 | A5判 | 四〇〇〇円 |
| Europe's Judicial Systems | 小島武司 他編 | 菊判 | 三一〇〇円 |
| 独占禁止政策と独占禁止法 | 伊従寛 著 | A5判 | 九〇〇〇円 |
| 「日本法理研究会」の分析 | 白羽祐三 著 | A5判 | 五七〇〇円 |

日本比較法研究所研究叢書

③